LA PSYCHOLOGIE CLINIQUE
AUJOURD'HUI

 *PSYCHOLOGIE ET SCIENCES HUMAINES*

W. Huber

la psychologie clinique aujourd'hui

PIERRE MARDAGA, EDITEUR
2, GALERIE DES PRINCES - 1000 BRUXELLES

© Pierre Mardaga, éditeur
37, rue de la Province - 4020 Liège
2, Galerie des Princes - 1000 Bruxelles
D. 1987-0024-21

A ma mère et à mon père
... and for Cenobia, of course

Préface

L'idée d'écrire un texte sur la psychologique clinique s'est présentée pour la première fois, puis s'est raffermie, lors de trois événements de ma vie professionnelle que je n'avais pas anticipés. C'est d'abord en ayant à préparer, il y a trois ans, des travaux pratiques de psychologie clinique que j'ai dû constater que, presque cent ans après la fondation de cette discipline, il n'y en avait toujours pas, assez paradoxalement d'ailleurs, de présentation française. Ce qui me fit alors dépasser mon ambivalence et hésitation initiales devant une tentative en ce sens, fut de constater au cours de nombreuses rencontres, discussions et séances de travail sur le sujet, que beaucoup de psychologues francophones se voulant cliniciens se font une image de la psychologie clinique qui ne correspond point à son état d'évolution actuel, et la réponse que me fit un libraire parisien, spécialisé en la matière, à la question s'il pouvait me recommander un ouvrage de psychologie clinique : apparemment surpris, il réfléchit un instant puis, indiquant deux étalages, me dit : « Vous avez ici la psychanalyse, là les ouvrages de psychiatrie ! » Un séjour d'enseignement et de recherche dans une université américaine où l'on travaillait plus particulièrement ces problèmes m'a ensuite permis d'étudier la question dans le pays où cette discipline est née et a connu son développement le plus riche et le plus poussé tant au point de vue scientifique que professionnel, et m'a finalement décidé de la présenter au lecteur francophone.

Le but de cet ouvrage n'est donc pas de parler des dernières pratiques californiennes ou de la révolution freudienne, mais de situer une discipline qui correspond à une dimension essentielle du monde contemporain, et de présenter la psychologie clinique contemporaine, c'est-à-dire une psychologie clinique qui déborde les projets de chacun des fondateurs et dont on peut dire sans exagération qu'elle n'a réellement commencé à se développer qu'après la seconde guerre mondiale. Cette esquisse vise à cerner l'objet, les méthodes, les problèmes — et aussi quelques résultats — de la psychologie clinique contemporaine. Elle est centrée sur les faits et les problèmes généraux plutôt que sur des positions plus particulières, techniques, ou des perspectives d'écoles, elle ne prétend pas constituer un prototype, mais je crois que la perspective adoptée et dans laquelle la psychologie clinique est l'art d'utiliser les principes des sciences psychologiques en vue de comprendre, de résoudre et de soulager des problèmes humains, une perspective qui est donc fondée sur la science, mais qui en connaît les limites et ne néglige pas l'art, est la perspective la plus fructueuse en ce moment.

Comme il s'agit d'une introduction qui sera suivie d'un manuel ou d'un traité, la présentation faite ici ne fera pas un tour d'horizon systématique et exhaustif, un inventaire de notre discipline, mais se bornera à esquisser certains aspects généralement restés dans l'ombre dans les publications françaises sur la question. Les nombreuses références américaines et de langue allemande permettront au lecteur de se documenter sur l'état actuel de la discipline et de voir que cette nouvelle psychologie clinique est bel et bien devenue déjà une réalité en Europe également, ce que montrerait d'ailleurs aussi l'examen de la littérature néerlandophone, non incluse ici notamment parce que ses auteurs publient souvent aussi en anglais.

La quantité d'informations à recueillir et à situer pour écrire cet ouvrage n'était pas négligeable, et j'aimerais remercier ici les collègues dont l'accueil et les échanges m'ont été d'une aide précieuse. Je pense plus particulièrement, en suivant la chronologie de nos premières rencontres depuis 1978, à P. Wachtel et M. Goldfried (New York), à A. Bergin et M. Lambert (Provo), à J.-M. Boisvert et M. Baudry (Montréal), à L. Beutler (Tucson), à F. Newman, D. Orlinky et K. Howard (Chicago), à J. Sattler et J. Grossberg (San Diego) et à J. Mintz (Los Angeles). Parmi les collègues européens, je voudrais remercier J. Firth (Sheffield), K. Grawe (Berne), M. Chiva (Paris) et de Louvain-la-Neuve, J. Costermans et G. Lories, toujours prêt à discuter un problème. Mes remerciements vont naturellement à Wolf Minsel (Cologne) et surtout à Meinrad Perrez (Fribourg), interlocuteur et ami précieux depuis le voyage dans l'Anza Borrego.

San Diego, Ca., Février 1985.
Chaumont, Printemps 1986.

Chapitre 1
Historique

Commencer la présentation de la psychologie clinique contemporaine par un chapitre historique ne va pas de soi, pas plus que le choix de son contenu, et cette entreprise demande donc quelques commentaires. En parlant de mon projet avec un collègue, celui-ci m'a en effet posé la question: «Pourquoi un historique et pas tout simplement une présentation systématique?» A quoi j'ai répondu que j'y avais déjà pensé, mais qu'un historique me paraissait tout de même important pour deux raisons au moins. D'abord parce qu'en psychologie, et tout particulièrement en psychologie clinique, l'histoire est plus importante qu'en physique ou dans d'autres sciences naturelles, car «plus un domaine scientifique touche aux affaires humaines, plus les thèmes en jeu risquent de se trouver en conflit avec les traditions et les croyances» (Jacob, 1981). Dès lors, sa connaissance permet d'éviter des naïvetés et des erreurs improductives. Ensuite, et c'est tout aussi important, il s'agit de s'apercevoir que cette discipline qui plonge ses racines dans plusieurs terres a connu une lente évolution au cours de laquelle elle s'est constituée et transformée pour aboutir finalement, dans certains pays, à naître et à exister réellement comme discipline autonome.

Un second point à préciser est alors celui du choix du contenu de cet historique. Par la nature et le nombre de problèmes auxquels elle touche, par son caractère interdisciplinaire, la psychologie clinique a des racines que l'on peut poursuivre jusque dans l'antiquité gréco-romaine et dont les ramifications atteignent une complexité telle qu'il n'est pas possible, dans le cadre d'une introduction, de traiter la question dans toute son étendue. J'ai donc dû choisir et me suis décidé à présenter une esquisse de l'évolution de la psychologie clinique vers son statut de discipline scientifique autonome. A cet effet, je me suis limité à dépister les racines que plonge notre discipline dans l'histoire relativement récente, à identifier les fondateurs, selon les critères historiques courants et à décrire les lignes de force de son évolution ultérieure[1]. Comme il s'agit d'une esquisse historique de la psychologie clinique, seules seront citées les figures majeures et elles ne le seront que sous l'angle de leur apport à la psychologie clinique. Pour les subtiles questions de priorité et de différences entre écoles, le lecteur est prié de consulter la littérature spécialisée existante. Sa lecture critique lui montrera d'ailleurs qu'une découverte, l'apparition et le développement de tendances ou de disciplines nouvelles ne sont pas déterminés par un seul facteur comme par exemple le développement scientifique d'une discipline, les besoins, attentes et illusions d'une société et des groupes qui la composent, les personnalités créatives, mais par une action concertée de ces facteurs auxquels il faut d'ailleurs encore ajouter le développement des disciplines voisines.

I. LES RACINES DE LA PSYCHOLOGIE CLINIQUE

Quelles sont les disciplines scientifiques, les personnalités créatrices, le Zeitgeist et les conditions socio-culturelles, précédant immédiatement, catalysant pour ainsi dire, la fondation de la psychologie clinique? En schématisant les choses et en incluant les grandes figures comme Rousseau, Darwin, W. v. Humboldt ou Dilthey dans les disciplines à travers lesquelles leur influence sur la psychologie clinique semble s'être manifestée le plus directement, on pourrait dire que cette discipline s'enracine principalement dans la tradition psychiatrique, dans le mouvement humanitaire du XVIII siècle, et du côté de la psychologie, dans la psychologie générale et expérimentale, et dans la psychologie différentielle. Chacune de ces traditions, car c'est bien de traditions qu'il s'agit, a d'ailleurs continué, dans des mesures différentes selon les moments, à influencer de façon importante, l'évolution ultérieure de notre discipline dans laquelle il ne faut pas oublier non plus le rôle joué par la philosophie de la vie et par la phénoménologie.

1. La tradition psychiatrique

Philippe Pinel (1745-1826), père de la psychiatrie française, est une figure importante pour la psychologie clinique parce qu'il est l'auteur d'un événement qui marque un tournant dans la conception et le traitement du comportement anormal. Comme on le sait, Pinel, récemment nommé directeur à Bicêtre, a reçu de la Commune en 1793 la permission d'enlever les chaînes à ses malades mentaux et de les traiter comme des êtres humains malades. Pinel avait fait cette demande parce que ses observations l'avaient convaincu que ces malades étaient des personnes normales, mais qui avaient perdu la raison suite à de graves problèmes personnels et sociaux, qu'il fallait donc les traiter dignement, avec compassion et compréhension, et qu'un «traitement moral», un conseil réconfortant et une activité constructive, leur permettraient de se rétablir. Lorsque la «coercition» était indiquée, elle pouvait, pensait-il, être appliquée très efficacement sans indignité corporelle. Pinel est une figure importante aussi parce que non content d'avoir humanisé la vie des malades mentaux en institution, d'avoir proposé un «traitement moral», il contribua au développement d'une connaissance intime du caractère du patient, en prenant des histoires de cas, en exigeant des dossiers plus précis et en faisant des tentatives de classification.

En Amérique, Benjamin Rush (1745-1813), père de la psychiatrie américaine, faisait des efforts humanitaires et scientifiques semblables : il exigeait une attitude plus humaine envers les malades, appliquait le «traitement moral», et faisait des essais de classification et de systématisation aboutissant à son traité, paru en 1812, «Medical Inquiries and Diseases of the Mind».

Ces idées et efforts scientifiques de Pinel et de Rush trouvent alors un prolongement et un développement au cours de la deuxième moitié du XIXe siècle, grâce à une série de travaux traitant à la fois des problèmes psychologiques et psychopathologiques, parmi lesquels on peut distinguer deux orientations représentées l'une par Ribot, Janet, Dumas, Kraepelin et Witmer, l'autre par Charcot, Liébault, Bernheim et Freud.

Les idées et efforts humanitaires de Pinel et de Rush ont rencontré des défenseurs décidés et efficaces dans des personnes comme William Tuke, Dorothy Dix, Clifford Beers et dans le mouvement d'hygiène mentale.

2. Le mouvement humanitaire

William Tuke (1732-1822), un Quaker et marchand influent, essayait, en même temps que Pinel en France, mais indépendamment de lui, de changer les conditions des malades psychiatriques en Angleterre et proposait, lui aussi, le traitement moral, conçu et appliqué déjà par ses compatriotes. Il proposait à la Société des Amis de fonder leur propre institution, et en 1796, la Retraite de York fut ouverte dans une propriété de campagne. Dans ce lieu tranquille dont le nom de «retraite» était choisi pour éviter la stigmatisation liée au mot «asile», les malades étaient à l'abri des problèmes de la vie de tous les jours, pouvaient vivre, travailler et se reposer dans une atmosphère paisible et religieuse, et parler de leurs problèmes avec le personnel. Cette Retraite de York fut l'exemple pour les fondations, aux Etats-Unis, du Friends Asylum (fondé en Pennsylvanie en 1817) et de la Hartford Retreat (fondée en 1824 dans le Connecticut) et influença d'ailleurs la vie dans un certain nombre d'autres hôpitaux psychiatriques des Etats-Unis.

Dorothy Dix (1802-1887), une institutrice, impressionnée et révoltée par les conditions de vie régnant dans les maisons de charité et dans les prisons, demandait des réformes à l'Etat du Massachussetts. Y ayant réussi, elle entreprit une réelle croisade d'information et de sensibilisation du public à la nécessité d'un traitement humain et adéquat des personnes souffrant de déficiences ou de maladies mentales, et des criminels. Grâce à ses efforts infatiguables, beaucoup de choses positives furent faites qui n'eurent malheureusement pas toujours seulement des conséquences positives à long terme (Bockoven, 1963).

Ces efforts vers des conditions plus humaines et une plus grande responsabilité de la communauté en matière de santé mentale furent repris dans le mouvement de l'hygiène mentale fondé par Beers et aboutirent à l'établissement d'un Comité National pour l'Hygiène Mentale (1909) qui promut l'idée de prévention par l'information et l'éducation du public, la coordination des services existants, et par la recherche.

3. La psychologie générale et expérimentale

Bien que la psychologie générale et expérimentale se soit développée au laboratoire et non dans les cliniques, elle doit être mentionnée comme une des racines de notre discipline. C'est, en effet, grâce à elle que la psychologie s'est émancipée de la philosophie, de l'empirisme médical et de la physiologie expérimentale pour devenir une science originale et autonome. C'est elle qui a fourni un modèle méthodologique toujours valable, mais dont les limitations pour l'étude de nombreux phénomènes cliniques ont donné lieu au développement de méthodes plus appropriées, les méthodes différentielles et la méthode dite clinique. Mais en plus de la méthodologie générale, la psychologie générale et expérimentale fournissait aussi des recherches sur des phénomènes importants pour la psychologie clinique: la perception, la pensée et la mémoire, les émotions, etc. et l'on peut même parler d'une tradition expérimentale en psychologie clinique.

4. La psychologie différentielle

Comme on le sait, l'étude scientifique des différences individuelles remonte à Galton dont les travaux, contemporains de ceux de Wundt, établissaient l'intérêt et la légitimité de l'étude des différences individuelles en psychologie. En introduisant la mesure et l'analyse statistique et en les utilisant pour étudier et classifier les individus, Galton fonda la discipline qui, avec les travaux de J. Mc Keen Cattell, de Binet et de W. Stern, deviendra la psychologie différentielle et fournira la méthode des tests et la psychométrie qui devront jouer un rôle important dans le développement de la psychologie clinique.

5. La philosophie de la vie et la phénoménologie

Bien qu'il ne s'agisse pas ici d'une racine de la psychologie clinique au même titre que dans les cas des traditions précédentes, nous mentionnons ici la philosophie de la vie[2] et la phénoménologie parce qu'elles ont influencé notre discipline dès le début, peut-être de façon plutôt indirecte, mais importante, par leurs options méthodologiques.

On sait en effet que Dilthey estima que la psychologie ne pouvait pas suivre le modèle des sciences naturelles proposé par son fondateur Wundt[3], mais, qu'ayant un objet original, l'expérience vécue qui se distingue par son immédiateté, son caractère historique et son caractère structural, elle devait adopter une méthode tenant compte de l'originalité de son objet qu'il ne s'agit dès lors pas d'expliquer à la manière des sciences de la nature, mais bien de comprendre à la manière des sciences de l'esprit. Cet effort de saisir de façon plus adéquate l'objet original qu'est la vie psychique humaine aboutit alors à l'élaboration par Husserl de la méthode phénoménologique qui vise à saisir les phénomènes psychiques non pas par l'objectivation et l'explication, mais bien par la description et l'abstraction génératrice de concepts.

L'orientation de la démarche phénoménologique s'est fait sentir très tôt dans la psychologie générale et expérimentale (Merleau-Ponty, 1942, 1947; Buytendijk, 1967; Thinès, 1977), comme aussi dans la psychologie du développement et dans la psychologie de la personnalité (Klages, Lersch, Spranger, G.W. Allport, G.A. Kelly, Snigg et Combs, etc.) et, par ce biais, influença également la psychologie clinique. De plus, Jaspers (1913) introduit la perspective «compréhensive» et phénoménologique en psychopathologie, et Binswanger élabora une approche de la psychiatrie qui s'inspire de Husserl et de Heidegger. Finalement, la philosophie de la vie et le mouvement phénoménologique sont aussi à la source du mouvement de la psychologie humaniste (Maslow, Rogers, Perls, Frankl, etc.) qui se veut la «troisième force» en psychologie, et a donné lieu à l'élaboration de quelques techniques psychothérapeutiques intéressantes.

II. LES FONDATEURS

1. L. Witmer

Quels que soient les mérites de ses précurseurs et contemporains, le psychologue américain Lightner Witmer (1867-1956) est généralement reconnu comme le fondateur véritable de la psychologie clinique. Après sa thèse de doctorat faite chez Wundt en 1892, Witmer devenu assistant, puis successeur de J. Mc Keen Cattell à l'Université de Pennsylvanie, fonde, en 1896, dans ce milieu déjà préparé aux applications de la psychologie, la première «Psychological Clinic». La même année, il présente devant l'American Psychological Association la conception qu'il se fait de la nouvelle discipline. Il y emploie pour la première fois les termes de «psychologie clinique» et de «méthode clinique en psychologie», et présente la clinique psychologique comme une institution de service public et social, permettant non seulement de faire de la recherche, mais également de former des étudiants aux différentes formes de guidance.

Cette présentation à l'American Psychological Association n'a cependant pas eu beaucoup de succès et l'influence de Witmer sur le développement ultérieur de la psychologie clinique est restée faible. Le peu d'intérêt rencontré à l'APA pouvait s'expliquer par le fait que ses collègues se concevaient comme des scientifiques purs et n'étaient pas préparés à s'aventurer dans les domaines de l'application et de la professionnalisation. Sa faible influence sur le développement ultérieur de la discipline a cependant aussi d'autres raisons dont la principale est le fait que sa centration sur des problèmes d'ordre pédagogique et plus particulièrement ceux de l'arriération mentale, l'empêchaient de s'apercevoir des développements s'esquissant en psychiatrie sous l'influence de la psychanalyse qu'il considérait comme non scientifique.

Malgré ces limitations, il reste que Witmer a fondé la première «Psychological Clinic», a utilisé le premier les termes de «psychologie clinique» et de «méthode clinique en psychologie», qu'il a fondé la première revue de psychologie clinique et donné une formation professionnelle.

2. E. Kraepelin

Voir le nom de Kraepelin figurer parmi les fondateurs de la psychologie clinique peut étonner — il n'est d'ailleurs que très rarement cité à ce titre — mais se justifie lorsqu'on considère ses contributions, dont la principale est sans doute l'introduction d'un laboratoire de psychologie expérimentale dans la clinique psychiatrique.

Son intention est clairement exprimée dans un travail de 1895 «Der psychologische Versuch in der Psychiatrie»[4], où l'on peut lire des phrases qui n'ont pas tout à fait perdu leur actualité: «Il est grand temps qu'également chez nous en matière de questions psychologiques, l'étude de cas sérieuse et consciencieuse prenne la place des affirmations spirituelles et des inventions au sens profond, l'improuvable et le non-documentable ne nous avancent pas. Nous avons besoin de faits, pas de théories... Nous voulons tenter d'y donner une réponse, non pas à la table verte, mais au laboratoire, non pas avec des idées brillantes, mais par la mesure et le calcul» (Kraepelin, 1895, p. 91).

L'intérêt et la variété des travaux accomplis dans ce laboratoire sont bien décrits par Roback: «Des étudiants avancés devaient s'occuper de problèmes spéciaux. Il y avait des recherches sur la profondeur du sommeil, la force musculaire, les sentiments comme l'attention, l'étonnement et la déception. Les expériences sur les associations bien connues de Aschaffenburg que Jung appliquait plus tard à des cas psychonévrotiques ont été menées au laboratoire de Kraepelin: c'est ici également que le psychologue anglais Rivers travaillait le problème de la fatigue et du rétablissement. Kraepelin était le premier à faire des recherches sur la valeur des pauses de travail, ainsi que sur l'effet qu'exerçaient sur les processus mentaux, le thé, l'alcool, les bromures, les formaldéhydes et l'éther» (Roback, 1970, p. 246). En 1892 déjà, il publia un travail «Uber die Beeinflussung einfacher psychischer Vorgänge durch einige Arzneimittel»[5] où il rend compte de ses recherches en pharmacopsychologie, qui justifieraient de le considérer comme le fondateur de cette discipline. Par ailleurs, Kraepelin avait aussi développé une série de procédés psychodiagnostiques et Pongratz (1977, p. 23) remarque très justement que «Kraepelin a aussi déjà vu très clairement que le psychodiagnostic implique une psychologie de la personnalité». Kraepelin espérait ainsi que la psychologie expérimentale pourrait contribuer à la résolution des problèmes de la psychiatrie.

Si l'on peut trouver qu'Eysenck simplifie un peu les choses en voyant en Kraepelin «le père de la psychologie clinique», on peut certainement le considérer comme un de ses fondateurs et marquer son accord avec Pongratz disant: «Nous voyons son mérite principal en psychologie clinique dans le fait qu'il a mis la psychologie pratiquée en clinique sur le terrain de l'expérimentation, de la mesure et du calcul» (*ibid.*).

3. S. Freud et P. Janet

Parmi les fondateurs de la psychologie clinique, Freud est certainement celui dont l'influence a été la plus forte jusque vers les années 1960. La psychologie clinique lui doit la première théorie proprement psychologique des troubles psychiques, comprenant une théorie étiologique et thérapeutique ainsi que des techniques de traitement élaborées. Elle lui doit beaucoup de l'intérêt que la psychiatrie moderne a témoigné pour l'aspect psychologique des névroses, psychoses et perversions, de l'importance qu'ont pris, sur le plan thérapeutique, l'entretien et les relations affectives entre thérapeute et patient, et cela pas seulement en psychiatrie. Elle lui doit finalement un bon nombre d'hypothèses qui ont inspiré des recherches, un édifice et un mouvement qui, par voie de prolongement ou de développement d'alternatives, sont à la base des conceptions nouvelles.

Un auteur peu cité dans le contexte du développement de la psychologie clinique — paradoxalement surtout en France — est P. Janet. Il avait pourtant, comme le rappelle Prévost (1969), pris une part active dans l'élaboration de cette discipline nouvelle et même utilisé, en 1897, les termes de «psychologie clinique». Il est sans doute difficile de préciser son influence exacte[6], mais nous tenions à évoquer, dans ce contexte, une figure et une œuvre qui ne doivent pas en être absentes.

III. LE DEVELOPPEMENT ET L'EVOLUTION ULTERIEURS

Après sa fondation comme discipline et comme profession par Witmer en 1896, la psychologie clinique américaine connut une évolution dans laquelle on peut distinguer quatre périodes.

Lors des deux premières qui vont de 1896 à 1918, et de 1918 à 1940, et se caractérisent par le développement des tests et de la psychologie appliquée, la psychologie clinique est une discipline auxiliaire et le psychologue clinicien a principalement des fonctions diagnostiques. C'est ce que l'on peut voir dans les activités de Witmer qui se situent surtout dans un cadre scolaire et pédagogique, mais aussi dans les centres de guidance pour enfants de Healy (Child Guidance Clinics) qui avait des vues plus larges et plus ouvertes que Witmer, mais dans son équipe limitait toutefois le rôle du psychologue au diagnostic, le traitement étant réservé aux psychiatres. Dans le cadre du développement de la psychologie appliquée aussi (1918-1940), la fonction de diagnostic et de recherche était importante, tant lorsqu'en 1917, à l'entrée en guerre des Etats-Unis, il s'agissait d'examiner les recrues, que lorsqu'à partir de 1921, la Psychological Corporation proposait des tests, des services de consultation et faisait des recherches pour des clients dans les affaires et dans l'industrie. Lors de cette deuxième phase qui voyait une consolidation de la discipline et de la profession, on perçoit vers le milieu des années 1930 l'esquisse d'un changement. Les activités diagnostiques commencent à s'élargir. Limitées d'abord surtout aux mesures de l'intelligence et des aptitudes, aux performances scolaires des enfants, elles s'étendent à l'adulte et aux hôpitaux psychiatriques, grâce aux tests de personnalité (Questionnaire, Rorschach, TAT) qui commençaient à prendre de l'importance à la faveur des idées psychanalytiques devenues plus influentes suite à l'immigration européenne. De plus, beaucoup de psychologues cliniciens commencent à s'intéresser à la psychopthérapie et plus particulièrement à la psychanalyse, bien que les psychanalystes américains réservaient cette formation aux médecins. A la fin des années 1930, on constatait ainsi un mouvement d'extension des activités du psychologue clinicien qui allait de l'enfant à l'adulte, des aptitudes à la personnalité, et du diagnostic à la prise en charge et à la thérapie.

Ce mouvement connut alors une intensification et une amplification pendant et après la seconde guerre mondiale qui posaient des problèmes dont les tentatives de solution furent l'occasion d'un véritable renouveau de la psychologie clinique, qui devait avoir des conséquences des plus importantes pour son évolution.

Au début de l'entrée en guerre des Etats-Unis, il s'agissait en effet d'établir l'aptitude au service militaire, de sélectionner des individus en vue de leur affectation à des tâches spécifiques, de développer des méthodes et des programmes de formation. Ces examens ne se limitaient pas nécessairement à l'intelligence, mais portaient également sur la personnalité ou certains de ses aspects, et nécessitaient souvent la construction d'instruments nouveaux. Lors de ce premier moment, les psychologues engagés pour ces tâches exerçaient leur fonction traditionnelle consistant dans l'évaluation ou le diagnostic d'aptitudes générales ou spécifiques, et de la personnalité, faits à partir de tests, de questionnnaires, d'observations et d'interviews. S'ajoutaient à cela, pour certains d'entre eux, des activités de recherche nécessitées non seulement par le grand nombre d'examens à pratiquer en peu de temps, mais également par les problèmes nouveaux que posait cette situation. Avec l'avancement de la guerre, les vicissitudes de la vie militaire, le stress et les rigueurs de la vie au front et au combat ont alors donné lieu au développement de problèmes importants de santé mentale que les médecins et psychiatres militaires étaient trop peu nombreux à traiter. Des psychologues ont été appelés pour les aider à donner une certaine assistance psychologique, pour aider les soldats à retourner au combat ou pour s'occuper de leur réhabilitation. En automne 1944, plus de 200 psychologues cliniciens ont ainsi été détachés pour le service dans des hôpitaux militaires et des centres de réhabilitation (Hutt et Milton, 1947).

C'était là une extension des fonctions et du rôle du psychologue clinicien qui non seulement révélait à beaucoup de psychologues l'intérêt et la satisfaction que pouvaient comporter ces fonctions, mais qui impliquait également une certaine reconnaissance professionnelle. En somme, «le fait que des psychologues pouvaient prendre des histoires de cas adéquates, contribuer à l'évaluation et au diagnostic du patient, aider à planifier des recherches, et manier efficacement beaucoup de types de patients en thérapie individuelle ou de groupe, démontrait qu'il y avait là un groupe professionnel qui n'avait pas été utilisé pleinement dans le passé» (Garfield, 1974, p. 9).

La guerre terminée, la Veterans Administration se trouvait devant le problème de donner des soins aux quarante mille patients psychiatriques qui se retrouvaient dans ses hôpitaux, et d'assurer leur réhabilitation. Ceci n'était possible qu'en augmentant le nombre de travailleurs en santé mentale, problème que la Veterans Administration résolvait en proposant des programmes de formation, élaborés en collaboration avec des universités, et des bourses pour ceux qui voulaient s'y engager.

Ce fut là le premier programme universitaire de formation clinique incluant une expérience pratique, et ce fut en même temps une reconnaissance officielle du rôle et des fonctions du psychologue clinicien, qui ne se limitait plus au testing des enfants, mais incluait, outre la recherche et des activités diagnostiques complexes chez l'adulte, la psychothérapie individuelle ou de groupe.

Le U.S. Public Health Service était un autre organisme national qui contribuait à l'essor de la psychologie clinique en finançant des programmes de formation et de recherche destinés à améliorer les problèmes de santé mentale révélés par les examens effectués lors du recrutement des soldats.

Consultée par la VA et le USPHS pour l'évaluation des programmes de formation à financer, la APA a nommé une commission pour étudier la question. Ce comité qui était composé de psychologues expérimentés dans les problèmes en question, et présidé par D. Shakow, présenta un rapport à la APA Convention de 1947: Recommented Graduate Training Program in Clinical Psychology (Shakow, Hilgard, Kelly, Luckey, Sanford et Shaffer, 1947) qui allait bientôt devenir le critère pour l'évaluation des programmes cliniques présentés par les départements de psychologie. Les recommandations proposaient un programme de quatre ans incluant une année de stage et un enseignement dans les domaines suivants: 1) psychologie générale, 2) psychodynamique du comportement, 3) méthodes diagnostiques, 4) méthodes de recherche, 5) disciplines apparentées, 6) thérapies. Elles insistaient en plus sur la continuité qu'il devait y avoir entre la psychologie clinique et le champ général de la psychologie et sur le rôle que le psychologue clinicien était amené à jouer dans la recherche. Le document dit à ce sujet: «Un psychologue clinicien doit d'abord et avant tout être un psychologue dans le sens que l'on peut attendre de lui un point de vue et un fond de savoir et de formation communs à tous les psychologues. Ceci impliquerait une familiarité avec les connaissances essentielles dans le domaine de la théorie, de la recherche et des méthodes psychologiques, sur quoi une formation ultérieure et des relations interdisciplinaires peuvent être bâties». Concernant la formation, le texte dit encore: «La préparation devrait être large; elle devrait être orientée vers la recherche et des buts professionnels. Les participants devraient recevoir une formation dans trois fonctions: diagnostic, recherche et thérapie, la contribution du psychologue comme chercheur étant mise en relief tout au long des études» (p. 543).

En plus de ces recommandations portant sur l'aspect académique de la formation, le rapport mentionnait des qualités personnelles estimées importantes pour le travail clinique : 1) aptitudes supérieures, 2) originalité et fertilité en ressources, 3) curiosité, 4) intérêt pour la personne individuelle, 5) compréhension de ses propres caractéristiques de personnalité, 6) sensibilité à la complexité de la motivation, 7) tolérance, 8) aptitude à établir des relations chaleureuses et affectives, 9) assiduité et aptitude à tolérer des situations d'urgence, 10) sens des responsabilités, 11) tact, 12) intégrité et self-control, 13) sens des valeurs éthiques, 14) fond culturel large, 15) intérêt profond pour la psychologie, spécialement pour ses aspects cliniques.

Ce qui mérite attention dans cette liste est moins l'une ou l'autre des qualités mentionnées que le fait qu'elle souligne qu'une brillante intelligence ne suffit pas à faire un bon clinicien, et qu'elle reflète l'attention accordée par ce comité à la dimension éthique et humaine de la formation des futurs psychologues cliniciens dont le travail déborde la simple application de techniques dans un contexte défini à l'avance.

Les principes et recommandations de ce rapport ont alors inspiré des programmes universitaires de psychologie clinique (42 jusqu'en 1949) et donné l'orientation de la conférence de Boulder sur la formation en psychologie clinique (1949) qui devait exercer une grande influence (v. le chapitre sur la profession, p. 259).

Sur le plan professionnel, cette époque vit encore d'autres événements importants : la création du National Institute of Mental Health finançant la recherche et la formation, l'établissement de l'American Board of Professional Psychology (1947), la publication du Code of Ethical Standards of Psychologists (APA, 1953), et le désir de beaucoup de psychologues cliniciens de s'installer en pratique privée. En 1955, le Congrès créa la Joint Commission on Mental Illness and Health qui était chargée d'évaluer les problèmes de santé mentale, les ressources en matière de traitement et de recherche, et publia un rapport en 1961. L'établissement des centres communautaires de santé mentale (1963) en plus du diagnostic, du traitement et de la recherche, ouvrait des possibilités nouvelles au psychologue clinicien : la formation des paraprofessionnels, l'administration et l'évaluation des programmes communautaires, et le rôle de consultant auprès des différentes institutions sociales. Toutes ces possibilités jointes à la reconnaissance publique d'une pratique privée, font qu'on peut réellement parler d'un épanouissement de la profession de psychologue clinicien au cours de cette période.

Les années après 1970 voient d'abord continuer cet épanouissement. Elles sont caractérisées par une décroissance des activités diagnostiques en faveur des activités thérapeutiques et de l'action préventive. Les activités thérapeutiques elles-mêmes se diversifient grâce au développement de théories alternatives à la psychanalyse, et le mouvement communautaire met l'accent sur l'aspect préventif plutôt que thérapeutique de l'intervention psychologique.

L'assurance et l'optimisme du début des années 1970 ne sont cependant plus les mêmes à la fin de la décennie. La guerre du Vietnam, l'augmentation de la délinquance et du crime, le problème des drogues, le Watergate, la stagnation économique avaient changé le climat général, et dans les domaines de la psychologie clinique et de la santé mentale, l'assurance et l'optimisme ont été quelque peu troublés par des résultats de recherche suggérant des doutes sur l'efficacité de certaines interventions psychothérapeutiques et montrant que des paraprofessionnels ne sont pas moins efficaces dans la prise en charge de certains problèmes. A cela s'ajoute que les agences de santé mentale communautaires n'ont pas tenu leurs promesses, et qu'il devenait clair que beaucoup de personnes, surtout les pauvres, ne recevaient pas l'aide qu'il leur fallait. Les problèmes ne sont plus les mêmes et les programmes de formation aussi ont été remis en question (v. chap. sur la profession, p. 262).

Evénements significatifs dans l'histoire de la psychologie clinique

---

1889   P. Janet publie l'Automatisme psychologique.

1890   J. Mc Keen Cattell emploie le mot «test», premiers travaux psychodiagnostiques.

1892   Fondation de la American Psychological Association (APA).

1895   Breuer et Freud publient les «Etudes sur l'Hystérie».
       Kraepelin: Der psychologische Versuch in der Psychiatrie.

1896   Witmer fonde la première «clinique psychologique» à l'Université de Pennsylvanie, et y traite des enfants handicapés mentaux et physiques.

1904   Janet et Dumas fondent le Journal de Psychologie normale et pathologique.

1905   Binet et Simon publient leur test d'intelligence.

1906   M. Prince édite le Journal of Abnormal Psychology.

1908   C. Beers fonde le National Committee for Mental Hygiene.

1909   Healy fonde le Juvenile Psychopathic Institute à Chicago.

1910 Fondation de la « Internationale psycho-analytische Gesellschaft ».

1912 Münsterberg propose la notion de « pathopsychologie » concevant les phénomènes anormaux comme exagération ou inhibition des phénomènes normaux.

1913 Jaspers publie sa Allgemeine Psychopathologie et introduit en psychiatrie la référence à la « psychologie compréhensive » et à la phénoménologie.

1917 Développement des U.S. Army Alpha et Beta tests, et du Woodworth Personal Data Sheet, pour l'examen de l'intelligence et de la personnalité des recrues.

1919 Formation de la section « Psychologie Clinique » de la American Psychological Association.
A. Adler ouvre le premier centre de consultation pour problèmes éducatifs à Vienne.

1921 Rorschach publie sa Psychodiagnostik.

1922 J. Mc Keen Cattell fonde la Psychological Corporation.

1924 M. Cover Jones publie le Cas de Pierre, premier texte de thérapie comportementale.

1925 Gesell : Mental Growth of the Preschool Child présente des tests de développement.

1935 Ch. Morgan et H. Murray publient le Thematic Apperception Test.

1936 Louttit présente sa Psychologie Clinique.

1939 Wechsler publie le Wechsler-Bellevue Intelligence Test.

1942 Rogers publie Counseling and Psychotherapy, et présente sa thérapie non directive.
Hathaway and Mc Kinley sortent le Minnesota Multiphasic Personality Inventory (MMPI).
Lewin développe les méthodes de discussion en groupe.

1946 Le Mental Health Act crée une législation fédérale pour la prévention et le traitement des troubles psychiques.
La U.S. Veterans Administration, le National Institute of Mental Health, et le U.S. Public Health commencent à financer des programmes de formation en psychologie clinique au niveau doctoral.

1947 Etablissement de l'American Board of Professional Psychology.

1949 La Conférence de Boulder propose le modèle de formation en psychologie clinique appelé le modèle du scientifique-professionnel (scientist-professional).
Lagache publie « Psychologie Clinique et Méthode Clinique », « L'Unité de la Psychologie », et réintroduit la psychologie clinique en France.

1950 Dollard et Miller publient Personality and Psychotherapy où ils appliquent les principes de l'apprentissage à la psychothérapie.

1952 Eysenck publie son article The Effects of psychotherapy: An evaluation.

1953 Parution des Ethical Standards de l'APA.

1958 Wolpe publie le premier livre sur la thérapie comportementale: Psychotherapy by Reciprocal Inhibition.

1963 Le Community Mental Health Centers Act promulgue l'installation des centres communautaires de santé mentale aux Etats-Unis.

1964 Ouverture du Centrum voor Client Centered Psychoterapie en Counseling à l'Université de Leuven.

1969 Fondation aux Etats-Unis de la Society for Psychotherapy Research (SPR).
Fondation à Munich de la Gesellschaft zur Förderung der Verhaltenstherapie (Société de thérapie comportementale).

1970 Fondation à Hambourg de la Gesellschaft für wissenschaftliche Gesprächstherapie (Société de thérapie non directive).
Les thérapeutes comportementaux européens se réunissent à Munich et fondent la European Association for Behavior Therapy and Modification.

1973 La Conférence de Vail (U.S.A.) propose un modèle de formation professionnelle.
Rapport de l'O.M.S. sur le rôle du psychologue dans les services de santé mentale de différents pays européens.

1974 Premier Congrès Européen de thérapie non directive à Würzburg.

1975 Publication du « Rapport sur l'état de la psychiatrie dans la RFA - sur les soins psychiatriques et psychothérapeutiques/psychosomatiques dispensés à la population ».
Etablissement en R.F.A. d'un « Groupe de travail des associations de psychothérapie (AGTV) » comprenant 4 associations et la section clinique de la Fédération des Psychologues allemands.

1980 Premier congrès de psychologie clinique et de psychothérapie organisé à Berlin par la société allemande de thérapie non directive (GWG) et la société allemande de thérapie comportementale (DGVT).

1981 1st European Conference on Psychotherapy Research à Trèves (R.F.A.).

1983 Fondation à New York de la Society for the Exploration of Psychotherapy Integration (SEPI).

1985 2nd European Conference on Psychotherapy Research à Louvain-la-Neuve, organisée par la Society for Psychotherapy Research et les Journées de Psychologie Clinique de Louvain-la-Neuve.

Chapitre 2
La situation actuelle et l'identité de la psychologie clinique

Après avoir donné un aperçu historique afin de montrer le dessein de ses fondateurs et le jeu des facteurs multiples qui l'ont déterminé, essayons de définir l'identité de cette discipline et de ceux qui l'exercent. La meilleure façon d'y parvenir, c'est une façon classique de le faire, est sans doute de repérer quelques définitions données par ceux qui la pratiquent et de les analyser ensuite par rapport aux caractéristiques qui s'en dégagent. A cette fin, nous avons choisi quelques définitions qui nous paraissent le mieux faire comprendre la situation actuelle et nous nous sommes tournés principalement vers les auteurs européens, puisque la psychologie clinique européenne s'est enfin réveillée après la seconde guerre mondiale.

I. QUELQUES DEFINITIONS DE LA PSYCHOLOGIE CLINIQUE

Si nous nous adressons d'abord aux auteurs qui ont réintroduit la psychologie clinique dans la psychologie française, D. Lagache et J. Favez-Boutonier, nous les voyons renouer avec la tradition psychopathologique française et proposer une vue insistant sur l'aspect idiographique et holistique de la psychologie clinique sans pour autant négliger l'exigence de scientificité.

Pour Lagache (1949, pp. 31-33), faire de la psychologie clinique, c'est «envisager la conduite dans sa perspective propre, relever aussi fidèlement que possible la manière d'être et d'agir d'un être humain concret et complet aux prises avec cette situation, chercher à en établir le sens, la structure et la genèse, déceler les conflits qui la motivent et les démarches qui tendent à résoudre ces conflits », c'est poursuivre « cette psychologie scientifique de la conduite humaine concrète ». Lagache précise la démarche méthodologique du psychologue clinicien en la comparant à celle de l'expérimentateur : comme celui-ci, le clinicien vise à contrôler les conditions de la conduite, mais « ne pouvant ni créer ni surtout contrôler la situation de manière à faire abstraction d'une partie de ses conditions », il « s'efforce d'y parer en remplaçant les facteurs qui l'intéressent dans l'ensemble de leurs conditions; d'où la recherche d'une exploration exhaustive ». Admettant que cette démarche est moins rigoureuse et aboutit à des conclusions moins générales, il conclut néanmoins : « quelle que soit l'imperfection théorique et logique de la psychologie clinique, elle apparaît comme le mode d'approche le plus adapté aux conduites humaines concrètes, c'est-à-dire à un ordre de faits psychologiques à la fois très étendu et primordial » (p. 52). Et l'ouvrage se termine par un passage qui n'a rien perdu de son actualité : « En psychologie, l'expérimentation et la clinique se prêtent un mutuel appui. La clinique a essentiellement une fonction de prospection et d'application, l'expérimentation représente un stade terminal de l'investigation scientifique. Le conflit entre psychologie expérimentale et psychologie clinique est un moment dépassé de l'histoire de la psychologie » (p. 71).

Lagache donne également une excellente définition, très moderne, de l'objet de la psychologie clinique : « c'est l'être humain en tant qu'il est porteur d'un problème, et d'un problème mal résolu » (p. 34), et aborde les relations avec quelques autres disciplines. Il décrit ainsi les ressemblances et différences d'avec la psychopathologie, situe les relations avec la psychométrie dont l'investigation clinique ne peut plus se passer et qui augmente son efficacité, et il précise que « la psychanalyse est une forme de psychologie clinique et de psychothérapie que spécifie notamment l'étude du transfert » (p. 70). Voilà quelques points importants pour définir notre discipline.

J. Favez-Boutonier, bien que partageant le point de vue de Lagache sur l'unité de la psychologie et la spécificité de la psychologie clinique, accentue encore l'aspect idiographique en disant qu'il s'agit de « l'être humain en tant qu'il existe et se sent exister comme un être unique, ayant une histoire personnelle, vivant dans une situation qui ne peut être assimilée à aucune autre » (1966) et voit une relation plus problématique entre méthode expérimentale et méthode clinique : « le développement de la psychologie a cependant prouvé que si la méthode expérimentale et la méthode clinique apportaient l'une et l'autre des contributions importantes aux progrès de la discipline dont elles relèvent, ce n'était pas en se confondant en un éclectisme méthodologique douteux, mais au contraire en s'affirmant indépendantes, voire parfois inconciliables» (1968, p. 890). Dans son texte de 1959 qui fait le point de la question telle qu'elle se posait en France, elle explicite aussi davantage que Lagache ne l'avait fait les relations existant entre la psychologie clinique, la clinique psychiatrique et la psychologie médicale, en se basant sur la discussion qui avait suivi la conférence de Lagache, et sur les vues exprimées par des médecins lors d'un colloque sur la psychologie médicale. De cet examen, elle retire deux conclusions:

1. «... si la psychologie clinique peut être à son aise dans la psychologie médicale, elle ne se confond pas avec la psychologie médicale puisque nous avons vu intervenir dans la psychologie médicale aussi bien la psychologie expérimentale que la psychologie sociale, la méthode des tests et la psychologie différentielle, en somme toute la psychologie».

2. «Mais nous nous apercevons aussi que, peut-être, même dans le domaine médical, la psychologie clinique n'a pas la place qui lui revient. Il n'y a donc aucune confusion entre psychologie clinique et psychologie médicale, et on peut même penser que si la psychologie clinique est davantage comprise et mieux développée, cela profitera même à la psychologie médicale dans son propre domaine, qui est celui de la compréhension du malade».

Et elle ajoute: «Rien ne prouve, que ce soit uniquement dans ce domaine, dans le domaine de la compréhension du malade que la psychologie clinique puisse se développer et s'épanouir» (p. 22), le texte se terminant: «car c'est tout le champ de la vie humaine qui est ouvert à la psychologie clinique» (p. 114).

Concernant les relations entre psychologie clinique et psychanalyse, la position de J. Favez-Boutonier est la même que celle de Lagache qui considère celle-ci comme une forme spéciale de celle-là. Il est intéressant de noter qu'à la question de savoir si on peut être psychologue clinicien sans avoir fait d'analyse personnelle, J. Favez-Boutonier (1975) ne répond pas forcément par la négative, que dans le domaine de la connaissance de l'homme, elle n'a «jamais considéré qu'il fallait estimer que tout ce qui n'était pas la psychanalyse freudienne était nul», et qu'elle ne pense pas que «la psychanalyse soit appelée à remplacer la psychologie, même clinique»[7].

A. Rey, clinicien et chercheur, rappelant la diversité des définitions de la psychologie clinique, en propose la suivante: «La psychologie clinique est une application des méthodes de la psychologie expérimentale à l'étude des maladies, d'une façon plus générale à l'étude des individus qui ne parviennent pas à s'adapter ou qui sont désadaptés, l'insuffisance ou le déficit pouvant porter sur les aspects les plus divers du comportement». Et Rey commente: «La psychologie clinique fournit des renseignements dont la psychologie générale et la psychologie pathologique font leur profit, mais c'est avant tout une science appliquée qui se propose de réunir des faits utiles en clinique. Il s'agit de collaborer à un diagnostic, à un pronostic, quelquefois à une thérapie» (1952, p. 5).

Ces textes situent assez clairement l'objet, les méthodes et les champs d'application de la psychologie clinique, tout en restant quelque peu évasifs sur les questions du psychothérapie.

Des préoccupations différentes se rencontrent lorsqu'on interroge les manuels de psychologie clinique allemands, contemporains de Lagache et de Favez-Boutonier. Hellpach (1946) définit la psychologie clinique comme «une branche de la psychologie pratique qui traite des relations psychiques existant entre patient et médecin, de l'attitude face à la maladie et des tâches psychologiques que le médecin doit accomplir face au patient». L'objet de la psychologie clinique serait constitué par «tous les genres de comportements psychiques accompagnant les maladies corporelles», et, plus précisément, «la psychologie clinique n'a rien à voir avec les maladies primairement psychiques ou avec les déviations de la norme, avec des psychoses, des psychopathies et des psychonévroses». La psychologie clinique est donc, selon Hellpach, une psychologie pour le médecin ou ce que l'on appelle aussi la psychologie médicale.

E. Stern (1954) prend une position semblable dans son manuel de psychologie clinique et y voit aussi une application de la psychologie aux problèmes de la clinique médicale, comme il ressort de la liste des problèmes qu'il mentionne: «la relation médecin-malade; les effets qu'ont l'hôpital et le sanatorium sur le malade; la dépendance de la maladie de facteurs tels que la phase de la vie, les problèmes particuliers du patient, les conditions culturelles et économiques générales; la signification du développement de la médecine et de sa socialisation progressive, des assurances...». Mais à la différence de Hellpach, il estime que l'exclusion de la psychologie clinique des troubles psychiatriques n'est pas justifiée. La psychothérapie cependant est considérée comme une activité médicale: «Le travail psychothérapeutique spécial suppose, pour cette raison, à notre avis, une formation médicale et une formation psychiatrique d'une certaine durée...» (p. 439). Le psychodiagnostic est lui aussi affaire de médecin, mais Stern estime que suite au manque de temps de celui-ci, cette tâche doit être confiée au psychologue.

Meyerhoff (1959) présente lui aussi la psychologie clinique comme une application de la psychologie à la clinique médicale en la restreignant à «ce que la science psychologique peut offrir à la clinique, c'est-à-dire à la façon dont le psychologue peut enrichir, élargir et approfondir le travail clinique grâce au bagage que lui donnent ses études de psychologie» (p. 15).

Les caractéristiques communes de ces définitions données par les auteurs allemands de cette époque pourraient se résumer ainsi: la psychologie clinique

1. se limite au domaine des processus psychiques normaux (sauf pour Stern, qui, à la différence de Hellpach, estime que l'exclusion de la psychologie clinique des troubles psychiatriques n'est pas justifiée);

2. est l'application du savoir et des techniques psychologiques aux problèmes de la clinique médicale, où elle s'occupe, sous la responsabilité médicale, des problèmes psychologiques occasionnés par la maladie et les soins de santé;

3. n'inclut pas la psychothérapie qui elle est l'affaire du médecin.

En Allemagne, cette conception des choses quelque peu restreinte et étroite commence à changer vers 1970, que l'on peut considérer comme point tournant dans l'évolution de la psychologie clinique en Europe.

La parution de l'ouvrage de Schraml (1969; 1970) est une des premières manifestations de ce changement dans le sens d'un élargissement de la conception de la psychologie clinique et de l'inclusion de la psychothérapie. Le chemin parcouru dans cette évolution et les problèmes rencontrés en route ne sont pas négligeables comme on peut s'en rendre compte à partir de quelques définitions nouvelles.

Pongratz (1973, 1977, p. 44) définit la psychologie clinique comme «la branche de la psychologie qui a pour objet le diagnostic, la modification et la prévention de troubles de l'expérience vécue et du comportement qui ont des origines et des conséquences sociales, et qui en traite au niveau de l'enseignement, de la recherche et de la pratique». Cette définition qui est intéressante pour son caractère précis et relativement complet indique explicitement que le diagnostic, la modification et la prévention sont du ressort de la psychologie clinique; mais on peut constater que la description de l'objet de la psychologie clinique est restrictive: tout en ne le limitant pas au comportement normal, elle le restreint aux troubles de l'expérience et du comportement «qui ont une origine et des conséquences sociales».

Pareille restriction aux troubles qui ont une origine et des conséquences sociales peut bien entendu être défendue pour des raisons thérapeutiques et de politique professionnelle, mais du point de vue scientifique, elle est inadéquate parce qu'elle tronque la réalité et exclut de la psychologie clinique des phénomènes importants:
- les facteurs psychologiques interférant dans le développement et le traitement de maladies physiques;
- les problèmes psychologiques pouvant surgir lors de maladies physiques et de leur traitement médical, problèmes que Hellpach et Stern considèrent cependant du ressort de la psychologie clinique;
- les facteurs psychiques intervenant dans le développement et le traitement des maladies dites psychosomatiques;
- les conséquences psychologiques de traumatismes crâniens et le domaine de la neuropsychologie clinique.

Une conception moins restrictive parce que ne réduisant pas l'objet de la psychologie clinique aux troubles d'origine sociale se trouve chez Eysenck (1972, p. 587) qui la conçoit comme «application de principes et des méthodes psychologiques aux problèmes de la psychiatrie». Mais cette définition néglige tous les problèmes qui ne relèvent pas de la psychiatrie.

Une conception plus élargie se trouve également chez Shakow (1976, p. 559) qui définit: «La psychologie clinique, une branche de la psychologie, est une somme de connaissances développée à partir de techniques corrélationnelles et expérimentales et qui se basent sur des principes génétiques, crypto-génétiques, psychobiologiques et psychosociaux. Les possibilités de mensuration et de thérapie qui résultent de ces connaissances peuvent être utilisées pour aider les personnes souffrant de troubles du comportement ou de troubles mentaux à mieux s'adapter et se réaliser elles-mêmes». Ce qui frappe dans cette définition est l'option méthodologique (techniques corrélationnelles et expérimentales), la stipulation de l'aspect interdisciplinaire et l'inclusion des troubles mentaux et de la thérapie. Ici aussi, cependant, l'objet de la psychologie clinique se réduit aux troubles psychiques, ce qui exclut du domaine de la psychologie clinique le vaste domaine des maladies physiques.

A l'inverse de cette façon de voir Rachman (1977) propose que la psychologie se détache de sa fixation sur les troubles psychiques et se dirige vers toutes les applications de la psychologie normale et anormale à la médecine. C'est ce qui est explicité dans la définition de Schmidt (1978) qui nous semble d'ailleurs le mieux décrire l'identité de la psychologie clinique actuelle:

« La psychologie clinique est l'application et le développement autonomes de théories, de méthodes et de techniques de la psychologie et de ses disciplines voisines, à des personnes ou groupes d'individus de tous âges qui souffrent de troubles ou de maladies (quelle qu'en soit la cause primaire) qui se manifestent au niveau psychique (comportement et expérience vécue) et/ou au niveau somatique, ou qui semblent menacés par des pareils troubles et maladies. Ce faisant on utilise dans la pratique des méthodes de prévention, de diagnostic, de conseil, de réhabilitation et de thérapie. Des activités pratiques de psychologie clinique s'exercent surtout dans des centres de consultation de toutes sortes, des homes, des institutions médicales hospitalières et ambulatoires, dans la «communauté» et la pratique privée. La recherche et l'enseignement sont stipulés explicitement comme parties essentielles de la psychologie clinique parce que sans elles une discipline peut rapidement dégénérer en praxéologie» (1984, 2ᵉ éd., p. 5).

En commentant les éléments essentiels de cette définition auxquels nous aurons l'occasion de revenir ultérieuremennt, Schmidt commence par un point qui nous paraît tellement important qu'il faut l'expliciter tout de suite: l'autonomie du travail du psychologue clinicien. Cette autonomie, Schmidt la met au début de sa définition «parce que jusqu'à présent elle n'est pas suffisamment réalisée et qu'elle est aussi juridiquement discutée». Il insiste sur le fait «qu'elle présuppose des qualifications déterminées qui sont acquises au cours des études et de la formation ultérieure», et nous dit qu'elle «doit servir moins à une élévation de statut, qu'à fixer, dans différents champs d'activité, des droits (par exemple, à l'exercice de la psychothérapie) et des devoirs déterminés (par exemple, le secret professionnel)». Et surtout: «Par cette autonomie et responsabilité des psychologues cliniciens, il ne s'agit pas de viser à un isolement par rapport aux représentants d'autres disciplines, voire de renoncer à la collaboration dans des équipes interdisciplinaires. Il s'agit plutôt par là d'indiquer l'égalité de rang, basée sur la compétence du psychologue travaillant dans les différentes équipes cliniques» (p. 6). Il est donc parfaitement clair qu'une psychologie clinique ainsi conçue n'entend pas annexer des disciplines voisines, recouvrant une partie des problèmes semblables, ni s'y substituer.

Ces définitions de la psychologie clinique qui sont représentatives de beaucoup d'autres, nous montrent une certaine variété de conception et une évolution que l'on peut d'ailleurs retrouver dans les tables de matières des grands manuels, l'évolution la plus frappante étant l'enracinement progressivement multidisciplinaire, l'élargissement des domaines d'application et l'inclusion de la psychothérapie, ces caractéristiques se montrant d'abord dans les manuels américains. Lorsqu'on essaie alors de cerner les choses de plus près, de repérer ce sur quoi il y a accord et ce qui varie dans ces conceptions de la psychologie clinique, on voit qu'il y a généralement accord sur les buts et les formes d'application de la psychologie clinique, à savoir le diagnostic, la modification et la prévention d'une part, l'enseignement, la recherche et la pratique de l'autre, mais qu'il peut y avoir des divergences concernant la question des méthodes et de l'objet. C'est pourquoi il semble utile d'envisager la question de la scientificité, la relation qu'entretient la psychologie clinique avec d'autres disciplines, celle de son objet et de ses domaines d'application, avant d'envisager deux autres caractéristiques de l'identité du psychologue clinicien : la formation et l'attitude clinique.

Si nous envisageons d'abord la question de l'objet de la psychologie clinique, on peut constater dans les définitions données qu'il n'y a pas un objet bien défini, mais plusieurs : l'homme porteur de problèmes, l'individu dans sa singularité, la vie psychique normale, la vie psychique anormale, etc., et qu'il y a une certaine évolution dans ces définitions. Cela peut étonner, mais ne doit pas inquiéter, car ce qui distingue les disciplines scientifiques n'est pas un objet défini a priori, un champ de faits unitaire et cohérent, ni même une méthode, mais la relative spécificité de leur problématique, l'ensemble plus ou moins spécifique et cohérent de questions que le scientifique pose à propos des objets. C'est dire que ce qui caractérise le psychologue clinicien n'est pas le recours à une méthode spécifique, la méthode clinique est l'occurrence, ni un objet particulier, l'homme malade ou l'homme qui a des problèmes et souffre, mais certaines questions qu'il pose d'une certaine façon à propos de l'homme malade ou de l'homme bien portant. Plutôt que de nous inquiéter de ne pas trouver d'objet défini a priori de la psychologie clinique, examinons davantage la question et essayons de comprendre cette variété. Elle s'explique par la diversité et l'évolution des conceptions de la maladie et aussi à partir de données de politiques professionnelle et sociale.

II. LA NATURE DES PROBLEMES ET TROUBLES PSYCHIQUES

Traiter des différentes conceptions de la maladie et des troubles psychiques semble, à première vue, supposer que l'on donne d'abord une définition de la maladie pour esquisser ensuite les différentes vues que l'on peut avoir sur cet objet. Après avoir examiné cette question de plus près, on arrive cependant à la constatation qu'il est impossible d'en donner une définition qui soit relativement complète et ne prête pas le flanc à de nombreuses critiques. Ceci provient du fait que la maladie ne peut se définir à partir du seul critère anatomophysiologique, mais seulement par rapport à plusieurs termes qui se trouvent en interaction (l'individu malade, le médecin, la société, ses normes et valeurs) et présentent des aspects qui échappent à une définition de type scientifique.

Nous ne nous pencherons donc pas ici sur la question générale du normal et du pathologique, figurant habituellement dans les manuels de psychologie clinique ou de psychopathologie[8], et nous n'en ferons pas l'historique. Nous aborderons le problème à partir de la présentation et de la critique de conceptions de la maladie et du comportement anormal particulières qui ont influencé la façon dont la psychologie clinique est vue de l'extérieur et la manière dont elle se définit elle-même. Ces conceptions peuvent le mieux se discuter en envisageant une façon de voir les choses que, depuis les années soixante environ, on a appelé le « modèle médical », le « modèle socio-psychologique » et le « modèle bio-psychologique » de la maladie et des troubles psychiques.

1. Le modèle médical

En présentant ce « modèle médical », nous devons commencer par dire qu'il s'agit là d'une simplification, que le « modèle médical » n'existe pas, et qu'au cours de l'histoire de la médecine, il y a toujours eu différents modèles accordant une importance variable à différents aspects du processus pathogène (Weiner, 1978). Ce qui dans la conceptualisation du comportement anormal a été appelé le « modèle médical » en est donc un parmi d'autres, à savoir celui qui, remontant à une conception développée à partir des travaux de Koch et de Pasteur, aboutit à ce qu'on a appelé le « modèle infectieux ». Selon ce modèle, la cause d'une maladie réside dans un facteur spécifique pouvant d'ailleurs être de nature diverse (bactérienne, virale, toxique, métabolique, etc.) et qui suffit à expliquer, à lui seul, le processus pathogène sans qu'il soit nécessaire de faire intervenir d'autres facteurs tels que les facteurs psychologiques ou sociaux. C'est ce «modèle infectieux», réductionniste et monocausal, qui a eu, dès le début et pendant longtemps, une grande influence sur la façon de conceptualiser les comportements anormaux. C'est lui qui rend compte des tentatives d'expliquer ceux-ci à partir de troubles physiologiques et de les faire relever, de ce fait, de la seule compétence médicale comme on peut le constater dans quelques-unes des définitions de l'objet de la psychologie clinique données plus haut.

Les conséquences de l'application de ce «modèle infectieux» aux problèmes posés par les comportements anormaux pourraient alors se résumer dans les points suivants:
1. les comportements anormaux sont vus comme étant des symptômes d'une maladie sous-jacente;
2. cette maladie se trouve dans l'individu et il s'agit de la décrire en termes d'entité morbide ayant une cause et une évolution spécifiques;
3. les «véritables» causes de cette maladie sont organiques, mais il peut y avoir des conditions déclenchantes non organiques;
4. les caractéristiques précédentes ont pour conséquence que les processus pathogènes se déroulent en quelque sorte en dehors du patient et de son milieu, qui n'y sont pour rien.

Selon ce modèle infectieux, la connaissance et la solution de problèmes posés par les conduites anormales se trouvent donc dans l'étude des facteurs somatiques et ne font intervenir les facteurs psychosociaux qu'à titre secondaire.

Pareille conception ne pouvait évidemment pas rester sans objection. En médecine somatique même, ce modèle infectieux a été progressivement relativisé, en psychiatrie non plus son succès n'était pas incontesté et des critiques se sont fait entendre. La réaction la plus vive cependant s'est opérée au cours des années soixante dans les «camps» d'origine très différente et pour des raisons très différentes: la behaviour therapy, les sciences sociales, et l'antipsychiatrie.

La behaviour therapy mettait en doute, aussi bien au niveau théorique qu'à celui de la recherche empirique, une vue selon laquelle le comportement anormal serait une simple symptôme d'un trouble ou d'une maladie sous-jacents. Elle a en effet montré que la substitution de symptôme que prévoit le modèle médical en cas de traitement de la conduite-symptôme, ne se produit pas nécessairement. Elle avait montré aussi que des comportements anormaux peuvent être les résultats d'un apprentissage et que les facteurs psychosociaux jouent un rôle important dans leur développement et leur maintien.

Dans les sciences sociales, ce sont les auteurs se rattachant au «labeling approach» qui, reprenant une perspective développée en sociologie pour expliquer la criminogénèse et la formation de groupes marginaux, et la développant dans un contexte psychiatrique, ont contesté l'aspect unilatéralement somatique et intrapsychique de la causalité des troubles psychiques proposés par ce modèle médical.

Scheff (1961, 1966) propose ainsi d'analyser les troubles mentaux en termes d'apprentissage de rôles. Il estime que l'assignation d'une étiquette diagnostique à un patient est un facteur crucial parce que cette étiquette influencera, par le biais des représentations stéréotypées des maladies mentales, aussi bien le comportement du patient que les réactions de l'entourage et, alors que sans cette attribution diagnostique, le trouble n'aurait pas pris cette importance et serait probablement resté passager, amène ainsi le patient à s'identifier à un rôle déviant.

On voit donc dans cette critique, non seulement l'affirmation de principe de l'importance des facteurs sociaux, mais en même temps l'élaboration d'hypothèses susceptibles d'en expliquer le mécanisme. S'il faut admettre que cette théorie pose de sérieux problèmes et n'explique évidemment pas la genèse de la schizophrénie, il ne faut pas sous-estimer son intérêt qui consiste à concevoir le comportement anormal comme un processus d'interaction entre le patient et son milieu social, et de permettre ainsi d'analyser l'influence des normes et des pouvoirs sociaux. Scheff (1974) lui-même ne considère d'ailleurs pas cette approche comme une alternative pour l'explication du comportement anormal, mais voit son intérêt plutôt comme une démarche sensibilisant à des questions nouvelles. Dans les sciences sociales, pour les auteurs se rattachant au labeling, il s'agit donc bien de rendre compte qu'il n'y a ni arguments convaincants, ni résultats de recherches qui permettraient de défendre une conception aussi unilatéralement somatique et intrapsychique de la causalité des troubles psychiques. Selon ces auteurs, des déviations passagères des normes sociales peuvent bien se produire grâce à des causes diverses, mais le trouble psychique permanent se développe seulement à partir du moment où ces déviations passagères sont diagnostiquées et où, de cette façon, l'individu ainsi étiqueté est amené à s'identifier au rôle déviant. On voit donc ici dans cette critique non seulement l'affirmation du principe de l'importance des facteurs sociaux, mais en même temps l'élaboration d'hypothèses susceptibles d'en expliquer les mécanismes.

Dans ce contexte, on peut aussi mentionner la position de Laing (1964), inspirée d'une conception existentielle, mais présentant quelques ressemblances avec les thèses du labeling. Pour Laing, la schizophrénie, par exemple, n'est pas une maladie, mais l'étiquette donnée à un comportement et une expérience problématique : « L'expérience et le comportement qui sont étiquetés schizophréniques sont une sorte spéciale de stratégie qu'une personne invente afin de vivre dans une situation invivable... » (p. 186).

Une critique pouvant être mise en rapport avec celle du labeling et qui est d'importance fondamentale consiste à attirer l'attention sur le fait que ce modèle médical donne l'illusion d'une possibilité de définition objective de ce qui est à considérer comme malade ou normal, alors qu'en fait, les troubles de comportement sont toujours définis par rapport à des normes sociales (Keupp, 1974), de sorte qu'un jugement en la matière en peut jamais se faire en dehors des questions de valeur et d'une analyse des conditions de vie.

L'aspect politique et socio-critique que revêt cette dimension sociale négligée par le modèle médical est vivement soulignée par Jervis (1978) pour qui l'expérience schizophrénique est toujours liée à une dimension positivement « libérée » et révolutionnaire de l'existence. Basaglia (1979) voit la signification politique de la notion de « maladie psychique » et la fonction de la psychiatrie en général dans la possibilité d'un contrôle social répressif par le système dominant.

A ces critiques faites du point de vue scientifique et du point de vue politique et socio-critique, on peut alors ajouter celle que l'on peut formuler du point de vue de la santé publique. On peut effectivement se demander si ce modèle médical, en négligeant les causes psychosociales des maladies en général et des troubles psychiques en particulier, ne conduit pas à un système de soins inefficace parce que orienté vers la promotion d'une médecine curative qui a tendance à négliger l'aspect préventif dont l'importantce est de plus en plus souvent soulignée, et qui, comme le relève Pongratz (1977), accorde le statut de malade pourvu de certains droits au point de freiner l'initiative et la participation du patient dans le processus thérapeutique.

Du point de vue de la politique professionnelle du psychologue clinicien enfin, ce modèle est discutable parce qu'il propose une origine essentiellement somatique pour les maladies physiques et pour les troubles psychiques et, de cette façon, exclut le psychologue clinicien de ces domaines ou lui donne un rôle tout à fait secondaire, comme nous avons pu le constater dans quelques définitions données plus haut.

2. Le modèle psychosocial

Il n'est dès lors pas étonnant que toutes ces critiques aient donné lieu à des tentatives d'élaboration d'un modèle alternatif évitant les insuffisances du modèle médical. Ces tentatives, d'origines diverses (psychanalyse, thérapie comportementale, humaniste ou existentielle) ont en commun de mettre l'accent sur les facteurs non organiques et de souligner l'importance des facteurs sociaux dans la genèse du comportement anormal.

Les caractéristiques principales de ce modèle dont la formulation la plus satisfaisante est sans doute celle issue de la thérapie comportementale (Ullmann et Krasner, 1969) résident dans deux hypothèses. Selon la première, le comportement anormal est un comportement appris, tout comme le comportement normal, suivant les mêmes principes, et il n'y a pas de différence qualitative entre les deux. Plutôt que d'invoquer des causes organiques, il s'agira donc d'essayer d'expliquer le comportement anormal, c'est-à-dire son développement et son maintien, à partir de processus d'apprentissage. Selon la seconde hypothèse, ce qui est normal ou anormal est défini en fonction des normes sociales et culturelles, et les origines du comportement anormal se trouvent par conséquent dans les conditions psychosociales passées ou présentes, dans lesquelles s'est effectué l'apprentissage du comportement anormal, plutôt que dans des causes somatiques hypothétiques.

Les avantages de ce modèle sont clairs. D'abord il situe l'étude du comportement anormal dans le champ empirique des différentes disciplines psychologiques et sociales et agrandit, de ce fait, du moins en principe, les chances d'une meilleure connaissance scientifique et pratique. Ce modèle a comme autre mérite celui d'avoir mis en évidence les facteurs psychologiques et sociaux négligés par le modèle médical avec pour conséquence, non seulement de développer des méthodes de traitement proprement psychologiques, mais aussi et surtout de contribuer aux tentatives de précision de l'objet de la psychologie clinique en lui assignant comme domaine propre, celui des troubles d'origine psychique. Ces deux avantages sont loin d'être négligeables et ont fait beaucoup pour donner un contour à la psychologie clinique et mieux la situer, de façon moins périphérique, parmi les disciplines de la santé mentale.

Les inconvénients de ce modèle ne sont pas moins évidents : ce sont ceux du modèle médical, mais en sens inverse. Si ce modèle explique effectivement mieux les troubles psychogènes, il ne fournit pas d'explication originale des troubles somatogènes, chacun de ces troubles relevant de facteurs causaux différents et indépendants, ce qui ne correspond ni à la réalité des choses, ni d'ailleurs à l'intérêt des psychologues cliniciens. Car ce modèle enferme le psychologue clinicien dans le domaine de troubles psychogènes (comme le fait la définition de Pongratz) et manque un aspect essentiel de la réalité qui caractérise aussi bien les troubles somatiques que les troubles psychiques: l'interaction des facteurs et la genèse multifactorielle.

3. Le modèle biopsychosocial

Cet aspect essentiel de la réalité biopsychologique mise en évidence déjà, entre autres par les classiques travaux sur l'hérédité du nombre de facettes des yeux de la Drosophile (Hogben, 1939), est pris en compte en ce qui concerne la pathogenèse, par un troisième modèle qui fait en quelque sorte la synthèse dialectique des deux précédents. Ses caractéristiques sont l'hypothèse d'une pathogenèse multifactorielle, et l'absence de distinction, du point de vue pathogénique, entre troubles somatiques et troubles psychiques.

L'hypothèse d'une pathogenèse multifactorielle pose qu'à l'exception de cas plutôt rares, les maladies somatiques tout comme les troubles psychiques sont le résultat d'une multiplicité de facteurs divers se trouvant en interaction constante.

Selon la deuxième hypothèse caractérisant ce modèle, il n'y a pas de distinction, du point de vue pathogénique, entre troubles physiques et troubles psychiques, ce qui veut dire que les facteurs psychosociaux sont des déterminants de maladies physiques au même titre que les facteurs biologiques peuvent intervenir dans la genèse des troubles psychiques. Tous les troubles relèvent donc de facteurs psychosomatiques et il n'y a pas lieu de faire une place à part aux maladies dites «psychosomatiques».

Selon ce modèle, le fait et le choix de la maladie, par exemple le fait qu'une série de stress ne laisse pas de trace, diminue le rendement ou conduit à des troubles coronariens plutôt que caractériels, dépend de facteurs multiples en interaction. Ces facteurs sont à la fois physiques et psychosociaux: la sensibilité des systèmes d'organes, la réactivité des systèmes physiologiques, les facteurs de risque traditionnels (caractéristiques du sang, tabagisme, manque d'exercice physique), la nature et la durée du stress, l'interprétation cognitive qu'en donne dans tel contexte un individu ayant tel âge, telle personnalité, telle stratégie de maîtrise.

Il est intéressant de remarquer que ce modèle est très récent bien que l'interaction entre hérédité et milieu et celle des facteurs physiologiques et psychologiques ait été mise en évidence bien avant, et que la nécessité de remplacer le modèle infectieux par le modèle biopsychologique ait été avancé en médecine somatique, en psychiatrie, puis en psychologie clinique. Vu la grande importance de ce modèle pour la définition de l'objet de la psychologie clinique, regardons de plus près comment il se présente dans différentes disciplines et chez différents auteurs.

En médecine somatique, Schäfer et Blohmke (1977) montrent, en se basant sur une revue de la littérature et sur leurs propres travaux, l'importance que revêt ce modèle qu'ils appellent «socio-médical» pour l'explication des maladies coronariennes. Ils montrent que les théories précédentes sur la genèse des troubles coronariens sont insuffisantes parce qu'elles n'expliquent qu'une partie de la chaîne des processus pathologiques et que celle-ci ne peut être expliquée dans son ensemble qu'en y faisant une place aux facteurs de milieu et aux facteurs génétiques, ces derniers ne jouant pas le rôle dominant. Ils estiment que «toutes les situations de vie et toutes les conditions de vie sociale dans lesquelles surviennent l'angoisse, l'agression, la tension et d'autres formes de stress psychosocial, présentent une plus grande probabilité de développement de valeurs de risque accrues des facteurs de risque primaires (tension artérielle, graisses, catécholamies, etc.). Cette hypothèse est corroborée par tant d'évidence dans la corrélation entre les facteurs sociaux et les manifestations de maladies coronariennes, qu'il y a peu de théories médicales de l'étiologie qui possèderaient un semblable degré de probabilité» (1977, p. 173).

En psychiatrie, Eisenberg (1977), dans une discussion des hypothèses émises par le labeling approach, qui l'amène à examiner le rôle joué par les facteurs socioculturels dans la genèse des troubles psychiatriques et des maladies somatiques, arrive à la conclusion: «Toutes les maladies humaines reflètent le résultat d'une interaction entre la biologie et l'organisation sociale, la culture jouant un rôle médiateur. Quelle que soit la cause proximale d'une maladie virale, génétique, métabolique ou néoplasique — la façon dont la société est organisée affecte la prévalence, la cause et l'issue» (p. 903). Il propose d'appeler ce modèle «modèle socio-médical».

Dans un article intitulé «La nécessité d'un nouveau modèle médical: un défi pour la bio-médecine», Engel (1977) estime que la médecine est en crise et que cette crise a la même origine que celle de la psychiatrie: «l'adhésion à un modèle de la maladie qui n'est plus adéquat aux tâches scientifiques et aux responsabilités sociales, ni de la médecine, ni de la psychiatrie» (p. 129).

Engel pense qu'une compréhension des déterminants des maladies et le développement de traitements et de systèmes de soins de santé rationnels nécessitent que «le modèle médical prenne aussi en compte le patient, le contexte social où il vit et le système complémentaire mis en place par la société pour s'occuper des effets disruptifs de la maladie, c'est-à-dire le rôle du médecin et le système de soins de santé», et que «ceci nécessite un modèle biopsychosocial» (p. 132). Engel estime alors que la théorie générale des systèmes pourrait fournir non seulement le cadre pour une conception biopsychosociale de la maladie, mais en plus pour une conception où la maladie et les soins médicaux sont vus comme processus en interrelation.

Weiner (1978) de son côté pense que les modèles médicaux traditionnels «linéaires, restrictifs et trop simples» sont insuffisants pour expliquer les maladies somatiques et les troubles psychiques, et doivent être remplacés par un modèle multifactoriel. Mais à la différence de Eisenberg et de Engel, il ne voit pas la nécessité d'un modèle socio-médical ou biopsychosocial qui intègrerait les aspects psychologiques et sociaux. Il propose plutôt le développement d'un modèle «vraiment biologique qui incorpore les vues profondes de la génétique, de la virologie, de l'immunologie, de la biochimie et de la biologie cellulaire et de la physiologie intégrative modernes», et il ajoute que ces vues ne suffisent pas «si elles n'incorporent et n'intègrent pas en même temps les concepts de la biologie du développement et de l'évolution» (p. 29). Weiner illustre ce modèle en analysant la genèse de l'hépatite B et des maladies lentes à virus. A propos de l'hépatite B, Weiner montre que le fait de devenir maladie, la forme de la maladie (hépatite aiguë, hépatite chronique, etc.) et même le fait de devenir transmetteur de virus, sont déterminés par une multiplicité de facteurs tels que l'âge auquel survient l'infection, les propriétés antigéniques du virus, la capacité fonctionnelle du système immunologique du patient et du dernier transmetteur, etc. En transposant ce modèle dans le domaine des troubles psychiques, Weiner l'illustre à propos des effets pathogènes du stress et conclut: «le simple stress ne produit pas linéairement la maladie; il ne le fait qu'en interaction avec la signification qu'il a pour la personne stressée, sa manière de le maîtriser et ses capacités adaptatives. Ce principe est analogue sinon homologue à l'interaction d'un virus avec la réponse adaptative immunologique» (p. 31).

En psychologie clinique enfin, Wittling (1979) a développé un modèle essayant de montrer comment des facteurs psychosociaux interviennent dans la genèse de maladies somatiques et qui part, tout comme les autres modèles biopsychologiques, de l'hypothèse selon laquelle «les facteurs psychosociaux et écologiques (à l'exception de quelques états de stimulation tout à fait massifs) ne conduisent pas de façon directe à des modifications de tissus ou d'organe, mais ont leurs effets toujours par le seul déclenchement de processus biologiques qui, à leur tour, provoquent le dommage somatique» (1980, p. 41). Après avoir analysé les différentes variables et leur mécanisme d'action, Reinert et Wittling estiment que l'acceptation de ce modèle biopsychologique comporte «des implications aussi bien pour la pratique de l'activité en psychologie clinique que pour une nouvelle conception (Selbstverständnis) de la discipline elle-même». Ils pensent qu'à la suite d'une série d'appels en ce sens, il est enfin temps «de forcer le développement d'une image nouvelle et plus large du psychologue clinicien, à savoir celle d'un spécialiste de problèmes de santé dans leurs formes les plus variées». Et on ne peut que souscrire aux deux phrases qui suivent: «La psychologie clinique doit sortir de sa limitation passée aux troubles psychiatriques et émotionnels et s'ouvrir au domaine de la santé dans toute son ampleur et variété. Dans une collaboration avec la médecine, elle est appelée à mettre ses connaissances et méthodes à la disposition de tous les domaines de la santé» (1980, p. 47). Que pareille proposition ne soit pas condamnée à rester un vœu pieux, ressort entre autres du travail de Rosen et Wiens (1979) qui rapportent l'exemple d'un centre de sclérose en plaque fondé par le «Rush Presbyterian - St. Luke's Medical Center», et celui d'une clinique pour maux de tête au «University of Oregon Health Center» où médecin et psychologue travaillent comme partenaires dans une équipe. Les cliniques de la douleur et les services de revalidation cardiaque sont d'autres exemples.

Pour terminer ces lignes sur la nature des problèmes et troubles psychiques, notons qu'il y a plusieurs conceptions à ce sujet. On les décrit comme maladies ou comme comportement appris, comme comportement déviant ou inadapté, comme ayant des causes à la fois physiques et psychiques. D'après les travaux les plus récents, il semble qu'il faille retenir le modèle biopsychosocial et dans ce cadre concevoir l'objet de la psychologie clinique selon l'optique de Lagache et de Schmidt en disant que c'est l'homme porteur d'un problème mal résolu qui se manifeste au niveau psychique (expérience vécue et comportement) et/ou somatique, envisagé selon les principes de la psychologie scientifique. La psychologie clinique se distinguerait alors de la psychiatrie par le fait que celle-ci envisage ces troubles dans leur dépendance des altérations anatomiques ou fonctionnelles du système nerveux[9].

III. LA PSYCHOLOGIE CLINIQUE COMME SCIENCE ET COMME PRATIQUE

1. La psychologie clinique comme science sociale empirique

Comme l'indiquent les définitions, l'inspection des manuels et des revues spécialisées, la grande majorité des psychologues cliniciens conçoivent leur discipline comme une science empirique ou, mieux, comme science sociale empirique. Cela signifie qu'ils sont à la recherche d'un savoir qui porte sur un objet qui se situe dans un contexte social, qui a une histoire et qui se caractérise par sa réflexivité, et qu'il s'agit d'un savoir qui se distingue à la fois de celui du sens commun et de la spéculation philosophique. Les caractéristiques distinctes de cette approche de la réalité, qui en est une parmi d'autres, résident dans certaines options concernant le rapport de ce savoir à la réalité, et dans les conséquences qui s'ensuivent au niveau de son articulation interne.

Concernant le rapport à la réalité, l'option empiriste exige un rapport non ambigu à la réalité observable dans l'expérience sensible et qui soit constamment contrôlé par cette expérience. Quant à l'articulation interne de ce savoir, cela suppose qu'elle soit telle que ce contrôle soit possible.

La réalisation d'un pareil savoir suppose alors :
1. que les phénomènes concernés ne soient pas purement individuels, mais puissent se manifester à nouveau, se représenter ou se reproduire, pas nécessairement chez le même sujet, et permettre ainsi un contrôle;
2. que ce savoir ou les propositions qui le constituent soit suffisamment explicite et précis;
3. que ces propositions soient formulées en indiquant comment elles se rapportent à la réalité, de façon à ce que, en principe du moins, elles puissent se révéler fausses;
4. que le contrôle du rapport entre propositions et réalité sensible observable puisse aussi être effectué par des chercheurs autres que l'auteur des propositions, qu'il y ait confirmabilité intersubjective.

Une discipline empirique [10] se trouve donc confrontée à deux problèmes : produire un certain nombre de propositions sur la réalité empirique, et contrôler, éprouver ou confirmer le rapport de ces propositions à la réalité observable. Les activités et les produits concernant la production des propositions rentrent dans ce que Reichenbach

(1938) a appelé le «contexte de découverte» d'une théorie, ceux concernant la mise à l'épreuve sont de l'ordre de ce qu'il a appelé le «contexte de justification». Les activités du premier type sont multiples et variées (observation, intuition, fantaisie, induction, etc.) et se rencontrent aussi dans des disciplines non empiriques, les activités du deuxième type constituent le problème plus particulier des disciplines empiriques et exigent précision, rigueur et l'observation d'un certain nombre de règles, logiques et méthodologiques.

La mise à l'épreuve du rapport existant entre les propositions, hypothèses et théories, et la réalité observable, se fait classiquement à partir de la «prédiction» basée sur le raisonnement déductif et le principe de causalité. Selon ce principe, tout phénomène procède d'un antécédent selon une certaine règle et, dans des conditions identiques, les mêmes causes produisent les mêmes effets[11]. Il suffit donc de connaître les antécédents, les lois et les conditions dans lesquelles elles opèrent, pour pouvoir prédire les effets. Ces effets peuvent être de nature aussi diverse qu'une éclipse solaire, la fuite des capitaux suite à certaines mesures fiscales, la quantité de céréales produite suite à l'utilisation de certains engrais, ou une certaine réponse d'un certain patient à une certaine question posée en situation analytique. La confirmation d'une hypothèse à partir de la prédiction consiste alors à appliquer cette hypothèse à une situation déterminée et à prédire un événement précis en s'assurant d'avoir respecté les règles logiques et méthodologiques en vigueur afin d'éviter les erreurs commises habituellement par la démarche non critique.

La structure du raisonnement prédictif étant la même que celle de l'explication, on peut présenter ce problème à partir du schéma de l'explication scientifique proposé par Hempel et Oppenheim (1948).

2. L'explication scientifique

Dans le langage courant, le terme «explication» est utilisé dans des acceptions multiples et variées. Stegmüller (1969, p. 72 ss.) en distingue ainsi au moins neuf qui sont:

1. L'explication causale de processus et de faits. L'explication consiste ici dans l'indication de causes produisant des faits déterminés.
2. L'explication de la signification d'un mot. Elle consiste dans l'explication informelle d'une définition précise ou d'un usage langagier.
3. L'interprétation d'un texte, qui clarifie et rend intelligible le sens, l'intention de l'auteur.

4. La réinterprétation corrective. Ici, il s'agit d'une interprétation ou classification alternatives d'une situation de fait.
5. La résolution d'une différence entre ce que l'on croit et ce que l'on perçoit réellement ou ce qui est effectivement le cas.
6. La justification morale d'actions qui ne correspondent pas aux normes de celui qui demande l'explication.
7. La description détaillée d'actions, en vue d'éclairer comment leur auteur les a accomplies et de rendre intelligible, par exemple, comment il était possible de les accomplir aussi rapidement.
8. L'explication d'une façon de faire, consistant à indiquer comment il faut s'y prendre pour atteindre un but.
9. L'éclaircissement du mode de fonctionnement d'un objet complexe. Il répond à des questions comme : « Comment fonctionne ce moteur, le système monétaire international ? », etc.

L'explication des sciences empiriques est de l'ordre de la première de ces acceptions. Ce qu'elle vise à expliquer est soit un fait, soit une loi. Dans le premier cas, on parlera d'une explication empirique ou d'événement, et la question à laquelle cette explication vise à répondre peut se formuler : « Sur base de quelles conditions antécédentes et en vertu de quelles lois est-il le cas que s ? » (Stegmüller, 1969, p. 83). Dans le second cas, on parlera d'explication théorique ou d'explication de loi, et la question à laquelle on cherche réponse est de savoir pourquoi cette loi vaut.

Les lois étant soit strictes ou déterministes (on parlera aussi de principes nomologiques), soit statistiques ou probabilistes, on distingue, par analogie, des explications déductives-nomologiques, et des explications statistiques qui, à leur tour, sont appelées déductives-statistiques lorsqu'il s'agit d'explications théoriques, et analyses statistiques lorsqu'il s'agit d'explication d'événements. Chacun de ces trois types d'explication intervient dans les sciences empiriques sociales et donc en psychologie clinique (Groeben et Westmeyer, 1975, p. 79). Pour la simplicité de l'exposé, nous nous limiterons dans la suite à situer le problème de l'explication en psychologie clinique à partir de l'explication nomologique-déductive et nous mentionnerons simplement ici, sans les décrire davantage, trois variantes qui sont fréquentes dans notre discipline : l'explication dispositionnelle, l'explication génétique et l'explication qui, au lieu de nous dire pourquoi un fait s'est effectivement produit, nous indique seulement comment il était possible qu'il se produise.

La structure de l'explication déductive-nomologique selon Hempel et Oppenheim (1948) est la suivante:

$G_1, G_2, ...$
$A_1, A_2, ...$ Explanans

———

E   Explanandum

$G_1, G_2, ...$ étant des lois générales, des hypothèses ou des suppositions théoriques de nature déterministe.
$A_1, A_2, ...$ étant des propositions décrivant les conditions antécédentes.
E   étant la description de l'événement qu'il s'agit d'expliquer.
——— indiquant que E suit logiquement de $G_1, G_2, ...$ et de $A_1, A_2, ...$ (et symbolisant le passage à la conclusion).

Pour illustrer ce schéma, prenons un exemple:
G: Toute réaction suivie d'un renforcement positif augmente sa probabilité d'apparition.
A: La réaction a est suivie d'un renforcement positif.

———

E: La probabilité d'apparition de la réaction a augmente.

On pourra donc dire que le psychologue a donné une explication scientifique de l'augmentation de la probabilité d'apparition de la réaction a (E), si G est une loi bien établie de la psychologie et vaut sans exception, et s'il a observé que la réaction a était suivie d'un renforcement positif (A).

Remarquons que ce schéma permet aussi de faire une prédiction: connaissant G et ayant constaté A, on peut en déduire E.

De telles explications, pour être valables, doivent satisfaire certaines conditions d'adéquation qui sont d'après Hempel et Oppenheim (1948) et Stegmüller (1969, p. 86):

B_1. L'argument qui conduit de l'explanans à l'explanandum doit être logiquement correct.

B_2. L'explanans doit contenir au moins un loi générale (ou contenir une proposition dont on puisse déduire une loi générale).

B_3. L'explanans doit avoir un contenu empirique.

B_{4+}. Les propositions constituant l'explanans doivent être vraies.

B_{4+} peut être remplacé par B_4:

B_4. Les propositions constituant l'explanans doivent être bien confirmées ou corroborées.

La qualité d'une explication est fonction de la façon dont elle satisfait les conditions précitées. Lorsque celles-ci ne sont pas satisfaites, on parlera d'explication incomplète.

Parmi les explications incomplètes (concernant la typologie des explications imparfaites, voir Stegmüller, 1966, 1969), mentionnons seulement un type qui est particulièrement important en psychologie clinique: l'explication qui, au lieu de nous dire pourquoi un fait s'est effectivement produit, nous indique seulement comment il était possible qu'il se produise.

Dans la mesure où la psychologie clinique se conçoit comme une discipline empirique, le schéma Hempel-Oppenheim de l'explication scientifique et les critères d'adéquation correspondants constituent donc les critères de validité de ses propositions. Il est vrai que l'adéquation de ce schéma pour l'étude des phénomènes historiques et sociaux a été contestée de différentes parts (entre autres, Borger et Cioffi, 1970; Fodor, 1968; Habermas, 1968; Ricœur, 1965), mais il faut remarquer qu'au niveau de la philosophie des sciences, les analyses de Stegmüller (1969) ont montré que les arguments avancés contre son adéquation le manquent, et que Westmeyer (1973, p. 19) ne se trompe pas entièrement lorsqu'il estime que «les objections à ce modèle peuvent le plus souvent se ramener à ce que certains théoriciens, lorsque leur conception ne remplit pas ou seulement partiellement les conditions d'adéquation, ne veulent pas la considérer comme non scientifique ou incomplète, et pour cette raison, critiquent le schéma plutôt que de réexaminer leur propre théorie».

Au niveau de la psychologie clinique, Perrez (1972) a d'ailleurs mis en évidence son applicabilité à l'étude de cas psychanalytique (le cas de l'homme aux loups, de Freud), et le récent ouvrage de Grünbaum (1984) réexaminant la question des fondements de la psychanalyse en faisant une large place à l'aspect clinique de l'investigation psychanalytique, ne permet pas de douter que «Habermas et Gadamer ont établi un pseudo-contraste entre les sciences nomothétiques et les sciences humaines» (p. 17), ni du fait que les arguments de Ricœur contre une reconstruction de la théorie freudienne selon les critères des sciences empiriques ne résistent plus à un examen approfondi. Après lecture de cet ouvrage de Grünbaum, il est difficile de ne pas rejoindre cet auteur dans la constatation de ce qu'il appelle «l'effondrement des reconstructions scientophobes des théories de Freud» et de ne pas étendre cette constatation aux autres théories cliniques.

3. Science, science appliquée, technologie, art

La psychologie clinique étant conçue comme science empirique et de ce fait devant tenir compte des critères indiqués, le psychologue clinicien se posera la question de savoir comment se situer par rapport à une science ainsi conçue, ce qu'il peut en attendre et en quoi il peut y contribuer.

Bien que Freud se soit déjà posé la question à propos de la psychanalyse et que Münsterberg (1920) ait déjà eu des conceptions fort actuelles au sujet de la psychotechnique, ce n'est que récemment que le problème de l'articulation «théorie-pratique» a retenu l'attention des philosophes de la science et aussi des psychologues d'orientations diverses, et a fait l'objet d'investigations systématiques et approfondies; les travaux les plus importants à ce sujet étant ceux de Bunge (1967), de Holzkamp (1972), de Westmeyer (1976, 1978) et de Herrmann (1979).

Parmi les activités du psychologue, Westmeyer (1978) et Herrmann (1979) en distinguent trois dont chacune a un statut épistémologique et un but différents: celle qui est de l'ordre de la science, celle qui relève de la technologie, et celle de la pratique. Le but de l'activité scientifique est l'élaboration d'un savoir, la recherche et la formulation de lois générales, d'explications et de prédictions concernant les phénomènes de son domaine. Les critères de ce savoir sont ceux proposés par la théorie des sciences, et de ce fait, la réalité dont s'occupe la science n'est pas la réalité quotidienne, pratique, mais une réalité idéalisée. Le but de l'activité technologique, par contre, est la recherche de moyens permettant d'atteindre des fins dans la réalité de tous les jours. De ce fait, elle ne permet pas d'établir des lois générales, de fournir des explications et des prédictions au sens fort, mais seulement l'établissement de règles technologiques, la justification et la planification des phénomènes. Le critère de l'activité d'innovation technologique est l'efficacité empiriquement établie de ses règles. La pratique (technologique) enfin, vise la réalisation dans le monde quotidien de certaines fins par certains moyens grâce à l'application correcte de règles (technologiques) à un cas particulier. Son critère est l'efficacité empiriquement établie de l'intervention ou des mesures prises.

Pour illustrer cette classification des activités psychologiques, donnons quelques exemples extraits de la classification des activités psychologiques selon Westmeyer (1978, pp. 119-122).

K_1 : *science*

- Développement et/ou mise à l'épreuve d'une version mathématique de la loi de l'effet empirique.
- Développement et/ou mise à l'épreuve d'une théorie psycho-physiologique de l'apprentissage d'évitement.
- Développement et/ou mise à l'épreuve d'une théorie interactionnelle du comportement humain.
- Développement et/ou mise à l'épreuve d'une théorie psychodynamique de la personnalité.
- Développement et/ou mise à l'épreuve d'une théorie de l'apprentissage social humain.

K_2 : *technologie*

- Développement d'une thérapie de couple sur base de contrats et/ou mise à l'épreuve de son efficacité (relative).
- Développement d'une technique de feedback pour le traitement de troubles psychosomatiques déterminés et/ou mise à l'épreuve de son efficacité (relative).
- Développement d'un test projectif permettant un diagnostic différentiel entre des personnes normales, névrotiques et psychotiques, et mise à l'épreuve de sa qualité.
- Développement d'une théorie des tests orientée en fonction des buts thérapeutiques.
- Comparaison de l'efficacité de méthodes de traitement en compétition dans des problèmes d'un genre déterminé.
- Construction d'un procédé de mesure pour la variable-thérapeute «immédiateté de la relation» dans le cadre de la thérapie non directive, et mise à l'épreuve de sa qualité.

K_3 : *pratique technique*

- Réalisation d'une thérapie de couple sur base de contrats avec un couple déterminé ayant pour but de supprimer les problèmes existants entre les partenaires.
- Application d'une technique de biofeedback chez un patient déterminé souffrant d'hypertonie essentielle, ayant pour but de supprimer ce trouble psychosomatique.
- Application du test de Rorschach chez un patient déterminé pour lequel il faut clarifier s'il s'agit d'une personne névrotique ou psychotique.

Dans les commentaires présentés à propos de ces exemples, Westmeyer situe alors la psychologie clinique et même la recherche dans ce domaine dans les classes K_2 et K_3, c'est-à-dire parmi les activités technologiques, la recherche se trouvant dans la classe K_2. Cela paraît problématique et regrettable. Problématique pour deux raisons : d'abord quelques-unes des activités données comme exemples d'activités relevant de la science (K_1) sont bel et bien du ressort de la psychologie clinique où elles ont leur origine et développement, par exemple les théories de la personnalité psychodynamiques, certaines théories de l'auto-régulation et de l'interaction. Ensuite, les théories concernant l'origine et le développement (l'étiopathogenèse, si l'on préfère) des troubles psychiques, qui portent non seulement sur la description, mais également sur l'explication (au sens fort) de ces troubles, sont tout de même à situer au niveau de l'activité scientifique, même si elles peuvent présenter en même temps secondairement un aspect technologique important. Il en va de même pour les théories concernant les mécanismes d'action des interventions thérapeutiques. Westmeyer reconnaît d'ailleurs cet état de choses en parlant à ce propos de « théories technologiques » et en créant ainsi un statut qui n'est pas conforme à ses propres définitions. Situer la psychologie clinique au seul niveau technologique semble alors regrettable et faux parce que cela risque de renforcer des tendances latentes, préjudiciables tant à l'activité scientifique qu'à l'activité (technologique) clinique, à la méconnaissance mutuelle, sous le prétexte, de la part du « scientifique », que la pratique clinique est scientifiquement mal fondée et guère contrôlable, le clinicien rétorquant que le savoir scientifique ne tient guère compte de la complexité des situations pratiques et lui est de peu d'utilité[12].

Il semblerait donc légitime et souhaitable de ne pas enfermer la psychologie clinique dans le domaine technologique, et de reconnaître sa dimension proprement scientifique. Cela pose alors la question des relations existant entre l'activité scientifique et l'activité pratique.

Pour les fondateurs de la psychologie clinique, Kraepelin et Witmer, tous deux élèves de Wundt, et pour Freud, l'activité clinique devait nécessairement avoir un fondement scientifique, et ils concevaient cette relation comme une application plus ou moins directe des connaissances élaborées par les disciplines fondamentales à la résolution des problèmes posés par la pratique clinique. C'était aussi la conception de Watson, et encore en 1960, Eysenck affirmait la supériorité des thérapies comportementales en disant qu'elles étaient dérivées directement des théories expérimentales de l'apprentissage. Actuellement, si elle se veut toujours fondée scientifiquement, la psychologie clinique ne se représente cependant plus cette relation de façon aussi simple.

La relation «théorie-pratique» ayant d'abord été problématisée et systématisée en philosophie des sciences par Bunge (1967), ce problème a été repris en psychologie par Westmeyer (1973, 1976, 1978) dans le cadre d'une critique de la thérapie comportementale, par Herrmann (1979) qui le traite pour l'ensemble de la psychologie et illustre sa conception par une analyse de la psychologie pédagogique, et par Perrez (1982, 1983) qui l'élabore dans le contexte d'une conception de la psychothérapie comme technologie.

Les différentes relations entre théorie et pratique, entre science fondamentale et science appliquée, en l'occurrence entre la psychologie générale et la psychothérapie conçue comme science appliquée, peuvent se décrire en distinguant quatre types avec Scheele (1982).

1. La relation d'application directe suppose une application directe du savoir théorique à la résolution des problèmes pratiques. Le clinicien n'aurait qu'à connaître les lois générales pour les appliquer ensuite, selon certaines règles, à la réalité pratique. Une loi générale établie au laboratoire et formulée en termes «si A, alors B», s'appliquerait ainsi, par exemple en thérapie, en concevant B comme l'effet thérapeutique visé, et A comme le moyen d'y parvenir. Prenons un exemple:

Soit la proposition de loi: «Si la performance d'un comportement est immédiatement suivie d'un renforcement positif, alors la probabilité d'apparition future de ce comportement augmente». Appliquée directement à une situation thérapeutique visant, par exemple, à modifier des problèmes de contact social d'un patient, cette loi voudrait que l'on «renforce» son comportement de contact social, afin de le faire augmenter. Appliquée pour expliquer l'étiologie de ce problème du patient, elle le ferait si l'on considère qu'il manque de comportement de contact social, parce que celui-ci n'a pas été renforcé dans le passé.

Cette application directe d'un savoir théorique expérimentalement fondé a été considérée pendant longtemps, comme nous venons de l'indiquer, comme un avantage majeur de la thérapie comportemenale, mais des analyses récentes ont montré qu'elle est inadéquate vu que les propositions de loi formulées au laboratoire sont valables dans des conditions idéales, mais ne le sont plus dans le monde réel pratique où ces conditions idéales ne sont plus réalisées. Westmeyer (1978) a ainsi pu montrer que deux propositions de loi bien établies d'une seule et même théorie conduisent à des contradictions lorsqu'on les applique directement à la pratique. La raison de cette contradiction réside dans le fait que ces lois sont valables dans des conditions idéales et non dans les conditions pratiques et que leur validité dans des conditions pratiques exige des formulations plus précises ou dépend de conditions supplémentaires. La conclusion à laquelle aboutissent les analyses de Westmeyer est que la thérapie comportementale ne peut pas être interprétée comme application de la théorie du comportement, quelle que soit la conception que l'on ait d'une théorie («statement view» ou «non-statement view»).

Pour la psychanalyse les choses sont différentes. Ici la théorie générale est développée directement à partir de la situation thérapeutique, à partir de l'association libre et de l'interprétation, et les psychanalystes pensent que c'est également dans la situation thérapeutique, à partir des productions des patients en analyse, qu'elle peut être mise à l'épreuve. Dans ce cas, une application directe est effectivement possible. Il faut cependant remarquer qu'il s'agit là d'une conception de la démarche empirique qui ne satisfait pas les critères exigibles pour une discipline empirique selon la théorie des sciences contemporaine, et que les preuves en faveur de cette théorie psychanalytique provenant de productions de patients en analyse, sont remarquablement faibles (Grünbaum, 1984).

Il semble donc que le travail du psychologue clinicien ne puisse pas être considéré comme une application directe des lois générales de la psychologie aux problèmes qui se posent en clinique (Westmeyer, 1978; Grawe, 1982; Perrez, 1982a, b; Scheele, 1982).

2. Dans la relation d'application indirecte, on tient compte des difficultés mentionnées, et on essaie d'établir un lien entre la réalité idéale du laboratoire et la réalité quotidienne pratique de la psychothérapie[13], en transformant le savoir théorique en un savoir technologique, en transformant les propositions nomologiques en propositions nomopragmatiques (Bunge, 1967).

Cette transformation suppose une opérationalisation adéquate de la proposition nomologique. La proposition nomologique «Si une réaction est suivie d'un renforcement positif la probabilié d'apparition d'une réaction est augmentée», par exemple, est opérationalisée par la proposition nomopragmatique «Si un thérapeute loue le patient pour son comportement affirmatif dans la situation thérapeutique, la probabilité d'apparition d'un comportement affirmatif dans la situation thérapeutique est augmentée» (Westmeyer, 1977, p. 196). Cette opérationalisation suppose généralement des hypothèses supplémentaires confirmées (ou confirmables) spécifiant les conditions d'application dans le cas particulier. Et, last but not least, on doit comme le remarque Scheele (1982, p. 146) réintroduire les conditions qui ont été éliminées comme facteurs dérangeants lors de la mise à l'épreuve des propositions nomologiques, mais qui font inévitablement partie de la réalité quotidienne (par exemple, la louange n'a d'effet dans le sens voulu que lorsque le patient accepte cette louange et la rapporte à son comportement affirmatif!). De plus, lorsque le savoir nomologique nécessaire à la formulation de propositions nomopragmatiques est insuffisant, il doit être complété par le savoir résultant de l'expérience clinique.

Les propositions nomopragmatiques ainsi dérivées doivent alors être soumises à l'épreuve de l'expérience par la recherche appliquée (clinique), car leur simple dérivation de propositions nomologiques ne garantit pas leur validité sur le terrain, vu que ces dernières ne valent que dans des conditions idéales. Pour cette raison, «des propositions nomologiques ne peuvent que suggérer ou recommander certaines règles technologiques, l'effectivité de ces règles doit être déterminée empiriquement» (Westmeyer, 1978, p. 197).

Ces propositions nomopragmatiques confirmées constituent alors le savoir technologique, les règles technologiques de la psychologie clinique, que le clinicien applique, de façon plus ou moins adéquate ou compétente, dans sa pratique clinique quotidienne.

3. Dans la relation heuristique, le savoir nomologique n'est plus le point de départ pour la formulation de propositions nomopragmatiques précises, mais il joue simplement le rôle de stimulateur pour la recherche et la pratique cliniques, en fournissant en quelque sorte des idées et hypothèses à explorer davantage.

4. La relation d'échange, finalement, n'est plus centrée sur le problème du fondement de la pratique par la théorie, mais bien sur l'interaction entre pratique et théorie, chaque pôle stimulant l'autre. C'est cette relation d'échange qui prévaut d'ailleurs probablement dans la constitution, le développement et la vie de notre discipline. Un clinicien confronté avec des problèmes pratiques s'adresse, tôt ou tard, à une ou plusieurs disciplines fondamentales dans l'espoir d'y trouver réponse à certaines de ses questions. Les insuffisances de la théorie à expliquer ou résoudre le problème donnent lieu à des remaniements de la théorie qui peuvent déboucher sur des modifications de la pratique dont les résultats à leur tour influencent la théorisation. Ces interactions complexes et variables ne se limitent naturellement pas au niveau individuel, mais se retrouvent au niveau du développement de la discipline tout entière. C'est ce que l'on peut voir, pour ne

donner qu'un exemple, dans les développements des thérapies comportementales allant de Watson à Skinner et de là aux conceptions cognitives. C'est ce que l'on retrouve au niveau plus individuel, dans le développement de la conception de l'auto-efficacité de Bandura (1977), de la théorie de la détresse apprise de Seligman (1975), ou de la théorie de la maîtrise du stress de Lazarus (1981).

En tenant compte de ce qui précède, la psychologie clinique ne se réduirait donc plus à une discipline «appliquée» ou à une technologie, mais comprendrait un aspect scientifique, un aspect technologique et un aspect pratique, et le psychologue clinicien serait un «scientist practitioner», un scientifique praticien ou un praticien scientifique, comme cela avait été proposé par le «modèle de Boulder» (v. Chap. VIII).

A l'encontre du simple praticien, il se préoccupera des fondements scientifiques de sa pratique, à l'encontre du scientifique «pur», il s'intéressera davantage aux conséquences pratiques du savoir scientifique «pur», essayant ainsi de développer et d'utiliser des stratégies et des moyens de résolution des problèmes complexes du champ de sa pratique qui s'inspirent aussi de la science et soient compatibles avec son savoir.

Et «l'art du clinicien» y trouve-t-il sa place ? Nous y reviendrons dans la section sur la psychothérapie conçue comme technologie.

IV. LES RELATIONS AVEC LES AUTRES DISCIPLINES

Comme le montrent les définitions, la psychologie clinique présente des liens avec d'autres branches de la psychologie et entretient des relations avec plusieurs disciplines non psychologiques.

Parmi les autres branches psychologiques, la psychologie générale et expérimentale est en relation avec la psychologie clinique au niveau de la méthodologie générale qui fournit les critères pour la recherche, et au niveau d'un corps de savoir sur des phénomènes importants pour la clinique comme la perception, la pensée, la mémoire, l'apprentissage, la motivation, etc. C'est grâce aux critères de la méthodologie générale que le clinicien sera à même d'apprécier la valeur d'expériences dont les résultats seront utilisés pour lui recommander l'une ou l'autre mesure, qu'il pourra apprécier, par exemple, ce que l'on dit sur un test nouveau, sur une nouvelle psychothérapie ou une nouvelle médication antidépressive. Ce n'est qu'en connaissant les plans expérimentaux, les caractéristiques de l'échantillon, la valeur des instruments de mesure de la dépression, la grandeur de l'effet expérimental, etc., qu'il pourra se faire une idée valable sur ce que l'on dit d'une nouvelle thérapie ou d'une nouvelle médication antidépressive.

Que les liens soient très étroits entre la psychologie différentielle et de la personnalité et la psychologie clinique se comprend aisément si on se souvient que la psychologie différentielle s'occupe des différences individuelles et de leur organisation, et que c'est dans ce contexte que se sont développés le testing, la psychométrie, la diagnostic et l'évaluation qu'on utilise actuellement en clinique. De plus, la psychologie de la personnalité a non seulement mis en évidence des dimensions d'intérêt majeur pour le clinicien: introversion-extraversion, névrosisme, lieu de contrôle, anxiété, créativité, style cognitif, etc., elle joue aussi un rôle très important au niveau de l'intégration, de l'organisation des différences individuelles, et de la classification des individus. Il ne faut en effet pas oublier que les conceptions implicites et explicites de la personnalité sont des façons de décrire et d'expliquer la réalité, que les différentes conceptions sont différents éclairages de la réalité dont elles nous reflètent certains aspects à l'exclusion d'autres, et que se pose la question de leur intérêt pour la clinique, question qui ne peut finalement être résolue que par une étude empirique et comparative de la personnalité.

Non moins étroits sont les liens entre la psychologie du développement et la psychologie clinique. Ils sont particulièrement évidents pour les cliniciens qui s'occupent d'enfants, d'êtres parcourant en relativement peu de temps un développement intellectuel, social et affectif important dont le clinicien doit connaître les principes. On voit difficilement un clinicien s'occupant d'enfants qui ignorerait les travaux faits en psychologie génétique sur les facteurs biologiques et sociaux intervenant dans le développement moteur et cognitif, au niveau de l'intelligence et du langage, de l'affectivité et des relations sociales à des moments différents comme la petite et moyenne enfance ou l'adolescence. Plus récemment, avec la réapparition ou le développement de la psychologie du cours de la vie (life-span), l'étude du développement de l'être humain ne s'arrête plus aux quelques années suivant l'âge dit « de raison », à savoir l'adolescence, mais elle s'étend vers les périodes de l'âge moyen, de l'âge mûr et du grand âge. Pour le clinicien travaillant avec des adultes, ces développements, qui ont d'ailleurs aussi un aspect « différentiel », sont également d'importance capitale.

La psychologie sociale et la psychologie clinique n'ont pas fait preuve, jusqu'il y a peu, d'une très grande sociabilité, l'une envers l'autre. Et pourtant, elles ont l'une et l'autre, pour objet essentiel le rapport à l'autre, et parmi les thèmes priviligiés beaucoup aussi sont partagés. Que l'on pense seulement aux problèmes de la connaissance et de la description d'autrui, du développement de différents types de relation, aux phénomènes de conformité, d'imitation, d'influence sociale, aux travaux consacrés au comportement sexuel ou à l'agression. Certes, les situations et les perspectives ne sont pas nécessairement les mêmes, mais qui penserait sérieusement que les recherches faites en psychologie sociale sur l'imitation, sur l'agression, sur la perception d'autrui et les stéréotypes n'ont rien apporté à la psychologie clinique ? Et, inversément, qui ne voit pas le rôle joué par la clinique dans la naissance des hypothèses de beaucoup de ces travaux ?

Les différentes disciplines de la psychologie appliquée doivent également être mentionnées. La psychologie du travail et des organisations[14], la psychologie criminelle et judiciaire, la psychologie du sport, et la psychologie du transport, pour n'en nommer que quelques-unes, s'occupent de problèmes dont traite également la psychologie clinique. Il y a entre ces branches et la psychologie clinique non seulement recoupement pour certains problèmes — qu'on pense par exemple au stress, à l'alcoolisme, à l'absentéisme au travail, etc. — mais également des échanges pouvant être très fructueux.

Psychologie clinique et médecine

La complexité de la médecine moderne entraîne une complexité des relations avec la psychologie et plus particulièrement la psychologie clinique dont il est difficile de rendre compte en quelques pages. Nous nous bornerons donc à souligner l'importance que revêtent pour la psychologie clinique des disciplines comme la physiologie, la génétique, la neurologie, la pharmacologie, l'épidémiologie et la sociologie médicale, pour n'en citer que les plus proches, et à envisager quelques points plus saillants de l'évolution récente.

Mais situons auparavant la branche de la médecine dont la psychologie clinique se trouve la plus proche, tant du point de vue de son histoire que de celui des problèmes qu'elle traite, à savoir la psychiatrie. Celle-ci peut se définir comme la branche de la médecine qui s'occupe des maladies et des troubles psychiques. La branche qui lui fournit ses fondements scientifiques est la psychopathologie qui étudie la description (symptômatologie), la systématisation (nosologie), les causes et le développement (étio-pathogenèse) des maladies et troubles psychiques. Les termes de «psychiatrie sociale» désignent une orientation en psychiatrie qui s'efforce à mieux intégrer que ce ne fut le cas de la psychiatrie classique, les facteurs sociaux, économiques et culturels, au niveau de l'étio-pathogenèse, de la prévention, et du traitement de ces troubles.

Traditionnellement, l'activité du psychologue clinicien dans le contexte médical se limitait aux domaines de la neurologie et de la psychiatrie où il faisait des contributions au diagnostic et, plus récemment, à la thérapie de certains troubles. L'évolution très rapide, ces dernières années, aussi bien de la médecine que de la psychologie a eu pour conséquence un changement de cet état de choses.

En médecine, la discussion autour des modèles étiologiques a permis de faire la place qui leur revient aux facteurs psychosociaux dont l'importance pour le développement, le déclenchement et la persistance des maladies a d'ailleurs été soulignée par un nombre croissant de travaux empiriques. A cet aspect plus scientifique s'ajoute un aspect technologique et social. L'évolution récente de la médecine aboutissait en effet à une spécialisation et à une technologisation de plus en plus poussées qui avaient comme contrepartie une focalisation sur l'aspect organique de la maladie et des mesures curatives. Ceci conduisait à négliger la dimension psychologique à laquelle beaucoup de malades sont cependant devenus plus sensibles, fait qui n'a pas échappé à beaucoup de médecins qui se sont ainsi trouvés confrontés à nouveau avec la dimension psychosociale de leur activité. Il y a donc dans la médecine en général une plus grande ouverture à la dimension psychosociale.

En psychologie, les travaux sur l'émotion, l'agressivité, le stress, et les relations entre facteurs physiologiques, comportement et personnalité, de même que la discussion autour des modèles étiologiques de la maladie, ont conduit au développement de techniques d'investigation, de connaissances et de méthodes d'intervention qui faisaient prendre conscience au psychologue clinicien qu'il n'est pas nécessairement limité à sa traditionnelle collaboration en neurologie et psychiatrie, que de droit, son champ d'action est beaucoup plus large et que de fait, il peut déjà contribuer beaucoup à la connaissance et à l'intervention dans d'autres disciplines médicales.

Ce changement dans la façon de voir les choses qui, tant en médecine qu'en psychologie, relativise la classique dichotomie maladies physiques-troubles psychiques, a trouvé son expression dans un changement dans la branche de la médecine qui s'occupait traditionnellement de l'interaction entre facteurs physiques et psychiques, la médecine psychosomatique, et dans le développement de deux disciplines nouvelles : la médecine comportementale et la psychologie de la santé.

La médecine psychosomatique, qui jusque vers les années 1960, était étroitement liée aux conceptions psychanalytiques (auxquelles elle devait l'hypothèse de l'origine psychique de certains troubles fonctionnels physiques et quelques investigations dans ce domaine) déplaçait son intérêt d'un groupe de troubles alors décrits comme typiquement psychosomatiques (l'asthme bronchique, l'ulcère gastrique, l'hypertension, etc.) vers une perspective plus générale, dans laquelle elle étudie l'interaction des facteurs biologiques et psychosociaux non seulement dans les cas typiquement « psycho-somatiques », mais dans toutes les maladies. Selon cette conception nouvelle (Lipowski, 1976), la médecine psychosomatique ne se réfère plus exclusivement ou principalement à des conceptions psychanalytiques ou psychodynamiques, mais de fait cette référence semble être restée la référence majeure. C'est une des raisons pour lesquelles on assiste, vers la fin des années 1970, au développement d'une perspective différente sur ces problèmes : la médecine comportementale.

La médecine comportementale (Behavioral Medicine) est le développement important résultant lui aussi de ce changement d'optique sur les questions de santé et de maladie. Le congrès qui élabora sa définition en illustre bien l'intérêt et le caractère interdisciplinaire. Ce congrès, la « Yale Conference on Behavioral Medicine » (1977) qui se tenait sous les auspices de trois institutions réputées, le département de psychologie et de psychiatrie de la Yale University, la Yale University School of Medicine et le « National Heart, Lung and Blood Institute », réunissant 17 scientifiques de disciplines différentes (anthropologie, cardiologie, épidémiologie, médecine interne, psychiatrie, psychologie et sociologie) en proposait une conception large en donnant la définition suivante : « La médecine comportementale est le domaine qui s'occupe du développement de connaissances et de techniques comportementales importantes pour la connaissance de la santé et la maladie physique, ainsi que de l'application de ces connaissances et techniques à la prévention, au diagnostic, au traitement et à la réhabilitation. Les psychoses, les névroses, et l'abus de drogues ne sont inclus que dans la mesure où ils contribuent à la maladie physique comme point terminal » (Schwartz et Weiss, 1977, p. 379).

Deux points sont à retenir de cette définition : 1) concernant l'aspect théorique et méthodologique, cette définition caractérise la médecine comportementale comme une application de connaissances et techniques comportementales; 2) du point de vue de l'objet, la définition la restreint aux problèmes de la maladie et de la santé physiques et ne considère les troubles psychiques que dans la mesure où ils entraînent des effets physiques.

Alors que la définition de l'objet ne fait pas de difficulté pour les divers auteurs se rattachant à la médecine comportementale, il n'en va pas de même pour la conception théorique et méthodologique. Schwartz et Weiss (1978, p. 250) soulignent en effet l'aspect intégratif de la médecine comportementale, ils la présentent comme «intégration de connaissances et de techniques des sciences du comportement et des sciences biomédicales», alors que Pomerleau et Brady (1979) spécifient que la médecine comportementale se base sur l'analyse expérimentale du comportement, et la définissent comme «a) l'application clinique de techniques dérivées de l'analyse expérimentale du comportement — thérapie comportementale et modification du comportement — en vue de l'évaluation, prévention, régulation ou du traitement de maladies physiques ou de dysfonctions physiologiques, et b) la réalisation de recherches qui contribuent à l'analyse fonctionnelle et à la compréhension de comportements qui sont associés à des troubles médicaux et des problèmes de soins de santé» (Pomerleau, 1979, p. 656).

Si on fait abstraction de cette restriction méthodologique proposée par Pomerleau et Brady, comment se situe cette nouvelle venue par rapport aux deux disciplines traditionnelles que sont la psychologie médicale et la psychosomatique?

Pour la situer par rapport à la psychologie médicale, il faut d'abord remarquer que la signification de ces termes varie selon les pays. Alors qu'en Angleterre, ils renvoient généralement à la psychiatrie et aux troubles psychiques, aux USA, ils concernent plutôt les psychologues travaillant dans des institutions médicales; en Allemagne Fédérale, ils désignent une «psychologie pour les médecins» et non «la psychologie dans la médecine» (Schmidt, 1978) et en France, la psychologie médicale est «la psychologie appliquée aux problèmes posés par la médecine» (Delay et Pichot, 1967, p. 34). Par rapport aux usages français, la médecine comportementale se distinguerait donc de la psychologie médicale par sa référence aux sciences du comportement et le fait que «les psychoses, les névroses et l'abus de drogues ne sont inclus que dans la mesure où ils contribuent à la maladie physique comme point terminal».

Si la distinction de la médecine comportementale par rapport à la médecine psychosomatique traditionnelle peut se faire facilement, les choses deviennent plus délicates si on se réfère aux évolutions récentes. Depuis son évolution récente, la médecine psychosomatique ne se limite effectivement plus à une conception psychanalytique et à un groupe relativement restreint de maladies plus ou moins spécifiques, les maladies dites psychosomatiques, mais elle s'est élargie et se comprend actuellement comme étudiant les répercussions des émotions et du stress sur le développement de symptômes et maladies physiques. Dans la mesure où cette étude se fait au niveau de recherches empiriques contrôlées, il devient difficile de voir une différence réelle, si on ne se limite pas à la définition de Pomerleau et Brady.

La psychologie de la santé (Health Psychology) est une troisième discipline à se pencher sur les problèmes qui se situent dans ce monde qui tient à la fois de la médecine et de la psychologie. Elle est la plus récente et peut-être aussi la plus satisfaisante, en tout cas pour le psychologue clinicien. Son origine remonte à un groupe faisant des recherches sur la santé dans le cadre de l'APA et à la fondation d'une nouvelle section de cette association. La première discussion du concept se trouve dans un livre de Stone, Cohen et Adler (1979), et la définition proposée par la nouvelle section décrit cette nouvelle spécialité comme «l'ensemble des contributions spécifiquement éducatives, scientifiques et professionnelles faites par la discipline psychologique à la promotion et au maintien de la santé, à la prévention et au traitement de la maladie, et à l'identification des corrélats étiologiques et diagnostiques de la santé, de la maladie et de dysfonctions apparentées» (Matarazzo, 1980, p. 815)[15].

Cette définition paraît la plus heureuse non seulement parce qu'elle est la plus englobante, mais surtout parce qu'elle correspond mieux au développement actuel des sciences et aux problèmes posés actuellement en matière de soins de santé.

Son avantage sur la médecine comportementale réside dans le fait qu'elle ne lie pas la définition d'un domaine aux vues d'une conception particulière de la psychologie, en l'occurrence la conception behavioriste (ou la conception skinnerienne) quels que soient les mérites d'ailleurs incontestables de cette conception. Le deuxième avantage réside alors dans le fait que les termes psychologie de la santé et leur définition évitent l'ambiguïté créée par les termes de médecine comportementale. Ces derniers termes, en effet, non seulement ne se réfèrent pas à la psychologie, mais suggèrent même qu'il s'agit d'une discipline médicale, de l'application de principes de la médecine à l'étude du comportement, alors qu'il s'agit exactement de l'inverse, à savoir de l'application des principes et méthodes de la psychologie aux problèmes rencontrés en médecine.

Un dernier avantage consiste dans le fait que les termes psychologie de la santé mettent l'accent sur la santé et sa conservation ou, si l'on préfère, sur l'aspect prévention de la maladie, dont l'importance capitale pour le système de soins de santé est souligné de plus en plus fortement par toutes les compétences en la matière.

Après cette présentation des disciplines représentant la psychologie dans la médecine contemporaine, revenons à leur relation à la psychologie clinique. Si nous nous souvenons de la définition proposée au début de ce chapitre, on verra qu'elle peut parfaitement contenir aussi bien les vues de la médecine comportementale que celles de la psychologie de la santé et, mieux, elle n'en comporte pas les limitations et les dangers. Le danger principal du concept de la médecine comportementale et de la psychologie de la santé est de manquer la potentialité intégrative du modèle bio-psycho-social qui permettrait à la psychologie clinique d'asseoir son identité comme discipline scientifique, et de voir se développer deux orientations : une psychologie clinique qui continue à s'occuper de façon traditionnelle des troubles psychiques, et un groupe de psychologues suivant le modèle de la médecine comportementale ou de la psychologie de la santé, et qui s'occuperait des problèmes de la santé ou de la maladie physiques. Une pareille spécialisation, comme le souligne aussi Wittling (1980), ne répond à aucune nécessité ni conceptuelle, ni thérapeutique, ni professionnelle, et l'on peut donc parfaitement souscrire à sa phrase : « Nous n'avons pas besoin de tendances nouvelles dans ou en dehors de la psychologie clinique, mais d'un changement d'attitude de la psychologie clinique face à tous les problèmes de santé physique et mentale » (Wittling, 1980, p. 351). C'est ce qui nous semble réalisé dans la définition adoptée ci-dessus. Afin d'éviter les malentendus, il est peut-être utile d'ajouter que, pas plus que la médecine comportementale ou la psychologie de la santé, pareille conception n'aboutit à la prétention du psychologue clinicien de vouloir remplacer le médecin. Il s'agirait plus simplement de réaliser le vœu formulé, entre autres aussi par la conférence de Yale, d'une collaboration dans une égalité basée sur les compétences, collaboration à laquelle le psychologue apporte des méthodes et des connaissances qui lui sont spécifiques.

V. L'IDENTITE DU PSYCHOLOGUE CLINICIEN

Ayant présenté une définition de la psychologie clinique et situé son objet, ses relations avec la théorie, la pratique et avec quelques autres disciplines, il nous reste à souligner un autre aspect caractérisant l'identité du psychologue clinicien : l'attitude clinique. Si l'on peut en effet dire qu'il s'occupe de l'étude, de l'évaluation, de la prévention et de la thérapie de problèmes et troubles psychiques et qu'il le fait en se référant aux sciences psychologiques, il faut ajouter qu'il le fait avec un souci tout particulier du cas individuel, considéré non comme un objet, mais comme l'ensemble des multiples processus biopsychosociaux qui interviennent dans la vie d'une personne. C'est ce souci du problème individuel et l'implication personnelle réfléchie qui le distinguent peut-être le mieux de ses collègues psychologues dont il partage par ailleurs l'héritage scientifique [16].

Chapitre 3
La description et la classification des troubles psychiques

La première tâche de la psychologie clinique est naturellement de décrire son objet, les problèmes et les troubles psychiques, de décrire leurs caractéristiques subjectives et objectives, leurs signes et symptômes, de décrire les caractéristiques isolées aussi bien que les associations qu'elles peuvent former avec d'autres. Puis, à l'instar d'autres disciplines empiriques comme la botanique, la météorologie, la psychopathologie ou la psychiatrie, la psychologie clinique essaie de mettre de l'ordre dans la multiplicité des phénomènes de son domaine en les classifiant en fonction d'un certain nombre de critères. Ces tentatives apparaissent d'ailleurs très tôt dans l'histoire de la médecine et de la psychologie (Leibbrand et Wettley, 1961) et aboutissent au fil des temps à un grand nombre de classifications plus ou moins intéressantes. Zubin (1967) trouve ainsi dans sa revue de la littérature plus de 50 systèmes différents, certains concevant tout trouble psychique comme manifestation d'un seul et même trouble fondamental sous-jacent, d'autres proposant des entités différentiables à l'instar des maladies physiques, alors que d'autres encore contestent la légitimité de pareille conception. Cette multiplicité des classifications pose ainsi la question de leur valeur respective, et comme nous venons de le voir dans le paragraphe sur la nature des troubles psychiques, la légitimité et l'intérêt mêmes d'une classification de ces troubles, quelle qu'elle soit, a été contestée. Il paraît donc indispensable d'examiner de plus près la nature, les buts, les avantages et les inconvénients ainsi que les problèmes posés par les classifications des troubles psychiques, car le psychologue clinicien se trouvera inévitablement confronté à ces questions.

I. NATURE, BUT ET CRITERES DE VALIDITE

La notion de classification renvoie à la mise en ordre d'une multiplicité de phénomènes (caractéristiques, traits, individus) par le rangement dans un système divisé en classes, une classe étant un ensemble d'éléments ayant des caractéristiques communes. Lorsqu'on parle de classification en psychologie ou en psychiatrie, il est en fait question de deux choses: d'abord, d'une mise en ordre systématique de la multiplicité des phénomènes psychologiques ou psychiatriques, on parlera aussi de systématisation; ensuite, de l'attribution de phénomènes ou d'individus à des classes du système, cas auquel on parlera aussi de diagnostic.

Le but d'une classification des troubles psychiques est de fournir des informations sur la nature, l'origine et le développement des troubles psychiques, qui permettent de poser des indications thérapeutiques, l'expérience montrant qu'il y a différents types de troubles psychiques et différents moyens de les traiter. Un autre but de toute classification est de permettre aux cliniciens et aux chercheurs de communiquer avec leurs collègues.

Un pareil système de classification des troubles psychiques peut être développé en fonction d'aspects différents concernant d'une part la façon dont on conçoit les éléments du système (catégorie, type, dimension), et d'autre part, le contenu-critère des classes (symptomatologie, étiologie, pronostic, etc.). La connaissance de ces aspects étant importante pour apprécier la valeur d'une classification, nous proposons d'envisager d'abord la question des principes de systématisation pour nous pencher ensuite sur celle des contenus-critère que nous examinerons lors de la présentation de quelques exemples de systèmes nosologiques et non nosologiques. Avant cela, nous aurons à poser la question des critères de validité d'une classification pour terminer par quelques réflexions concernant la critique et la nécessité des classifications.

Pour remplir ses fonctions, pour être utile, une classification doit satisfaire à certaines conditions. La simple existence d'un système, la séduction qu'il exerce sur l'esprit et la satisfaction éprouvée par ceux qui le pratiquent — qu'on pense aux multiples systèmes plus ou moins spéculatifs, utilisés avec enthousiasme et conviction par beaucoup de psychologues et de psychiatres — n'en garantissent malheureusement pas la valeur. Celle-ci doit être éprouvée et établie de façon plus exigeante et de façon empirique. L'importance de cette question apparaissait d'ailleurs très nettement dans un des premiers travaux qui lui ont été consacré, encore avant la seconde guerre mondiale, et dans lequel Masserman et Carmichael (1938) ont trouvé qu'au cours d'une année plus de 40 % des diagnostics psychiatriques nécessitaient des corrections substantielles. Dans son ouvrage «Die Diagnose in der Psychiatrie», Kendell (1978) situe bien ce problème et son contexte historique dans le passage suivant: «Les diagnostics ont peu de valeur, si on ne peut pas fonder sur eux des prédictions utilisables. Et lorsqu'ils sont encore sujets à des divergences d'opinions, la précision de ces prédictions est nécessairement limitée. Si le diagnostic A signifie une probabilité de guérison de 90 % et le diagnostic B une probabilité de 15 %, la précision avec laquelle on peut estimer la chance de guérison d'un patient déterminé, reposera largement sur la précision avec laquelle on peut distinguer A de B». Quant au contexte historique, Kendell remarque très justement: «Les psychiatres ont toujours su que les diagnostics ne trouveraient pas dans chaque cas l'assentiment inconditionnel de leurs collègues. Ce n'est cependant qu'au cours des trente dernière années et sous l'impulsion des psychologues que la véritable signification et importance de ce manque de concordance a été adéquatement reconnue, et qu'on a essayé de la mesurer systématiquement» (p. 29).

Les conditions à remplir pour qu'un système de classification puisse être utile, sont la fidélité, la validité et l'homogénéité.

Le problème de la fidélité des diagnostics psychiatriques concerne la question de savoir si et dans quelle mesure, deux psychiatres différents posent le même diagnostic pour un seul et même patient, et si ce diagnostic reste le même s'il est posé une seconde fois après un certain laps de temps. Dans le premier cas, on parle de fidélité inter-juges, dans le second de consistance ou de stabilité du diagnostic en fonction du temps.

Dans le domaine de la fidélité inter-juges, Schmidt et Fonda (1956) ont fait un travail qui n'est pas exempt de problèmes méthodologiques, mais qui a néanmoins fourni des résultats intéressants. Dans cette recherche, pour chacun des 426 patients qui consultaient un hôpital psychiatrique au cours de six mois, un diagnostic avait été posé de façon indépendante par un des trois médecins-chefs (psychiatres) et par un groupe de huit psychiatres pratiquant en cabinet privé. Ces diagnostics ont alors été comparés en prenant comme diagnostic de référence supposé refléter le mieux le diagnostic «vrai» celui des médecins-chefs. Les résultats de cette investigation montraient un fait qui se constatera également dans des études ultérieures, à savoir que la fidélité des diagnostics diminue au fur et à mesure qu'on s'éloigne des troubles organiques et des catégories diagnostiques générales. Les concordances pour les catégories générales (troubles organiques, troubles psychotiques, troubles caractérologiques) étaient en effet assez élevées : 92 % pour les troubles organiques, 80 % pour les psychoses fonctionnelles, et 71 % pour les troubles caractérologiques. Pour les sous-groupes ou catégories spécifiques (par exemple, les troubles schizophréniques) la concordance était bien moins élevée, la concordance moyenne n'étant plus que de 55 %.

Dans une recherche ultérieure, Beck et al. (1962) reprennent le problème de la fidélité inter-juges en l'étudiant d'une façon méthodologiquement plus satisfaisante. Les diagnostics furent posés à partir du DSM I par quatre psychiatres expérimentés qui avaient préalablement discuté la façon d'appliquer le manuel diagnostique, notamment pour quelques groupes diagnostiques pouvant faire difficulté. 153 patients avaient ainsi été examinés, chaque patient ayant été vu successivement pendant une heure par deux psychiatres différents. Les résultats montrent des pourcentages de concordance qui ne sont pas très satisfaisants. Le pourcentagee de concordance générale n'est que de 54 %. Pour les six catégories diagnostiques les plus fréquemment utilisées il est le suivant : schizophrénie 53 %, mélancolie d'involution 40 %, dépression réactionnelle 63 %, état anxieux 55 %, troubles de la personnalité (traits) 38 % et sociopathie 54 %. Calculé ultérieurement à partir des mêmes données, mais en considérant seulement les trois grandes catégories des psychoses, des névroses et des troubles de caractère, le pourcentage de concordance général était de 70 %, c'est-à-dire satisfaisant.

Ces mêmes données ont été réexaminées par Ward et al. (1962) dans le but de dépister les causes de ce manque de concordance. Ward et al. ont réanalysé les 40 cas qui, dans l'ensemble des 153, ont donné lieu à des diagnostics divergents. Ils ont constitué une liste des causes possibles de ces divergences et à l'aide de cette liste qui mentionnait neuf possibilités, ont essayé de déterminer la raison principale. Les résultats furent intéressants et révèlèrent trois causes majeures.

La première raison, qui rend compte de 5 % de diagnostics divergents, se trouve dans des inconsistances de l'information présentée par les patients, ceux-ci donnaient, par exemple, une information au psychiatre qui faisait le premier entretien alors qu'ils n'en parlaient pas à celui qui faisait le second.

La seconde raison qui explique 32,5 % des divergences, réside dans des inconsistances chez les diagnosticiens, provenant de différences au niveau des techniques d'interview, de l'importance attribuée à des symptômes particuliers, et de l'interprétation de la pathologie.

La troisième et la plus importante source de non-concordance, elle rend compte de 62,5 %, a été trouvée dans les insuffisances du système nosologique, demandant par exemple des distinctions trop subtiles ou donnant des critères diagnostiques imprécis. Le passage suivant illustre bien les difficultés ainsi créées : « Les deux observateurs étaient impressionnés par l'aspect 'cas-limite' de leur problème. L'un se souvenait d'un patient précédant qui devint 'manifestement psychotique'; la ressemblance apparaissait moins dans des détails reconnaissables et spécifiques, et plus en termes d'une vague impression générale de l'examinateur. Il était également impressionné par la chronicité, la quantité et la multiplicité de ses symptômes. L'autre examinateur admettait volontiers qu'une autre fois il pourrait bien être de cet avis, mais ce qui le frappait en ce moment chez la patiente, après une heure d'interview, lui donnait le sentiment qu'elle avait une certaine intégration et consistance intérieure. Il avait vu des patients semblables qui se consolidaient et amélioraient leur adaptation sans le moindre épisode psychotique évident. Etant donné l'absence de toute rupture nette avec la réalité, du fait d'éléments réactifs dans le tableau, du fait que la patiente était intelligente et réussissait bien dans les tests de routine traitant de ressemblances, de différences et d'interprétation de proverbes, du fait du dommage potentiel qui serait causé à la patiente si elle était étiquetée d'un diagnostic psychotique, et du fait d'une antipathie personnelle pour l'expression médiocrement conçue : 'schizophrène chronique non différenciée', il donna à la patiente un assez grand bénéfice du doute concernant la question de savoir où s'arrête la personnalité schizoïde et où débute la schizophrénie. Conflit diagnostique : réaction schizophrénique chronique indifférenciée ou réaction d'anxiété chronique chez une personnalité fortement schizoïde » (pp. 203-204)[17].

La stabilité du diagnostic en fonction du temps a également fait l'objet de recherches empiriques. Son établissement présente quelques difficultés supplémentaires dues au fait qu'elle peut être influencée par le souvenir du diagnosticien et que des changements réels dans l'état du patient (dus aux changements survenus dans la vie, aux effets de traitement, au cours naturel de la maladie, etc.) peuvent également intervenir et sont parfois très difficiles à préciser. Il n'est dès lors pas étonnant que dans sa revue des cinq recherches parues entre 1953 et 1965, Zubin (1967) trouve que la stabilité des diagnostics est faible en général et très variable d'une catégorie à l'autre, la stabilité la plus grande se trouvant dans les diagnostics des psychoses organiques, suivies en ordre décroissant, par les psychoses fonctionnelles et les troubles du caractère et de la personnalité.

La validité d'un diagnostic dépend de sa fidélité et concerne les différentes prédictions qu'il permet de faire. En psychiatrie, on distingue généralement trois types de validité: la validité étiologique, la validité prédictive et la validité concurrente.

On parlera de validité étiologique d'un diagnostic lorsqu'on retrouve la même étiologie chez tous les malades de cette classe diagnostique. Le diagnostic «trouble bipolaire» par exemple, comportant l'hypothèse d'une étiologie partiellement génétique, ce diagnostic a une validité étiologique lorsque les patients présentent des épisodes dépressifs et maniaques ont un arbre généalogique comportant d'autres patients bipolaires.

La validité prédictive, qui est la plus importance du point de vue clinique, concerne la validité des prédictions faites à partir du diagnostic, par exemple du développement du trouble ou de la réaction des malades ainsi classifiés, à une thérapeutique. Les malades bipolaires, par exemple, répondent en général bien à un traitement aux sels de lithium qui n'ont pas le même effet thérapeutique dans d'autres troubles, ce qui confirme la validité prédictive du diagnostic «trouble bipolaire».

La validité concurrente vise l'association de traits caractéristiques qui ne font cependant pas partie du diagnostic proprement dit, comme par exemple, la difficulté qu'éprouvent la plupart des malades souffrant de troubles schizophréniques à s'adapter au monde du travail.

Le problème de la validité des diagnostics psychiatriques et plus particulièrement celui de la validité prédictive a, comme le remarque Kendell (1978), donné lieu à peu de travaux systématiques, et il en voit la raison principale dans la possibilité «qu'une grande partie des indications fondamentales concernant la validité de nos catégories diagnostiques remontant à Kraepelin s'était déjà accumulée longtemps avant même qu'on commençât à s'interroger sur la fidélité ou la validité» (p. 43). Il attire aussi l'attention sur le fait que d'une certaine façon «une réponse indirecte se trouve dans chaque étude sur l'évolution ou dans chaque recherche médicamenteuse mettant en jeu plus d'une catégorie diagnostique» (*ibid.*). Ce sont là des indices traditionnels de la validité et de l'utilité des catégories diagnostiques psychiatriques dont certaines ont évidemment plus de validité que d'autres. Il ne faut cependant pas oublier la reprise, depuis quelques années, d'une importante activité de recherche empirique dans le domaine de la psychiatrie comme en témoignent par exemple les travaux importants et nombreux sur la dépression.

L'homogénéité d'une catégorie diagnostique renvoie au degré de ressemblance, quant aux caractéristiques importantes, des individus qui s'y retrouvent. Une catégorie est homogène lorsque tous les individus qu'elle comprend sont semblables en ce qui concerne les caractéristiques distinctives de la catégorie. Si, par exemple, des idées obsédantes, des idées qui s'imposent et que le patient ne peut pas contrôler, sont une caractéristique distinctive de la catégorie «névrose obsessionnelle», tous les sujets classés dans cette catégorie doivent présenter cette caractéristique, et les sujets qui ne portent pas ce diagnostic ne doivent pas la présenter. En dehors des caractéristiques distinctives, les sujets d'une catégorie peuvent être fort différents sans pour cela compromettre l'utilité de cette catégorie. Il faut donc toujours indiquer par rapport à quoi il y a homogénéité ou hétérogénéité.

II. LES SYSTEMATISATIONS DES TROUBLES PSYCHIQUES

1. La classification catégorielle

Dans une conception classique ou catégorielle de la systématisation, on suppose que tous les phénomènes à classifier puissent être rangés dans des classes nettement distinctes. Plus précisément cette conception comporte deux postulats et des implications dont l'importance pour la compréhension de la nosologie psychiatrique a été bien mise en évidence par Cantor, Smith, French et Mezzich (1980).

Selon le premier postulat, une catégorie ou une classe est définie par un nombre réduit de caractéristiques dont chacune est nécessaire et l'ensemble suffisant, et tout objet possédant ces caractéristiques est un membre de la catégorie. C'est ainsi que la catégorie «carré» se définit par les quatre caractéristiques nécessaires et suffisantes: a) quatre côtés, b) quatre angles, c) tous les côtés sont égaux et d) tous les angles sont égaux. Chacune de ces caractéristiques est une condition nécessaire pour l'appartenance à la catégorie, et l'ensemble de ces caractéristiques suffit pour y appartenir. Pour cette raison, ces caractéristiques nécessaires et suffisantes sont appelées caractéristiques définissantes.

Les implications de ce postulat pour une classification psychiatrique sont les suivantes. D'abord les classes doivent être bien définies et nettement distinctes (peu ou pas de «cas-limites») et la catégorisation doit être fiable. Ensuite, les membres d'une catégorie doivent être relativement homogènes. Pour une catégorie diagnostique psychiatrique comme par exemple la schizophrénie, cela signifie: a) qu'elle comporte un certain nombre de caractéristiques définissantes (par exemple, retrait des relations interpersonnelles, ambivalence, pensée incohérente, etc.) et que le clinicien pose le diagnostic seulement lorsqu'elles sont présentes; b) que le même clinicien arrive au même diagnostic à des moments différents, et que deux cliniciens différents posent également le même diagnostic; et c) que tous les malades portant ce diagnostic soient homogènes, c'est-à-dire dans notre exemple qu'ils présentent tous les troubles «retrait des relations interpersonnelles», «ambivalence», «pensée incohérente».

Le second postulat concerne les relations entre catégories et veut que les sous-catégories contiennent toutes les caractéristiques des catégories supérieures. Pour revenir à l'exemple du «carré», le «carré» est une sous-catégorie des quadrilatères et à ce titre en possède toutes les caractéristiques (quatre côtés et quatre angles). Pour le diagnostic psychiatrique, l'implication de ce postulat est que les caractéristiques de la catégorie principale se retrouvent dans les sous-catégories, par exemple que toutes les caractéristiques définissantes de la schizophrénie se retrouvent dans les sous-groupes (schizophrénie simplex, hébéphrène, paranoïde, etc.).

Cette conception classique de la systématisation a fourni le modèle pour la nosologie psychiatrique classique que Krapelin, sous l'influence des progrès réalisés en botanique et en chimie grâce au développement des systèmes de classification, a essayé de constituer à partir de l'idée de l'entité nosologique selon laquelle il existerait des entités psychopathologiques naturelles, caractérisées par une symptomatologie, une étiologie, une évolution et une indication thérapeutique relativement spécifiques.

Bien que Bonhoeffer (1912) ait pu établir que des causes physiques différentes peuvent produire un même tableau psychopathologique et qu'une seule et même cause peut donner lieu à des tableaux psychopathologiques différents, et malgré les difficultés rencontrées par les cliniciens dans l'application de cette classification — qu'on pense seulement au problème des cas mixtes, à la concordance et stabilité faible des diagnostics — cette classification s'est imposée et a eu une énorme influence qui se manifeste encore dans des systèmes de classification récents comme la CIM-9. Ce n'est que très récemment que l'aspect catégoriel des classifications nosologiques a connu des mises en question.

2. La classification dimensionnelle

Alors que dans un système catégoriel, la classification se fait selon la présence ou l'absence d'un trait, dans un système dimensionnel, elle se fait en fonction de l'intensité ou de la fréquence du trait, ce qui fait qu'une classification dimensionnelle est en fait plus adéquate dans le domaine des troubles psychiques qui se caractérisent moins par la présence ou l'absence d'un trait que par sa fréquence ou son intensité. Ce qui distingue un individu normal d'un malade psychotique n'est en effet pas qu'il n'a jamais eu d'hallucinations par exemple, mais qu'il en a eu très rarement, pendant peu de temps et qu'elles n'aient pas désorganisé sa vie personnelle. C'est ainsi que le DSM-III ne retient des hallucinations et des idées délirantes comme pathognomoniques d'un trouble schizophrénique que lorsqu'elles ont dérangé la vie du patient de façon importante et pendant plus de six mois, et ajoute ainsi un critère quantitatif (fréquence et durée) au critère qualitatif (hallucination, idée délirante). Dans une classification dimensionnelle, la distinction entre ce qui est normal et ce qui est pathologique au niveau de la manifestation d'un trait doit donc être justifiée et définie de façon opérationnelle.

Le but des classifications dimensionnelles est la description multidimensionnelle d'un état psychique ou d'un individu en fonction d'un système de référence théorique bien opérationalisé (d'orientation variée). La description obtenue est une classification ou une évaluation psychologique et non un diagnostic nosologique, il s'agit donc ici en priorité de décrire des troubles psychiques et non pas de les classer en fonction d'une nosologie. Comme nous venons de l'indiquer, les systèmes de classification dimensionnels des troubles psychiques sont élaborés à partir de cadres théoriques différents et il faut ajouter qu'ils sont basés sur des évaluations qui peuvent être faites soit par des experts, soit par le sujet lui-même. Les descriptions qu'ils fournissent ne sont donc pas nécessairement comparables, même si les échelles qui les composent portent parfois des noms semblables.

Parmi les systèmes les plus connus basés sur des évaluations d'experts, on peut mentionner la Inpatient Multidimensional Psychiatric Scale (IMPS) développée par Lorr et al. (1963, 1967), la Brief Psychiatric Rating Scale (BPRS) de Overall et Gorham (1976), les Wittenborn

Psychiatric Rating Scales de Wittenborn (1955, 1965) et le système AMDP dont il existe une version française éditée par Bobon (1982, 2ᵉ éd.).

Le système AMDP (Bobon, 1982, 2ᵉ éd.) qui n'est pas un système de classification à proprement parler, mais un système de documentation, vise à coordonner et à standardiser le recueil des informations pour la recherche en psychiatrie clinique afin de rendre comparable le matériel et l'expérience cliniques faites dans différents pays. Il comprend trois fiches anamnestiques, et deux échelles d'évaluation graduées de 0 à 4.

Les fiches anamnestiques portent sur des informations psychosociales (structure de la famille, scolarité, caractéristiques professionnelles, etc.) et sur des données médicales (antécédents psychiatriques personnels et familiaux, épisodes et hospitalisations antérieures, types et effets de traitement antérieurs, etc.).

Parmi les échelles d'évaluation qui ont pour but la quantification des troubles actuels et la mesure des effets du traitement, l'échelle psychopathologique porte sur 100 symptômes répartis dans une dizaine de syndromes (troubles de la conscience, de l'orientation, de l'attention et de la mémoire, de la pensée, craintes et obsessions, troubles de la perception, du moi, troubles affectifs, de l'énergie vitale et de la psychomotricité, délire). L'échelle somatique vise à mesurer l'expression somatique de troubles psychiques et les effets indésirables du traitement. Elle concerne 40 symptômes observés dans des troubles comme ceux de la vigilance, de l'appétence, les troubles gastro-intestinaux, cardio-respiratoires et neurologiques. Ces échelles ont été élaborées à partir des données provenant de plus de 3.000 malades et couvrent surtout et mieux que celui des troubles névrotiques, le champ symptomatique des psychoses.

L'application de l'échelle psychopathologique de l'AMDP pour laquelle Bobon et al. (1978) ont proposé un entretien semi-structuré, suppose une formation et un entraînement préalables, mais peut alors se faire en 30 à 50 minutes et peut donc parfaitement s'intégrer à un examen psychopathologique soigneux de routine.

Les systèmes les plus connus basés sur l'auto-évaluation à partir de questionnaires sont celui de Eysenck (1960, 1978) qui présente un vaste système de la personnalité normale et anormale, élaboré à partir de travaux expérimentaux et d'analyse factorielle, et le système du Minnesota Multiphasic Personality Inventory (MMPI) de Hathaway et Mc Kinley (1951). Ce dernier système se réfère, comme le système

AMDP, à la nosologie psychiatrique en proposant, entre autres, des dimensions empruntées à la terminologie kraepelinienne. Le MMPI comporte 4 échelles de validité et les 10 échelles cliniques suivantes: hypocondrie (Hd), dépression (D), hystérie (Hy), psychopathie (Pd), masculinité-féminité (M-F), paranoïa (Pa), psychasthénie (Pt), schizophrénie (Sc), hypomanie (Ma), introversion-extraversion (Si). Il visait initialement à l'identification de groupes cliniques, mais n'a pas tenu ses promesses sous ce rapport et s'est avéré plus intéressant pour établir des profils psychologiques de personnes normales ou malades.

3. La classification typologique

Une troisième façon de systématiser les troubles psychiques consiste à le faire en fonction de «types» ou de configurations de traits, de «syndromes». Alors que l'appartenance à une catégorie ou une classe d'un système catégoriel nécessite la présence de toutes les caractéristiques qui la définissent, l'appartenance à un «type» n'exige pas la présence de tous les traits qui la décrivent, mais il suffit d'en posséder quelques-uns qui sont essentiels. L'établissement de ces types se fait de façon intuitive à partir de l'observation et de l'expérience cliniques, lesquelles peuvent d'ailleurs être standardisées et systématisées, ou par le moyen des différentes méthodes statistiques.

Pour poser un diagnostic, pour déterminer l'appartenance d'un individu à un type, on peut alors suivre deux stratégies, deux modèles, celui de l'arbre de décision, ou celui de la comparaison de profils. Dans la première stratégie on commence par exclure progressivement un certain nombre de possibilités diagnostiques présentées sur un tableau hiérarchique pour arriver finalement au diagnostic le mieux réalisé par le patient à classer. En se servant par exemple du Psychiatric Status Schedule (PSS) de Spitzer, Endicott, Fleiss et Cohen (1970) dont l'interprétation peut être assistée par un programme d'ordinateur, le Diagno II de Spitzer et Endicott (1969), et qui vise à décrire l'état psychique des 7 journées précédentes du patient, on pose 321 questions au cours d'un entretien standardisé. 57 points de décision permettent alors d'exclure progressivement les tableaux qui ne conviennent pas et de retenir finalement celui des 46 diagnostics possibles qui correspond le mieux aux troubles du patient. Un système mieux connu chez nous est le Present State Examination (PSE) de Wing, Cooper et Sartorius (1974) dont il existe une traduction française (1980).

La seconde stratégie pour établir un diagnostic typologique consiste à comparer des profils. L'on compare la configuration des traits qui caractérisent un individu sur différentes dimensions à des profils typiques pour différents groupes-critère, et l'on classe l'individu dans le groupe au profil duquel le sien ressemble le plus.

Cette stratégie qui a été suivie avec succès dans une série d'études sur les profils du MMPI a plus récemment été appliquée au système nosologique par Cantor et al. (1980) qui le réinterprètent selon la logique d'une systématisation typologique. Ainsi conçu, le diagnostic psychiatrique est plus proche d'une classification dimensionnelle et de l'analyse factorielle que des catégories médicales classiques. Cantor et al. (1980, pp. 184-185) pensent que cette nouvelle façon de voir résout «tous les problèmes qui ont tourmenté la conception de la nosologie classique», car: 1) elle ne nécessite plus de caractéristiques nécessaires et suffisantes pour définir une classe, 2) elle admet l'existence de cas-limites, 3) les classes peuvent être hétérogènes, 4) des cas plus ou moins typiques sont concevables et 5) un ordre parfaitement hiérarchique n'est plus nécessaire (tout membre d'une sous-catégorie ne doit plus nécessairement présenter toutes les caractéristiques de la catégorie supérieure).

Comme on peut le voir aisément, cette conception typologique correspond en fait mieux que la conception catégorielle, à la réalité de la nosologie traditionnelle dans laquelle les caractéristiques de la plupart des catégories sont facultatives plutôt qu'obligatoires, et dans laquelle les caractéristiques de la catégorie principale ne se retrouvent pas obligatoirement dans les sous-catégories. Pour le diagnostic de la schizophrénie, par exemple, les hallucinations, les idées délirantes, et les troubles catatoniques ne sont pas des conditions nécessaires et les sous-catégories (schizophrénie simplex, hébéphrène, catatonique, paranoïde, etc.) ne contiennent pas toujours toutes les caractéristiques de la catégorie principale. Mais cette approche typologique a aussi ses inconvénients dont le principal réside dans l'existence d'un bon nombre de cas mixtes au statut peu clair.

Aucune de ces trois approches d'une classification de l'ensemble des troubles psychiques n'est donc exempte de problèmes, et il faut constater qu'il n'y a pas d'autre approche valable qui soit disponible pour le moment. Il faut donc se contenter d'utiliser ces systèmes d'ensemble en essayant de compenser leurs lacunes par des systèmes partiels centrés sur des problèmes plus restreints (par exemple, les dépressions, les schizophrénies, etc.) mais mieux connus, au sujet desquels nos connaissances théoriques et empiriques sont plus avancées.

III. QUELQUES CLASSIFICATIONS HABITUELLES

1. Les classifications nosologiques

La CIM-9

C'est en 1948, année de sa fondation, que l'Organisation Mondiale de la Santé (OMS) ajoute à la Classification Internationale des Maladies (CIM) qui jusqu'alors ne portait que sur les maladies physiques, une classification des « désordres mentaux, psychonévrotiques et de la personnalité », présentant ainsi « la première nosologie compréhensive, l'ensemble du domaine de la maladie et non seulement les causes de décès... » (Kendell, 1978, p. 92). Il s'agissait par là de faciliter la communication au niveau international et d'obtenir des informations comparables, permettant d'arriver à une meilleure connaissance des troubles mentaux, des facteurs qui les déterminent et des moyens qui permettent de les traiter. Cette classification de 1948 qui est la sixième et pour cette raison porte le nom CIM-6, a connu plusieurs révisions, la dernière, la CIM-9, datant de 1978.

La CIM-9, qui reprend la tripartition des maladies psychiques proposées par Kraepelin, donne une liste systématique de ces maladies accompagnées d'un code chiffré allant de 290 à 319, et comporte un glossaire qui les décrit. Ces descriptions qui portent sur les symptômes et les syndromes plutôt que sur les facteurs étiologiques visent principalement à opérationaliser les catégories diagnostiques afin de les rendre moins ambiguës.

Afin de donner une illustration permettant de se faire une idée de cette classification, qui comprend 3 catégories principales, 30 sous-groupes, et 175 diagnostics, nous en présentons un schéma ci-dessous.

La CIM-9 (extrait de la traduction française du DSM III, pp. 446-484).

I. PSYCHOSES (290-299)

A. Etats psychotiques organiques (290-294)
   1. 290   Etats psychotiques organiques séniles et préséniles
   2. 291   Psychoses alcooliques
   3. 292   Psychoses dues aux drogues
   4. 293   Etats psychotiques organiques transitoires
   5. 294   Autres états psychotiques organiques (chroniques)

B. Autres psychoses (295-299)
1. 295 Psychoses schizophréniques
2. 296 Psychoses affectives
3. 297 Etats délirants
4. 298 Autres psychoses non organiques
5. 299 Psychoses spécifiques de l'enfance

- 0 Forme simple
- 1 Forme hébéphrénique
- 2 Forme catatonique
- 3 Forme paranoïde
- 4 Episode schizophrénique aigu
- 5 Schizophrénie latente
- 6 Schizophrénie résiduelle
- 7 Forme schizo-affective
- 8 Autres
- 9 Forme non précisée

II. TROUBLES NEVROTIQUES, DE LA PERSONNALITE, ET AUTRES NON PSYCHOTIQUES (300-316)

1. 300 Troubles névrotiques
2. 301 Troubles de la personnalité
3. 302 Déviations et troubles sexuels
4. 303 Syndrome de dépendance alcoolique
5. 304 Pharmacodépendance
6. 305 Abus de drogues chez une personne non dépendante
7. 306 Troubles du fonctionnement physiologique d'origine psychique
8. 307 Symptômes ou troubles spéciaux non classés ailleurs

- 0 Etats anxieux
- 1 Hystérie
- 2 Etats phobiques
- 3 Troubles obsessionnels et compulsifs
- 4 Dépression névrotique
- 5 Neurasthénie
- 6 Syndrome de dépersonnalisation
- 7 Hypocondrie
- 8 Autres troubles névrotiques
- 9 Sans précision

9. 308 Etats réactionnels aigus à une situation très éprouvante
10. 309 Troubles de l'adaptation
11. 310 Troubles mentaux spécifiques non psychotiques consécutifs à une atteinte cérébrale organique
12. 311 Troubles dépressifs non classés ailleurs
13. 312 Troubles de la conduite non classés ailleurs
14. 313 Troubles de l'affectivité spécifiques de l'enfance et de l'adolescence
15. 314 Syndrome d'instabilité de l'enfance (syndrome hyperkinétique de l'enfance)
16. 315 Retards spécifiques du développement
17. 316 Facteurs psychiques associés à des affections classées ailleurs

III. RETARD MENTAL (317-319)

1. 317 Retard mental léger
2. 318 Autre retard mental de niveau précisé
3. 319 Retard mental de niveau non précisé

Après avoir présenté le schéma général de la CIM-9, donnons quelques exemples de définitions extraits du glossaire.

Quelques descriptions des troubles mentaux d'après le glossaire de la CIM-9 citées d'après la traduction française du DSM-III (1983, pp. 446-463)

La catégorie principale des psychoses (290-299) est définie comme suit: «Troubles mentaux dans lesquels l'atteinte du fonctionnement mental est telle qu'elle perturbe gravement la conscience, le contact avec la réalité et les possibilités de faire face aux nécessités de l'existence. Le terme psychose n'est pas exactement défini. Le retard mental est exclu».

Les sous-groupes, par exemple, les psychoses schizophréniques (295) ou les psychoses affectives (296) sont décrits de façon plus détaillée. Pour la schizophrénie, par exemple, la forme simple est décrite de la façon suivante:

«Schizophrénie 295.0. Forme simple: Psychose dans laquelle se développent insidieusement des bizarreries de la conduite, une incapacité de faire face aux exigences sociales et un abaissement de toutes les performances. Les idées délirantes et les hallucinations sont absentes et l'état est moins nettement psychotique que dans les formes hébéphréniques, catatoniques et paranoïdes de schizophrénie. L'appraurvissement social croissant peut aboutir au vagabondage et le patient devenir replié sur lui-même, oisif et sans but. Eu égard au caractère imprécis de ces symptômes, le diagnostic de cette forme de schizophrénie ne sera fait qu'avec circonspection, s'il est fait.

Schizophrénie simple
- A l'exclusion de: schizophrénie latente (295.5)».

La catégorie principale des névroses, troubles de la personnalité, et autres troubles non psychotiques (300-316) est décrite de la façon suivante. Pour les névroses (300) qui sont à leur tour subdivisées (v. tableau), le glossaire dit: «Bien que la distinction entre névrose et psychose soit difficile et donne lieu à controverse, elle a été maintenue en raison des habitudes. Les troubles névrotiques sont les troubles mentaux sans aucune base organique démontrable vis-à-vis desquels le malade peut garder une parfaite lucidité, qui ne s'accompagnent d'aucune altération du sens de la réalité et dans lesquels, habituellement, le sujet ne confond pas ses expériences subjectives et ses fantasmes morbides avec la réalité extérieure. Le comportement peut être très perturbé bien que restant généralement dans des limites socialement acceptables, mais la personnalité n'est pas désorganisée. Les principales manifestations sont une anxiété excessive, des symptômes hystériques, des phobies, des symptômes obsessionnels et compulsifs, la dépression».

Les troubles de la personnalité (301) qui comportent également des subdivisions (par exemple, personnalité paranoïaque, dysthymique, obsessionnelle, hystérique, etc.) sont décrits de la façon suivante:

«Modes de comportement inadapté profondément enracinés, habituellement reconnaissables au moment de l'adolescence ou plus tôt et persistant pendant la plus grande partie de la vie adulte, bien que devenant souvent moins évidente au cours de l'âge moyen et de la vieillesse. La personnalité est anormale, soit dans l'équilibre, la qualité ou l'expression de ses composantes, soit globalement. Cette altération est cause de souffrance pour le malade ou son entourage, a des conséquences nocives pour l'individu ou la société. Ces troubles sont désignés parfois sous le nom de personnalité psychopathique. S'ils sont principalement dus à un dysfonctionnement cérébral, on ne les classera pas dans cette catégorie mais dans celle des syndromes cérébraux organiques non psychotiques (310). Lorsque le malade présente une anomalie de la personnalité en rapport direct avec sa névrose ou sa psychose, par exemple une personnalité schizoïde chez un schizophrène ou une personnalité anancastique chez un obsessionnel, on doit enregistrer en plus le diagnostic de la névrose ou de la psychose correspondante. Névrose de caractère».

Si la CIM-9 a incontestablement des mérites par rapport aux systèmes nosologiques psychiatriques antérieurs qui variaient selon les écoles et les pays et conduisaient à des diagnostics souvent peu comparables, elle présente néanmoins encore des problèmes importants. Parmi les critiques le plus souvent formulées, on retiendra d'abord le fait que les critères de classification sont trop hétérogènes et changent même à l'intérieur d'une catégorie. Un second point important est l'insuffisance de l'opérationalisation par absence d'indication sur les procédés d'obtention des informations, sur les normes d'évaluation et le poids des différents aspects diagnostiques. Il faut remarquer aussi que le groupe des troubles non psychotiques est un groupe fourre-tout dont on ne voit pas le principe d'organisation si ce n'est celui de l'exclusion des troubles psychotiques et des retards mentaux. La différentiation interne de ces troubles (par exemple, entre névrose et troubles de la personnalité) et les différentiations par rapport aux comportements normaux sont insuffisantes malgré le glossaire.

Le DSM-III

La troisième version du Diagnostic and Statistical Manual of Mental Disorders, le DSM-III, est depuis 1980 le système de classification officiel de la psychiatrie américaine. Il en existe également une version allemande (Koehler et Sass, 1984) et une traduction française (Pichot, 1983). Il constitue un progrès sur la CIM-9 sous plusieurs aspects et retient également plus l'attention des psychologues cliniciens. Il a en effet été développé pour compenser les lacunes des systèmes précédents, en accordant une attention particulière aux problèmes de fidélité du diagnostic et en tenant mieux compte des aspects psychosociaux des troubles mentaux.

Le DSM-III est un système de classification multiaxial qui comporte, outre la liste et la description des caractéristiques essentielles des troubles mentaux accompagnés d'un code, 1) une liste des critères diagnostiques, 2) une série d'informations sur les caractéristiques associées, l'évolution, les complications, les facteurs prédisposants, etc. et 3) des arbres de décision pour le diagnostic différentiel. A cela s'ajoutent des annexes contenant, entre autres, un glossaire des termes techniques, un rappel historique et des chapitres consacrés aux troubles mentaux dans la CIM-9 et la CIM-9-MC, ainsi qu'une classification diagnostique des troubles du sommeil et de l'éveil. Il s'agit donc d'un document très riche et très explicite.

Les différents axes ne sont pas des dimensions empiriques au sens habituel, mais de simples aspects ou points de vues selon lesquels les différents troubles peuvent être évalués. En fait, les axes I à III contiennent des classes typologiques, les axes IV et V sont dimensionnels. Le diagnostic d'un patient se fait alors en l'évaluant par rapport à chacun de ces axes.

Les axes I et II donnent la classification des troubles mentaux et concernent donc les syndromes cliniques. L'axe III concerne les troubles et affections physiques pouvant être en rapport avec le trouble psychique. L'axe IV vise à l'évaluation du stress psycho-social susceptible d'influencer le trouble psychique, et l'axe V permet de situer le niveau d'adaptation et de fonctionnement le plus élevé du patient durant l'année écoulée. Ces évaluations par rapport aux axes IV et V se font à partir d'échelles allant de 1 à 7.

DSM-III — Extraits des catégories principales des Axes I et II d'après la traduction française du DSM-III (1983, pp. 19-24)

AXE I

1. Troubles apparaissant habituellement durant la première et la deuxième enfance ou adolescence
   - Retard mental
   - Trouble déficitaire de l'attention
   - Troubles de conduite
   - Troubles anxieux de l'enfance ou de l'adolescence
   - Autres troubles de la première et de la deuxième enfance ou de l'adolescence
   - Troubles de l'alimentation
   - Les troubles : mouvements stéréotypés
   - Autres troubles avec manifestations physiques
2. Troubles mentaux organiques
   - Troubles globaux du développement
3. Troubles liés à l'utilisation de substances toxiques
4. Troubles schizophréniques
   - désorganisé
   - catatonique
   - paranoïde
   - indifférencié
   - résiduel
5. Troubles paranoïaques
6. Troubles psychotiques non classés ailleurs
7. Troubles affectifs
8. Troubles anxieux
   Troubles phobiques (ou névroses phobiques)
   - Agoraphobie avec attaques de panique
   - Agoraphobie sans attaques de panique
   - Phobie sociale
   - Phobie simple

   Etats anxieux (ou névroses d'angoisse)
   - Trouble : Panique
   - Trouble : Anxiété généralisée
   - Trouble obsessionnel compulsif (ou Névrose obsessionnelle compulsive)

   Trouble : Etat de stress post-traumatique
   - aigu
   - chronique ou différé
   - trouble anxieux atytique

9. Troubles somatoformes
10. Troubles dissociatifs (ou névroses hystériques, types dissociatifs)
11. Troubles psychosexuels
12. Troubles factices
13. Troubles du contrôle des impulsions non classés ailleurs
14. Trouble de l'adaptation
15. Facteurs psychologiques influençant une affection physique
16. Code V pour les situations non attribuables à un trouble mental, motivant examen ou traitement
17. Codes additionnels

AXE II

1. Troubles spécifiques du développement
   - Trouble de l'acquisition de la lecture
   - Trouble de l'acquisition de l'arithmétique
   - Trouble de l'acquisition du langage
   - Trouble de l'acquisition de l'articulation
   - Trouble spécifique mixte du développement
   - Trouble spécifique atypique du développement
2. Troubles de la personnalité (ou personnalités pathologiques)

Le lecteur attentif de cette classification du DSM-III aura remarqué quelques différences par rapport à celle de la CIM-9. Il n'aura pas retrouvé les deux grands groupes « psychoses » et « troubles non psychotiques », cette différence étant à prendre comme une prise de distance par rapport à la nosologie kraepelinienne. Un autre changement qui ne lui aura pas échappé est la disparition du groupe des « névroses » qu'il retrouvera maintenant parmi les troubles classés comme affectifs, anxieux, somatoformes, dissociatifs et sexuels. C'est là le reflet de l'absence de consensus dans le champ de la psychiatrie contemporaine sur la définition de la « névrose » et de son étiopathogénie que beaucoup d'auteurs ne réduisent plus aux jeux des désirs et conflits inconscients, mais conceptualisent à partir de modèles autres que le modèle freudien.

Le diagnostic d'un patient est fait en le situant par rapport à chacun des 5 axes et s'exprime par un code de cinq chiffres dont les quatre premiers sont repris à la CIM-9 dans la mesure du possible. Il est facilité et rendu plus précis par des descriptions des caractéristiques essentielles, par une série d'informations sur des aspects importants comme l'âge de survenue, l'évolution, le diagnostic différentiel, etc., et par des critères diagnostiques explicites. L'exemple suivant peut servir d'illustration.

*Exemple de la catégorie «300.22 Agoraphobie sans attaques de panique» du DSM-III
Extrait de la traduction française du DSM-III (1983, pp. 246-247).*

«300.22 Agoraphobie sans attaques de panique. La caractéristique essentielle est une peur importante du sujet d'être seul, ou de se retrouver dans des endroits publics d'où il pourrait être difficile de s'échapper ou dans lesquels le patient pourrait ne pas trouver de secours en cas de malaise subit. Plus ses peurs et ses conduites d'évitement dominent son existence, plus il réduit ses activités habituelles. Les situations les plus fréquemment évitées comportent le fait de se trouver dans une foule, par exemple, dans une rue où il y a beaucoup de monde, ou dans des magasins grouillant de monde, être dans un tunnel, sur un pont, dans un ascenseur, ou dans un moyen de transport en commun. Ces personnes exigent souvent d'être accompagnées par un membre de leur famille ou un ami dès lors qu'elles quittent la maison.

Le trouble n'est pas dû à un épisode dépressif majeur, à un Trouble obsessionnel compulsif, à une Personnalité paranoïaque ou à une Schizophrénie.

Le trouble débute souvent par des attaques récurrentes de panique. (Pour la description des attaques de panique, voir p. 250). Le sujet développe une peur anticipée d'avoir une attaque de ce type, hésite et se refuse à affronter toute une série de situations associées à ces attaques. Quand il y a des antécédents d'attaques de panique (qu'elles soient actuelles ou non) associées à des conduites d'évitement, il convient de faire le diagnostic d'Agoraphobie avec attaques de panique. En l'absence d'antécédents de ce type (ou lorsqu'on ne dispose pas de renseignements), il convient de faire le diagnostic d'Agoraphobie sans attaques de panique.

Caractéristiques associées. Existence fréquente de dépression, anxiété, rituels, compulsions mineures de «vérification» ou ruminations.

Age de survenue. L'âge de survenue se situe le plus souvent aux alentours de 20 ans, mais les troubles peuvent débuter beaucoup plus tard.

Evolution. La gravité des troubles varie dans le temps, et des périodes de rémission complète sont possibles. Les activités ou situations dont le sujet a peur peuvent changer d'un jour à l'autre.

Handicap. Pendant les exacerbations de la maladie, le patient peut rester confiné chez lui. L'évitement de certaines situations, telles que prendre l'ascenseur peut interférer de façon importante avec le fonctionnement social et professionnel.

Complications. Certains sujets essaient de soulager leur anxiété à l'aide d'alcool, de barbituriques ou de médicaments anxiolytiques, qui peuvent éventuellement entraîner une dépendance physiologique. Une autre complication est la Dépression majeure.

Facteurs prédisposants. Le Trouble: Anxiété de séparation de l'enfance et les pertes d'objets soudaines semblent favoriser le développement d'une Agoraphobie.

Prévalence. Une étude systématique de la population d'une petite ville a révélé qu'environ 0,5 % de la population générale avait présenté une Agoraphobie à un moment donné de la vie.

Répartition selon le sexe. Le diagnostic de ce trouble est plus fréquemment fait chez les femmes.

Diagnostic différentiel. Dans la *Schizophrénie,* la *Dépression majeure,* le *Trouble obsessionnel compulsif* et la *Personnalité paranoïaque,* il peut exister un évitement phobique de certaines situations. On ne fait pas le diagnostic d'Agoraphobie quand une phobie est imputable à l'un ou l'autre de ces troubles.

Critères diagnostiques de l'Agoraphobie.
A. Le sujet a très peur et, pour cette raison, évite de se retrouver seul ou dans des endroits publics d'où il pourrait être difficile de s'échapper ou dans lesquels il pourrait ne pas trouver de secours en cas de malaise subit, par exemple, des foules, des tunnels, des ponts, des moyens de transport en commun.

B. Le sujet réduit de plus en plus ses activités habituelles, au point que peurs et conduites d'évitement dominent finalement son existence.

C. Non dû à un épisode dépressif majeur, à un Trouble obsessionnel compulsif, à une Personnalité paranoïaque ou à une Schizophrénie».

Concernant l'évaluation du patient et le projet thérapeutique, il doit être clair que le DSM-III n'y suffit pas. Spitzer est d'ailleurs très explicite à ce sujet dans son introduction: «Dans une évaluation globale, l'établissement d'un diagnostic selon le DSM-III représente une étape initiale, conduisant à la formulattion d'un plan thérapeutique. Il sera toujours nécessaire d'avoir des informations sur le sujet à évaluer supplémentaires à celles requises pour la seule démarche diagnostique» (1983, p. 14). Un projet de traitement médicamenteux exigera l'exploration et l'analyse d'hypothèses précises sur le choix et le dosage du médicament en tenant compte de l'attitude qu'a ce patient à cet égard, et d'éventuels traitements antérieurs. Un projet thérapeutique d'orientation comportementale nécessitera une analyse fonctionnelle approfondie des troubles, conduira à l'élaboration des buts et d'hypothèses thérapeutiques explicites et testables, tout comme le projet thérapeutique d'inspiration psychodynamique implique une analyse de l'histoire du patient (désirs, conflits, relations interpersonnelles, capacité de prise de conscience et d'élaboration, etc.) et des réactions contre-transférentielles, qui débouche sur une formulation diagnostique psychodynamique susceptible d'informer un projet d'intervention psychodynamique. C'est donc admettre qu'une partie importante du travail se situe en dehors du DSM-III et se trouve être de l'ordre de la recherche sur la psychothérapie[18].

Grâce au caractère explicite des critères diagnostiques, le DSM-III semble avoir évité les insuffisances descriptives qui sont, comme Ward et al. l'ont montré, la source la plus importante de manque de fidélité diagnostique du DSM-I. Spitzer, Forman et Nee (1979) ont en effet trouvé une fidélité interjuges plus satisfaisante lors d'une étude faite sur le terrain avec une des premières versions du DSM-III. Ils ont trouvé une concordance diagnostique de 81 % pour les troubles schizophréniques, de 83 % pour les troubles affectifs, et de 65 % pour les troubles de la personnalité, ce qui correspond à une amélioration substantielle et de quelque importance si l'on pense à l'importance clinique des troubles affectifs et schizophréniques.

Deux autres avantages du DSM-III sur les systèmes antérieurs sont de mieux tenir compte des facteurs psycho-sociaux et de mieux différencier les problèmes psychologiques. Il est vrai que ces derniers avantages ne sont pas «purs» et comportent aussi un revers de la médaille comme nous allons le voir dans un instant.

Parmi les problèmes et les questions restées ouvertes, on remarquera d'abord que la fidélité des axes I et II trouvée dans les recherches faites sur le terrain ne se retrouvera peut-être pas dans la pratique quotidienne, et que la fidélité améliorée du DSM-III n'entraîne pas nécessairement sa plus grande validité. Concernant les problèmes qui retiendront plus particulièrement l'attention du psychologue clinicien, on sera sensible à la concordance faible obtenue pour les troubles de la personnalité (65 % comparés à 81 % pour les troubles schizophréniques et 83 % pour les troubles affectifs), et à l'absence des informations nécessaires pour élaborer un projet psychothérapeutique.

A propos de l'envers du progrès réalisé par une plus grande prise en compte des facteurs psychosociaux et une meilleure différentiation des problèmes psychologiques, on ne méconnaîtra pas qu'elle comporte une plus grande psychiatrisation et médicalisation des problèmes humains. Tout en se gardant de positions simplistes et sectaires dans ce problème complexe, on ne pourra s'empêcher de ne pas trouver déplacée la remarque de Eysenck et al. lorsqu'ils disent (1980, p. 189) : «Le DSM-III inclut beaucoup de comportements qui ont peu ou pas de rapports avec la médecine et qui relèvent à proprement parler de la compétence du psychologue, par exemple le jeu, la simulation, le comportement antisocial, les problèmes scolaires et professionnels, les problèmes entre parents et enfants, les problèmes conjugaux... qui apparemment ramèneraient presque tout genre de comportement dans les limites de la psychiatrie — boire du café, faire l'amour, manger des wiener schnitzel». Et concernant plus particulièrement les troubles de la personnalité et les troubles «névrotiques» et leur modification, le psychologue clinicien peut-il être tout à fait insensible à leur question: «Ne devrions-nous pas, en tant que scientifiques indépendants, élaborer un système de classification basé sur les preuves empiriques, la théorie psychologique, et le support expérimental, plutôt que d'accepter plus ou moins aveuglément un système médical dont la seule vertu (si c'est le terme exact) semble consister dans le fait d'être basé sur un certain consensus?» (*ibid.*, p. 168).

Des tentatives ont été faites en ce sens et comportent d'ailleurs leurs propres difficultés. Mais avant de les situer, il faut souligner le fait que des améliorations des classifications nosologiques sont possibles, par exemple grâce à une amélioration des définitions et des opérationalisations des catégories et qu'une révision de la CIM-9 est en cours, de même qu'il se prépare un DSM-IV.

2. Les classifications non nosologiques

Une autre façon d'essayer de résoudre les problèmes rencontrés par les systématisations nosologiques consiste à ne plus utiliser les critères proposés par la nosologie psychiatrique et à renoncer à l'ambition d'édifier un système englobant l'ensemble des troubles psychiques. On aura donc dans ce cas recours à des critères choisis a priori, à des critères trouvés a posteriori, ou encore on se contentera d'une classification partielle.

Dans le cas d'une systématisation non nosologique a priori, la démarche la plus fréquente, on essayera de classifier l'ensemble des troubles psychiques à partir des critères choisis en fonction d'une théorie, par exemple une théorie de la personnalité comme celle de Eysenck (1981), la théorie de l'apprentissage des dysfonctions psychiques de Bandura (1968), le système d'analyse structurale du comportement social (SASB) de Benjamin (1982), ou une théorie psychodynamique comme celle de Fenichel (1945). L'inconvénient de ces systématisations réside dans le fait que leur valeur empirique et leur intérêt clinique sont inégaux et varient selon les problèmes cliniques, et qu'elles sont loin d'être connues et acceptées par tous les cliniciens.

Les systématisations faites selon les critères a posteriori partent de catégories de classifications établies à partir de recherches empiriques, les critères des classes n'étant pas données a priori, mais devant être trouvés par l'analyse empirique préalable. Pour établir une classification nouvelle de l'ensemble des troubles psychiques, par exemple, un grand nombre d'informations psychodiagnostiques devraient être obtenues chez un grand nombre de patients souffrant des différents troubles psychiques. De ces informations, un système de types ou de classes est alors extrait par différents procédés statistiques. Vu les problèmes méthodologiques non négligeables et les énormes difficultés pratiques que rencontre la réalisation de pareil projet — qu'on pense seulement au problème du choix et de la validation clinique des critères — les recherches se sont orientées jusqu'à présent vers l'étude de troubles particuliers comme les troubles psychotiques, les troubles dépressifs, les troubles schizophréniques, les troubles obsessionnels compulsifs, etc.

Une troisième voie permettant de résoudre certaines difficultés rencontrées dans les systèmes nosologiques est de renoncer à l'ambition d'établir un système de classification qui engloberait tous les troubles psychiques, et de se contenter d'élaborer des systèmes partiels. Cette option peut se justifier par le fait qu'il n'existe actuellement pas de théorie permettant de concevoir pareille entreprise globale de façon valable, et par l'hypothèse, parfaitement raisonnable, selon laquelle les troubles psychiques sont au fond partiellement hétérogènes et qu'une conception unitaire est illusoire, même si les systèmes qu'elle fonde sont séduisants pour l'esprit et satisfont nos rêves de puissance.

Pareille position a pour conséquence d'orienter la recherche sur des problèmes relativement spécifiques et testables, ne comportant pas les problèmes quasi insurmontables liés à l'établissement de systématiques globales. Elle favorise aussi le maintien provisoire du système de classification nosologique, mais c'est là sans doute un moindre mal si l'on pense à la nécessité non seulement d'un moyen de communication, mais aussi d'un système d'ensemble, et au fait qu'il n'y a pas d'alternative valable pour le moment.

Mais n'y a-t-il pas encore une autre solution qui consisterait à tout simplement renoncer à toute classification vu les faiblesses des classifications existantes et les difficultés à en élaborer de nouvelles? De plus, toute classification n'est-elle pas nécessairement une perte d'information, un appraurissement illégitime de l'individu et une méconnaissance de son originalité et unicité, qui sont justement ce qui importe dans la thérapie des troubles psychiques? La réponse à cette invitation au nihilisme classificatoire est double.

IV. LA NECESSITE D'UNE CLASSIFICATION

La réponse au rejet par principe de toute classification sous prétexte de perte d'information peut se trouver en considérant le fait que ce qui importe n'est pas qu'il y ait ou non perte d'information, mais bien de savoir si l'information perdue est importante pour le problème à traiter ou non. Ceci ne peut pas être décidé a priori, mais dépend des buts et de la qualité de la classification particulière, et nécessite donc des recherches empiriques.

Que la classification soit importante pour le progrès des sciences et thérapeutiques médicales peut d'ailleurs s'illustrer par le fait que Noguchi n'aurait jamais pu découvrir une pathologie spécifique à la paralysie progressive, ni von Jauregg la thérapie spécifique indiquée, sans la description et classification préalables par lesquelles Esquirol l'avait distinguée d'autres troubles psychiatriques. Plus près de nous et de ce qui peut préoccuper un psychologue clinicien soucieux de l'unicité et de l'originalité de l'individu, la description et classification des troubles bipolaires lui permet de savoir que les problèmes psychiques de tel de ses patients nécessitent une intervention médicamenteuse quelle que soit l'unicité de ses problèmes, et qu'il y a de très bonnes chances qu'un traitement médicamenteux spécifique, en l'occurrence aux sels de lithium, l'aide substantiellement. Au niveau purement psychothérapeutique, il ne prendra d'ailleurs pas ses décisions sans se référer à une classification plus ou moins explicite (Blaser, 1977), il ne mettra pas tous les patients sur le divan, ni dans un groupe, et au niveau de l'intervention particulière, il se laissera souvent guider par l'expérience faite avec des cas semblables. S'il doit donc beaucoup de son expérience et de ce qui guide son activité thérapeutique à la classification des phénomènes dont il s'occupe, il est vrai que ses classifications ne se réduisent pas aux classifications nosologiques existantes dont certains adeptes disent eux-mêmes (Spitzer, DSM-III) qu'elles ne conduisent qu'à une étape initiale sur le chemin de la formulation du projet thérapeutique. Mais il faut le souligner, la connaissance de cette étape initiale est indispensable à tout psychologue clinicien responsable, car il doit être capable de s'orienter dans l'ensemble des troubles psychiques, de communiquer avec ceux qui s'en occupent et d'envoyer à la personne appropriée les cas qui sont en dehors de sa compétence. S'il est thérapeute, il pourra regretter que les classifications propres à guider ses interventions soient insatisfaisantes et peu développées. Cela pourra l'amener à une prise de conscience de l'importance et de l'urgence d'une véritable recherche en psychothérapie et, peut-être, qui sait, lui inspirer un mouvement dans ce sens.

Chapitre 4
Les causes et le développement des problèmes psychiques

Comme les conceptions de la nature et de la classification des troubles psychiques, celles qui concernent leur origine, leur cause et leur développement présentent une certaine variété qu'illustrent les différentes vues développées sur ce problème par les différentes écoles psychanalytiques, comportementales, humanistes ou biologiques.

L'importance des hypothèses sur les causes et le développement des troubles psychiques apparaît clairement lorsqu'on considère la place qu'elles prennent au niveau de l'activité diagnostique, thérapeutique et préventive du psychologue clinicien ou du psychiatre. Les hypothèses étio-pathogénétiques interviennent en effet déjà lors de l'anamnèse, puisqu'un clinicien convaincu de l'importance de certaines expériences précoces cherchera d'autres informations que son collègue qui estime que le contexte psychologique actuel a autant, sinon plus d'importance. Le thérapeute pour qui les dépressions sont principalement d'origine biologique formulera un autre projet d'intervention que celui qui en a une vue plus psychogénétique. Et le clinicien qui développe un programme de prévention du suicide ou de l'infarctus du myocarde a naturellement besoin de connaissances solides sur les facteurs déterminant ces phénomènes, s'il veut les empêcher d'agir.

Les conceptions générales sur les causes et le développement des troubles psychiques avancées par les écoles de psychothérapie étant habituellement plus connues que les faits empiriques qui les fondent, nous voudrions dans ce chapitre nous concentrer plutôt sur ce dernier aspect des choses. Nous parlerons de « causes » et de « développement » plutôt que d'« étiologie » et de « pathogenèse » pour utiliser un modèle plus neutre que le modèle médical. Nous commencerons par situer les notions de cause et de développement dans le domaine des troubles psychiques et envisagerons ensuite les méthodes utilisées pour repérer les déterminants des troubles psychiques.

I. LES DIFFERENTS MODELES DE CAUSALITE DES TROUBLES PSYCHIQUES

Une première façon de concevoir les causes des troubles psychiques consiste à supposer qu'un facteur indépendant est la condition nécessaire et suffisante pour produire le trouble. Originairement, on supposait ainsi qu'à l'instar des psychoses organiques («exogènes»), les psychoses «endogènes» ont leur cause dans un facteur organique (héréditaire ou congénital, non encore identifié) qui les produit de façon relativement indépendante du milieu, ou, pour donner un exemple concernant la psychogenèse des troubles, on croyait qu'un événement traumatique important de la petite enfance, par exemple, la déprivation maternelle, était la cause de troubles plus ou moins typiques et irréversibles de l'adolescence et de l'âge adulte (Bowly, 1940; Goldfarb, 1943; Spitz, 1945). Comme nous l'avons vu antérieurement, cette conception monocausale linéaire a progressivement été abandonnée en faveur de conceptions multicausales et cela aussi bien en médecine qu'en psychologie clinique (v. par exemple, Ernst et von Luckner, 1985).

Dans le cadre de ces conceptions multicausales, Sameroff et Chandler (1975, pp. 231-235) distinguent trois variantes : le modèle d'effet principal, le modèle d'interaction et le modèle transactionnel.

1. Le modèle d'effet principal

Selon le modèle d'effet principal, la constitution et le milieu exercent une influence sur le développement indépendamment l'une de l'autre, une déficience constitutionnelle influençant défavorablement le développement quel que soit le milieu, et un milieu défavorable ayant un effet négatif quelle que soit la constitution. Si des études rétrospectives ont pu confirmer ce modèle, les études prospectives n'ont cependant pas donné le même résultat, et les auteurs concluent : «... il y a des désordres constitutionnels extrêmes tels que des lésions cérébrales importantes dont les conséquences pour le développement seraient évidentes dans n'importe quel milieu. De même, il y a des extrêmes évidents de troubles du milieu qui peuvent bien produire une déviance chez un enfant de n'importe quelle constitution. Ces exemples extrêmes, ne sont cependant pas représentatifs de la majorité des enfants qui font preuve de retards du développement. Un modèle d'effet principal ne semble s'appliquer ni aux composantes constitutionnelles ni aux composantes de milieu intervenant dans le développement » (p. 234).

2. Le modèle d'interaction

Le modèle d'interaction suppose que le trouble est produit par deux ou plusieurs facteurs indépendants, mais qui produisent ensemble ce trouble. Comme le remarque Bastine (1984, p. 136), ces facteurs peuvent jouer de différentes façons :

- dans une relation causale en chaîne, les différents facteurs produisant l'effet dans une séquence temporelle déterminée. Le facteur A (la prédisposition, par exemple) doit être présent pour que le facteur B (le stress, par exemple) puisse avoir un effet négatif;
- dans une relation causale de sommation, l'ordre de succession des différents facteurs n'a pas d'importance, mais ces facteurs doivent avoir une certaine intensité, ce que l'on pourrait représenter en disant : si $A + B + C > X$, cela entraîne E. Des événements stressants légers répétés pourraient avoir le même effet que des stress plus intenses, mais moins fréquents;
- dans une relation causale substitutive, un même effet E est produit par un seul facteur, mais les différents facteurs sont interchangeables. Tout en n'ayant qu'une seule cause chez chaque individu, un effet E (par exemple, l'anxiété sociale) peut être produit chez différents individus par différents facteurs (expérience traumatisante, conflit, absence d'habiletés sociales, etc.).

C'est dans le cadre de ce modèle d'interaction que se situent les recherches étiologiques habituelles étudiant les causes en les concevant comme facteurs de risque. Elles consistent à calculer la probabilité avec laquelle un individu porteur de certaines caractéristiques (âge, sexe, constitution, etc.) présentera un certain trouble après un laps de temps déterminé. En identifiant empiriquement un facteur de risque, on peut alors rechercher ses modes d'action qui peuvent être variés. L'effet peut, par exemple, être produit selon le principe de l'effet de dosage (l'effet est fonction de l'intensité ou de la fréquence du facteur) ou selon le principe du « tout ou rien » (l'effet se produit ou ne se produit pas, quelle que soit l'intensité ou la fréquence du facteur de risque). On distingue aussi des facteurs spécifiques ou peu spécifiques, des facteurs latents, compensatoires, etc.

3. Le modèle transactionnel

Le modèle transactionnel enfin pose que le trouble est l'effet de deux ou plusieurs causes en interdépendance avec l'individu, et que ces causes sont à concevoir non comme des traits constants, mais comme des processus changeants. Sameroff et Chandler précisent ainsi : « De ce point de vue, la réponse de l'enfant est considérée comme plus qu'une simple réaction à son environnement. Au lieu de cela, on le considère comme activement engagé dans des tentatives d'organiser et de structurer son monde. L'enfant est dans cette façon de voir, dans un état perpétuel de réorganisation active et l'on ne peut pas considérer qu'il maintient un déficit inné comme une caractéristique statique. Dans cette conception, les constantes dans le développement ne sont pas quelque ensemble de traits, mais plutôt les processus par lesquels ces traits sont maintenus dans les transactions entre l'organisme et le milieu » (1975, p. 235). Un exemple donné par Bastine montre mieux encore comment cette conception transactionnelle permet de tenir compte de la signification personnelle d'un événement qui est compris en fonction d'une situation historique et élaboré par le sujet, ce qui modifie la signification et la fonction d'événements passés. Cet exemple est celui d'une femme qui, après avoir été victime d'un viol, a choisi un partenaire plutôt réservé. Cette attitude réservée de son partenaire rendant difficile l'expression et l'élaboration commune des difficultés et des conflits, elle se sent incomprise, insatisfaite d'elle-même, de sa vie, se retire progressivement de son mari et des contacts sociaux, et fait une dépression lorsque sa fille unique quitte la maison.

Ce modèle transactionnel est celui qui tient le mieux compte de la complexité et du caractère interdépendant des phénomènes psychiques, et il est, pour cette raison, considéré comme étant le meilleur pour expliquer les troubles psychiques. Mais il est d'application difficile et n'a encore permis que des reconstructions des faits empiriques intervenant dans le développement de troubles psychiques. De nouvelles recherches longitudinales devront donc suivre.

II. LE DEVELOPPEMENT DES TROUBLES PSYCHIQUES

Nous venons de voir que le modèle interactionnel suppose l'action de plusieurs causes, par exemple dans une relation causale en chaîne, et que dans le modèle transactionnel les causes sont conçues comme interdépendantes, dépendant aussi de l'individu, ces deux variables se modifiant mutuellement au cours d'un processus dynamique. Il y a donc un changement dans une certaine direction que l'on peut aussi décrire, dans notre contexte, en termes de développement. Les troubles psychiques peuvent ainsi aussi être décrits comme résultant de trois ensembles de facteurs ou conditions: les facteurs prédisposants, les facteurs déclenchants et les facteurs de maintien ou de stabilisation.

1. **Les facteurs prédisposants** sont ceux qui se situent au début du dévelopement du trouble et qui conditionnent son développement ultérieur. Ils limitent en quelque sorte les capacités d'adaptation de l'individu, mais n'entraînent pas nécessairement le trouble si l'individu ne rencontre pas certaines autres conditions qui le déstabilisent. Parmi ces facteurs prédisposants, on mentionne généralement des facteurs héréditaires, certaines conditions pré-, péri-, et postnatales, ainsi que certaines situations défavorables de l'enfance. Les concepts de préparation («preparedness» de Seligman, 1970) et de vulnérabilité (Zubin et Spring, 1977) renvoient à ces conditions.

2. **Les facteurs déclenchants** sont des conditions physiques ou psychiques, externes ou internes qui précèdent plus ou moins immédiatement l'apparition du trouble qu'ils ont en quelque sorte provoqué en créant des conditions qui dépassent la capacité d'adaptation de l'individu. Ce sont des facteurs de «stress» physique ou psychique, des maladies, des pertes ou des changements importants, ou des événements critiques de la vie, qui peuvent se présenter sous forme d'événement massif ou de stress mineur, mais chronique. Le trouble ainsi déclenché peut durer un certain temps, puis disparaître spontanément.

3. **Les facteurs de maintien ou de stabilisation** sont ceux qui préviennent cette rémission spontanée du trouble qui, éventuellement se développe alors davantage et se chronifie. Ce sont principalement les réactions de l'entourage et les «bénéfices secondaires» de la maladie, les renforcements positifs des comportements troublés ou de certains de leurs aspects, ou des «punitions» que rencontre le patient lorsqu'il sort de son rôle de malade.

L'avantage de cette façon de grouper les facteurs étiologiques en fonction du temps est qu'elle est non seulement près des observations cliniques, mais qu'elle permet de bien saisir le caractère complexe du développement des troubles psychiques et qu'elle souligne le jeu des facteurs déclenchants et de maintien qui sont particulièrement importants en ce domaine où le cours des choses n'est pas indépendant de l'action du patient et de son milieu. L'importance que l'on accorde aux facteurs de chacun de ces groupes dans le développement des différents troubles et dans le cas individuel varie naturellement selon les disciplines et les points de vue, le généticien voyant surtout la composante héréditaire, le neurologue les lésions cérébrales, le psychanalyste les expériences des premières années de l'enfance — trois façons différentes d'envisager les conditions prédisposantes — alors qu'en thérapie comportementale, on s'intéresse davantage à l'aspect «apprentissage», au stress, le sociologue de son côté s'intéressant aux conditions sociales générales ou au rôle de malade. Mais on s'accorde généralement sur la nécessité d'envisager ces trois groupes de facteurs ensemble.

Ces avantages ne doivent toutefois pas faire oublier les problèmes que pose cette façon de concevoir le développement des troubles psychiques. Ils résident surtout dans la notion de prédisposition. Cette notion est d'abord peu précise, car elle comprend le patrimoine héréditaire, la constitution, les caractéristiques congénitales et les prédispositions d'origine psychosociale, prédispositions dont la nature et les effets sont souvent mal définis. Les prédispositions psychiques, par exemple, ne peuvent pas être constatées objectivement comme des lésions neurologiques, mais elles doivent être inférées rétrospectivement, ce qui comporte quelques incertitudes. Cette notion de prédisposition implique ensuite une priorité — voire une fatalité — qui risque de faire manquer l'importance de ce qui se passe après l'installation de la prédisposition, les facteurs déclenchants ne faisant que déclencher, actualiser quelque chose qui était déjà là et qui sera ensuite prolongé ou répété par l'action des facteurs de maintien. Or, si on ne peut nier l'existence et l'importance de pareilles prédispositions (génétiques, structures de motifs et d'actions acquises dans la prime enfance) il ne faut pas non plus oublier que les recherches récentes (Sameroff et Chandler, 1975; Rubin et Balow, 1977; Ernst et von Luckner, 1985) ont mis en évidence l'importance des expériences vécues ultérieurement dans la vie, et la très faible prédictibilité des troubles psychiques à l'âge adulte à partir des conditions (prédispositions) de la prime enfance (ceci aussi bien pour les complications à la naissance, la «déprivation maternelle», que pour la relation entre les troubles de l'enfance et de l'âge adulte).

Ces recherches récentes ont conduit à une vue du développement psychique normal et perturbé où ce ne sont pas des prédispositions qui se prolongent en quelque sorte en effets à long terme, grâce à des facteurs déclenchants, mais où les effets des facteurs prédisposants dépendent encore d'autres conditions qui peuvent les modifier.

III. LES METHODES DE RECHERCHE SUR LES CAUSES ET LE DEVELOPPEMENT DES TROUBLES PSYCHIQUES

1. **L'étude de cas**, comme nous le verrons dans le paragraphe introduisant les méthodes de recherche en psychologie clinique, vise non seulement à donner une description d'une personne, de sa situation et de ses problèmes, mais elle cherche aussi à en éclairer l'origine et le développement, l'anamnèse ayant pour but de repérer les causes et la genèse de ces problèmes. Lors de l'interview, le clinicien essaiera donc de trouver des événements, des phénomènes et processus pouvant avoir une relation de causalité avec le problème du patient. Il pourra avoir été frappé, par exemple, par la relation entre un événement, un traumatisme ou des processus survenus dans la prime enfance d'un patient et l'apparition de problèmes plus ou moins spécifiques à un âge ultérieur, et formuler une hypothèse étiologique. C'est ainsi, à partir d'observations et d'études de cas, que Janet, Kraepelin, Freud et Bleuler ont conçu, élaboré et formulé leurs idées et hypothèses étiologiques.

Le problème que le clinicien et le chercheur rencontrent lorsqu'ils veulent éprouver ces hypothèses réside dans le fait qu'une bonne étude de cas contient un grand nombre d'événements et processus susceptibles d'être la cause d'un problème ou d'intervenir dans son développement, et qu'au niveau de la seule étude de cas, il est impossible de faire la part des choses, et donc d'établir fermement une relation de causalité. Perrez (1972) a montré et documenté cette difficulté pour l'étude de cas de l'homme aux loups de Freud dont les explications sont seulement partielles et incomplètes, et la récente recherche de Ernst et von Luckner (1985) met en évidence que les hypothèses étiologiques avancées par Bowly (1940), Goldfarb (1943) et Spitz (1945) dans leurs écrits sur les conséquences de la déprivation maternelle précoce ne sont pas confirmées par la recherche systématique; que les troubles en question ne s'expliquent pas par la seule déprivation maternelle précoce, mais bien par une autre série de facteurs comme, entre autres, les problèmes relationnels familiaux chroniques.

Si l'étude de cas peut donc suggérer des hypothèses étiologiques, elle surestime généralement ces relations, ses observations sont sélectionnées et sujettes à l'erreur rétrospective, elles ne peuvent pas être généralisées, et elle ne peut pas non plus isoler des relations causales. Il faudra donc avoir recours à d'autres méthodes pour confirmer les hypothèses étiologiques conçues au niveau de l'étude de cas.

2. **L'étude transversale** permet mieux de résoudre le problème de la généralisation de l'observation des relations étiologiques éventuelles. Elle consiste à former des groupes cliniques en réunissant plusieurs patients souffrant du même problème (dépression, phobie, alcoolisme, etc.), à les comparer entre eux ou avec un groupe de contrôle « normal », et à avoir si, et dans quelle mesure, les relations étiologiques hypothétiques s'y retrouvent.

Les problèmes que pose l'étude transversale du point de vue de la recherche étiologique sont d'abord le fait qu'elle porte sur des sujets déjà malades, qu'elle fait donc une analyse ex post facto, ce qui ne permet pas de se prononcer sur la direction de la causalité : lequel des phénomènes associés est la cause de l'autre ? Le second problème réside dans le fait que les groupes ne sont pas constitués au hasard, mais par appariement, ce qui peut compromettre la validité interne de la recherche si on n'est pas attentif à ce problème (v. le paragraphe sur l'étude des corrélations). Malgré ces problèmes, l'étude transversale, qui est d'ailleurs la méthode de recherche étiologique la plus fréquemment utilisée en psychopathologie, a une place importante : elle reste près de la réalité clinique, contient des observations répétées et quantifiées, et permet une première mise à l'épreuve des hypothèses étiologiques, car si la constatation d'une corrélation n'implique pas une relation de causalité, une relation de causalité implique une corrélation et l'absence de celle-ci indique que l'investigation ne doit pas être poursuivie dans la voie prise.

3. **L'étude longitudinale.** Alors que l'étude transversale permettait d'étudier la relation entre variables dans un groupe de sujets à un moment donné, l'étude longitudinale examine les variables et leurs relations chez un ou plusieurs sujets à différents moments et permet ainsi d'étudier des séquences temporelles et des processus de développement. En permettant de décrire des changements intra- et inter-individuels, elle est plus intéressante pour la recherche étiologique que l'étude transversale, car elle permet de voir comment et suite à quelles conditions un individu a développé un trouble, et aussi pourquoi d'autres individus soumis à des conditions semblables présentent des troubles différents ou pas de troubles du tout.

Cette recherche longitudinale peut se faire de deux façons différentes, rétrospective ou prospective. Lors de l'étude *rétrospective* (ou ex post facto) qui est la plus fréquente, le chercheur essaie de reconstruire après coup le développement des troubles actuels d'un ou de plusieurs individus à partir d'informations provenant du patient lui-même, de personnes tierces ou d'autres sources (documents personnels, scolaires, médicaux, etc.). Le problème auquel il s'agit d'être attentif dans cette démarche est évidemment celui de la sélection des données et de la critique des sources, des informations importantes pouvant manquer ou être peu fidèles ou peu valides. Une des façons de le résoudre à été pratiquée dans une étude de Robins (1966) que nous voudrions citer comme exemple de cette démarche.

Afin de s'assurer des données fidèles et valides, Robins a étudié des adultes qui, trente ans plus tôt, avaient été examinés dans un centre de guidance pour enfants qui, par ailleurs, établissait des dossiers très complets sur l'enfant, son problème et sa famille. Des 584 cas de l'échantillon initial, quatre-vingt-dix pour cent ont pu être retrouvés et être comparés à cent sujets contrôles ayant vécu dans la même région, mais sans jamais consulter le centre de guidance. L'interview de ces adultes des deux groupes a permis de décrire leurs problèmes, et les problèmes des adultes ont alors été mis en relation avec les problèmes que ces personnes avaient quand elles étaient enfants, dans le but de voir lesquels de ces problèmes permettaient de prédire un comportement sociopathique à l'âge adulte. Les informations ainsi obtenues ont permis de constater, entre autres, que plus de la moitié des garçons présentant certaines caractéristiques et certains problèmes ont plus tard reçu le diagnostic de personnalité sociopathique.

Dans l'étude longitudinale *prospective*, le chercheur suit pendant un temps plus ou moins long le développement d'un groupe de personnes choisies au hasard ou selon certains critères, par exemple, le risque de développer une certaine maladie.

La méthode prospective des groupes à «haut risque» a l'avantage de permettre de choisir des variables importantes dans le trouble en question et de permettre de faire les observations avant que le sujet ne devienne malade, ce qui permet d'exclure des variables confondantes généralement présentes lorsqu'on étudie des malades (contexte hospitalier, médicaments, etc.). La série des travaux de Mednick et Schulsinger (1968), Mednick (1970, 1973, 1978), et Schulsinger (1976) sur l'étiologie de la schizophrénie en est un exemple.

Dans ces recherches qui commençaient en 1962, les auteurs ont commencé par constituer un groupe à haut risque en sélectionnant 207 sujets (ayant une moyenne d'âge d'environ 15 ans) de mères schizophrènes chroniques. Un groupe de contrôle a été constitué de 104 sujets à bas risques ayant des mères non schizophrènes, et ces 104 sujets contrôles ont été appariés avec les sujets à haut risque pour les variables âge, sexe, scolarité, milieu éducatif, profession du père, résidence, etc. L'observation et l'évaluation intensives et répétées ont alors permis de décrire les caractéristiques des sujets à haut risque et leur évolution qui ont fait l'objet de plusieurs rapports présentant des résultats extrêmement intéressants dans le domaine de l'adaptation sociale, de la psychophysiologie, et des processus cognitifs.

En 1968, Mednick et Schulsinger ont étudié les cas de leurs sujets à haut risque qui jusqu'alors ont nécessité des soins psychiatriques. Chacun de ces vingt cas a été apparié (du point de vue âge, sexe, classe sociale) avec un autre sujet à haut risque, mais qui n'a pas décompensé, et avec un sujet contrôle. En plus, les sujets à haut risque qui ont présenté des troubles ont été appariés par rapport au niveau d'adaptation évalué en 1962, avec les sujets à haut risque n'ayant pas développé de troubles. Les résultats de ces comparaisons peuvent se résumer dans les points suivants :

1. Les sujets à haut risque ayant développé des troubles tendent à avoir des mères plus sévèrement atteintes et à les voir partir à l'hôpital psychiatrique plus tôt et définitivement.

2. Concernant le comportement à l'école des sujets à haut risque perturbés, les maîtres les évaluent plus souvent comme étant dérangeants, dominateurs, agressifs, et constatent plus souvent que chez les autres sujets, qu'une fois excités et démontés, ils mettent plus longtemps à se calmer.

3. Au niveau des réactions psychophysiologiques, les sujets à haut risque perturbés présentent à un degré encore plus poussé les caractéristiques psychophysiologiques trouvées pour les sujets à haut risque : une plus grande réactivité au stimulus inconditionnel, une plus grande généralisation des réponses conditionnelles, une habituation plus faible et un temps de récupération plus court au réflexe psychogalvanique.

4. Aux tests d'association, les sujets à haut risque troublés tendent nettement plus à dériver et à s'égarer du stimulus original.

Les rapports suivants ont présenté des données intéressantes sur les complications de naissance et leur rapport au patron de réactions psychophysiologiques (Mednick, 1970), sur le rôle génétique ou éducatif des pères des sujets à haut risque troublés (Mednick, 1973), et sur l'évolution des sujets. Dix ans après le début de la recherche, la réévaluation de tous les sujets aboutissait à constater que 17 des sujets à haut risque et un seul des sujets à bas risque étaient devenus schizophrènes (Schulsinger, 1976) et que, contrairement à ce que l'on aurait pu attendre, la majorité des sujets devenus schizophrènes n'étaient pas de ceux que l'on avait auparavant considérés comme troublés. Cette constatation a donné lieu à de nouvelles analyses qui visent à repérer les facteurs prédisant plus spécifiquement les troubles schizophréniques plutôt que seulement la décompensation psychiatrique en général.

L'intérêt de ces recherches ne réside pas seulement dans leur contribution à l'étude génétique de la schizophrénie, mais aussi et davantage dans le fait qu'elles permettent de suivre de près son développement et les différents facteurs de milieu qui l'affectent (familiaux, nutritionnels, sociaux, etc.).

4. Les expériences de la nature

Les expériences faites par la nature et l'investigation des événements critiques de la vie constituent une autre source précieuse d'informations sur les causes et le développement des troubles psychiques.

L'exemple type d'une étude mettant à profit les expériences de la nature est *la recherche sur les jumeaux* qui permet l'analyse des déterminants génétiques des troubles psychiques. Les jumeaux vrais (identiques ou monozygotes) ayant un génotype identique, on peut conclure que toute différence constatée entre eux doit être l'effet du milieu; les faux jumeaux (fraternels ou dizygotes) ayant un génotype différent, s'ils vivent dans le même milieu, permettent d'étudier l'effet exercé par un même milieu sur deux génotypes différents. La comparaison de jumeaux MZ avec des jumeaux DZ, et la comparaison de jumeaux MZ élevés ensemble ou séparément, permet ainsi d'évaluer l'importance des déterminants génétiques et psychosociaux dans le développement des troubles psychiques. Lorsqu'on constate que des jumeaux MZ élevés séparément développent plus souvent que les jumeaux DZ un certain trouble, on peut en inférer une composante héréditaire.

Depuis les premiers travaux de Luxenburger (1928) une série d'études gémellaires intéressantes a été faite sur l'étiologie de la schizophrénie, jetant quelques lumières sur la composante héréditaire (Rosenthal, 1970; Gottesman et Shields, 1972). Une réanalyse de la littérature par Farber (1981) a cependant mis en évidence un certain nombre de problèmes qui imposent la prudence dans l'interprétation de certains résultats, surtout en ce qui concerne les jumeaux MZ élevés séparément. Les études portant sur l'adoption d'enfants de mère schizophrène (Heston, 1966; Kety et al., 1968) fournissent toutefois elles aussi de fortes indications en faveur des composantes héréditaires. Des études gémellaires ont également été faites dans le domaine de la dépression où les concordances entre jumeaux MZ sont d'environ 40 % alors que celles de jumeaux DZ ne sont que d'environ 11 % (Allen, 1976). Dans le domaine des névroses et des troubles psychosomatiques aussi des composantes héréditaires ont été constatées par une série d'études de jumeaux dont celles de Schepank (1974) et de Heigl-Evers et Schepank (1980/1982) sont probablement les plus intéressantes pour les cliniciens.

Les événements critiques de la vie (life events) peuvent eux aussi être considérés comme expériences de la nature dans la mesure où ces événements se produisent sans intervention du sujet concerné (catastrophe, maladie, décès de personnes proches, perte d'emploi, etc.). On peut donc repérer ces événements, les décrire de façon précise, et en étudier les conséquences en cherchant à établir leur rôle dans le développement éventuel de troubles psychiques. Les premières recherches de ce genre ont été rétrospectives, mais plus récemment on a aussi vu apparaître des études prospectives.

La recherche empirique systématique sur les événements de vie a commencé avec les travaux de Holmes et Rahe (1967) essayant de développer un instrument pour mesurer les événements stressants de la vie. A cet effet, ces auteurs ont élaboré une échelle comportant 43 événements (Schedule of Recent Experience) qu'ils ont soumis à un groupe de 394 personnes en leur demandant d'indiquer pour chaque événement «l'intensité et le temps nécessaire pour s'y adapter... indépendamment du caractère désirable de l'événement». Le mariage a été choisi arbitrairement comme point de référence auquel on attribuait une valeur de stress de 500 et par rapport auquel les autres événements devaient être évalués. A partir des résultats obtenus les auteurs ont alors établi la Social Readjustment Rating Scale (SRRS) qui indique la moyenne des évaluations faites pour chaque événement, la «life change unit» (LCU), et va de 11 à 100. Les quelques items suivants extraits de l'échelle peuvent en donner une idée.

Rang	Evénement critique de la vie	Valeur moyenne
1	Décès de l'époux ou de l'épouse	100
2	Divorce	73
3	Séparation conjugale	65
6	Blessures ou maladies personnelles	53
7	Mariage	50
8	Perte de l'emploi	47
10	Mise à la retraite	45
12	Grossesse	40
17	Décès d'un ami	37
18	Changement de profession	36
23	Départ de la maison des enfants	29
25	Grand succès personnel	28
30	Difficultés avec le patron	23
32	Changement de domicile	20
41	Vacances	13

En totalisant la valeur des événement subis par une personne pendant l'année écoulée, on obtient un score LCU global que l'on peut mettre en relation avec un certain nombre de problèmes éprouvés par la personne. Holmes et Rahe estiment qu'un score dépassant 150 LCU indique une crise dans la vie de l'individu et comporte un risque de morbidité accru. Une étude de Rahe et Lind (1971) montre ainsi une relation entre le score LCU et les crises cardiaques, d'autres études ont trouvé des relations avec les débuts de leucémie (Wold, 1968), les refroidissements et les fièvres (Holmes et Holmes, 1970), les fractures (Tollefson, 1972)[19].

Si ces recherches ont fourni des indications intéressantes sur la relation entre le stress et des maladies, il faut aussi rappeler qu'il reste un certain nombre de problèmes. Concernant d'abord les mesures de l'échelle, il faut remarquer que les événements ne sont pas décrits de façon précise, qu'elles négligent quelque peu le contexte personnel, et que le score total suppose en fait que l'adaptation à tous ces événements soit mesurable sur une échelle unidimensionnelle. Quant à la validité de ces mesures et à la relation causale qu'il y aurait entre le stress ainsi évalué et les problèmes psychiques ou physiques consécutifs, il ne faut pas oublier qu'il s'agit d'une démarche rétrospective et que son caractère corrélationnel ne permet pas d'établir la direction de la causalité, qu'il se pourrait d'ailleurs qu'une variable tierce explique aussi bien les événements de vie stressants précédant le problème que le problème lui-même.

Une autre approche plus différenciée et plus satisfaisante de l'étude des événements critiques de la vie a été suivie par Brown (1974) et Brown et al. (1975, 1977, 1978) dans leurs études sur l'étiologie de la dépression. Cette approche est plus satisfaisante parce qu'elle évalue de façon plus différenciée les événements de la vie en tenant compte des circonstances dans lesquelles ces événements surviennent, de leur signification personnelle, de l'intensité de la menace qu'ils constituent, et en distinguant les événements sévèrement menaçants des difficultés majeures de plus longue durée. De plus, ces événements ne sont pas étudiés ici à partir des réponses faites à un simple questionnaire, mais sur la base des réponses données lors d'une interview structurée conduite par un évaluateur expérimenté (Life Event Schedule, LES), et portant sur 38 événements (décès, maladie, changement de profession, de résidence, etc.).

Afin d'étudier l'influence exercée par ces événements de la vie sur le développement d'une dépression, les auteurs ont examiné 3 groupes de femmes entre 18 et 65 ans d'âge :

- un groupe de 114 femmes de la région de Londres ayant un diagnostic de dépression et traitées de façon ambulatoire ou à l'hôpital;
- un groupe de 458 femmes chosies au hasard dans la même région; 15 % de ces femmes ont souffert d'un problème psychiatrique (la plupart du temps, de type dépressif) pendant les trois mois précédant l'interview;
- un groupe de 154 femmes choisies au hasard dans une île des Hébrides, dont 10 % souffraient de troubles psychiatriques.

Les résultats des comparaisons effectuées montrent chez les patientes dépressives une augmentation brusque du taux d'événements sévères pendant les six semaines précédant le début de la dépression. Pour les neuf mois précédant le début de la dépression, on constate la survenue d'événement sévères chez 61 % des patientes et chez 20 % des femmes non malades. Si l'on ajoute aux événements sévères les difficultés de plus longue durée, le rapport est de 75 % à 30 %. Chez les trois quarts des patientes, ces événements étaient des expériences de perte ou de déception (perte d'un parent, séparation conjugale, perte de l'emploi, etc.).

En se basant sur les résultats de ces travaux, Brown et Harris (1978) ont développé un modèle causal de la dépression. Ce modèle distingue trois groupes de facteurs : 1) les facteurs de vulnérabilité qui sensibilisent le sujet à l'action des facteurs déclenchants; 2) les facteurs déclenchants qui sont des événements sévères et des problèmes de longue durée survenant à un certain moment avant le début des troubles; 3) les facteurs modulateurs des symptômes qui n'ont pas d'influence étiologique, mais déterminent la gravité et la forme de la dépression.

L'analyse des données par rapport à ces facteurs a mis en évidence un certain nombre de phénomènes intéressants. Elle montre par exemple, que les facteurs déclenchants sont surtout des expériences de perte et de déception qui entraînent des effets morbides lorsqu'ils rencontrent certaines conditions de vulnérabilité. Cette analyse montrait aussi que la vulnérabilité pour une dépression était augmentée, chez les femmes examinées, par les conditions suivantes: l'absence d'une relation intime de confiance avec un partenaire, généralement le mari; la perte de la mère avant l'âge de onze ans; la présence à la maison de trois (ou plus) enfants en dessous de 14 ans; l'absence d'activité professionnelle. Selon l'interprétation des auteurs, ces facteurs agiraient en déterminant une estime de soi faible qui empêcherait alors la maîtrise des événements critiques.

Malgré ses qualités cliniques et méthodologiques qui en font une recherche exemplaire dans ce domaine, cette étude contient un certain nombre de problèmes. D'abord elle est rétrospective, ce qui veut dire que les données sur les événements de vie peuvent contenir des erreurs suite à l'infidélité de la mémoire des sujets interrogés, et cela malgré les soins pris par les chercheurs pour les minimiser. Ensuite l'indépendance des variables «événement sévère», «problèmes de longue durée» et «facteurs de vulnérabilité» n'est pas bien assurée, ce qui peut affecter la validité de la distinction entre facteurs de vulnérabilité et facteurs déclenchants. Un autre point concerne la possibilité de valider un modèle à partir des données qui ont servi à l'élaborer. Finalement le nombre relativement élevé d'évaluations et de comparaisons faites sur des échantillons adéquats, mais peu nombreux, pose des problèmes concernant la généralisation des résultats obtenus. Afin de remédier à ces problèmes, Brown et ses collaborateurs ont entrepris depuis lors une recherche nouvelle et prospective sur l'étiologie de la dépression chez la femme.

5. **L'étude expérimentale** qui permet de faire varier les causes et d'en observer les effets, serait la solution idéale aux problèmes de directionalité qui fait tant de difficultés dans les approches transversales et longitudinales, mais on comprend aisément qu'elle pose de graves problèmes éthiques, puisqu'il s'agirait de manipuler des événements dont on suppose qu'ils entraînent des problèmes sérieux. Il s'agit donc de trouver des approches qui échappent à cette objection et dont les

résultats seraient quand même significatifs pour la question des causes et du développement des problèmes psychiques.

L'étude expérimentale des phénomènes psychopathologiques chez l'homme pouvant se faire de façon directe ou indirecte et viser soit la production de ces phénomènes, soit leur analyse systématique et contrôlée lorsqu'ils sont déjà cliniquement présents, on peut distinguer en matière d'étude expérimentale des phénomènes psychopathologiques : l'expérimentation humaine induisant des états psychopathologiques, la « psychopathologie expérimentale », les études analogues humaines et animales.

a) La production ou *l'induction artificielle d'états de conscience altérés* chez l'homme a une longue histoire tout comme leur analyse, mais son étude proprement expérimentale, c'est-à-dire systématique et sous des conditions strictement contrôlées, est relativement récente. Les moyens généralement employés dans ces expériences sont l'alcool, différentes drogues et l'hypnose. Les problèmes qui se posent dans pareilles études, en dehors des problèmes éthiques, sont liés au fait que les phénomènes ainsi étudiés le sont dans un cadre particulier, et sont généralement de courte durée. En outre, indépendamment de cela, il est extrêmement difficile de savoir dans quelle mesure les états ainsi induits ressemblent à l'état naturel que l'on veut étudier. Aussi les différences individuelles sont-elles très grandes dans ce domaine. Certains psychiatres considèrent d'ailleurs que les psychoses « expérimentales » ne reproduisent pas les psychoses cliniques. Il faut donc être extrêmement prudent.

Toutefois, bien qu'on ne puisse pas bien contrôler les états psychopathologiques et que les états induits diffèrent des états naturels, l'expérimentation en ce domaine a déjà donné des résultats intéressants, moins cependant concernant l'étiologie des troubles psychiques que certains processus cognitifs qui leur sont associés.

Un exemple classique à mentionner à propos de l'induction expérimentale de troubles psychiques chez l'homme est l'expérience de Watson et Rayner (1920) établissant des réactions de peur par voie du conditionnement classique. Mais il faut ajouter que d'autres chercheurs n'ont pas pu la reproduire et que les auteurs actuels proposent des modèles étiologiques plus sophistiqués (Rachman, 1977; Eysenck, 1976).

b) *La psychopathologie expérimentale* comprend des recherches qui ne visent pas à produire des phénomènes psychopathologiques, mais à les étudier expérimentalement une fois qu'ils sont présents. Le but de ces recherches est de mieux connaître ces phénomènes en en dégageant les caractéristiques essentielles. Le procédé consiste à manipuler expérimentalement des variables supposées caractéristiques pour un trouble et de comparer les résultats obtenus dans le groupe diagnostique en question avec ceux d'un groupe de sujets normaux, ou ceux obtenus dans d'autres groupes diagnostiques.

Dans une recherche sur la communication référentielle chez les schizophrènes, Cohen, Nachmani et Rosenberg (1974) ont comparé les performances de 24 schizophrènes à celle de 24 employés d'un centre médical. L'expérience consistait à présenter à chaque sujet individuellement des disques coloriés en variant le nombre de disques par présentation et les nuances de leurs teintes. Lors d'une première phase de l'expérience, on faisait une série de présentations de disques en demandant au sujet de décrire la couleur du disque désigné par l'expérimentateur de façon à ce «qu'une autre personne ayant devant elle les mêmes couleurs saura de quelle couleur vous parlez». Des réponses de chaque sujet furent enregistrées sur bandes et le temps de réaction (secondes écoulées entre la présentation et le début de la réponse) fut noté. Dans une deuxième phase, ces réponses enregistrées furent soumises à un groupe de personnes qui devaient repérer les disques qui avaient été décrits. Lors de la troisième phase, une semaine après la première, les sujets testés devaient écouter leurs propres descriptions et choisir les disques.

Les résultats montrent que les schizophrènes donnaient des descriptions nettement moins susceptibles de permettre le repérage de la couleur décrite, sauf lorsque les couleurs étaient très différentes. Ils tombaient aussi moins juste lorsqu'ils devaient choisir les couleurs à partir de leurs propres descriptions enregistrées. Leur temps de réaction était également plus long, surtout lorsque la présentation comportait plusieurs disques ou des couleurs semblables.

En essayant d'expliquer ces faits, les auteurs ont conçu plusieurs modèles dont ils ont alors comparé les prédictions avec les faits constatés. La base commune de ces modèles était l'hypothèse que le processus associatif comprenait deux phases. Dans la première, la phase d'échantillonnage, le sujet pense à une série de façons de décrire l'objet. Lors de la seconde, la phase de comparaison, il évalue le degré d'association entre la description et l'objet, décide si elle le distingue des autres couleurs et finit par choisir la meilleure description.

Un premier modèle, appelé Tour de Babel, supposait que les schizophrènes ont un échantillon de phrases très personnelles. Ils ne feraient donc pas de bonnes descriptions, mais ils devraient pouvoir les utiliser correctement eux-mêmes. Comme ce n'est pas le cas et que cette prédiction n'a donc pas été confirmée, le modèle fut abandonné. Selon un second modèle, celui du «parleur impulsif», les schizophrènes ont un échantillon et des descriptions normales, mais trébuchent lors de la phase de comparaison, ce qui diminue l'utilité de leur description aussi bien pour autrui que pour eux-mêmes et se trouve confirmé par les données de l'expérience. Mais s'ils choisissent impulsivement et ne passent pas leur temps à comparer des descriptions, leur temps de réaction ne doit pas augmenter lorsqu'on augmente le nombre de disques ou lorsque les couleurs sont plus semblables. Or, c'est ce qui arrive et il y a donc lieu de trouver un autre modèle. D'après ce troisième modèle, appelé «persévération en chaîne», le schizophrène serait incapable d'ignorer une description qui lui passe la tête, même s'il la reconnaît pauvre. Il persévèrerait donc jusqu'au moment où il la donne comme réponse, sans pouvoir l'abandonner pour une meilleure. Après cela, il enchaîne, donnant une réponse nouvelle évoquée par la précédente et ainsi de suite, sans se soucier de leur adéquation à la couleur du disque. Ce troisième modèle permet de prédire les constatations faites: les descriptions inadéquates pour autrui et pour soi-même, l'augmentation disproportionnée du temps de réaction en fonction de la difficulté de la tâche, et le fait que les propos des schizophrènes sont plus longs que ceux des normaux.

Les deux exemples suivants illustrent non seulement la recherche sur un autre aspect de la pensée schizophrénique, mais aussi un problème que l'on rencontre souvent dans ce type de recherche, le problème du diagnostic.

Afin d'étudier la distraction caractéristique de la pensée schizophrénique, Rappaport (1967) a comparé les performances de sujets schizophrènes et de sujets normaux dans une expérience portant sur l'attention soutenue dans des tâches d'attention sélective. L'expérience consistait à présenter simultanément plusieurs messages auditifs, le nombre variant de un à sept, à demander aux sujets de faire attention à un seul, et de le répéter ensuite. Rappaport constatait que la performance des schizophrènes était toujours insuffisante dès que l'on présentait plus d'un message. Ce résultat ne fut cependant pas retrouvé dans d'autres recherches (par exemple, Taylor et Hirt, 1975) et il s'agissait d'expliquer les résultats contradictoires, dus peut-être à des différences de classification diagnostique. C'est un des problèmes poursuivis dans une série de recherches intéressantes de Oltmanns, O'Hayon et Neale (1978).

Afin d'investiguer davantage le rôle de la distraction dans la pensée schizophrénique, ces auteurs ont comparé les performances de schizophrènes et de sujets normaux en faisant particulièrement attention aux problèmes de diagnostic et en faisant varier le degré du trouble. Dans une première expérience, le critère de sélection des sujets schizophrènes était le diagnostic fait par le personnel de l'hôpital. La distraction était mesurée par la différence des performances dans les deux tâches suivantes. Lors de la première, les sujets d'expérience devaient écouter une série de chiffres présentés, un toutes les deux secondes, et, la série étant déterminée, simplement se rappeler tous les chiffres entendus. Lors de la seconde tâche, une seconde voix présentait des chiffres non pertinents entre deux chiffres pertinents, et le sujet devait à la fin se rappeler les chiffres pertinents. Les résultats ne montraient pas de différences entre sujets schizophrènes et sujets de contrôle. Dans une deuxième expérience, le procédé fut le même, mais les critères de sélection des sujets schizophrènes étaient plus rigoureux, à savoir ceux proposés par Spitzer, Endicott et Robins (1975). Cette fois, les schizophrènes ainsi diagnostiqués avaient des performances significativement plus mauvaises que les sujets contrôle et les autres malades qui n'étaient plus diagnostiqués comme schizophrènes selon les nouveaux critères. Ceci montre clairement l'importance d'un diagnostic rigoureux pour la recherche en psychopathologie expérimentale et les dangers que l'on court si l'on ne fait pas attention à cet aspect du problème.

Lors d'une troisième phase de leur recherche, Oltmanns et al. ont évalué la sévérité des symptômes décrits dans l'histoire de cas de chaque malade, cette sévérité étant ensuite comparée au score de distraction. La distraction étant supposée être une déterminante des troubles de la pensée, on s'attendait à trouver des corrélations élevées entre ces deux variables, ce qui fut le cas. La dernière expérience, enfin, visait à tester l'importance de la distraction dans la schizophrénie à partir de l'effet des médicaments. Puisque certains médicaments sont considérés comme améliorant le comportement des schizophrènes, ils doivent également affecter la distraction, si celle-ci est une composante importante de la schizophrénie. On a donc refait l'expérience avec des schizophrènes sous médicament, et des schizophrènes qui ne l'étaient pas, et on a trouvé que la distraction des malades sans médicaments était plus grande que celle des malades qui prennent le médicament.

L'intérêt de ces travaux de Oltmanns et al. est de ne pas seulement décrire et mesurer la distraction chez le schizophrène, mais de montrer qu'elle est en relation avec les troubles de la pensée. D'autres travaux importants ont été faits sur le langage des schizophrènes, sur leurs hallucinations, sur les «troubles de base» etc. (Cohen et Plaum, 1981; Ruckstuhl, 1981; Süllwold, 1977).

Les problèmes qui se posent en psychopathologie expérimentale sont d'abord celui, déjà mentionné, de la validité de la classification diagnostique des sujets d'expérience. Le meilleur travail expérimental ne peut pas nous apprendre grand-chose sur la schizophrénie ou la dépression, si le diagnostic des sujets d'expérience n'est pas valide. Le second problème, plus difficile à résoudre, réside dans le fait qu'il s'agit de recherches post hoc, c'est-à-dire de sujets déjà malades, ne permettant pas de savoir si les différences observées dans les fonctions psychiques sont la cause, l'accompagnement ou la conséquence des troubles. Pour cette raison, les recherches de psychopathologie expérimentale n'ont qu'un intérêt indirect pour la recherche sur les causes et le développement des troubles psychiques, mais il faut souligner le fait qu'une théorie étiologique de la schizophrénie, par exemple, devra rendre compte des faits mis en lumière par les recherches en psychopathologie expérimentale. Cohen et Plaum résument bien les problèmes et buts actuels de ces recherches dans la dernière phrase de leur article sur la schizophrénie: «En s'orientant aussi bien d'après le trésor d'expériences large et phénoménologiquement fondé des cliniciens, que d'après les spécifications de problèmes généraux et de stratégies de recherche intra-individuelles, la recherche expérimentale en psychologie clinique devrait conduire à une compréhension améliorée des troubles psychiques qui est une condition préalable indispensable pour saisir les données étiologiques spécifiques et pour prendre des mesures prophylactiques et thérapeutiques» (1981, pp. 279-280).

c) *Les expériences analogues humaines* sont des expériences qui portent non pas directement sur la pleine réalité clinique des troubles, sur de vrais patients avec leurs problèmes, mais seulement sur certains de ses aspects ou sur des situations comparables, analogues. Concernant les causes et le développement des troubles psychiques, on peut ainsi créer des situations d'anxiété ou de «dépression», et observer la façon dont l'individu y réagit, en lui proposant des problèmes difficiles ou imposssibles à résoudre, en ayant recours à la privation sensorielle, à l'hypnose ou aux jeux de rôle. Le but de ces expériences est alors l'analyse systématique des processus et mécanismes intervenant dans le développement des troubles. Deux exemples peuvent illustrer ce dont il s'agit.

Observant après beaucoup d'autres que les phobies ne portent pas sur n'importe quel objet, Seligman (1971) a formulé l'hypothèse que le conditionnement classique aversif ne se fait pas pour n'importe quel stimulus, mais suppose un terrain prédisposant (preparedness) qui facilite l'établissement de la réponse et la rend plus résistante à l'extinction. Cette hypothèse a été explorée systématiquement dans une expérience de Öhman, Erixon et Löfberg (1975). Ces auteurs ont utilisé trois stimuli conditionnels (SC) différents en montrant à tous les sujets d'expérience trois séries d'images (de serpents, de maisons, de figures humaines). La moitié des sujets recevaient un choc électrique (SIC) immédiatement après avoir vu les images de serpents. Les autres recevaient un choc après avoir vu les images des maisons ou des figures humaines. La réponse conditionnelle était le réflexe psychogalvanique de la peau, qui fut analysé pour les expériences de conditionnement et pour les expériences d'extinction. L'analyse des réflexes psychogalvaniques montraient que pour la phase de conditionnement, ceux-ci étaient semblables dans les trois groupes de sujets. Pendant la phase d'extinction, cependant, la réponse conditionnelle (RC) associée à la vue des images de serpents était beaucoup plus résistante que celle associée aux images de maisons ou figures humaines, qui diminuait rapidement. Dans une expérience ultérieure, Öhman, Fredrikson et Hughdal (1978) ont alors comparé à nouveau l'établissement d'un conditionnement classique aversif à partir de stimuli phobogènes potentiels (des serpents et des araignées) à ce qui se passe face à des stimuli non phobogènes (des fleurs et des champignons). Le critère de la réponse conditionnelle était de nouveau le réflexe psychogalvanique de la peau. Les résultats de l'expérience vont à nouveau dans le sens de l'hypothèse de Seligman. Les réponses conditionnelles aux stimuli phobogènes potentiels ont en effet été acquises très rapidement, étaient très lentes à s'éteindre et étaient acquises plus rapidement par des sujets ayant un niveau d'excitation plus élevé. Les auteurs eux-mêmes y voient une confirmation de l'hypothèse de Seligman, à condition bien entendu que les phobies cliniques présentent les mêmes réactions psycho-physiologiques que celles mises en évidence dans la recherche. La validité externe de ces résultats reste donc à contrôler, il reste à voir si ces résultats obtenus avec des personnes « normales » sont réplicables avec de vrais patients phobiques.

L'intérêt de ces expériences analogues humaines est donc de permettre l'analyse rigoureuse des processus postulés par un modèle. Le problème qu'elles posent, celui de la généralisation des résultats à une population clinique, doit être résolu en l'éprouvant directement dans des recherches nouvelles planifiées à cet effet et faites par d'autres méthodes.

d) *Les expériences animales* depuis les premiers travaux de Jerofejewa (1912) et de Chenger-Krestovnikova (1921) montrant que des «conflits» dans des situations d'apprentissage provoquaient des troubles du comportement prolongés chez le chien, ont conduit à l'étude des névroses expérimentales chez l'animal[20]. On a ainsi établi que des discriminations perceptives difficiles, des stimuli douloureux (Wolpe, 1952) et des situations conflictuelles (Masserman, 1964) donnent lieu à une série de troubles (anxiété, réactions de peur, troubles végétatifs, agressivité, évitement, etc.) qui ressemblent à ceux que l'on peut observer dans les névroses humaines. Mais on ne s'est pas arrêté au niveau de la ressemblance superficielle des symptômes. Seligman (1975) a essayé d'appliquer son modèle de la détresse apprise, élaboré à partir de l'expérimentation animale, aux caractéristiques cliniques de la dépression humaine, en les comparant soigneusement au niveau des symptômes physiques et psychiques, des causes, de la thérapie, de la prévention, et de la prédisposition. Ce n'est évidemment qu'une analogie, mais c'est un progrès sur les modèles comportementaux antérieurs et le modèle a stimulé la recherche ultérieure.

Quels que soient les progrès de cette recherche, on ne perdra cependant jamais de vue que, s'il y a incontestablement des ressemblances entre l'organisme animal et humain, l'homme est moins directement dépendant de cette organisation et que, pour reprendre les paroles de Ey «comme la psychoïde animale est seulement une ébauche de la structure psychique humaine, les anomalies pathologiques qu'elle peut présenter ne peuvent être que des ébauches des maladies mentales spécifiquement humaines» (1964, p. 38). De son côté Suomi, s'interrogeant sur l'apport des modèles animaux à la psychologie clinique[21], dit à ce sujet: «Ainsi notre capacité à déterminer la validité de n'importe quelle partie de n'importe quel modèle animal ne sera pas plus grande que notre connaissance actuelle du désordre humain modélisé» (1982, p. 259).

Chapitre 5
Le diagnostic et l'évaluation cliniques

I. NATURE ET BUT DU DIAGNOSTIC

Si l'on conçoit la psychologie clinique comme l'étude approfondie d'une personne en vue de la saisir dans sa singularité ou de l'aider à résoudre un problème, il est clair que la recherche d'informations pour la décrire ou pour saisir son problème constitue à la fois le tout premier pas et un élément essentiel de la démarche du clinicien. Il est donc important d'analyser cette activité.

En nous concentrant sur la situation où le clinicien vise non seulement à décrire une personne dans sa singularité en en faisant un portrait, mais où il est de plus confronté à une situation-problème à résoudre, nous pourrions dire que le diagnostic, ou mieux l'évaluation clinique, est un processus complexe au cours duquel le psychologue clinicien cherche des informations sur une personne et les élabore en vue de saisir son problème et ses causes, de décider s'il y a lieu d'intervenir et comment, et d'évaluer les interventions et leurs effets. Autrement dit, une évaluation clinique vise à donner une première réponse, simple ou très élaborée, selon les circonstances, à des questions posées par des situations cliniques: Cet enfant qui a de mauvais résultats scolaires et qui est anxieux, a-t-il besoin d'un enseignement spécial, d'une thérapie et si oui, de laquelle, ou faut-il s'occuper des parents? Y a-t-il danger de suicide pour tel patient, faut-il l'hospitaliser? Quelle aide peut-on proposer à tel patient ayant tel problème, telle personnalité, vivant dans tel contexte social et à tel endroit?

Comme on peut le voir, l'établissement d'un diagnostic ou d'une évaluation clinique est autre chose et bien plus qu'un simple acte technique plus ou moins ponctuel, consistant à administrer un test d'aptitude ou de personnalité, c'est un processus complexe de résolution de problème et, contrairement à ce que prétendait la mode il n'y a pas si longtemps, ou les options théoriques de certaines écoles, c'est une activité préalable essentielle à toute intervention responsable, comme il apparaît sans doute plus clairement lorsqu'on décrit plus explicitement les différentes fonctions ou les buts du diagnostic et les activités qui permettent d'y arriver.

Dans la pratique aussi bien que dans la recherche en psychologique clinique, comme d'ailleurs en médecine, le diagnostic remplit généralement les fonctions suivantes: 1) décrire l'individu et son problème; 2) analyser le développement et les causes de ce dernier; 3) classifier et donner un diagnostic différentiel; 4) faire un pronostic clinique et poser une indication; 5) évaluer les effets de l'intervention.

1. La description d'un individu et de sa situation, de sa façon de se comporter et de ses problèmes

Elle part généralement des plaintes qui ont motivé la consultation, et de la demande qui en émerge, et essaie, de façon amplifiante, de les situer dans leur contexte.

2. L'analyse du développement et des causes du problème (pathogenèse et étiologie)

L'étude du développement des troubles cherche à dépister le début, le développement des troubles, l'étude de l'étiologie vise à repérer les facteurs qui en sont la «cause», en distinguant les facteurs qui ont déterminé l'apparition ou l'acquisition du trouble de ceux qui en déterminent la persistance (explication de l'acquisition et explication de la performance).

3. Le diagnostic différentiel et la classification

En se basant sur ces informations, le clinicien essaiera alors de déterminer ce que le trouble a en commun avec d'autres troubles semblables en le situant dans des classes (phobie, dépression, obsession, etc.) et ce qui l'en distingue, le diagnostic différentiel visant à élucider lesquels, parmi différentes causes possibles, sont effectivement responsables du trouble, les premières différenciations à faire étant classiquement les couples psychose-psychosyndrome organique, psychose-névrose, névrose-troubles d'origine organique. Il se pose par exemple la question : le malaise, l'anxiété, la difficulté de vivre et les problèmes d'étude d'un adolescent sont-ils l'expression d'une mauvaise orientation des études, d'un problème familial, d'une dépression larvée ou d'une schizophrénie débutante ?

4. Le pronostic et l'indication se ramènent alors aux deux questions suivantes, qui se posent au clinicien

Quelle est l'évolution spontanée du trouble, justifie-t-elle une intervention et, surtout, laquelle ? L'opinion traditionnelle selon laquelle tout trouble un peu complexe, sévère et profond serait justiciable d'une intervention complexe, d'une psychanalyse ou du moins d'une thérapie analytique, alors que les problèmes simples et se situant à la surface de la personnalité seraient accessibles aux autres thérapies, est-elle toujours de mise ou serait-ce même l'inverse maintenant ?[22] Quels sont les critères et que se passe-t-il au juste lorsqu'on pose une indication d'un traitement médicamenteux, d'une psychothérapie ou d'une combinaison des deux ? Autant de questions auxquelles aucun clinicien ne semble pouvoir échapper.

5. L'évaluation des interventions ayant été indiquées est un dernier but du diagnostic, quoique souvent négligé

Elle est importante dans la pratique aussi bien que dans la recherche en psychologie clinique, et porte soit sur le processus thérapeutique en cours, soit sur le résultat final des interventions. Dans le cas de l'évaluation du processus thérapeutique en cours, l'évaluation permet de le contrôler et de changer éventuellement de stratégie ou de technique ; faite à la fin de la thérapie ou encore plus tard, elle met en évidence et qualifie les changements survenus, leur maintien, leur augmentation ou diminution.

Cette esquisse de la nature et du but du diagnostic nous indique qu'il recouvre différentes choses, et nous donne l'occasion d'insister sur la différence qu'il y a entre un diagnostic médical au sens strict et un diagnostic psychologique, que pour cette raison nous préférerions appeler une évaluation (assessment). Etablir un diagnostic médical, psychiatrique par exemple, revient à situer un cas concret par rapport à un système de classification (syndromatique ou nosologique); faire une évaluation psychologique revient à aller plus loin, à ne pas se limiter à une classification par rapport à un système de pathologie, mais à décrire en plus toute la dynamique individuelle, le jeu des forces, faiblesses, déficits et fonctions adaptatives, qui déterminent ce comportement individuel et son évolution. C'est d'autant plus important qu'il devient de plus en plus clair qu'il n'y a pas de relation, en tout cas dans le domaine de la psychiatrie ambulatoire et de la psychothérapie, entre le diagnostic au sens strict et l'indication (Blaser, 1985), que par exemple les généralistes aussi bien que les psychiatres ont des idées peu consistantes sur la «dépression» et que leurs prescriptions médicamenteuses ne le sont pas davantage (Fisch et al., 1981; 1982).

II. LES PROCEDES DIAGNOSTIQUES ET LEURS CONDITIONS DE VALIDITE

Afin de réaliser ces buts du diagnostic, le psychologue clinicien a recours à un certain nombre de méthodes et d'instruments qu'il choisit en fonction du problème posé et dont il évalue les informations selon certaines règles. Nous situerons d'abord les procédés pour examiner ensuite le processus d'évaluation de ces informations, le processus de jugement clinique. Comme le montre l'inspection de quelques ouvrages consacrés à la question, le nombre et la variété de méthodes et de procédés diagnostiques sont considérables de même que les tentatives de classification dont chacune a d'ailleurs ses avantages et ses inconvénients. Pour notre propos qui n'est pas d'en donner une liste ou des modes d'emploi, mais de situer le problème, une distinction simple et pragmatique suffira, et nous les grouperons en parlant de l'entretien, des tests et du diagnostic comportemental.

1. L'entretien

L'entretien fait lors d'une rencontre est sans doute le moyen le plus ancien et le plus naturel de se faire une idée de quelqu'un, d'avoir une vue générale de sa façon d'être, de ses problèmes et possibilités, et l'on voit difficilement comment on pourrait donner un avis clinique valable sur quelqu'un sans l'avoir vu et sans lui avoir parlé. L'entretien permet en effet un échange personnel d'informations importantes —

parfois, il est le seul moyen d'y accéder — de concevoir des hypothèses qui pourront éventuellement être complétées, précisées et vérifiées par d'autres procédés (tests, questionnaires, etc.) comme c'est le cas dans ce que Lagache appelait «la clinique armée». Il est également une situation miniature montrant le sujet en action, fournissant des échantillons de comportement et des indices précieux au niveau de la communication non verbale dans des expressions mimiques, gestuelles ou de posture.

En nous limitant à l'entretien diagnostique — dont les frontières avec l'entretien-conseil et l'entretien thérapeutique sont parfois difficiles à préciser — on pourrait dire qu'il s'agit d'un entretien fait lors d'une rencontre intentionnelle pendant laquelle le clinicien essaie d'obtenir des informations sur son ou ses interlocuteurs, en vue soit d'une première orientation, soit d'une anamnèse conduisant à un diagnostic ou à une évaluation. La position des interlocuteurs n'est donc pas égale ou symétrique, mais c'est le clinicien qui est responsable du cours des choses, qui doit aboutir à un diagnostic ou à une évaluation en fonction de telle ou telle question (indication, sortie d'hôpital, effets thérapeutiques, etc.).

Les façons de mener ces entretiens sont multiples et variées, de même que les facteurs qui influencent leur cours et leur résultat, lequel devrait être objectif, fidèle, sensible, valide et utile. Comme nous reviendrons sur quelques-uns de ces facteurs dans le paragraphe sur le processus de jugement clinique, nous nous bornerons ici à attirer l'attention sur la structuration de l'entretien, dont l'influence sur la qualité du résultat est des plus importantes.

La structuration de l'entretien concerne les questions et leur succession, les réponses et la façon dont elles sont enregistrées, cotées et interprétées. Dans l'entretien non structuré, qui est le plus répandu, le clinicien suit librement, de façon flexible, le cours de la conversation tenue par le patient, se contentant de susciter des précisions ou les informations nécessaires à l'évaluation, mais qui manquaient dans les communications spontanées. L'entretien semi-structuré, par contre, s'inspire d'une liste de questions tout en permettant par ailleurs un échange souple de questions et de réponses. Dans l'entretien standardisé enfin, la thématique, la formulation et la succession des questions de même que la formulation des réponses sont déterminées à l'avance.

Comme nous l'avons vu au chapitre sur les classifications des troubles psychiques, le développement relativement récent d'entretiens semi-structurés et complètement standardisés a été motivé par les problèmes que crée, pour la recherche aussi bien que la pratique, le manque d'objectivité, de fidélité, et de validité de l'entretien libre mis en évidence par la recherche empirique qui a souvent constaté des résultats décevants (v. par exemple, Schmidt et Kessler, 1976). Parmi ces schémas d'anamnèse, mentionnons, entre autres, le système AMDP (Bobon, 1981, 1985), qui porte sur de multiples traits psychopathologiques et somatiques, et pour lequel Bobon et al. (1978) ont proposé un entretien semi-standardisé; les Current and Past Psychopathology Scales (Spitzer et Endicott, 1968), où les questions portant sur des aspects psychopathologiques passés et présents sont parfaitement standardisées alors que les réponses sont ouvertes, mais font l'objet d'une évaluation fortement structurée pendant l'entretien; la Present State Examination de Wing, Cooper et Sartorius (1974) qui présente des questions standardisées permettant des réponses ouvertes et des évaluations de l'état actuel de patients souffrant de névroses ou de psychoses fonctionnelles. C'est dans ce contexte qu'on a poussé plus avant le développement de programmes de diagnostics assistés par ordinateur dont les débuts ont été fortement stimulés par les travaux de Meehl (1954) dont il sera encore question plus loin.

Pour conclure ces remarques critiques sur l'entretien diagnostique, il faut cependant remarquer que les faibles qualités psychométriques de l'entretien traditionnel et les développements récents en matière de standardisation n'ont pas rendu ce dernier superflu, vu qu'il permet parfois de trouver des informations inaccessibles autrement. Ce qu'ils ont mis en évidence par contre, c'est la grande prudence qu'il convient d'observer lorsqu'on en infère des conclusions diagnostiques et des évaluations du patient.

2. Les tests mentaux

Les tests mentaux ont été pendant longtemps, on s'en souvient, le domaine propre du psychologue clinicien qui y voyait aussi sa force, parce qu'il s'agit d'épreuves dont l'administration, la cotation et l'évaluation sont largement standardisées et qu'on en connaît par ailleurs les qualités méthodologiques. On pourrait donc les définir comme des situations objectives fortement standardisées, permettant l'observation et l'échantillonnage d'un grand nombre de comportements d'un individu, qui peuvent être comparés à ceux d'autres sujets.

Le nombre de tests est très considérable comme en témoignent les ouvrages spécialisés, et il y en a vraiment pour tous les domaines. Pour en donner un aperçu, on pourrait distinguer deux grands groupes:

les tests d'intelligence et d'aptitude, les tests de personnalité, et les différencier ensuite. En nous limitant aux problèmes cliniques au sens restreint, on pourrait mentionner les différents tests mesurant l'intelligence et ses différents aspects (verbaux, non verbaux, numériques, spatiaux, créativité, développement, etc.) dans la population normale et dans des populations spéciales (neuro-psychologique, psychiatrique, enfants et adultes handicapés).

Parmi les tests de personnalité, on distingue généralement les questionnaires et les tests projectifs. Ceux-ci comprennent principalement le Rorschach, le TAT, plus leurs dérivés, et les tests de complétion de phrases comme le Rotter (1950). Ils sont basés sur l'hypothèse projective selon laquelle les réponses qu'y fait le patient sont déterminées principalement par ses processus inconscients révélant ainsi les désirs, conflits, défenses, etc., à la faveur de la structuration faible ou ambiguë des planches ou phrases utilisées comme stimulus. C'est là certainement un de leurs avantages, leur pouvoir de stimuler et de laisser émerger des pensées et sentiments qui affleurent bien moins facilement lors d'un entretien ou de la passation de questionnaires de personnalité. Leur inconvénient, cependant, réside dans le fait que la pertinence du matériel ainsi mis à jour pour le processus diagnostic et d'évaluation, leur fidélité et leur validité sont beaucoup moins assurés que ne le pensent ceux qui les pratiquent et sont généralement fort bas, ce qui limite sérieusement leur intérêt même clinique[23]. Les tests de complétion de phrases «visent moins profond» mais présentent une fidélité et une validité plus satisfaisante (Goldberg, 1965).

Les questionnaires de personnalité comprennent un nombre de questions plus ou moins grand (entre environ 30 et 300) auxquelles le sujet doit généralement répondre par oui ou par non. Comme les auteurs de ces tests ont habituellement une excellente formation en matière de construction de tests, la fidélité ne fait pas de problème, mais la validité, malgré toutes sortes de précautions prises astucieusement, n'a pas toujours été sans poser des questions. Les très nombreux travaux ont cependant conduit à une situation qui est aujourd'hui satisfaisante, si on se limite à un usage critique, tenant compte des conditions de validité éprouvées. Ces questionnaires dont Buros (1978) a compté plus de 350 peuvent être répartis en deux grands groupes: ceux qui évaluent l'ensemble de la personnalité et son adaptation, et ceux qui portent sur des domaines ou des problèmes relativement spécifiques. Dans le premier groupe, on mentionnera surtout le MMPI (Hathaway et Mc Kinley, 1942), le California Psychological Inventory (Gough, 1957) et le Sixteen Personality Factors Questionnaire (Cattell, Eber et Tatsuoka, 1970). Les domaines et problèmes plus spécifiques sont par exemple l'agressivité (Hampel et Selg, 1976), l'angoisse et ses différentes formes (Spielberger et al., 1970), la dépression (Hamilton, 1960; Beck, 1978), etc.[24]

3. L'observation et l'analyse du comportement

Le diagnostic comportemental s'est développé surtout suite à l'insatisfaction croissante avec les tests traditionnels et à la faveur du développement rapide des thérapies comportementales. Il comprend en fait l'ensemble des procédés diagnostiques qui sont utilisés avec fruit dans les thérapies comportementales, mais se trouve être d'un intérêt plus général.

La caractéristique principale du diagnostic comportemental est d'accorder beaucoup de place à l'investigation et à l'évaluation du comportement concret passé et présent qu'il s'agit de décrire et d'analyser, plutôt que de rechercher des traits comme l'oralité, l'agressivité, l'anxiété, etc., ou des structures conflictuelles hypothétiques. Les données de base sont obtenues grâce à l'interview, à l'observation du comportement pendant l'interview ou lors de jeux de rôle, par des questionnaires de comportement, ou par l'auto-observation du patient qui observe certains de ses comportements selon certaines règles et en réfère au diagnosticien[25].

L'intégration de ces données en vue d'un diagnostic ou d'un projet de traitement se fait alors en fonction d'une conception d'ensemble dont les plus connues sont celles de «l'analyse fonctionnelle du comportement» (Kanfer et Saslow, 1969), l'analyse multimodale du comportement (Lazarus, 1973) et le modèle d'analyse comportementale de Goldfried (Goldfried et D'Zurilla, 1969; Goldfried et Kent, 1972). Comme il ressort, par exemple, des travaux de A. Lazarus, ces schémas d'analyse tiennent compte de modalités de comportement variées, incluent les processus cognitifs et ne se privent même pas d'un recours au TAT. Un de leurs intérêts majeurs est d'être très près de l'intervention thérapeutique, de lier étroitement le diagnostic à l'intervention thérapeutique en cherchant et en permettant de fournir des informations diagnostiques pouvant être utilisées de façon assez directe au niveau de l'intervention thérapeutique.

4. Les conditions de validité

Afin de pouvoir fournir des informations valables pour un diagnostic et une évaluation, les différents procédés d'interview, de test et de diagnostic comportemental doivent posséder un certain nombre de qualités méthodologiques dont la connaissance est une des conditions absolument indispensables d'un diagnostic adéquat.

Traditionnellement, les caractéristiques d'un procédé adéquat sont l'objectivité, la fidélité, la sensibilité et la validité. Plus récemment, surtout Cronbach et Gleser (1965) ont attiré l'attention sur l'importance qu'il y a à considérer aussi l'utilité que présente un procédé pour une décision diagnostique.

L'*objectivité* du procédé est sa première qualité. Il faut entendre par là que le résultat auquel parvient l'examinateur ne dépend pas de sa seule subjectivité, mais pourrait, pour l'essentiel, être retrouvé par d'autres examinateurs. Une façon d'y parvenir est de standardiser le procédé en en uniformisant, dans une mesure adéquate, les conditions d'application et d'évaluation. L'absence d'une standardisation optimale conduit à l'impossibilité de savoir si la différence constatée entre deux observations réside dans une différence réelle des phénomènes observés ou dans une différence dans la façon de faire et d'évaluer l'observation.

La *fidélité* du procédé réside dans sa capacité de donner le même résultat lorsqu'il est appliqué plusieurs fois dans les mêmes conditions aux mêmes individus. On en distinguera généralement plusieurs aspects. On parlera de stabilité lorsque le résultat reste constant au cours de plusieurs applications par un même examinateur. La fidélité interjuges consiste dans le consensus auquel parviennent plusieurs examinateurs en examinant le même sujet. La convergence enfin renvoie au degré de la correspondance de données provenant de différentes sources. Toutes ces correspondances s'expriment par un coefficient de corrélation.

La *sensibilité* du procédé, sa finesse discriminative ou sélectivité, consiste en sa capacité de différencier les sujets. Un test peu sensible ne permettra que des différenciation ou des classifications grossières, il ne permettra, par exemple, qu'une classification en sujets doués et peu doués, là où un instrument sensible aurait permis de les situer sur un continu comprenant plus de 100 unités.

La *validité* du procédé suppose l'objectivité et la fidélité, et consiste dans sa capacité de diagnostiquer ou d'évaluer ce qu'il prétend diagnostiquer ou évaluer. S'il prétend prédire la capacité des individus à réussir le baccalauréat, ses prédictions doivent effectivement correspondre aux succès et échecs des individus en question; s'il prétend diagnostiquer la schizophrénie, il doit repérer tous les schizophrènes et ne pas classer comme schizophrènes des patients qui ne le sont pas. La validité interne concerne le contenu et la construction du procédé, la validité externe sa relation à un critère externe.

L'*utilité* d'un procédé diagnostique se définit par l'importance de l'information qu'il fournit pour une prise de décision. Il faut effectivement remarquer qu'un procédé objectif, fidèle, sensible et valide, n'est pas ipso facto intéressant pour le diagnosticien, car il pourrait fournir des informations de qualité qui sont néanmoins peu pertinentes pour le processus de résolution de problèmes et de décisions qu'est le jugement diagnostique. A quoi servirait dans ce processus un procédé objectif, fidèle, sensible et valide mesurant par exemple la taille du patient? D'autre part, Cronbach et Gleser (1965) montrent que, dans certaines conditions, des procédés relativement peu fidèles et valides peuvent fournir des informations importantes pour une prise de décision. C'est le cas de certaines interviews et techniques projectives, et c'est sans doute une des raisons pour lesquelles beaucoup de cliniciens d'orientation psychodynamique continuent à les pratiquer malgré les résultats décevants de la recherche concernant leurs qualités psychométriques (Spada et Seidenstücker, 1980).

En conclusion de ces remarques sur les procédés diagnostiques, soulignons encore une fois que le clinicien dispose d'un grand nombre d'instruments de valeur très inégale, mais qu'il doit choisir et combiner en fonction du problème posé (classification diagnostique, indication et projet thérapeutique, évaluation des effets thérapeutiques, etc.). Ce choix ne se fera pas en fonction d'options a priori pour ou contre une méthode (les tests, l'interview standardisé, etc.), mais à partir d'un choix et d'une combinaison rationnellement fondés d'instruments d'évaluation dont on connaît la valeur pour le problème en question (ce qui suppose des connaissances et une formation réelles en matière de psychologie de la personnalité et de psychodiagnostic qui débordent l'enseignement du Rorschach et du TAT ou de l'un ou l'autre questionnaire). Pareille approche se situe donc dans la perspective d'un «diagnostic multiméthodal» comme il a été proposé par exemple par Seidenstücker et Baumann (1978), et suppose évidemment la connaissance des processus de jugement clinique que nous allons aborder maintenant.

III. LE PROCESSUS DE JUGEMENT CLINIQUE

1. La nature de ce processus

Les procédés diagnostiques et leurs conditions de validité étant esquissés et l'établissement d'un diagnostic conçu comme processus complexe de résolution de problème, nous aurons à examiner ce processus de plus près. Nous commencerons par attirer l'attention sur le fait qu'il s'agit d'un processus séquentiel d'investigation et de vérification comportant des moments ou phases qui sont en interaction variable les unes avec les autres, et se terminant par une synthèse du problème qui doit être communiquée à un demandeur. Schématiquement, on pourrait le représenter en distinguant 4 moments :

1. a) Dès le tout début de la rencontre, une première impression se forme de manière plus ou moins consciente et oriente
   b) la formation des hypothèses de départ.
2. a) Une stratégie et des méthodes d'investigation se précisent
   b) et sont mises en œuvre pour recueillir des informations concernant le problème.
3. a) Les informations ainsi obtenues sont organisées progressivement, conduisant à
   b) une synthèse finale décrivant et expliquant le problème, permettant ainsi de faire des prédictions et de prendre des décisions.
4. Cette synthèse finale doit alors être formulée de façon à être comprise à bon escient par celui à qui s'adresse le produit de ce processus de jugement clinique présenté généralement sous forme de rapport ou lors d'un entretien faisant le point.

Afin de mieux savoir tout ce qui se joue lors de cette activité à première vue relativement simple, et de mieux en comprendre les problèmes, examinons d'abord quelques-uns des facteurs qui l'influenceront et en détermineront l'issue.

2. Les facteurs qui influencent ce processus

a) Une première série de facteurs qui influenceront la forme et le contenu du processus de jugement clinique sont évidemment liés à l'institution et la situation dans lesquelles se pratique l'évaluation, au rôle qu'y joue le psychologue clinicien et aux questions qui lui sont posées. Un grand hôpital général, une clinique psychiatrique, un Centre Psycho-Médico-Social ou une pratique privée sont des contextes d'évaluation très variés qui posent des questions différentes, et auxquelles on communiquera des réponses et des rapports différents, adaptés au point de vue information et style à ce qui peut légitimement être attendu. De plus, quel que soit le contexte institutionnel, des problèmes d'apprentissage ou d'adaptation scolaires ou professionnels, une expertise médico-légale, le diagnostic (différentiel) d'une pathologie, des problèmes d'épanouissement personnel ou des questions d'indication de psychothérapie orientent différemment l'activité d'investigation et d'élaboration du clinicien, et permettent une participation très variable du client ou patient à la structuration et à l'élaboration de l'examen et de ses résultats.

b) *L'orientation et le cadre de référence théoriques* sont un autre facteur très important. Ils joueront en effet dès la formation de la première impression clinique et des hypothèses initiales, un peu moins, peut-être, au niveau du choix des procédés d'investigation, mais beaucoup également dans l'organisation et l'élaboration des informations comme dans la formulation de la synthèse finale.

Lorsqu'on s'interroge sur la façon dont naît la première impression clinique et les hypothèses initiales (Blaser, 1977), il faut en effet bien se rendre compte qu'elle ne dépend pas seulement de ce que fait et dit le patient, mais aussi de la façon dont il est vu et entendu par le clinicien qui, en fait, le regarde et l'écoute, c'est-à-dire le perçoit, le «construit» à partir d'un savoir et d'intérêts qui sont, pour une bonne part, fonction de la théorie à laquelle il souscrit. Un seul et même patient n'est pas vu et entendu de la même façon par deux cliniciens d'orientation différente, et ne se comportera pas non plus de la même façon pendant l'entretien puisque les cliniciens réagiront différemment et par là influenceront son comportement de façon différente. Dès la première rencontre et la collecte des informations, l'orientation théorique aura donc exercé son influence, qui ne s'arrête cependant pas là.

Afin de mieux situer cette influence, il y a lieu de distinguer différents aspects: le contenu de la théorie, la perspective d'approche de l'information, et le niveau d'inférence du jugement clinique.

Le contenu de la théorie adoptée par le clinicien, nous venons de l'indiquer, déterminera ce qu'il entendra et verra au cours de la rencontre, et orientera ses investigations vers certains aspects et problèmes du patient et de son histoire plutôt que vers d'autres. Comme nous le verrons dans un exemple, le behavioriste ne voit pas et ne cherche pas la même chose que les cliniciens d'orientation psychodynamique, et parmi ceux-ci, les différentes écoles proposent des conceptions de la personnalité et de ses troubles qui peuvent être fort variées.

Comme l'indiquent Sundberg, Tyler et Taplin (1973), l'information fournie par l'entretien, les tests ou l'observation peut être envisagée dans plusieurs perspectives. Lorsqu'on l'envisage comme «*échantillon*», on la considère comme échantillon d'un ensemble plus vaste de réactions, réponses et conduites que l'on peut aussi trouver en dehors de la situation diagnostique. La façon timide de se comporter pendant l'entretien, les récits anxieux faits au TAT, la performance peu brillante à un test d'aptitude, peuvent ainsi être vus comme échantillon de ce qui pourrait être aussi observé dans d'autres situations, dans la vie du patient. C'est la façon d'approcher l'information chère au clinicien d'orientation behavioriste qui aura d'ailleurs soin de préciser la fréquence et les conditions d'apparition de ces échantillons de comportement s'il veut garantir la validité de son jugement clinique.

Approcher les données de l'investigation comme «*corrélats*» revient à se poser la question de savoir quels autres faits, réactions ou conduites pourraient bien être associés à ce qui s'est manifesté lors du recueil des données. Le clinicien ayant observé une conduite timide et anxieuse peut chercher s'il s'y associe des troubles de concentration et une humeur triste, et supposer une diminution de la vie sexuelle, sociale et professionnelle, ces caractéristiques se retrouvant souvent associées, parmi d'autres, dans des états dépressifs, et se manifestant alors dans les tests également. Cette façon d'approcher les données d'examen comme renvoyant à des corrélats est préférée généralement par le clinicien d'orientation psychométrique. La validité du jugement clinique présuppose ici une bonne connaissance de la valeur des tests, des corrélations et des normes sur lesquelles se base le jugement.

Une autre façon encore d'approcher les données de l'examen clinique est de les concevoir comme «*signe*» d'un processus, d'un état ou d'une condition latents, sous-jacents et non directement observables. C'est l'approche privilégiée par les cliniciens d'orientation psychodynamique qui voient dans le comportement observé ou rapporté pendant l'examen l'effet de déterminants sous-jacents relativement simples ou complexe, concrets ou abstraits, tels que l'anxiété, la culpabilité inconsciente, la force du moi, l'instinct de mort, etc. Une tentative de suicide rapportée lors d'un entretien pourra ainsi renvoyer à des déterminants comme la tentative de culpabilisation du partenaire, le retournement contre soi d'une agressivité intense, etc. Ces interprétations étant faites en fonction d'une théorie, elles posent évidemment le problème de la validité de cette théorie et celui de la validité de l'explication du cas particulier.

Le résultat du processus de jugement clinique ne dépendra cependant pas seulement de la thématique de sa théorie et de la perspective dans laquelle le clinicien approche les données d'examen, mais tout autant du niveau des inférences qu'il fait à partir de ces données ou, si l'on préfère, du sens qu'il leur donne par l'interprétation qu'il en fait. L'importance de ce point et sa place dans l'activité du clinicien ont été excellemment décrites dans l'ouvrage de Levy (1963):

« L'interprétation est l'activité la plus importante dans laquelle se trouve engagé le clinicien. Qu'il s'y trouve engagé de façon ouverte ou couverte, intentionnelle ou non intentionnelle, l'interprétation est sous-jacente à toute décision, formulation diagnostique et acte thérapeutique. Sans interprétation, le clinicien doit prendre les données qui lui sont fournies pour ce qu'elles semblent être; sans interprétation le clinicien n'est pas plus avancé dans la compréhension du comportement de son patient que le patient lui-même; sans interprétation le clinicien est au mieux un technicien qui doit enregistrer tout ce qui se présente à lui et espérer que quelques-unes des données apparaîtront dans des tables actuariales ou des livres de recettes de façon à lui permettre de trouver ce qu'il y a lieu de faire ensuite » (p. VIII).

Les distinctions les plus pratiques que l'on puisse trouver concernant le niveau d'inférence sont sans doute celles de Sundberg, Tyler et Taplin (1973). Ils distinguent trois niveaux. Au premier niveau d'inférence, l'interprétation est minimale, le clinicien reste très près des données en se contentant de formuler son observation de façon un peu plus générale ou de constater des correspondances empiriques entre phénomènes, sans chercher davantage à les expliquer. Si l'étudiant X obtient un QI Wechsler-Bellevue de 100, se montre nerveux et peu concentré pendant l'examen clinique, le clinicien pourra inférer à ce niveau qu'il a une intelligence moyenne. Lorsqu'une adolescente se montre très casanière, ne veut pas partir en vacances avec des amies ou même passer une nuit dans leur maison, alors qu'elle les aime bien, on pourra inférer à ce premier niveau qu'elle veut rester dans des lieux familiers en compagnie de ses parents. A ce niveau des prédictions collectives sont possibles. Sachant par exemple qu'un QI W-B de 100 donne généralement peu de chances de réussir dans l'enseignement supérieur, en se basant sur une simple cote de test, le clinicien peut prédire de façon raisonnablement précise le nombre de sujets examinés qui vont réussir. Les choses sont plus délicates, par contre, lorsqu'il s'agit de prédire la réussite d'un sujet particulier dont le résultat se trouverait très proche de la valeur-limite. Dans ce cas, un simple QI ne suffit pas et d'autres informations sont requises pour faire une prédiction valable.

Les inférences du deuxième niveau sont plus complexes et se basent sur des observations plus nombreuses. Sundberg, Tyler et Taplin en distinguent deux types. Dans le premier — les autres parlant ici de généralisation descriptive — le clinicien part de quelques observations qu'il généralise ensuite et qu'il met en relation les unes avec les autres : voyant à l'entretien un patient lent, hésitant, manquant d'énergie et présentant une expression mimique triste, le clinicien pourra inférer, à ce niveau, que ces caractéristiques se retrouveront dans d'autres comportements du patient, aussi en dehors de la situation d'entretien et, lorsqu'il apprend par la suite que le patient souffre encore de troubles de l'appétit et du sommeil, relier ces informations et conclure à un tableau dépressif. Le second type d'inférence à ce niveau dépasse alors la généralisation descriptive et porte sur des constructions hypothétiques, c'est-à-dire des facteurs explicatifs. Pour reprendre nos deux exemples, dans le cas de l'étudiant X, le clinicien pourra supposer que la performance intellectuelle aura pu être influencée défavorablement par un état de tension anxieuse, dans le cas de l'adolescente casanière qu'elle appréhende de quitter la maison familiale et ses parents parce que cela la rend fort anxieuse.

Les inférences du troisième niveau se distinguent alors des précédentes principalement par leur plus grand degré d'abstraction, de différenciation, de complexité et d'intégration et, par conséquent, par leur plus grande distance des données d'observation. Pour l'étudiant X, le clinicien pourrait ainsi faire l'hypothèse que des sentiments d'infériorité issus d'une rivalité avec un frère aîné plus brillant et la peur de l'échec sont à la base d'une anxiété qui l'empêcherait de manifester ses aptitudes réelles correspondant à un QI plus élevé. Le comportement de l'adolescente casanière pourrait s'expliquer par sa croyance inconsciente que sa présence à la maison est requise pour empêcher ses parents de se disputer et de finir par se séparer, ou encore par une personnalité et une histoire qui l'inclinent vers un style de vie tranquille et protégé. A ce troisième niveau, l'interprétation vise en effet à rendre compréhensible et à expliquer non seulement un comportement relativement spécifique, mais l'ensemble des comportements significatifs pour le problème qui a motivé la consultation.

Afin d'illustrer, pour finir, l'influence exercée par l'option théorique sur le processus et le contenu diagnostique, esquissons la façon de procéder d'un psychanalyste et d'un thérapeute comportemental, ces deux approches présentant peut-être les oppositions polaires les plus nettes.

Le psychanalyste, en fonction de sa théorie de la personnalité et de ses troubles, sera attentif à ce qui, dans la conduite du patient, renvoie comme signe aux expériences infantiles, aux conflits intrapsychiques et pulsionnels, aux processus et déterminants inconscients de la conduite. Il choisira pour concevoir et éprouver ses hypothèses initiales des sources d'information telles que l'entretien psychanalytique qui vise à laisser émerger et à reconstruire l'histoire pulsionnelle de l'individu, et le complètera éventuellement par des tests projectifs (Rorschach, TAT, etc.) supposés permettre à ces thèmes, processus et conflits, de se manifester de façon cliniquement utile. Au niveau de la recherche et de l'élaboration de l'information, il aura tendance à privilégier le «monde intérieur», la «réalité psychique» de l'individu, à se fier à sa «troisième oreille» (Reik), à privilégier l'empathie, l'intuition, l'interprétation et la spéculation dont la relation à la conduite actuelle peut parfois paraître fort lointaine et présenter des difficultés pour réunir un consensus des experts; son style d'approche correspondra à ce que Sundberg et Tyler (1962) appellent un processus de synthèse émergente (emerging synthesis). Il arrivera ainsi à la description d'une personnalité et de ses structures, de ses fantaisies et phantasmes, de ses pulsions, conflits et stratégies de défense, dans laquelle une grande part sera donnée aux déterminants pré- et inconscients tels qu'ils ont été décrits par les doctrines psychanalytiques.

Le clinicien d'orientation comportementale stricte, s'il ne sous-estime pas l'importance des structures cognitives, privilégie, au niveau de la recherche des informations, le récit ou l'observation portant sur des situations et des comportements plutôt actuels, relativement concrets et spécifiques en accordant beaucoup de poids aux déterminants du «monde extérieur» de la situation de l'individu. Il ne se privera pas d'intuition dans l'élaboration de ses hypothèses, mais se tiendra aussi près que possible des données de l'observation considérées principalement comme échantillons; ce faisant, il procédera d'une façon que Sarbin, Taft et Bailey (1960) ont qualifiée de «triage taxonomique» (taxonomic sorting) conçu comme processus d'inférence passant par des stades successifs de formulation et vérification des hypothèses, un peu à la manière du raisonnement syllogistique. Plutôt qu'à une description de la personnalité, de ses structures, phantasmes, pulsions et conflits, il aboutira ainsi à celle d'un certain nombre de conduites qui font problème et des conditions relativement spécifiques qui les déterminent et parmi lesquelles les facteurs de situation auront tendance à l'emporter sur les facteurs dits de personnalité.

c) Nous venons de parler de deux *styles d'approche du processus de jugement clinique*, de deux façons d'envisager la collecte des données et leur élaboration successive vers une synthèse finale. Vu leur importance pour la compréhension du processus de jugement clinique, nous voudrions les expliciter davantage dans l'espoir de réduire ainsi les malentendus qui s'y rattachent.

Le premier style, celui que l'on appelle traditionnellement *clinique* et que Sundberg et Tyler (1962) qualifient de façon très heureuse de processus de synthèse émergente, est issu de la tradition idiographique. C'est dire que le but poursuivi est d'arriver à une connaissance de l'individu comme Gestalt, dans sa totalité et son unicité. Les processus cognitifs conduisant à cette saisie globale sont principalement ceux de l'empathie et de l'intuition, l'intuition étant conçue comme un processus non discursif permettant de saisir le sens d'un comportement à partir d'une mise en relation avec des prototypes et du sentiment d'évidence qui s'impose au clinicien lorsqu'il y a correspondance.

Comme exemple classique de cette approche intuitive illustrant tous ces aspects, on peut citer un passage de Reik (1976) décrivant et commentant la façon dont il a brusquement compris le sens d'une remarque et à partir de là une situation. Voici la description des événements :

«Nous avions parlé de ce problème pendant quelques mois, et elle n'avait pas encore surmonté son chagrin. A un certain moment, l'analyse se trouva dans une impasse. Une séance se déroula alors de la manière suivante. Après quelques mots sur une journée sans incident remarquable, la patiente sombra dans un long silence. Elle m'assura qu'elle ne pensait à rien. Silence de ma part. Après quelques minutes, elle se plaignit d'une rage de dents. Elle me dit avoir été la veille chez le dentiste qui lui avait fait une piqûre et lui avait arraché une dent de sagesse. Elle recommençait à avoir mal à cet endroit. Nouveau silence, encore plus long. Elle me montra la bibliothèque dans un coin et me dit : «Il y a un livre tête en bas».

Sans la moindre hésitation et avec une nuance de reproche dans la voix, je lui répondis : 'Pourquoi ne m'avez-vous pas dit que vous aviez eu un avortement ?' La patiente bondit sur ses pieds et me fixa comme si j'étais un revenant. Personne ne savait et ne pouvait savoir que son amant, le médecin en question, l'avait faite avorter... Pour protéger l'homme qu'elle aimait encore, elle avait décidé de tout me dire, à part ce secret».

Et puis cette belle description du caractère pathique, pré-réflexif, de ce processus et du sentiment d'évidence et de certitude :

«Je l'avais dit sans me douter de ce que j'allais dire, ni pourquoi j'allais le dire. J'avais l'impression que ce n'était pas moi, mais quelque chose en moi qui parlait... Tout d'abord, comme la patiente, je ne trouvai en moi que le silence. Puis, suspense, une sorte d'attente, comme si quelque chose allait se passer. Ses paroles se répercutaient en moi. Nouveau suspense, un nouvel écho de ses paroles, et puis le vide complet, l'obscurité pendant une seconde, d'où naquit l'idée et même la certitude, qu'elle avait eu un avortement, qu'elle éprouvait de la peine en songeant au bébé qu'elle avait désiré mais auquel elle avait dû renoncer. Rien à voir avec la logique ou ce que j'avais appris dans les livres. Je ne songeais à aucune théorie psychanalytique. Je m'étais contenté de dire ce qui avait parlé en moi envers et contre toute logique, et j'avais eu raison».

Reik essaie aussi d'expliquer ce qui s'est passé au niveau du processus de jugement clinique :

«En me reportant à la situation psychologique, je peux me rendre compte, bien entendu, de ce qui a provoqué ma suprenante déclaration. J'avais dû sentir, depuis un certain temps, que la patiente me cachait quelque chose lorsqu'elle me parlait du médecin. Ce furent alors de longs silences pendant la séance. Je peux suivre maintenant le fil souterrain entre ces quelques associations. Rage de dents, piqûre du dentiste, l'extraction de la dent de sagesse, le livre la tête en bas. Si j'avais suivi en bonne logique l'enchaînement de ces associations, je serais peut-être — je dis bien peut-être — parvenu aux mêmes conclusions. Il y avait là déplacement du bas en haut, de la région génitale vers la bouche... une opération... la douleur... la position du livre et de l'embryon, tête en bas. Je n'ai pas employé néanmoins de raisonnement logique, et je ne peux que mettre mes étudiants en garde contre son intervention dans de telles situations. La déduction logique soumet l'analyste à des erreurs et des méprises qu'il ne commettrait pas s'il se fiait à ses dons psychologiques plutôt que logiques. Il peut être bon d'essayer ensuite de comprendre le processus et d'insérer dans la chaîne des maillons logiques, mais ce n'est pas à faire au cours du processus» (pp. 243-244).

Ce qui ressort moins bien de ce passage, c'est l'aspect vérification, le contexte de justification, du processus de jugement clinique ou, plus généralement de l'interprétation herméneutique. Sa nécessité et sa structure apparaîtront plus clairement si l'on se réfère, pour répondre à cette question des critères de validité de l'interprétation, à la distinction faite par Jaspers entre la compréhension de relations générales, idéales, prototypiques, et la compréhension du cas particulier.

Dans le domaine des relations générales, idéales et typiques, le critère de validité de l'interprétation et de la compréhension est constitué par leur évidence : «Lorsque Nietzsche nous fait comprendre de façon convaincante comment, de la conscience de faiblesse, de pauvreté et de souffrance, des exigences morales et une religion de la rédemption peuvent naître, parce que l'âme veut par ce détour satisfaire sa volonté de puissance malgré sa faiblesse, alors nous faisons l'expérience d'une évidence immédiate que nous ne pouvons pas réduire à autre chose... Une telle évidence s'acquiert à l'occasion de l'expérience faite avec des personnalités humaines, mais elle n'est pas prouvée de façon inductive par l'expérience qui se répète. Elle porte sa force de conviction en elle-même. La reconnaissance de cette évidence est le présupposé de la psychologie compréhensive au même titre que la reconnaissance de la réalité perceptive et de la causalité sont le présupposé des sciences naturelles» (Jaspers, 1948, p. 252).

Cet enchaînement des motivations décrit par Nietzsche est évident pour qui connaît quelque chose au problème de la motivation. Mais, s'il est évident, il n'est pas univoque, car la misère et la faiblesse peuvent aussi être le motif pour d'autres façons d'agir dont le lien à la misère et à la faiblesse n'est pas moins évident. La possibilité et l'évidence d'un rapport compréhensif ne prouve donc pas que ce rapport soit réalisé effectivement dans un cas concret: «Car le jugement concernant la réalité d'un rapport compréhensif dans un cas particulier ne repose pas seulement sur son évidence, mais avant tout sur le matériel objectif de points d'appui palpables (contenus linguistiques, créations intellectuelles, actions, conduites de vie, mouvements expressifs) dans lesquels le rapport est compris; ces objectivités restent cependant toujours incomplètes. Toute compréhension de processus singulier réels reste, pour cette raison, une interprétation (Deuten) qui ne peut atteindre des degrés relativement élevés de complétude du matériel objectif convaincant que dans des cas rares» (Jaspers, *ibid.*).

Comme il ressort clairement de ce passage, toute compréhension ou intuition clinique à propos d'un cas concret, quelle que soit son évidence, doit donc nécessairement faire l'objet d'une mise à l'épreuve ou d'une vérification établissant, par la recherche du matériel objectif, que les faits et les relations postulées dans l'hypothèse intuitive et interprétative se retrouvent effectivement au niveau du matériel clinique dont on dispose. Car, pour citer encore Jaspers: «Dans le cas réel, cependant, nous ne pouvons affirmer la réalité de cette relation compréhensible que dans la mesure où sont présentes les données objectives. Nous interprétons d'autant plus et comprenons d'autant moins que ces données objectives sont moins nombreuses et provoquent de façon moins contraignante la compréhension dans un sens déterminé (*ibid.*). Ceci est vrai également pour la démarche psychanalytique, comme il ressort des écrits de Freud et de Ricœur qui en donne une version herméneutique.

L'autre style d'approche du jugement clinique à propos duquel Sarbin et al. (1960) parlent d'un «triage taxonomique», consiste dans une *approche discursive* qui est d'orientation nomothétique et attentive à l'aspect «mesure» des phénomènes.

L'aspect discursif de cette approche renvoie à un processus de pensée caractérisé par des termes et des raisonnements explicites, un processus de pensée lors duquel les différents éléments (faits, cognitions, sentiments) sont mis en relation et synthétisés selon des règles explicites et conscientes, conduisant aux conclusions par voie de raisonnement syllogistique.

L'aspect nomothétique réside dans le fait qu'on tend à comprendre l'individu à partir d'un réseau de lois générales et qu'on suppose donc la comparabilité (partielle) des individus. Pareil processus diagnostique ne visera que certains aspects plus ou moins importants de l'individu et de son entourage, mais non le sujet total et unique.

Quant à l'aspect quantitatif, qui est plus ou moins poussé selon les auteurs, il consiste dans la tendance à expliciter et à préciser les aspects quantitatifs des phénomènes cliniques (X est *peu* doué, Y est *plus* agressif que Z, B est *trop* soumis pour son âge, etc.), à tenir compte des fréquences et probabilités des phénomènes, ce qui est important vu que les lois en psychologie sont des lois probabilistes.

Parmi les exemples de cette approche discursive, on peut citer celle de Sarbin, Taft et Bailey (1960) qui ont d'ailleurs tenté de relier dans le cadre d'une théorie cognitive les recherches sur la perception d'autrui et l'étude du processus du jugement clinique. Dans cette optique, le jugement clinique se déroule en plusieurs phases et part d'un système de postulats comparable aux constructs de Kelly. Le clinicien déduit un postulat («major premise») contenant des indications sur la probabilité de la relation entre deux faits (par exemple: la force du moi et la réussite d'une psychothérapie). Il cherche ensuite des informations pouvant confirmer cette premisse en tant qu'exemple d'une classe générale (le patient X a un moi fort). De là, le clinicien fait un «inferential product», il tire une conclusion qui le conduit à un jugement diagnostique ou pronostique (le pronostic d'une psychothérapie est favorable pour le patient X). Le processus de jugement porte donc ici sur des caractéristiques discrètes de personnes, des listes de traits et non sur des prototypes, et le critère de validité de ce jugement ne se refère pas à l'évidence d'une adéquation, mais repose essentiellement sur la démonstration d'un raisonnement correct portant sur des prémisses éprouvées, ce qui fait qu'il est objectivement contrôlable sans trop de difficultés.

Notons que Sarbin et al. commentent la conception avancée par Reik et ne voient pas la nécessité de recourir à l'intuition pour rendre compte de la compréhension soudaine décrite par lui. Ils pensent que l'intuition est bien plutôt une forme d'inférence inaccessible à la conscience et à la verbalisation, et rejoignent par là Hebb (1946) lorsqu'il dit: «on appelle intuitifs des jugements provenant de prémisses ou de conclusions dont le juge n'est pas conscient et qu'il ne peut pas exprimer par des mots» (p. 89).

Quoi qu'il en soit, ce qui importe c'est de savoir que, de fait, les deux approches existent, que dans les deux approches, il y a lieu de vérifier correctement l'hypothèse et que cette vérification n'est pas affaire d'intuition. Il faut remarquer aussi qu'il ne s'agit pas ici d'alternatives qui s'excluent mutuellement, mais de processus dont l'importance est plus ou moins grande selon le moment du processus de jugement (conception de l'hypothèse ou vérification) et selon le clinicien. Ajoutons aussi que même à l'intérieur de l'approche dite clinique, il y a différentes stratégies, différentes façons de procéder qui varient selon le problème et le moment du processus de jugement et selon les individus, comme il ressort du passionnant travail de Leuzinger (1981) qui démontre d'ailleurs tout l'intérêt d'une approche discursive et statistique des problèmes posés par le processus de jugement clinique.

3. L'entretien clinique et ses problèmes

L'entretien clinique diagnostique est décrit habituellement comme une observation prolongée (une à trois séances d'environ une heure), mobile et flexible, permettant de ce fait de saisir un grand nombre d'éléments significatifs susceptibles d'être organisés progressivement en tenant compte de leur interaction et de la succession des informations, de façon à aboutir à une connaissance de la structure et de la dynamique individuelles. Généralement, le clinicien ajoutera que l'empathie et l'intuition jouent un rôle important dans l'obtention et l'élaboration des informations et que c'est grâce à toutes ces caractéristiques que l'entretien clinique est supérieur à l'approche discursive et psychométrique (tests, échelles, questionnaires, etc.), laquelle ne saisit qu'un nombre d'éléments plus petits, est moins souple, combine les éléments de façon linéaire, manquant ainsi leur caractère configurationnel, et ne tient pas compte de la succession des informations.

S'il est certain que l'entretien clinique présente beaucoup d'avantages, il convient toutefois de ne pas perdre de vue que les choses sont plus complexes et problématiques qu'il ne paraît à première vue, et que, pour savoir ce qu'il en est, il y a lieu de se poser aussi certaines questions à partir des recherches empiriques en la matière, malheureusement trop peu connues par la majorité des cliniciens.

a) *L'observation, le recueil des données et les erreurs de jugement*

En ce qui concerne d'abord l'observation et le recueil des informations, commençons par rappeler l'influence, mise en évidence par les recherches en psychologie sociale, des erreurs de jugement commises lors de la perception d'autrui, l'influence du cadre de référence, du contexte, et de la perspective dans laquelle s'opèrent ces jugements.

- *L'effet halo*, appelé ainsi par Wells (1907), consiste dans le fait qu'une évaluation d'un trait de comportement ou de personnalité peut être gauchie par la première impression, l'impression générale que nous en avons, ou encore un autre trait marquant, qui irradient en quelque sorte sur les autres caractéristiques. C'est cet effet halo qui fait qu'une personne belle ou qui présente bien, nous ayions aussi tendance à la croire intelligente ou digne de confiance; c'est cet effet halo aussi qui est responsable de «la manie qu'ont les hommes de prendre une fonction pour une personnalité et un colonel pour un penseur» (Malraux). L'attention à cette erreur est aussi recommandée lorsqu'on apprend qu'elle est d'autant plus probable que le trait à évaluer est défini de façon imprécise, que Flemming (cité par Graumann, 1960, p. 21) a constaté que des experts en la matière remplissent littéralement de traits positifs les sujets qui leur sont sympathiques, et qu'Allport (1949, p. 447) met en garde: «chaque fois que les variables ont une connotation morale, l'effet halo est plus grand, car c'est un fait frappant qu'une attitude générale d'approbation ou de désapprobation envers un sujet colore chaque jugement singulier concernant ses vices et ses vertus particulières».

- *L'effet de clémence* (leniency effect) est une autre source d'erreurs très fréquente. Il consiste dans une tendance à surestimer les qualités désirables et à sous-estimer les qualités indésirables, à laisser le bénéfice du doute, et se manifeste surtout chez le diagnosticien prudent. Il est intéressant aussi d'apprendre (Graumann, 1960, p. 122) que les juges y étaient particulièrement enclins lorsque ils croyaient que les sujets leur ressemblaient.

- *L'erreur logique* (Newcomb, 1931; Guilford, 1954) prend son origine dans un savoir antérieur, une idée que nous avons sur la relation entre les deux traits, un préjugé. Lorsqu'on «sait» par exemple, suite à la lecture ou à l'expérience quotidienne personnelle que «l'ambition et la méfiance vont toujours de pair», on a tendance à estimer la méfiance d'un individu comme plus élevée lorsqu'on sait qu'il est ambitieux que lorsqu'on ignore cet aspect de sa personne.

- *La succession et le contexte des phénomènes* et informations exerce également une influence non négligeable sur notre perception et évaluation d'autrui, comme l'ont montré les travaux de Asch (1952) sur la formation d'impressions.

- *Nos théories implicites de la personnalité* et l'erreur dite fondamentale. Toute une série de travaux (Leyens, 1983) ont montré combien notre perception des choses et des personnes est influencée par des motifs, des attitudes, des représentations et des «stéréotypes», par nos «théories implicites de la personnalité». Pour Kelly (1955, 1963), par exemple, chaque individu porte ses jugements sur autrui à partir d'un certain nombre (variable d'un individu à l'autre) de constructions (traits de personnalité) qui sont bipolaires, se forment et se modifient en fonction de l'expérience, tout en restant relativement stables, et forment une certaine structure[26]. Dans ce contexte et à un niveau clinique où les implications affectives sont encore beaucoup plus nettes, on doit alors mentionner, entre autres, l'influence de la projection et du contre-transfert.

Dans ce domaine, des travaux extrêmement intéressants de Beckmann (Beckmann et Richter, 1968; Beckmann, 1974) mettent en évidence l'effet du transfert et du contre-transfert sur la perception et le jugement clinique du thérapeute. Cet auteur demandait à un groupe d'analystes d'évaluer des patients et de s'évaluer mutuellement à l'aide du Giessen-Test, qui est élaboré à partir de la typologie psychanalytique, obtenant ainsi pour chaque analyste une image de soi, l'image que se font de lui ses collègues, et l'image qu'il se fait des patients. L'analyse factorielle effectuée sur ces évaluations de soi et des autres (patients et collègues) permettait de comparer les configurations typologiques des analystes à celle des patients. L'investigation des réactions affectives des analystes en face de certains types de patients montrait qu'ils sont fascinés par des comportements phalliques-narcissiques, témoignent de la compassion pour des patients dépressifs qui s'accrochent anxieusement, et se trouvent importunés par des patients entêtés à traits passifs-oraux.

Les résultats concernant les relations entre image de soi, image que se font de soi les collègues, et images du patient sont intéressantes dans notre contexte:
- Moins il a de traits phalliques-narcissiques dans le jugement de ses collègues, plus le diagnosticien les perçoit chez les patients. Plus il perçoit de traits phalliques-narcissiques chez les patients, moins il croit avoir lui-même des traits anaux-autonomes.
- Plus les diagnosticiens perçoivent les patients comme dépressifs-anxieux, plus les collègues les voient comme phalliques-narcissiques.
- Plus les diagnosticiens perçoivent les patients comme des anaux-autonomes, moins ils sont perçus comme dépressifs-anxieux par leurs collègues et par eux-mêmes. Et plus les diagnosticiens sont vus par leurs collègues comme anaux-autonomes, moins ils se voient eux-mêmes comme dépressifs.

Et Beckmann commente: «Le comportement de transfert corrèle donc avec les caractéristiques de l'analyste que d'autres analystes perçoivent chez lui et que lui-même ne perçoit qu'en partie (dans le cas de la dimension de la dépressivité). Ce sont donc des caractéristiques dont il n'est pas conscient et qui sont liées à la résistance, puisqu'il a de lui-même en partie une conception différente».

Beckmann met aussi en évidence que certaines formes de la relation thérapeute-patient sont particulièrement stables et se prêtent à la symbiose :
- Plus un analyste est ouvert et réusssit, plus il a tendance à prendre en thérapie des patients intéressants et attractifs.
- Des médecins à caractère obsessionnel ont une tendance à choisir des patients impulsifs-spontanés, en sorte que chacun peut vivre ce que l'autre souhaite pour soi.
- L'analyste à statut incertain a tendance à éviter la confrontation avec des patients agressifs-dominants.

Dès le départ, au niveau de l'observation déjà, la sélection perceptive et les erreurs de jugement peuvent donc être des sources d'erreur importantes dont le clinicien ne se rend pas nécessairement compte. Il se pourrait aussi fort bien que sa théorie implicite de la personnalité ou ses idées cliniques le fassent sélectionner des observations, des éléments qui lui fassent manquer des aspects importants d'autrui ou qui soient inintéressants pour la solution de son problème.

b) L'élaboration de l'information

Au niveau de l'élaboration des données d'observation, une autre série de faits mérite encore d'être mentionnée.

- A propos du *grand nombre d'éléments* significatifs que l'entretien permettrait d'obtenir, se pose la question de savoir : 1) quel rapport il y a entre la quantité d'informations reçues et la qualité du diagnostic posé et 2) si le clinicien utilise effectivement ce grand nombre d'informations.

Au sujet de la première question, il est intéressant d'apprendre que Bartlett et Green (1966) se sont demandés «sait-on parfois trop?» et ont trouvé que des prédictions de notes de performances d'étudiants faites à partir de quatre variables valides donnent un coefficient de validité de .65, meilleur que les prédictions faites à partir de 22 autres caractéristiques qui n'arrivent qu'à un coefficient de validité de .56. Le résultat de cette expérience reflète notre capacité d'élaboration de l'information relativement limitée qui a pour conséquence que nous arrivons assez rapidement à une limite à partir de laquelle une augmentation d'information n'entraîne plus d'amélioration de jugement, parce qu'elle ne peut plus être élaborée. Ceci vaut également pour la situation clinique. La réponse à la seconde question est qu'en fait le clinicien n'utilise pas ce grand nombre d'informations, que le nombre de variables qui conduisent au diagnostic et à l'indication est beaucoup plus réduit que ne le pensent les cliniciens.

— Concernant la possibilité qu'offre l'entretien clinique d'*organiser progressivement le diagnostic* et de le modifier en fonction des informations successives, les choses ne sont pas non plus ce que l'on croit généralement. Sandifer et al. (1970) ont ainsi demandé à des psychiatres de faire des diagnostics à partir d'interviews filmées faites avec des patients venant d'être admis en clinique. Ils trouvent que 43 % des diagnostics sont déjà présents après trois minutes, parfois même plus tôt, et que dans un cas sur quatre seulement, le diagnosticien abandonne sa première impression diagnostique. En fait, le diagnostic fait donc avec une rapidité qui contraste avec ce que l'on dit.

L'affirmation de la modification du diagnostic en fonction de la succession des informations reçues n'est pas non plus bien étayée, même si l'on s'adresse à des psychanalystes. Lakin et Liebermann (1965) ont en effet demandé à des psychanalystes de faire une description d'un patient (à partir d'un Q-sort) et leur donnaient des informations progressivement en trois temps. Ils ont pu constater qu'il y avait effectivement des modifications de la description en fonction de la présentation progressive des informations, mais ces modifications étaient liées aux orientations théoriques des juges et relativement indépendantes des informations reçues!

4. Prévision clinique ou prévision statistique?

Après avoir indiqué quelques-uns des multiples facteurs qui influencent le processus et le produit du jugement clinique, les erreurs qui peuvent s'y glisser, et les deux grands styles d'approche, la question se pose de savoir ce qu'il en est de la validité de ce jugement. Nous la poserons en la situant dans le contexte de l'approche discursive et intuitive, à partir d'études empiriques dont l'étude a permis d'aborder un autre côté encore de ce problème complexe.

a) Les arguments

C'est le livre de Meehl (1954) «Clinical versus statistical prediction», qui fut le point de départ d'une série de travaux très fructueux et d'une discussion qui n'est pas encore terminée. Il présente une revue du problème, une analyse logique de la nature du jugement clinique, et une revue de recherches empiriques sur la question. La question posée par Meehl est la suivante :

> « Nous voici assis avec nos résultats de Rorschach et de MMPI devant nous. De cette masse de données, nous aurons à dégager une caractérisation de la personne par rapport au comportement de laquelle ces profils sont une distillation hautement abstraite, fort réduite. Comment procéder?
> Certains d'entre vous s'étonneront sans doute, 'De quoi parle ce collègue? Vous regardez ces profils, vous rappelez à l'esprit ce que les différentes dimensions des tests signifient au point de vue dynamique, vous réfléchissez à d'autres patients que vous avez vus avec des configurations similaires, vous pensez à la littérature de recherche; puis vous combinez ces considérations pour faire des inférences. Où est le problème?'
> Le problème est de savoir si oui ou non, ceci est la façon la plus efficace de le faire » (1956, p. 264).

Plus généralement, le problème était donc de savoir laquelle de deux façons de recueillir et d'élaborer ou de combiner des données (biographiques, résultats de tests, etc.) permet de faire de meilleures prévisions. Les deux façons de recueillir et d'élaborer ou de combiner les données étaient d'une part l'approche dite clinique où l'on combine les données librement en se laissant guider par l'intuition et l'expérience cliniques, et d'autre part, l'approche discursive statistique, combinant les données selon des règles et des formules préétablies.

Les résultats de son analyse portant sur 18 recherches sont clairs et cohérents: à une exception près (qu'il ne considèrera plus comme exception en 1965), les résultats montrent que les prédictions actuarielles sont égales ou supérieures à celles faites au moyen de l'approche dite clinique. Dix ans plus tard, Meehl (1965), complétant sa revue des travaux sur la question et rapportant 50 recherches, arrive à des conclusions semblables: dans les deux tiers des recherches, la prédiction statistique est supérieure, dans un tiers, les deux approches sont égales.

Avant de passer aux critiques de ce travail, qui n'ont évidemment pas manquées, il faut noter avec Gough (1962), à qui on doit un excellent historique du problème, qu'avant le travail de Meehl « il n'y avait pas de revue systématique, détaillée et compréhensive du problème et des preuves de recherche le concernant », et que cet ouvrage « non seulement développait l'analyse formelle et empirique du problème de la prédiction dans sa mesure la plus large, mais réussissait aussi à créer une prise de conscience générale du problème... » (p. 569). Meehl a également stimulé les recherches empiriques sur le processus cognitif du jugement clinique, et l'élaboration de méthodes de pronostics statistiques.

Parmi les critiques de Meehl (1954), il faut d'abord mentionner Holt (1958, 1970) qui ne fournit pas seulement une critique méthodologique, mais présente avec Luborsky (Holt et Luborsky, 1958) une recherche donnant des arguments allant dans le sens d'une supériorité de ce qu'il appelle la méthode clinique «sophistiquée»[27] (combinant jugement clinique et prédiction statistique). Ces arguments ont à leur tour été mis en question, notamment par Stricker (1967) qui met en évidencee que des cliniciens expérimentés ne sont pas capables d'intégrer dans leurs jugements cliniques les prédictions statistiques. Lindzey (1965) a de son côté essayé de démontrer la supériorité de l'approche clinique en utilisant des protocoles de TAT pour prédire l'homosexualité. Ce travail que Meehl (1965) considère comme «le premier bon exemple et comme la première et seule comparaison empirique concernant l'efficacité relative des deux méthodes montrant une claire supériorité du jugement clinique...» (p. 27) a été réanalysé par Goldberg (1968), qui conclut que les données de Lindzey ne permettent pas de maintenir ses conclusions.

Sawyer (1966) reprend le problème sous un angle un peu différent. Il estime en effet que les recherches précédentes ont quelque peu négligé un aspect important du problème: il ne s'agit pas seulement de considérer la méthode de combinaison des informations, mais aussi la méthode de recueil des données qui, elle aussi, peut être clinique ou statistique, de combiner et de pondérer correctement le recueil et l'élaboration des données. Partant de cette distinction, Sawyer décrit alors 6 méthodes prédictives auxquelles il ajoute deux types de synthèses de méthodes cliniques et statistiques[28].

En appliquant ce cadre d'analyse élargi à 45 recherches et en évaluant l'efficacité relative des 8 méthodes, Sawyer arrive aux conclusions suivantes:

1. La combinaison statistique des données est supérieure à la combinaison clinique quel que soit le mode de recueil des données. Ce résultat confirme donc les conclusions de Meehl (1954).

2. Le mode clinique de recueil des données est inférieur au mode statistique quel que soit le mode de combinaison.

3. La combinaison statistique est meilleure lorsqu'elle porte sur des données cliniques et statistiques plutôt que sur les unes ou les autres; la combinaison clinique cependant donne de meilleurs résultats lorsqu'elle porte sur des données recueillies statistiquement plutôt que sur les deux types de données, et les résultats les moins bons avec des données recueillies par la méthode clinique.

4. La synthèse clinique (la méthode clinique sophistiquée de Holt) est meilleure que la combinaison clinique des deux types de données. La combinaison statistique des deux types de données est supérieure à la combinaison clinique et, contrairement à ce qu'avance Holt, aussi à la synthèse clinique. Les résultats de cette combinaison statistique ne sont pas améliorés par la prise en compte des prédictions cliniques prises comme données.

La façon dont Sawyer résume son travail laisse cependant un espoir qui retiendra l'intérêt du clinicien: «L'ensemble des résultats de ces 45 études indique que quelles que soient les données, la combinaison clinique ne surpasse jamais la combinaison mécanique; néanmoins des habiletés cliniques peuvent apporter quelque chose au niveau du recueil des données, en évaluant des caractéristiques qui autrement n'entreraient pas dans la prédiction. Il semble d'ailleurs probable que la prédiction inexacte résulte habituellement moins d'une combinaison inappropriée que d'un manque de prédictions valides pouvant servir de point de départ. S'il en est ainsi, l'amélioration devrait venir de l'invention de meilleures voies que le clinicien pourrait suivre pour rapporter objectivement le champ étendu de comportements éventuellement pertinents qu'il perçoit» (p. 193).

Pour Sawyer, l'apport du clinicien se situera donc plutôt au niveau de la collecte des données qu'à celui de leur élaboration et synthèse finale.

b) La critique de Holt

Ce travail de Sawyer, qui ne prétend d'ailleurs pas avoir résolu définitivement le problème, fut alors l'objet d'une critique approfondie et détaillée de Holt (1970, 1975), qui fut mêlé au débat dès les débuts et s'y engageait pour la défense de l'approche clinique en rejetant comme artificielle la classification dichotomique des recherches en «cliniques» ou «statistiques», et en essayant de montrer comment le jugement clinique intervient à différents moments ou même tout au long du processus de prévision (Holt, 1958, 1961). Les conclusions que tire Holt (1970, p. 348), après avoir présenté une analyse critique détaillée des positions épistémologiques et méthodologiques ainsi que du matériel fourni par les recherches empiriques sont les suivantes:

«a) Lorsque les conditions nécessaires à l'établissement d'un système purement acturial sont données, les chances sont fortes qu'il puisse dépasser les cliniciens dans la prédiction de presque tout à la longue, si les deux côtés ont accès seulement à des données quantitatives telles qu'un profil du MMPI.

b) Un système prédictif complet à six étapes est presque toujours meilleur qu'un système plus primitif, et même lorsqu'il semble être entièrement statistique, il demande pour être efficace la mise en œuvre de beaucoup de jugement subjectif.

c) Le jugement discipliné, analytique, est généralement meilleur que le jugement global, diffus, mais n'est en rien moins clinique.

d) Afin de prédire à peu près n'importe quel genre de comportement ou d'issue comportementale, on fait mieux d'évaluer la situation dans laquelle le comportement se produit en plus de l'évaluation des personnalités des acteurs.

e) Ce savoir et un critère de prédiction significatif étant acquis, les psychologues cliniciens varient considérablement dans leur capacité d'accomplir la tâche, mais les meilleurs d'entre eux peuvent y réussir fort bien».

Holt ne doute point que l'évaluation par la méthode clinique vaille toujours la peine si elle est « sophistiquée », aussi bien dans le domaine de la personnalité que dans celui de la psychopathologie, comme ce fut d'ailleurs aussi le cas de Meehl qui affirmait sa confiance dans le jugement clinique, mais à certaines conditions.

Si l'on veut résumer les conclusions générales découlant des recherches empiriques sur le jugement diagnostique et des critiques qui les ont suivies, conclusions qui pourraient trouver l'accord sans doute de la majorité des cliniciens experts en la matière, on pourrait les formuler comme suit :

1. Il y a des différences individuelles dans la capacité de faire des jugements et des prédictions cliniques, certains cliniciens étant nettement meilleurs que d'autres ;
2. le jugement discipliné et analytique est meilleur que le jugement global et intuitif ;
3. la prédiction d'un comportement est meilleure lorsque l'évaluation de la personnalité est complétée par celle de la situation ;
4. lorsqu'il existe des procédés statistiques pour assister le clinicien, il devrait les utiliser ;
5. la qualité d'un jugement statistique et d'un jugement assisté par ordinateur dépend de la qualité des observations et données cliniques de départ.

Concernant ce dernier point Wiggins (1973, p. 199) estime : «Dans le domaine de l'observation et de la formation d'hypothèses cliniques, la machine IBM ne sera jamais plus qu'un 'clinicien de seconde classe'». Notons aussi que des expériences récentes de la NASA ont montré que l'œil humain voit parfois mieux que la machine qui ne regarde que ce qui est programmé et ne peut pas toujours identifier ce qu'elle voit. Il n'empêche qu'on a fait beaucoup de progrès dans le domaine du diagnostic psychiatrique assisté par ordinateur et qu'à la question «les cliniciens sont-ils toujours nécessaires?» pour faire un diagnostic psychiatrique, Spitzer (1984, p. 287) répond: «La charge de la preuve est maintenant chez le clinicien qui doit montrer que les progrès de la technologie n'ont pas rendu superflu le clinicien dans la tâche de l'évaluation diagnostique. Quelle que soit l'issue de ce jeu, un réajustement est inévitable».

c) Le jugement clinique peut-il être amélioré?

L'examen du processus de jugement clinique nous a montré que le clinicien n'est pas aussi bon juge qu'il le croit lorsqu'il s'agit de sa propre activité, et que des facteurs de distorsion et d'erreur, peuvent jouer à toutes les phases du processus. Il n'est dès lors pas étonnant que Wiggins (1973), en revoyant la recherche sur la qualité du jugement porté sur autrui par le clinicien, arrive à une conclusion peu enthousiaste: «Curieusement, il y a peu de preuves empiriques qui justifient l'octroi au clinicien d'un statut d'expert sur la base de sa formation, de son expérience, ou de sa capacité en matière de traitement de l'information» (p. 131). Mais il ne faut pas oublier non plus que les recherches sur ce processus et les critiques qu'elles ont suscitées ont mis en évidence des faits montrant que cette activité de jugement et son produit peuvent être améliorés. C'est pourquoi nous aimerions, pour finir, attirer l'attention sur quelques points qu'il peut être utile de se rappeler à cet effet.

1. Au niveau de l'observation et de la formation de la première impression, il est bon d'être attentif aux différents facteurs affectifs et cognitifs qui influencent, à l'attention sélective, aux erreurs de jugement, à notre tendance à simplifier les choses et à nous laisser attirer par des stéréotypes. Il s'agit non seulement de connaître tous ces facteurs, ce qui implique une connaissance de la recherche faite à ce sujet, mais aussi d'être conscient de la façon dont ils opèrent dans notre activité individuelle concrète, ce à quoi peut conduire une supervision ou intervision pour autant qu'elle s'inspire des résultats de la recherche plutôt que de dogmatismes d'école[29]. Cultiver notre tolérance à l'ambiguïté, grâce, en partie, à une information scientifique valable, pourrait ainsi nous aider à respecter la complexité de nos patients et à voir plus juste.

2. Au niveau de l'élaboration des informations, l'effort du clinicien pourrait d'abord porter sur l'emploi d'un langage explicite, suffisamment précis et spécifique, l'absence de ces caractéristiques conduisant à des jugements vagues, qui ne disent rien et sont cliniquement inutiles. Que ce point mérite attention ressort, entre autres, d'un travail récent de Benedek et al. (1981). Dans une étude portant sur l'évolution des buts de traitement envisagés par les thérapeutes pendant une psychothérapie psychanalytique, ces auteurs trouvent qu'au début de la thérapie, c'est-à-dire entre la troisième et la cinquième séance, « approximativement un tiers des thérapeutes répondaient en des termes vagues, généraux et stéréotypés, de telle sorte que les réponses pouvaient s'appliquer à n'importe quel patient plutôt qu'au patient particulier en question » (p. 9).

Il faut peut-être ajouter qu'un langage peu explicite, précis et spécifique n'est pas nécessairement l'expression du respect de la complexité du patient ou la garantie de profondeur ou de qualité d'une thérapie, et que c'est un des obstacles principaux sur le chemin vers des jugements cliniques valides.

3. Un autre point à ne jamais perdre de vue est l'erreur fondamentale, cette tendance quasi naturelle que nous avons à sous-estimer l'importance des déterminants externes ou situationnels du comportement, « cette tendance véritablement ancrée en nous, qui fait en sorte que nous avons une propension à surestimer, dans nos explications, la part qui provient de l'individu — les causes internes, la personnalité — et à sous-estimer celle qui résulte de la situation — les causes externes, les circonstances » (Leyens, 1983, p. 98).

4. Le suivi et le contrôle, la comparaison critique, sont un dernier facteur important pour l'amélioration du processus et du produit du jugement clinique. Une condition essentielle pour savoir si une prédiction est correcte est effectivement de savoir ce qu'est devenu le sujet ou patient qui en était l'occasion. Or très souvent, pour toutes sortes de raisons, nous ne le savons pas ou de façon trop imprécise pour pouvoir réellement jauger et corriger nos prévisions, condition qui ne fait que renforcer nos stéréotypes puisqu'elle favorise leur perpétuation par le mécanisme de la mémoire sélective qui nous fait retenir les éléments qui les confirment et passer sur les autres. Ce qui fait dire à Eysenck (1953, p. 104), « l'interviewer acquiert la conviction que le portrait qu'il fait de la personnalité et des aptitudes de l'interviewé est correct, et, en l'absence de toute mise en question de cette opinion, et particulièrement en l'absence d'un suivi qui l'obligerait à s'apercevoir de ces nombreux échecs, l'interviewer deviendra de plus en plus

convaincu de son omniscience et de son habileté quasi divines». Le suivi des patients rendant possible l'information en retour, et la comparaison contrôlée poursuivies de façon non seulement occasionnelle, mais systématique, pourraient ainsi améliorer sensiblement la qualité des évaluations et pronostics. Une des conclusions que tirent Strasburg et Jackson (1977) de leur étude sur l'amélioration du jugement clinique est d'ailleurs que la recherche sur ce processus profiterait grandement d'un paradigme d'apprentissage par action en retour.

Chapitre 6
L'intervention
en psychologie clinique

Le chapitre sur la description et la classification des troubles psychiques, ainsi que celui sur leur origine et leur développement, nous ont montré que ces troubles et leurs causes sont multiples et variés. Il semble s'ensuivre tout naturellement qu'il en va de même pour les interventions faites par le psychologue clinicien afin de résoudre ou de soulager les problèmes de ses patients. L'évolution et les développements récents de notre discipline, tant scientifiques que professionnels — que l'on songe seulement à ceux de la psychologie communautaire, de la psychologie de la santé, de la médecine comportementale — montrent d'ailleurs très clairement l'apparition de formes d'interventions ayant une certaine spécificité en fonction de la nature du problème et du contexte d'intervention, qui fait qu'il n'est plus possible de réduire l'intervention en psychologie clinique à la psychothérapie et de considérer les autres modes d'action comme de simples variantes mineures de celle-ci, cela d'autant moins que ces nouvelles formes d'intervention soulèvent des problèmes et requièrent des formations relativement spécifiques qui débordent ce qui s'apprend habituellement dans les écoles de psychothérapie. Certes, les limites sont parfois difficiles à tracer, il y a des transitions, des passages et parfois une certaine continuité, comme nous le verrons. Mais il semble qu'on ne puisse plus méconnaître cette différenciation croissante et réelle au niveau des interventions du psychologue clinicien. Aussi faut-il remarquer que la psychothérapie ne permet d'aborder et de traiter qu'une proportion relativement faible de tous les problèmes qui se posent dans les différents domaines de la psychologie clinique. C'est la raison pour laquelle, plutôt que de présenter une nouvelle fois les différentes écoles de psychothérapie, nous avons préféré donner ici un aperçu des différentes formes d'intervention en psychologie clinique et mettre en relief quelques problèmes généraux qui commencent à se dessiner avec plus d'insistance dans cette nouvelle perspective sur l'intervention clinique qui n'est plus centrée sur les écoles, mais bien plutôt sur des problèmes à résoudre.

La façon la plus systématique de situer ces interventions serait sans doute de le faire par rapport au schéma «prévention-thérapie-réhabilitation», ce qui permettrait aussi de détailler la multiplicité des interventions du psychologue clinicien et leur contexte. L'inconvénient de cette façon de faire réside dans la place considérable qu'elle exigerait et dans le fait qu'une mesure peut être classée différemment selon le point de vue adopté. Nous préférons donc ici adopter un point de vue pragmatique en distinguant trois groupes d'interventions en psychologie clinique et quelques méthodes correspondantes, qui tout en présentant des centres de gravité différents, ne sont pas sans lien entre eux, les mesures de prévention et de réhabilitation, les activités de conseil et l'intervention de crise, et les différentes interventions psychothérapeutiques.

I. LES MESURES DE PREVENTION ET DE REHABILITATION

Selon Caplan (1964) et Caplan et Grunebaum (1977), on distingue généralement trois formes de prévention: a) la prévention primaire qui vise à diminuer l'incidence, c'est-à-dire le nombre de cas nouveaux d'une maladie ou d'un trouble dans une population, à prévenir donc la naissance et le développement d'un trouble; b) la prévention secondaire qui, par un dépistage et un traitement précoces des troubles, cherche à raccourcir la durée d'une maladie, à prévenir des rechutes et à abaisser le taux de prévalence dans une population, c'est-à-dire le nombre de malades enregistrés à un certain moment ou pendant une certaine période; c) la prévention tertiaire enfin, qui vise à réduire les conséquences d'une maladie déclarée et soignée, aussi bien pour le patient que pour ses proches et la société, par des mesures de réhabilitation et de resocialisation.

Aux fins de montrer les différentes possibilités d'action, commençons par situer le cadre général de la prévention primaire et tertiaire pour envisager ensuite quelques méthodes plus particulières permettant de réaliser les buts poursuivis à ces niveaux.

Le but de la prévention primaire étant la diminution de la probabilité d'apparition d'une maladie, il est important de connaître les facteurs qui la déterminent. L'hypothèse la plus générale et la plus simple est de considérer cette probabilité d'apparition du trouble comme étant fonction de facteurs de risque et de facteurs de protection, une augmentation des facteurs de risque aussi bien qu'une diminution des facteurs de protection ayant pour effet d'augmenter cette probabilité.

Parmi les facteurs de risque et les facteurs de protection, on distingue ceux qui appartiennent à l'individu et ceux qui résident dans le milieu. Les facteurs de risque tenant à l'individu constituent sa «vulnérabilité» et ceux qui résident dans le milieu constituent le «stress». Les facteurs de protection sont appelés «ressources psychiques» lorsqu'ils se trouvent dans l'individu, et «ressources de milieu» lorsqu'ils se trouvent en dehors de lui.

Des exemples de facteurs de risque au niveau de la vulnérabilité sont des facteurs innés ou acquis tels qu'une prédisposition héréditaire, les conséquences cérébrales d'accidents de naissance, une constitution «nerveuse»; au niveau du stress, ce sont les événements de la vie, les situations psychiques, physiques, sociales et de travail difficiles et éventuellement de grande intensité.

Du côté des facteurs de protection, les ressources psychiques consistent en des caractéristiques de personnalité et des compétences (habiletés, savoir-faire) qui facilitent la maîtrise des difficultés occasionnées par le stress: une constitution physique et psychique bien équilibrée et résistante, l'acquisition de la possibilité d'un certain contrôle de soi, de capacités au niveau de la résolution de problèmes, l'aménagement de situations sociales difficiles, etc. Parmi les ressources du milieu, Caplan et Grunebaum distinguent les ressources physiques (par exemple, la nourriture, l'espace vital, la protection contre les influences physico-chimiques néfastes, etc.), les ressources psychosociales (par exemple, l'interaction avec des partenaires, des amis, des voisins, etc.), et les ressources socio-économiques et socio-culturelles (par exemple, les systèmes de sécurité sociale, les valeurs, les normes et rôles, proposés par la société et favorisant l'épanouissement).

Ce schéma montre que les possibilités d'action préventive primaire sont multiples, que l'on peut agir sur l'individu, sur le milieu ou sur les deux, que l'on peut essayer de diminuer les facteurs de risque, de renforcer les facteurs de protection ou faire les deux, ou encore tenter une action qui tienne compte des quatre facteurs à la fois (Hockel, 1981). Il montre aussi qu'il s'agit d'un problème interdisciplinaire et interprofessionnel à la solution duquel le psychologue clinicien contribue dans le cadre d'un travail en équipe, où son rôle sera plus ou moins grand selon les domaines et les circonstances.

Au niveau de la prévention tertiaire ou réhabilitation, ces remarques s'imposent naturellement aussi. Les objectifs poursuivis dans ce contexte par le psychologue clinicien ont été excellemment résumés par Budde qui met en évidence l'importance que revêtent pour la réhabilitation les facteurs psychologiques. Il dit à ce sujet : « Dans le cas individuel, on peut comprendre la réhabilitation comme un processus de développement du comportement et d'expérience vécue, qui harmonise de façon satisfaisante les orientations personnelles et les restrictions dues à la maladie. Des soins médicaux adéquats (de réhabilitation) sont une condition essentielle à cet effet et sont en règle générale prépondérants pendant longtemps. Ils ne peuvent cependant pas garantir l'adaptation psychosociale satisfaisante d'un patient. Ils doivent bien plus se situer sur un terrain psychologique s'ils visent et veulent assurer l'activation du patient en réhabilitation et sa collaboration au traitement. C'est précisément ici que peut se trouver par exemple, le danger de nier, suite à la méconnaissance des interrelations psychologiques, sa propre responsabilité face à des erreurs et échecs thérapeutiques, et de les attribuer prématurément au patient 'non motivé'». Budde souligne également l'importance qu'il y a pour le patient de transférer dans la vie quotidienne, d'y exercer les compétences acquises à la clinique et de s'y contrôler lui-même. Et il ajoute, concernant la nécessité d'un changement d'accent au niveau des activités psychologiques dans le cadre des pratiques de réhabilitation : « La restriction fréquente des activités au diagnostic et à la psychothérapie formelle n'épuise pas adéquatement les possibilités psychologiques disponibles en principe » (1982, pp. 259-260).

Les domaines de l'action préventive primaire et tertiaire où intervient le psychologue clinicien sont donc multiples et variés. Comme une documentation systématique dépasserait le cadre de ce chapitre, nous voudrions, à titre d'exemple, situer ces activités de prévention primaire et tertiaire en les groupant de façon pragmatique, indépendamment de leur aspect primaire ou tertiaire.

1. L'intervention sur les comportements facteurs de risque

Un premier domaine de cette intervention est celui des comportements, habitudes et styles de vie constituant un facteur de risque pour des maladies cardio-vasculaires, pulmonaires, hépatiques, etc. Afin d'éliminer ce qui dans ces comportements constitue un risque, des programmes préventifs d'application individuelle ou collective ont été élaborés pour les comportements du fumeur, de dépendance de l'alcool, des médicaments et des drogues, pour les comportements nutritionnels (obésité) et ceux qui se trouvent liés à l'hypertension. On pourrait mentionner ici également les programmes visant à compenser le manque d'activité et de mouvement corporel, ainsi que ceux concernant les troubles du sommeil. Vu l'importance que peut avoir pour la santé le décès d'une personne très proche, il nous semble opportun d'inclure aussi les interventions du psychologue clinicien auprès des personnes en deuil (bereavement) présentant un risque, ainsi que les programmes de prévention pour les familles de malades cancéreux ou cardiaques au stade terminal (par exemple, Stubblefield, 1977).

Ces différents programmes font intervenir des activités d'information et de conseil, de restructuration cognitive, d'entraînement à l'acquisition d'habiletés telles la relaxation ou l'autocontrôle, et sont fondés sur une connaissance approfondie des facteurs médicaux et psychologiques des problèmes en question. Dans certains cas, ils peuvent se prolonger ou s'accompagner d'une psychothérapie.

2. Les interventions psychologiques dans le cadre de mesures médicales

C'est là un second domaine dont la recherche souligne de plus en plus l'importance. Il s'agit principalement d'interventions visant à supprimer l'angoisse et le stress éprouvés par le malade avant, pendant et après des interventions médicales diagnostiques ou thérapeutiques, et de celles destinées à améliorer la collaboration au traitement (« compliance ») et à éviter des complications psychologiques éventuelles. La prévention de l'utilisation inadéquate des institutions médicales, qui représente non seulement un inconvénient majeur pour la santé du patient, mais également un coût énorme pour la société, doit également être mentionnée dans ce contexte, et, bien sûr, la réhabilitation des malades ayant fait un infarctus du myocarde. Les interventions du psychologue clinicien dans ce deuxième domaine sont du même type que celles dans le premier, mais subissent évidemment des modifications en fonction des problèmes posés.

Afin d'illustrer ces interventions et la façon de les évaluer dans ce deuxième domaine, prenons l'exemple d'une mesure de préparation à une intervention médicale diagnostique (la cathétérisation) et celui d'une préparation à une intervention chirurgicale (l'hystérectomie).

Concernant la cathétérisation cardiaque sur les aspects psychologiques de laquelle Salm (1982) a présenté une analyse approfondie, Kendall et al. (1979) ont fait une recherche comparant différentes mesures de préparation psychologique en comparant deux groupes expérimentaux à deux groupes de contrôle. Dans les deux groupes de contrôle, les patients recevaient une préparation de routine et une attention largement non spécifique. Le premier groupe expérimental (groupe « information ») était préparé par des informations se basant sur la littérature et des modèles du cœur permettant d'illustrer la procédure et de poser des questions. Au second groupe expérimental (groupe « cognitivo-comportemental ») était dispensé un entraînement cognitivo-comportemental au cours duquel on développait des stratégies de maîtrise du stress propres au patient; à quoi s'ajoutaient la dénomination des stresseurs, l'interprétation des sentiments liés au stress, et la communication par le thérapeute de quelques stratégies de maîtrise qu'il a appliquées lors d'expériences stressantes dans sa propre vie, cette communication ayant pour but de favoriser l'apprentissage par modelage. Les résultats de ces préparations, mesurés en termes d'anxiété, après la préparation un jour avant l'intervention, d'adaptation à l'intervention et d'anxiété immédiatement après l'intervention, sont intéressants. L'efficacité des méthodes sur la réduction de l'anxiété avant l'intervention est la plus forte pour le premier groupe expérimental (« information ») suivi du deuxième groupe expérimental (entraînement « cognitivo-comportemental »); ce dernier n'est que très légèrement supérieur au deuxième groupe de contrôle (attention non spécifique) qui, à son tour, est très nettement supérieur au premier groupe de contrôle (préparation de routine). Ce qui est le plus intéressant cependant, c'est de voir qu'après l'intervention, les effets du deuxième groupe de contrôle rejoignent ceux du premier (l'attention non spécifique semble perdre ses effets positifs), ceux du premier groupe expérimental (« information ») s'affaiblissant un peu alors que ceux du deuxième groupe expérimental (cognitivo-comportemental) augmentent très nettement.

Cette supériorité des interventions psychologiques utilisant des stratégies de (re)structuration cognitive semble se retrouver au niveau de la préparation à des interventions chirurgicales. Ainsi Langer et al. (1975) ont comparé la préparation par présentation d'informations à une préparation par (re)structuration cognitive et ont dû constater la supériorité de celle-ci au niveau des effets obtenus, aussi bien avant qu'après l'intervention. Ridgeway et Mathews (1982) arrivent à un résultat semblable. Ces auteurs ont comparé l'efficacité de trois types de préparation (donnés par écrit) à la phase pré- et post-opératoire de l'hystérectomie. Le groupe de contrôle recevait une attention non spécifique, une description de la clinique et de l'unité de soins. Le premier groupe expérimental («information») recevait des informations sur le procédé et les sensations susceptibles d'être éprouvées avant et après l'opération, alors que le second groupe expérimental (restructuration cognitive, «cognitive coping») bénéficiait d'indications illustrées par des exemples concernant la possibilité de contrôler la façon de voir les choses et de choisir des aspects positifs. Les résultats de l'expérience montrent que l'information augmente bien les connaissances, mais que les activités de restructuration cognitive ont pour résultat de meilleures évolutions post-opératoires, notamment en ce qui concerne la consommation d'analgésiques.

3. L'intervention psychologique au niveau de la douleur

Dans le domaine de la lutte contre la douleur aussi, un nombre croissant de travaux témoigne de l'intérêt de l'intervention psychologique. Les recherches montrent en effet que la douleur n'est pas seulement déterminée par le stimulus douloureux, mais aussi par la composante comportementale individuelle et interindividuelle, et que l'action sur celle-ci peut avoir des effets importants à plusieurs niveaux. Ces interventions psychologiques présupposent évidemment un examen médical et une analyse fonctionnelle (psychologique) approfondis et ne se conçoivent pas en dehors d'une équipe spécialisée, mais peuvent alors donner des résultats appréciables.

En ce qui concerne les douleurs aiguës, Egbert et al. (1964) ont ainsi montré qu'une intervention psychologique réduit les douleurs post-opératoires et la consommation d'analgésiques et améliore l'évolution post-opératoire. Reading (1982) obtenait, lui aussi, des résultats positifs dans le cas de laparoscopie, et il est intéressant d'apprendre que le groupe expérimental consommait moins d'analgésiques non seulement par rapport au groupe de contrôle, mais aussi comparé à un groupe «interview-placebo».

Les résultats thérapeutiques obtenus pour les maux de tête (céphalées de tension, migraines) sont également encourageants (Blanchard et Andrasik, 1982; Collets, 1984), de même que ceux que l'on a obtenu dans des cas de douleurs chroniques du dos (Turk et al., 1983; Cosyns et Vlayen, 1984), même si les mécanismes susceptibles d'expliquer ces effets sont encore peu compris.

Dans le traitement des affections rhumatismales, des espoirs sont aussi permis concernant une contribution significative des interventions psychologiques, comme le montrent les travaux de Köhler (1980, 1981, 1985).

Les méthodes les plus utilisées dans ces approches psychologiques du traitement de la douleur sont des techniques de conditionnement opérant, les stratégies cognitivo-comportementales, les techniques de relaxation et de rétroaction biologique ainsi que l'hypnose, qui s'appliquent toujours après une analyse fonctionnelle approfondie et dans le contexte d'un projet de traitement spécifique. Vu que le contexte interpersonnel du malade (partenaire, famille, travail) peut jouer un rôle important dans le comportement douloureux, ces interventions peuvent s'enrichir d'apports venant de l'analyse transactionnelle (Sternbach, 1974a, 1974b).

4. Les troubles psychophysiologiques (psychosomatiques) et neurologiques

C'est un dernier domaine dans lequel l'intervention psychologique par les méthodes que nous venons de mentionner obtient des effets non négligeables. Pour les troubles psychophysiologiques avec pathologie organique (asthme, bronchite, ulcères gastriques et duodénaux, colite ulcéreuse, etc.), Birbaumer résume parfaitement la situation en concluant que les effets obtenus dépassent l'effet placébo non spécifique, et lorsqu'il ajoute : « Ceci est surtout le cas lorsque le traitement s'effectue sur la base d'un processus diagnostique orienté par la théorie (analyse fonctionnelle et diagnostic médical) et lorsque la méthode de traitement choisie est « prescrite » sur la base d'une recherche de données solide et spécifiquement pour le matériel clinique concret (indication différentielle). L'efficacité clinique-thérapeutique et économique de pareilles mesures n'est par contre pas encore établie de façon suffisante pour certains des troubles mentionnés et nécessite des études longitudinales contrôlées et conçues de façon interdisciplinaire » (1980, p. 170).

Dans le domaine des troubles neurologiques enfin, les méthodes d'intervention psychologique (en dehors du diagnostic) sont les méthodes opérantes, l'autocontrôle cognitif, l'hypnose, la désensibilisation, la relaxation et la rétroaction biologique, et Wittling (1980) rapporte de bons résultats dans leur application lors de troubles épileptiques et neuromusculaires[30].

5. La psychologie communautaire

On ne peut clore cet aperçu sur l'intervention psychologique dans le cadre de problèmes médicaux et de santé sans mentionner les apports de la psychologie communautaire dont le souci concerne l'ensemble des conditions de milieu, c'est-à-dire, plus particulièrement, le jeu des facteurs psychologiques, sociaux, économiques et écologiques dans une communauté considérée comme un système écologique. Dans cette perspective, elle étudie le rôle joué par ces différents facteurs dans le développement des troubles psychiques et physiques, les possibilités de les traiter et surtout de les prévenir au moyen de modifications du système que constitue la communauté. Car, comme le dit un auteur qui ne fait cependant pas partie du mouvement communautaire : « Si les psychologues veulent exercer une quelconque influence sérieuse sur les problèmes de notre vie, ils doivent appliquer leurs mesures correctives aux pratiques nocives de la société et ne peuvent pas se contenter de traiter les victimes de ces pratiques » (Bandura, 1976, p. 214).

Concernant l'intervention psychologique préventive et thérapeutique, la psychologie communautaire vise à ramener ces activités dans la communauté et à les déprofessionnaliser en développant l'aide non professionnelle donnée par des avocats, des médecins généralistes, des infirmières, des instituteurs, etc., c'est-à-dire des membres de groupes professionnels rencontrant des personnes en crise. Ces aides non professionnelles doivent évidemment avoir une formation adéquate les préparant à leurs tâches et c'est là une des interventions possibles du psychologue clinicien, fonctionnant alors comme formateur, conseiller, expert. D'ailleurs, il pourrait aussi avoir sa place au niveau de la conception et de l'implantation des interventions préventives, de la formation de ceux qui les font, et surtout, dans le domaine de la recherche (étiologie, efficacité, coût-bénéfice) qui présente par ailleurs quelques problèmes particuliers (Linney et Reppucci, 1982). La prévention à long terme est conçue comme dépassant les interventions individuelles et comme s'effectuant grâce à des réformes sociales qui commencent au niveau des conditions de vie concrètes dans la communauté.

II. LE CONSEIL PSYCHOLOGIQUE ET L'INTERVENTION DE CRISE

Bien que les frontières séparant le conseil psychologique et l'intervention de crise de la psychothérapie soient parfois très difficiles à tracer, nous les mentionnons ici à part parce que dans les faits, les buts poursuivis, les compétences nécessaires, les patients et le contexte dans lequel ils se pratiquent, ne sont pas exactement les mêmes. Beaucoup de problèmes peuvent d'ailleurs se résoudre par une activité de conseil ou une intervention de crise; pour d'autres, ces interventions constituent un premier moment, suivi d'une psychothérapie qui ne sera pas nécessairement faite par le même psychologue. De plus, bien que les méthodes de conseil et d'intervention de crise s'inspirent souvent des conceptions psychothérapeutiques (comportementales, non directives, psychanalytiques), elles ont une certaine spécificité et nécessitent d'ailleurs une formation spéciale. Ce ne sont pas là des différences fondamentales, mais de centre de gravité et d'accent.

Dans cette perspective, le conseil psychologique pourrait se décrire comme une intervention d'échange relativement ponctuelle, faite dans une atmosphère d'accueil et de bienveillance, visant l'explication d'un problème plus ou moins spécifique et la communication et discussion d'informations permettant au consultant de voir plus clairement une situation de réalité et de décider de la façon dont il pourrait résoudre le problème qu'elle lui pose. C'est ce qui se passe dans l'activité de conseil accompagnant éventuellement les interventions que nous venons de mentionner dans le contexte des mesures de prévention et de réhabilitation. C'est aussi ce qui se passe dans les centres de consultation pour les problèmes dans le domaine des études, de la profession, du couple et de la famille.

Lorsque ce premier pas s'avère insuffisant, le psychologue conseiller peut approfondir et amplifier l'analyse du problème et des possibilités concrètes de résolution, ou indiquer l'opportunité d'une restructuration et d'un accompagnement sous forme de «counseling», de «guidance» ou d'une autre forme de psychothérapie. Car ce qui se présente comme relevant du conseil psychologique peut, parfois assez rapidement, se révéler plus complexe et nécessiter un travail plus long et plus approfondi.

L'intervention de crise qu'il s'agit de distinguer des interventions d'urgence en psychiatrie (intoxication, psychoses aiguës, etc.), d'une part a pour objet la résolution de problèmes de vie intenses et urgents qui dépassent les capacités de maîtrise d'un individu, malade ou bien

portant, tels que les moments critiques d'une maladie (crise, opération, invalidité) ou des événements de la vie (accidents, décès, divorce, etc.) et d'autre part, vise à soulager les souffrances et à prévenir les conséquences négatives (psychologiques, sociales et médicales). C'est une intervention relativement ponctuelle, comme le conseil psychologique, mais elle s'en distingue par l'intensité, l'urgence et parfois la complexité du problème posé.

Les aspects essentiels et les principes de l'intervention de crise peuvent se résumer comme suit, selon Reiter (1978, pp. 463-465):
1. l'intervention immédiate doit éviter le danger d'actions et de décisions irréversibles ainsi que le développement d'attitudes et de comportements inadéquats;
2. l'activité du thérapeute a pour but de repérer le conflit et de confronter le patient à celui-ci;
3. le soutien du patient, grâce à une relation solide et établie rapidement, lui permet de soutenir cette confrontation et de ne pas interrompre le traitement;
4. le point focal du traitement est essentiellement le problème actuel, ce qui n'exclut pas nécessairement des retours au passé;
5. le pragmatisme et l'éclectisme des méthodes, car «les exigences de la situation rendent souvent nécessaire une action flexible et pragmatique»;
6. l'utilisation de médications, en cas de nécessité;
7. le recours aux personnes proches et à la collaboration de travailleurs sociaux.

III. L'INTERVENTION PSYCHOTHERAPEUTIQUE

Les interventions psychologiques mentionnées dans les deux paragraphes précédents, à travers une diversité de procédés et de techniques tendaient toutes à l'amélioration de l'état physique et psychique d'un patient ou d'un malade plus ou moins gravement atteint. Elles visaient cette amélioration au moyen d'une intervention plus ou moins spécifique et limitée, et nous avons indiqué qu'en cas d'insuffisance de ces interventions, un travail psychologique plus long et plus approfondi pouvait être proposé. Ce travail est de l'ordre de ce qu'on appelle généralement la psychothérapie et se distingue des interventions précédentes principalement par le fait que son objectif est plus large et plus complexe en ce sens qu'il a pour but non seulement la modification d'un ou de plusieurs comportements, attitudes ou fonctions, mais bien une re-structuration plus ou moins poussée de l'ensemble de ces comportements (ou si l'on préfère, de la personnalité) et comporte de ce fait une implication personnelle, une interrogation sur soi et une mise en question de soi-même plus poussées qui ne peuvent s'opérer, en général, que dans le contexte d'une relation interpersonnelle.

I. Définition

Les définitions de la psychothérapie sont nombreuses et il est difficile d'en donner une qui trouve l'assentiment de tous ceux qui s'en réclament. Il semble néanmoins possible de cerner le problème en la caractérisant selon Strotzka et en la distinguant d'autres interventions par les points que mentionne Bastine. Strotzka (1978, p. 4) donne la définition suivante : « La psychothérapie est un processus interactionnel conscient et planifié visant à influencer des troubles du comportement et des états de souffrance qui, dans un consensus (entre patient, thérapeute et groupe de référence) sont considérés comme nécessitant un traitement, par des moyens psychologiques (par la communication) le plus souvent verbaux, mais aussi non verbaux, dans le sens d'un but défini, si possible élaboré en commun (minimalisation des symptômes et/ou changement structurel de la personnalité), moyennant de techniques pouvant être enseignées sur la base d'une théorie du comportement normal et pathologique ».

Pour délimiter la psychothérapie par rapport à d'autres traitements, Bastine (1982, p. 311) avance les trois aspects suivants : a) la psychothérapie « utilise des moyens psychologiques qui se réfèrent au savoir psychologique (par différence aux moyens médicaux, pharmacologiques, sociaux ou juridiques, par exemple) », b) « l'utilisation de ces moyens se fait de façon professionnelle, c'est-à-dire par un personnel scientifiquement formé qui procède de façon intentionnelle et en poursuivant un but, et qui justifie et évalue son activité de façon scientifique », c) « on traite des personnes psychiquement troublées (des clients ou des patients) ».

Les conceptions et formes particulières de psychothérapie étant nombreuses, et vu que l'on assiste ces dernières années à une véritable prolifération qui a fait l'objet d'une analyse intéressante de Michaelis (1981), il devient nécessaire, alors qu'actuellement plus de 300 formes s'en réclament, d'envisager quelques critères qui permettent de faire la part des choses. En considérant les problèmes de la psychologie de la personnalité, des effets et processus thérapeutiques (Huber, 1964;

1977), et en nous référant à la définition de Strotzka ainsi qu'aux caractéristiques distinctives mentionnées par Bastine, nous pourrions proposer comme critères devant être satisfaits pour que l'on puisse parler de psychothérapie :
1. qu'elle soit basée sur une théorie scientifique de la personnalité et de ses troubles;
2. qu'elle se fonde sur une théorie scientifique de la modification des troubles;
3. qu'elle présente des évaluations empiriques de ses effets, positifs et négatifs;
4. qu'elle porte sur des troubles du comportement ou des états de souffrance considérés comme requérant une intervention;
5. qu'elle soit pratiquée par des personnes formées et compétentes.

2. La situation et les processus thérapeutiques : caractéristiques générales

Si l'on conçoit la psychothérapie comme un processus interpersonnel entre deux ou plusieurs personnes (patient, thérapeute) qui communiquent d'une certaine façon (processus thérapeutique), dans un certain contexte (institutionnel et de vie) en vue de réaliser certains buts, on peut mieux la décrire en explicitant davantage les facteurs en jeu et que l'on pourrait grouper en distinguant les caractéristiques de la situation des éléments du processus, tout en soulignant qu'il ne s'agit pas là de phénomènes tout à fait indépendants.

a) La situation thérapeutique

Une première caractéristique de la situation thérapeutique est de se situer dans un contexte professionnel. Ceci limite le processus interpersonnel à ce qui, dans le contrat passé entre le thérapeute et le patient, a été convenu concernant les offres et les demandes du thérapeute. Interviennent ici aussi les caractéristiques de l'institution (hôpital, cabinet privé, etc.), du type de thérapie proposé (individuel, groupe, etc.), de l'orientation (psychodynamique, systémique, etc.) et de la durée et fréquence. Toutes ces caractéristiques influencent ce processus de différentes façons et font qu'il se distingue de ce qui se passe dans les relations non professionnelles. C'est ce qui fait aussi qu'il est affecté autrement par le contexte de vie (famille, travail).

Parmi les caractéristiques du patient dont l'influence semble importante, on mentionne généralement les caractéristiques socio-démographiques (âge, sexe, milieu social, scolarité), le type, la gravité et la durée du trouble, l'attractivité et les différentes caractéristiques de la personnalité au niveau desquelles on distingue les traits (intelligence, aptitudes, introversion-extraversion, etc.), les attitudes envers la thérapie et le thérapeute, la motivation pour la thérapie, et les caractéristiques processuelles, tel le style de résolution des problèmes.

Du côté du thérapeute, les variables jugées les plus importantes sont, outre les caractéristiques socio-démographiques (âge, sexe, milieu social), celles de la personnalité (traits, attitudes, valeurs, santé mentale) et parmi ses caractéristiques de thérapeute, son orientation théorique, son expérience, ses attentes et préférences ainsi que les caractéristiques processuelles, tel son comportement thérapeutique (directivité, mise en œuvre des techniques, compétence, utilisation de manuels, etc.).

Les caractéristiques de la relation thérapeutique le plus souvent mentionnées sont la similarité, la dissimilarité, la compatibilité ou la complémentarité concernant un certain nombre de caractéristique socio-démographiques et de la personnalité, ces dernières pouvant à nouveau se subdiviser selon qu'il s'agit de traits (intelligence, extraversion-introversion, etc.) ou de caractéristiques processuelles.

L'influence exercée sur les processus et effets thérapeutiques par chacune de ces caractéristiques ou variables a été traitée par une vaste littérature clinique spéculative, plus récemment aussi au niveau de recherches empiriques. Nous ferons état de quelques résultats dans le chapitre consacré à la recherche en psychothérapie.

b) Les processus thérapeutiques

Les caractéristiques générales des processus thérapeutiques ont naturellement d'abord été décrites, avec des prétentions plus ou moins grandes à l'universalité, au niveau des différentes écoles, mais il existe aussi un certain nombre de tentatives visant explicitement à une théorie générale du processus thérapeutique. Nous voudrions en présenter quelques-unes d'inspiration différente, mais qui toutes sont proposées par des auteurs actifs dans le domaine de la recherche empirique sur la psychothérapie.

Strupp (1973a) qui se situe dans la tradition psychanalytique, dans un travail «sur les ingrédients de base de la psychothérapie», décrit trois conditions essentielles pour un changement thérapeutique.

La première de ces conditions est la création et le maintien par le thérapeute d'une relation d'aide caractérisée par le respect, le tact, l'intérêt et la conviction de pouvoir aider. La seconde, qui présuppose d'ailleurs la première, se situe au niveau des techniques par lesquelles le thérapeute influence le patient. Strupp mentionne : a) la suggestion ou la persuasion, b) l'encouragement à l'exploration de soi, à la communication ouverte et à l'honnêteté, c) l'interprétation à ses différents niveaux, d) la mise à disposition de normes et de modèles, et e) l'aménagement de conséquences positives. Il précise évidemment le sens à donner à ces différentes techniques (Strupp, 1973b) et estime que tout thérapeute, quelle que soit son option théorique (psychanalytique, comportementale, expérientielle, etc.), utilise effectivement, quoique dans des mesures et des proportions différentes, chacune de ces techniques, dont aucune à elle seule n'est susceptible de produire un effet thérapeutique. La troisième condition d'une thérapie efficace, enfin, est la capacité et la volonté du patient de mettre cette expérience à profit.

Strupp considère donc ces trois conditions comme facteurs communs non spécifiques à tout processus thérapeutique et remarque que ces facteurs se retrouvent d'ailleurs dans toutes les relations humaines coopératives. Ce qui distingue l'intervention psychothérapeutique, c'est l'art et la science (passibles d'être enseignés dans une certaine mesure) d'utiliser les techniques, de «manier l'attitude thérapeutique de façon appropriée», et de savoir «quand et comment communiquer l'intérêt, le respect, la compréhension, l'empathie, etc., et, ce qui est peut-être encore plus important, quand il faut s'en abstenir» (1973a, p. 2). Car comme le disait Lacan, il ne suffit donc pas d'être bon, il faut savoir à quoi et comment. Strupp pense également que la combinaison de la première et de la troisième condition peut rendre compte des «effets non spécifiques» de la thérapie (Frank, 1961), de la «rémission spontané» (Eysenck, 1952, 1960) et de «l'effet placebo» (Shapiro, 1971).

Dans un travail visant à proposer un modèle intégratif permettant d'expliquer et de prédire les effets thérapeutiques obtenus par les différents modes de traitement, Bandura (1977), qui est issu de la tradition comportementale, considère que la composante active de toute psychothérapie est sa capacité de modifier le niveau et la force des attentes du patient concernant sa propre efficacité.

Selon cette conception, qui est donc cognitive, il y a lieu de distinguer les expectations d'efficacité des expectations d'effets. Ces dernières consistent dans la représentation et l'attente qu'un certain comportement ait pour conséquence certains effets. L'expectation d'efficacité, par contre, réside dans «la conviction que l'on peut accomplir avec succès le comportement requis pour produire les effets» (p. 141). L'intervention thérapeutique doit alors se faire au niveau des expectations d'efficacité parce qu'elles déterminent non seulement l'initiative d'un comportement de résolution de problème et de maîtrise, mais également l'importance des efforts fournis et leur persistance, et par là le niveau des performances et la chance d'un renforcement de l'expectation d'efficacité.

Les expectations d'efficacité personnelle dépendent, selon Bandura, des informations provenant de quatre sources au niveau desquelles différents modes de traitement, mentionnés ici entre parenthèses, peuvent intervenir :

1. L'accomplissement de performances et l'expérience de maîtrise (méthodes opérantes, désensibilisation ou immersion).
2. L'expérience vicariante ou l'observation d'une autre personne faisant une expérience (modelage in vivo ou modelage symbolique).
3. La persuasion verbale (exhortation, suggestion, auto-instruction, etc.).
4. La stimulation émotionnelle perçue (relaxation, rétroaction biologique, attribution).

Les informations provenant de chacune de ces quatre sources sont donc susceptibles de changer l'expectation d'efficacité et le comportement, mais Bandura estime que l'apprentissage par l'expérience personnelle de maîtrise et les modes de traitement qui les mettent en œuvre sont les plus efficaces.

Une troisième tentative d'élaborer une théorie générale des processus thérapeutiques a été faite par Orlinsky et Howard (1978; 1985) qui, dans leur revue des travaux sur la relation entre les processus et les effets thérapeutiques, ont élaboré un cadre de référence général qui ne soit pas limité à une perspective clinique particulière, mais qui permette au contraire d'évaluer les processus thérapeutiques de méthodes différentes.

A cet effet, les auteurs définissent la psychothérapie comme une relation interpersonnelle d'aide, une relation sociale, dont les processus présentent quatre aspects :

1. L'aspect normatif de la relation («regular association») : il concerne les normes, règles et rôles qui président à cette relation.
2. L'échange («dramatic interpretation») : ce que se disent le patient et le thérapeute, leur dialogue et l'interprétation qu'ils donnent de ce qui se passe entre eux.

3. L'activité (« co-oriented activity ») : c'est ce que font le patient et le thérapeute, leur comportement pendant la séance.
4. L'expérience vécue (« concurrent experience ») : il s'agit de ce qui est perçu et éprouvé par le patient et par le thérapeute lors du processus thérapeutique, de la façon dont chacun se perçoit et perçoit l'autre.

Chacun de ces aspects d'une part peut être différencié davantage, et d'autre part se trouve lié aux autres, en ce sens que l'expérience présuppose l'activité qui à son tour présuppose l'échange et l'aspect normatif, et leur ensemble seulement permet de saisir ce qui se passe dans la relation thérapeutique.

Dans cette perspective, en analysant la littérature de recherche parue jusqu'en 1976, les auteurs par une synthèse cumulative, arrivent à la conclusion qu'une thérapie aboutissant à des résultats favorables peut se caractériser par les conditions suivantes :

1. des séances régulières de fréquence modérée et pendant un laps de temps limité semblent être plus bénéfiques que des thérapies à durée illimitée et des séances peu fréquentes : pour des contrats illimités, une relation positive a été trouvée entre l'effet thérapeutique et la quantité de traitement ;

2. l'échange thérapeutique se situe à un niveau concret, suivant une logique des sentiments plutôt que des faits, il est encouragé par un thérapeute attentif et respectueux et présente un degré élevé de participation et d'accord ;

3. l'activité du patient est « relativement réfléchie, élaborée et vocalement expressive » au niveau de la communication verbale, son comportement interpersonnel est celui de quelqu'un qui cherche de l'aide, mais qui veut aussi s'affirmer ; l'activité du thérapeute consiste en une présence active, consciente des buts à réaliser et apte à prendre les mesures indiquées ; elle se situe dans le contexte d'un comportement interpersonnel accueillant et respectueux ;

4. l'expérience vécue du patient se reflète dans le sentiment de prendre progressivement l'initiative dans un processus commun de résolution de problème où ils se sent encouragé à l'affirmation et à l'indépendance. La relation thérapeutique est éprouvée comme « implication intime, accueillante et émotionnellement absorbante ». Les thérapeutes, de leur côté, se sentent « plus acceptants et affirmatifs dans leur participation interpersonnelle ». De part et d'autre, c'est donc une expérience d'affirmation mutuelle.

Commentant leurs conclusions, les auteurs constatent, comme le fit déjà Strupp, que ces conditions peuvent aussi se trouver dans des relations autres que psychothérapeutiques. Mais ils rappellent aussi que l'on a généralement recours à la psychothérapie lorsque l'aide que l'on peut trouver dans les autres formes de relations interpersonnelles s'avère insuffisante, et ils pensent que « la psychothérapie, dans ce qu'elle a de mieux, fournit une aide de « culture plus pure », moins mêlée des besoins propres de celui qui aide, plus intense, plus étendue, plus pénétrante... » (p. 317).

Les trois schémas du processus psychothérapeutique proposés par Strupp, Bandura, Orlinsky et Howard, nous ont permis de repérer quelques processus essentiels intervenant dans toute relation d'aide, de voir comment on peut distinguer l'intervention psychothérapeutique d'autres relations interpersonnelles et d'indiquer les facteurs communs à toutes ces formes. Il reste à souligner que si l'on accepte de voir là les facteurs thérapeutiques essentiels, jouant dans toutes les formes de psychothérapie, la question reste posée de savoir comment ils interviennent en général et surtout chez tel patient ayant tel problème dans tel contexte particulier, de savoir s'il n'existe pas malgré tout une certaine spécificité des techniques et quelle est leur importance relative.

A ces questions, les adeptes des différentes écoles ont longtemps répondu que les facteurs spécifiques et importants pour le changement thérapeutique sont ceux postulés par leur théorie (interprétation, conditionnement, etc.). Le bien-fondé de ces croyances a été quelque peu ébranlé par au moins deux constatations empiriques. D'abord les thérapeutes d'une école ne font pas nécessairement ce qu'ils croient faire et devraient faire selon la théorie (Fiedler, 1950; Huber, 1967; Sloane et al., 1975). Ainsi, dans leur analyse de sessions enregistrées des thérapeutes comportementaux, Sloane et al. trouvaient par exemple que leur contact, leur empathie, la profondeur de leur exploration interpersonnelle, etc. étaient aussi élevés que ceux des psychanalystes, bien que ce sont là des variables qui avaient, à l'époque, peu de place dans la théorie thérapeutique des comportementalistes. Ensuite les premiers travaux comparatifs sur les effets des psychothérapies (Luborsky et al., 1975; Sloane et al., 1975; Smith et Glass, 1977) n'ont pas permis d'établir des différences significatives au niveau des effets thérapeutiques globaux. Bien que ces travaux ne soient pas exempts de problèmes en ce qui concerne notre question, si la spécificité et la puissance thérapeutique des facteurs invoqués par les écoles étaient vraiment si importantes, elles auraient pu se manifester au niveau des effets thérapeutiques. Nous reviendrons à cette question dans le chapitre sur la recherche.

IV. L'INTERVENTION PSYCHOLOGIQUE CONÇUE COMME TECHNOLOGIE

Lorsque nous nous sommes interrogés sur le statut scientifique de la psychologie clinique et la façon d'y concevoir la relation de la théorie à la pratique, nous avons vu que, parmi les activités du psychologue, on peut en distinguer trois : celle qui est de l'ordre de la science, celle qui relève de la technologie, et celle de la pratique. Nous voudrions maintenant préciser davantage comment se présente l'intervention psychologique et plus particulièrement la psychothérapie, conçue comme technologie, car, au stade actuel de son évolution, c'est un aspect important et trop souvent négligé de notre discipline. Le terme « technologie » ne fait évidemment pas très « sciences humaines », et il n'a guère la faveur du grand public « psy », mais ce qu'il désigne est un aspect fondamental de l'intervention en psychologie clinique. Il suffit, pour s'en convaincre, d'expliciter la notion de « technologie » et de la mettre en relation avec une définition de la psychothérapie ou une analyse de ce qui s'y passe.

La technologie a été définie par Bunge (1976, p. 154) de la façon suivante :

« Déf. Un ensemble de connaissances est une technologie si, et seulement si :

(i) il est compatible avec les connaissances scientifiques et peut être mis à l'épreuve à l'aide de la méthode scientifique, et

(ii) il peut être utilisé pour contrôler, transformer ou créer des objets ou des processus naturels ou sociaux, afin d'atteindre des buts pratiques considérés comme valables ».

Rappelons-nous alors la définition de la psychothérapie donnée par Strotzka, psychiatre d'orientation psychanalytique et non psychologue behavioriste : « La psychothérapie est un processus interactionnel conscient et planifié visant à influencer des troubles... qui sont considérés comme nécessitant un traitement dans un consensus (entre patient, thérapeute, et groupe de référence) par des moyens psychologiques... dans le sens d'un but défini, si possible élaboré en commun... moyennant de techniques pouvant être enseignées et sur la base d'une théorie du comportement normal et pathologique ». Comme on peut le constater, cette définition de la psychothérapie comme processus planifié visant à réaliser un but considéré valable dans un consensus, par des techniques dérivées d'une théorie, correspond parfaitement à une activité se situant dans le cadre de ce que Bunge a défini comme technologie.

Dans cette perspective de la psychothérapie comme technologie, il y a alors lieu de distinguer la psychothérapie comme ensemble de règles technologiques et de métarègles décrites et codifiées dans les livres et «manuels», de la psychothérapie comme pratique mettant en œuvre ces règles.

Les règles sont des descriptions d'actions susceptibles de conduire à la réalisation de certains buts dans certaines conditions. Westmeyer (1978, pp. 123-124) les définit de la façon suivante:

«TR est une règle technologique lorsqu'il y a des éléments A, D, T et F, de façon que

(1) A et D décrivent les conditions d'application de TR: Ce sont les descriptions des problèmes ou la formulation des questions initiales A et, comme résultat de l'analyse de problème, le diagnostic D.

(2) T décrit le traitement recommandé par TR: Un traitement consiste dans l'application d'une mesure (thérapeutique) déterminée Ma par un applicateur déterminé (thérapeute) An, selon une façon déterminée Aw. Une mesure peut être simple ou complexe, elle peut aussi consister à renoncer à une intervention au moment en question, aussi la simple attente du cours ultérieur du problème (par exemple, l'espoir d'une rémission spontanée) est donc un traitement.

(3) F décrit la conséquence indiquée dans TR: Une conséquence de traitement est un état qui peut se présenter après la réalisation du traitement. A l'exception du cas déterministe rare, dans des conditions d'application données, chaque traitement comporte naturellement plusieurs conséquences possibles qui s'excluent mutuellement, et qui peuvent grosso modo se diviser en trois classes. L'une des classes ne contient qu'une seule conséquence qui décrit la survenue des buts propres du traitement (buts de la thérapie) et nie l'apparition d'effets secondaires quelconques — ce sont des conséquences positives ou négatives non expressément visées qui peuvent survenir avec les buts du traitement —; la deuxième classe comprend des conséquences qui décrivent la survenue des buts du traitement et qui en plus constatent aussi l'apparition d'effets secondaires variés; la troisième classe de conséquences exprimera par contre que les buts du traitement ont été manqués et que d'autres conséquences (généralement non désirées) surviennent, qui sont incompatibles avec les buts du traitement.

(4) TR recommande de réaliser le traitement T pour obtenir la conséquence F lorsque est posée la question initiale A et donné le diagnostic D, c'est-à-dire d'appliquer une mesure déterminée Ma par un applicateur déterminé An selon une manière déterminée Aw».

La structure générale de pareille règle technologique est: $(A \& D) \to (T \Rightarrow F)$, ce qui s'énonce: «Pour obtenir F, fais T (étant donné A et D)».

Les métarègles (principes heuristiques) sont des descriptions disant comment on peut développer des règles technologiques. Il existe effectivement beaucoup de problèmes en psychologie clinique pour la résolution desquels des règles technologiques ne sont pas disponibles, mais doivent d'abord être créées. Il en va ainsi pour les problèmes et buts au sujet desquels il n'existe pas de savoir thérapeutique bien confirmé, ou pour les problèmes et buts thérapeutiques très complexes et diffus qui doivent se concrétiser et se préciser progressivement, grâce à des stratégies de résolution de problèmes. Ces métarègles doivent, elles aussi, être éprouvées quant à leur efficacité.

Comme exemples de règles technologiques et de métarègles, on pourrait citer les règles d'application du training autogène de Schultz (1932) ou de désensibilisation systématique de Wolpe (1958), les règles techniques de l'interprétation psychanalytique (par exemple, Glover, 1955), et, pour donner des exemples plus récents provenant de la recherche en psychothérapie et se situant explicitement dans un contexte technologique, les recommandations techniques formulées dans les récents «manuels» de psychothérapie de Beck et al. (1979), Luborsky (1984), Strupp et Binder (1984)[31].

Ces règles technologiques et les métarègles comme nous l'avons déjà indiqué, ne sont pas vraies ou fausses comme les lois nomologiques, mais plus ou moins efficaces ou inefficaces, et leur efficacité doit être établie empiriquement. Leur efficacité étant établie, deux autres questions se posent: celle de l'explication de leur efficacité, et celle de la justification de leur application.

L'explication de l'efficacité d'une règle peut se faire, selon Bunge (1967), à partir de propositions nomologiques qui sont transformées en propositions nomopragmatiques, ou à partir de théories technologiques.

La justification de l'application d'une règle technologique concerne la question de savoir si et pourquoi une règle doit s'appliquer dans une situation concrète. C'est donc la question du choix de traitement qui se pose pour le praticien et qui comprend celle du choix du but à atteindre, et celle du moyen à utiliser (le traitement).

Concernant le choix du but à réaliser, il faut remarquer que, comme il s'agit d'une question impliquant des jugements de valeur, la recherche et la justification de ces buts se situe en dehors de la recherche scientifique empirique. Celle-ci peut bien expliquer pourquoi un patient et un thérapeute choisissent tel but thérapeutique, mais elle ne peut pas justifier ce choix, c'est-à-dire répondre à la question de savoir si ce but est fondé par une norme valable (Perrez, 1976).

Le but du traitement étant trouvé, le praticien aura à faire un choix rationnellement fondé parmi les traitements possibles, c'est-à-dire à trouver des arguments justifiant l'application d'un traitement déterminé en vue de réaliser un but déterminé dans ce cas concret. Un pareil choix peut être considéré comme rationnellement fondé, lorsqu'il remplit les conditions que Patry et Perrez (1982, p. 402) décrivent comme suit :

« Lorsque la norme d'action singulière 'Applique le traitement T' peut être déduite de prémisses (parmi lesquelles une au moins est normative) et de conditions antécédentes selon le schéma suivant :
1. Le traitement pour atteindre le but F doit être appliqué lorsque les conditions Q sont remplies !
2. Les conditions Q sont remplies dans le cas concret K et pour le traitement concret.

---

3. Applique le traitement T dans le cas K ! ».

Les conditions qui doivent être réalisées par Q et qui sont des points importants à prendre en considération lors de toute décision concernant un traitement, sont celles indiquées par Patry et Perrez (ibid.) :
« Un traitement T doit être appliqué lorsque :
a) il s'agit d'atteindre un but F et lorsque celui-ci est éthiquement légitime ;
b) le traitement T peut conduire aux conséquences F dans la constellation A'_n ;
c) l'application du traitement T est défendable du point de vue éthique ;
d) l'efficacité de T pour F est démontrée ;
e) on ne connaît pas d'effets secondaires négatifs ou lorsque ceux-ci sont insignifiants ou improbables par comparaison avec F ;
f) le traitement T en vue de F ne repose pas sur des présupposés qui sont incompatibles avec le savoir existant ;
g) le coût est défendable ; et
h) on ne connaît pas le traitement T* qui remplit mieux les conditions ».

Nous ne pouvons malheureusement pas commenter ici ces conditions et renvoyons à cet effet à Patry et Perrez (1982, pp. 402-406), mais il faut indiquer que la satisfaction des prémisses est suffisante, mais probablement pas nécessaire, et que les décisions sous h) peuvent faire intervenir des pondérations difficiles.

La décision rationnelle d'appliquer un traitement T afin de réaliser le but thérapeutique F légitime du point de vue éthique, suppose donc que l'on ait pris les informations nécessaires pour voir s'il réalise effectivement les conditions b - g. Cela suppose aussi que l'on ait examiné tous les traitements possibles et qu'on ait comparé les différentes possibilités pour décider finalement si un traitement est à appliquer et lequel (h). Dans cette prise de décision les points a - h nous disent quelles sont les conditions à prendre en considération, mais ne nous disent pas comment décider entre différents traitements possibles (h).

Alors que des modèles de prise de décision ont pu être utilisés dans le domaine du diagnostic psychologique, surtout dans celui des aptitudes (Cronbach et Gleser, 1965; Wiggins, 1973), la majorité des prises de décision en matière de choix de la thérapie ne peut pas être reconstruite rationnellement à l'aide de ces modèles. C'est la raison pour laquelle Westmeyer (1979) a proposé un modèle heuristique pour la justification des décisions concernant le choix du traitement. Il s'agit d'un procédé de dialogue entre différentes instances qui ont à débattre pour voir si la décision du choix du traitement peut être considérée comme rationnellement fondée. Selon ce modèle de négociation, le praticien avance des arguments pour justifier sa décision devant un examinateur qui l'interroge à ce sujet et vérifie si les aguments avancés sont recevables. Dans ce débat le praticien et l'examinateur peuvent se référer à des experts ou des témoins indépendants afin d'appuyer ou d'examiner les différentes propositions. Parmi les experts, le chercheur représente l'état actuel de la recherche (théorie, données, résultats), le méthodologue les exigences méthodologiques à satisfaire par la recherche, et le théoricien des sciences les critères permettant de juger la validité des théories. La rationalité des arguments avancés par le praticien et lors du débat est alors évaluée par un juge indépendant et non par l'examinateur.

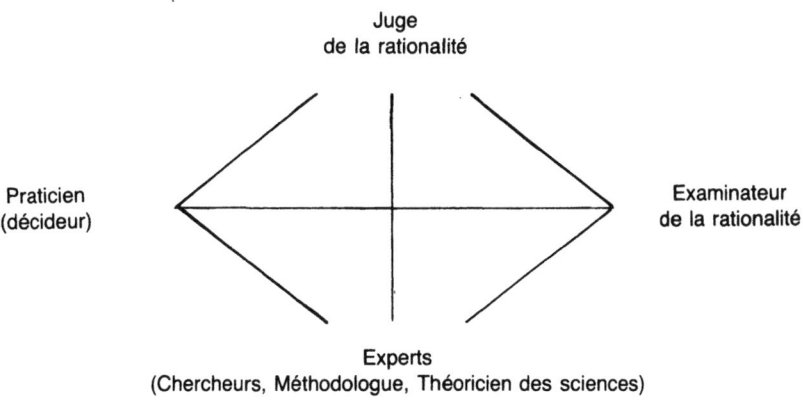

Pour illustrer ce modèle de négociation, donnons deux extraits de pareil dialogue qui montrent en même temps comment procède (dans un dialogue intérieur) un clinicien ayant une formation scientifique. Voyons d'abord un premier extrait montrant comment on peut justifier un choix de traitement, Th étant le thérapeute, Rp l'examinateur de rationalité:

«Rp_1 : Vous avez pris une décision déterminée concernant la thérapie. Comment justifiez-vous cette décision?

Th_1 : Voyez-vous, dans ce cas, j'ai été confronté à une question de départ déterminée, le problème du client, et je me suis entendu avec lui sur des buts déterminés que nous voulons poursuivre dans la thérapie.

Rp_2 : Oui et alors?

Th_2 : Et bien, je pars de la supposition que nous atteindrons ces buts si chez ce client je réalise d'une façon déterminée la thérapie que j'aie choisie.

Rp_3 : Qu'est-ce qui vous donne cette assurance?

Th_3 : J'ai pu constater dans des recherches diagnostiques que ce client appartient au groupe de clients chez lesquels cette thérapie est particulièrement indiquée.

Rp_4 : Cela ne suffit pas! Vous vous appuyez manifestement sur une règle technologique déterminée qui recommande la réalisation d'un traitement déterminé en vue de l'obtention de buts déterminés lorsqu'une question de départ et un diagnostic déterminés sont donnés.

Th_4 : C'est juste.

Rp_5 : Mais comment justifiez-vous alors que vous êtes laissé guider par cette règle technologiques en prenant votre décision?» (p. 154).

Dans la suite du dialogue, le thérapeute peut alors justifier son choix en faisant état de recherches empiriques établissant que le traitement choisi atteint le but visé significativement plus souvent que la rémission spontanée, et jamais moins bien que d'autres traitement possibles. Mais qu'en est-il lorsque de pareilles recherches empiriques ne sont pas encore disponibles et qu'il faut quand même prendre une décision, comme c'est souvent le cas? Le deuxième extrait nous montre la suite du dialogue dans cette éventualité, l'examinateur ayant posé la question: «Mais comment justifiez-vous que vous vous êtes laissé guider par cette règle technologique en prenant votre décision?»

Th_{5_2} : Tout simplement parce que j'ai de bonnes raisons de supposer que par ce traitement j'attendrai les buts fixés dans ce cas.

Rp_{6_2} : Comment se présentent ces raisons? Pouvez-vous par exemple vous appuyer sur des recherches d'efficacité convaincantes?

Th_{6_2} : Non. Il n'y a pas encore de pareilles recherches au sujet de ce traitement.

Rp_{7_2} : Comment voulez-vous alors justifier autrement la confiance que vous mettez dans la règle technologique?

Th$_{7_2}$: Théoriquement! Je me réfère à une théorie bien déterminée que j'ai consultée pour l'analyse de ce cas et qui a suggéré le traitement que j'ai choisi.

Rp$_{8_2}$: S'agit-il là d'une théorie subjective (personnelle) ou d'une théorie objective (intersubjective)?

Th$_{8_2}$: D'une théorie objective, donc d'une théorie scientifique au sens habituel.

Rp$_{9_2}$: Et de quelle façon vous êtes-vous servi de cette théorie? Qu'entendez-vous par 'la théorie a suggéré le traitement que vous avez choisi'?

Th$_{9_2}$: Eh bien, la théorie utilisée est une construction qui ne vaut au fond que dans des conditions idéalisées, de sorte qu'une application de cette théorie au sens strict (logique-systématique) donc par exemple pour l'explication et le pronostic d'événements — n'est possible que pour des événements dans des environnements (laboratoire) réduits et contrôlés (programmés) qui ne sont pas typiques dans la pratique psychologique clinique. Pour cette raison les règles technologiques ne peuvent pas être déduites des lois nomologiques de cette théorie, mais elles ne sont que suggérées ou recommandées.
Pour moi cette utilisation heuristique et donc subjective d'une théorie est une possibilité légitime de fonder théoriquement des règles technologiques.

Rp$_{10_2}$: Je vous l'accorde parfaitement, mais votre décision concernant la thérapie est-elle déjà suffisamment justifiée par là?

Th$_{10_2}$: Je crois bien. Comment pourrait-on justifier autrement ou mieux le recours à une thérapie au sujet de laquelle il n'y a pas encore ou guère d'expérience, il faut naturellement présupposer que la théorie fondée peut passer pour confirmée et a résisté à toute une série de mises à l'épreuve rigoureuses.

Rp$_{11_2}$: C'est clair, et sous cette condition je pourrais aussi vous donner mon accord. Mais il y a encore un autre problème. Pour autant que je sache, il y a tout de même déjà d'autres traitements que l'on peut considérer comme ayant fait leurs preuves en ce qui concerne votre problème et votre but.
Pourquoi ne vous décidez-vous pas pour un de ces traitements?

Th$_{11_2}$: Je connais ces traitements. Des recherches faites jusqu'à présent ont cependant montré que les valeurs d'efficacité sont insatisfaisantes; en outre les coûts du traitement sont énormes à cause du grand nombre de séances thérapeutiques requis. J'espère que le traitement pour lequel je me suis décidé dans ce cas apporte un réelle amélioration. De plus il me semble que vu la gravité relativement faible du cas, une pareille expérience — si vous voulez — est parfaitement défendable.

Rp$_{12_2}$: Dans ces conditions je considère votre décision de traitement comme suffisamment justifiée (fondée), et ne vois pas de raison de ne pas la déclarer rationnelle» (pp. 156-157).

Ce modèle de négociation en vue d'une décision rationnelle concernant le choix d'un traitement étant esquissé, il faut remarquer qu'à l'heure actuelle, son application à la pratique psychothérapeutique est l'exception plutôt que la règle, parce que nos connaissances en matière d'efficacité, d'effets secondaires, de coût et de bénéfice, etc., ne sont pas encore fort avancées, ni le «code» suivi par le juge de rationalité, fort élaboré. Cela n'empêche que sa prise en compte nous oblige à expliciter les raisons de nos choix et nous aide ainsi probablement à mieux choisir. De plus, son application mettra en évidence ce qui nous manque pour faire un choix rationnel, et indiquera ainsi des objectifs pour la recherche technologique. Nous l'avons décrit ici pour présenter et illustrer cette problématique plutôt que pour le recommander à l'usage quotidien obligatoire.

La confrontation des définitions de la technologie et de la psychothérapie, l'explicitation de la notion de règle technologique et de son rapport à la théorie et à la pratique, ainsi que l'illustration du modèle de négociation nous ayant montré que la psychothérapie peut légitimement être conçue comme technologie, il peut être utile de se pencher encore un moment sur la différence existant entre cette démarche et celle du praticien qui ne se réfère pas à pareille conception technologique.

L'honnête homme doué en relations humaines et le praticien sans formation proprement scientifique objecteront en effet, avec raison d'ailleurs, qu'eux aussi savent ce qu'ils font et y réfléchissent, qu'eux aussi se réfèrent à une théorie, à des règles et à une longue expérience faite dans la vie ou dans leur travail clinique, et personne ne peut leur contester des succès thérapeutiques comme le montrent, par exemple, les travaux de Durlak (1979) et de Strupp et Hadley (1979).

En quoi consiste alors la différence ? Nous répondrons brièvement en disant qu'elle consiste dans le type de théorie, dans la façon dont ils s'y réfèrent et dont ils l'appliquent. Nous illustrerons les choses en présentant deux tableaux qui les résument en même temps.

Descriptions schématiques des théories naïves et des théories scientifiques, d'après Perrez (1983, p. 313)

	Théories naïves	Théories scientifiques (Statement view)
1. Formation des concepts	Selon les lois de la psychologie génétique ou les lois psychologiques de la formation et de l'apprentissage des concepts.	Selon les règles explicites de définitions. Procédés de classifications transparents.
2. Caractéristiques du système conceptuel	Descriptibles, entre autres du point de vue de la différenciation, de la discrimination et de l'intégration.	Analogues aux théories naïves.
3. Processus de catégorisation	La classification du phénomène dans des catégories se fait selon des principes psychologiques.	La classification se fait en fonction des principes de mesures.

4. Vérification des hypothèses. Prédiction (formation d'opinion)	Selon les lois psychologiques de la formation d'impressions. Expérience subjective. Non systématiques.	Selon les règles de la logique expérimentale. Intersubjectivement contrôlable.
5. Théories	Ensembles de connaissances subjectives codés dans la mémoire. Souvent difficiles à corriger par l'expérience.	Ensembles de connaissances objectives. Codifiées dans des livres, des revues. Corrigibles par la falsification?
6. Propositions technologiques	L'efficacité est évaluée selon la conviction subjective, elle suit les lois psychologiques de la formation d'impressions.	Estimation objective de l'efficacité.

Plus concrètement, la formation et l'application des théories naïves et scientifiques peuvent encore s'esquisser selon le tableau extrait et légèrement modifié de Perrez et al. (1985, p. 65); les propositions sous a) caractérisant les théories naïves, celles sous b) les théories scientifiques.

1. Concernant le développement de la théorie.

a) les théories naïves sont élaborées, élargies et modifiées dans le débat avec la réalité quotidienne ou clinique. Elles sont rarement formulées de façon explicite, et elles se manifestent dans la pratique et dans le discours sur l'action pratique;

b) les théories scientifiques sont développées au cours d'un long processus de recherche visant explicitement la formulation d'une théorie qui est le but de cette recherche.

2. Le développement, la mise à l'épreuve, et l'application de la théorie

a) ne se font pas de façon indépendante, mais ce que l'on appelle «l'expérience» quotidienne ou «clinique» sert à la fois aux trois buts poursuivis par ces activités. Une pratique inadéquate fondée sur une théorie inadéquate a des conséquences négatives relativement immédiates pour le praticien;

b) se font successivement, dans des phases séparées du processus de recherche. Les erreurs et impasses n'ont pas de conséquence immédiate pour la vie du chercheur.

3. L'approche de la réalité

a) du praticien ne lui permet pas d'isoler et de contrôler les variables multiples et en interaction qui jouent dans les phénomènes dont il s'occupe;

b) du chercheur lui permet de bien structurer ses questions, d'opérationaliser ses hypothèses à partir de variables mesurables qu'il peut isoler et faire varier au laboratoire ou moyennant un plan de recherche raffiné. Le but de sa recherche est principalement l'obtention d'un savoir éprouvé sur des relations dans des contextes relativement isolés.

4. La réduction de la complexité de la réalité

a) nécessaire également pour le praticien «naïf», se fait dans son cas de façon spontanée, non contrôlée et personnelle;

b) se fait de façon contrôlée et systématique.

5. L'échantillon étudié

a) est le cas individuel dont le praticien doit résoudre le problème sans qu'il puisse généralement se référer à des moyennes de groupe.

b) est généralement un groupe d'individus qui permet d'établir des lois et de calculer des différences statistiquement significatives.

6. L'application pratique de la théorie

a) doit se faire, la plupart du temps, de façon immédiate, obligeant le praticien à la planification et à l'action plus ou moins immédiates;

b) prend un certain temps nécessaire à la planification, à la réalisation et au contrôle des effets.

7. Quant à la fonction du doute, il faut souligner que l'attitude critique

a) poussée trop loin étoufferait la capacité d'action du praticien qui a besoin, pour agir, d'une assurance subjective minimale;

b) est de rigueur, et que la recherche de la vérité implique le doute constant.

Que ces différences soient plus que des subtilités académiques et que la seule référence aux théories naïves soit insuffisante au niveau de l'intervention se conçoit lorsqu'on consulte la littérature sur les problèmes cliniques et lorsqu'on se souvient des faits mis en évidence par l'analyse du processus de jugement clinique.

Mais s'il y a donc de bonnes raisons de croire que ces différences soient d'importance pour la pratique de la psychothérapie, il faut remarquer aussi que l'esquisse que nous venons de faire des deux types de théorie et des activités correspondantes est un schéma et qu'elle n'implique aucunement que les connaissances du praticien seraient sans intérêt ni valeur, comparées à celle du chercheur scientifique. La vérité est plutôt que, très souvent, on ne sait pas très bien ce qu'elles valent et si elles sont efficaces, comme on ne sait pas très bien quelle est, pour le praticien, l'utilité des connaissances scientifiques. Il suffirait peut-être que des cliniciens fassent de la recherche clinique en essayant d'éprouver l'intérêt et la valeur des connaissances pratiques. Et que, de leur côté, les chercheurs se soucient davantage d'articuler et de montrer l'intérêt que présente la recherche pour les nécessités de la pratique clinique. Que cela ne soit pas tout à fait utopique peut se documenter dans l'idée du «scientist practioner», du scientifique-praticien, ou, si l'on préfère, du praticien-scientifique, modèle proposé dès le début de la renaissance de la psychologie clinique après la seconde guerre (le modèle de Boulder), toujours d'actualité et auquel on doit, au fond, ce que l'on sait en psychologie clinique.

Avant de terminer cette présentation quelque peu favorable à une conception technologique de la psychothérapie, il importe de remarquer toutefois qu'elle ne va pas sans poser de problèmes, et que même en chirurgie et en médecine somatique où elle semble pourtant plus directement applicable qu'en psychothérapie, elle a donné lieu à des réserves, tant du point de vue technique que du point de vue éthique (voir par exemple, De Cosse et al., 1980; Van der Linden, 1980; Lacaine et Hugier, 1981; Fisher et Kennedy, 1982).

Les problèmes techniques sont principalement ceux de la standardisation, de la spécification et de la mesure des interventions, comme on les a rencontrés dans l'application à la psychothérapie du modèle de l'essai clinique développé en pharmacothérapie.

Toujours au niveau technique, mais ayant déjà des implications éthiques, on mentionnera alors la question de savoir quelle est l'importance relative, en psychothérapie, des facteurs interpersonnels et des facteurs de technique, si le modèle technologique n'aboutira pas à remplacer le facteur interpersonnel par le facteur technique, à négliger les valeurs personnelles, et finalement à faire oublier une des fonctions sociales de la psychothérapie qui ne se réduit pas à l'efficacité, à savoir qu'elle «défend l'importance qu'il y a à respecter les relations humaines et l'expérience humaine subjective» (Docherty, 1984, p. 144). On ne peut que souscrire à un passage où cet auteur déclare que son «affirmation de la validité de ces conflits de valeur n'infirme d'aucune façon la validité de l'étude scientifique d'une psychothérapie techniquement raffinée par des méthodes techniquement améliorées et dépendant d'une technologie», que tout au contraire, un plaidoyer énergique en faveur des valeurs relationnelles peut «préserver l'intégrité de la recherche» et nous «protéger des dangers inhérents à un courant irrésistible sur la voie de la recherche vers une clarté et une simplification apparentes, mais trompeuses, d'une recherche «dure et claire» basée sur la technologie». Il rappelle alors la description de cette voie faite par Yankelovitch (Smith, 1972, p. 286) :

«Le premier pas consiste à mesurer tout ce qui peut être mesuré aisément. Cela est en ordre aussi longtemps que cela marche. Le deuxième pas est de ne pas tenir compte de ce qui ne peut pas être mesuré ou de lui donner une valeur quantitative arbitraire. Ceci est artificiel et induit en erreur. Le troisième pas consiste à présumer que ce qui ne peut être mesuré aisément n'est pas important. Ceci est de l'aveuglement. Le quatrième pas consiste à dire que ce qui ne peut être mesuré n'existe pas vraiment. Ceci est du suicide».

Mais s'il est donc important d'être conscient des dangers d'une conception technologique de la psychothérapie, pour le chercheur celui d'une simplification abusive, pour le thérapeute et le patient celui de privilégier indûment les valeurs de maîtrise, d'efficacité et d'adaptation, risquant ainsi d'aliéner le patient, il faut être conscient aussi du fait que l'ignorance de la technologie ne garantit pas l'authenticité et l'émancipation du sujet. Car « Seuls les résultats garantis, bien éprouvés peuvent contribuer à une élucidation de soi, de l'homme et de ses dépendances sociales. Seuls des résultats techniquement pertinents peuvent être employés à la levée de ces dépendances » (Westmeyer, 1973, p. 132). On peut rappeler aussi ce que doit à la perspective technologique la médecine moderne, la thérapie des dépressions, etc., et plus généralement que « le risque d'aliénation est réel, mais l'accroissement des possibilités créatives est à la mesure de ce risque » (Ladrière, 1977, p. 214).

Revenons maintenant, après avoir situé la psychothérapie comme ensemble de règles technologiques, à la psychothérapie comme pratique, et essayons de répondre à la question évoquée au chapitre II, mais restée sans réponse jusqu'à présent, de la composante artistique de la psychothérapie. N'a-t-on pas défini la médecine non pas comme application d'un savoir, proposé par les disciplines fondamentales, mais bien comme « *l'art* de guérir » ? Ne peut-on pas faire de même pour la psychothérapie et parler alors d'un « *art* de résoudre des problèmes » ? Peut-on nier qu'ici non plus, il ne suffit pas de connaître les règles (technologiques) pour savoir et pouvoir jouer le jeu ?

Dans une conception technologique de la thérapie, l'art consisterait alors à « sentir », à savoir et pouvoir appliquer les principes heuristiques et les règles technologiques aux problèmes d'un cas concret. C'est autre chose et bien plus que la simple mise en œuvre d'un procédé. Il s'agit certes de connaître les règles technologiques, les procédés, mais il faut en savoir plus et pouvoir les mettre en œuvre au moment et de la façon qui convienne au cas concret, et savoir les trouver, les créer lorsqu'elles n'existent pas. C'est là une chose qui s'apprend, dans une certaine mesure, comme tout, moins dans les livres que dans la pratique clinique surtout, contrôlée par soi-même et par un « superviseur ». Et il est clair que cet apprentissage ne se limite pas à l'acquisition de manières de procéder, de techniques pour changer les autres, mais implique un travail sur soi, sur la personne qui applique les règles.

En somme le thérapeute se trouve en quelque sorte dans la situation de l'artiste qui doit interpréter et faire vivre une partition : il doit savoir lire, comprendre et connaître une œuvre faite selon des règles de composition, et la rendre en suivant des règles d'interprétation, des règles techniques en partie particulières à son instrument, pour en sortir une re-création qui convainque. Comme il ne suffit pas d'aimer la musique, de connaître les règles de la composition et de l'interprétation pour faire de la musique, et la faire en artiste, il ne suffit pas non plus de vouloir aider et de connaître les règles technologiques pour faire de la thérapie et être un «bon» thérapeute. C'est une analogie et il importe de ne pas méconnaître la différence entre les deux situations : outre les valeurs éthiques et esthétiques, la psychothérapie se juge aussi selon des critères objectifs d'efficacité et sa compatibilité avec le savoir scientifique, mais nous tenions à faire ce rapprochement pour tenter de compenser les associations quelque peu négatives, simplifiantes et réductrices que pourrait évoquer le terme «technologie» appliqué à la psychothérapie. Ainsi la psychothérapie ne serait pas une science, ni même une science appliquée, ni à classer parmi les beaux-arts, mais une activité requérant une compétence dans l'application des règles technologiques au cas particulier, ce qui tient à la fois de l'art et de la science.

V. ECLECTISME, COMBINAISON ET INTEGRATION DES THERAPIES

La question de la complémentarité des approches thérapeutiques, de la combinaison de leurs techniques, et de leur intégration, qui a d'abord été envisagée principalement dans le cadre de la psychanalyse et de la thérapie comportementale (Dollard et Miller, 1950; Huber, 1967; Feather et Rhoads, 1972a et b; Wachtel, 1977) a plus récemment rencontré un intérêt croissant et plus général, suite aux résultats des recherches sur les effets et les processus psychothérapeutiques, suite aussi aux problèmes et travaux suscités par la combinaison de traitements psychothérapeutiques et psychopharmacologiques. Témoignent de ce renouveau d'intérêt le récent ouvrage de Goldfried (1982), la création de la Society for the Exploration of Psychotherapy Integration (1983), et les recherches psychopharmacologiques dont l'aspect concernant la combinaison et l'intégration des traitements a bien été mis en évidence par Müller-Oerlinghausen et Linden (1981), Karasu (1982), Gaebel et Linden (1984) et Blackburn (1985)[32].

En philosophie, l'éclectisme remonte à une option des philosophes et théologiens de l'Antiquité qui consistait à choisir et à combiner des parties provenant de doctrines d'écoles différentes sans se préoccuper outre mesure des contradictions et inconsistances qui pouvaient ainsi résulter d'une combinaison de parties provenant d'ensembles théoriques qui diffèrent quant à leur principe de base.

En psychothérapie, l'usage du terme n'est souvent pas très clair, et il nous semble utile de distinguer l'éclectisme théorique de l'éclectisme technique (se situant au niveau des techniques d'intervention) d'une part, et, de l'autre, l'éclectisme syncrétique de l'éclectisme systématique et critique.

Au niveau théorique, l'option éclectique se justifie en constatant le fait que les différentes théories psychothérapeutiques thématisent des aspects différents de la personnalité et de ses troubles, qu'elles sont donc incomplètes, et en posant qu'il serait souhaitable de retenir de chaque théorie les éléments originaux et valables afin de les intégrer de façon systématique et critique dans un ensemble valable et harmonieux. English et English (1958, p. 168), définissent l'éclectisme théorique comme suit: «la sélection et la combinaison ordonnée de caractéristiques compatibles de sources diverses, parfois de théories et de systèmes incompatibles; l'effort de trouver des éléments valides dans toutes les doctrines ou théories et de les combiner pour en faire un ensemble harmonieux. Le système qui en résulte est ouvert à une révision constante, même dans ses arguments majeurs». Leur description de l'option et de l'attitude éclectique[33] mérite d'être retenue : «l'éclectique cherche autant de consistance qu'il est possible pour le moment; mais il n'est pas enclin à sacrifier des conceptualisations qui donnent sens à un large champ de faits en faveur de ce qu'il est porté à concevoir comme systématisation d'ensemble impraticable. Le formaliste trouve ainsi la position de l'électique vague et non critique. Pour sa part, l'éclectique trouve le formalisme et les écoles trop dogmatiques et rigides, trop enclins à rejeter sinon des faits, tout au moins des conceptualisations de faits qui peuvent être utiles».

A ce niveau théorique ainsi qu'au niveau technique il y a alors lieu de distinguer l'éclectisme syncrétique qui choisit et combine les éléments en fonction de préférences subjectives d'un éclectisme qui procède de façon critique et systématique, et dont le souci théorique est évidemment plus prononcé.

Mais auprès des théoriciens, l'éclectisme même critique et systématique, n'a généralement pas bonne presse, et le système sans doute le plus connu, celui de Thorne (1973), n'a pas rencontré d'énorme succès.

L'éclectisme technique au niveau de l'intervention clinique pratique peut se justifier à partir de l'hypothèse qu'il existe en psychologie clinique non pas un seul problème ayant une seule cause et nécessitant une seule thérapie (les névroses, le complexe d'Œdipe, et la psychanalyse; le désaccord entre le Self et l'expérience organismique, qui se résout par la méthode non directive, etc.), mais plusieurs problèmes différents ayant des causes différentes et justifiant des traitements différents. Cette hypothèse trouve quelque confirmation non seulement dans les classifications des troubles psychiques, mais également dans les pratiques d'indication et de traitement d'un grand nombre de thérapeutes (qui n'indiquent pas la même méthode pour tous les patients et ne font pas la même chose dans toutes leurs thérapies).

Comme exemples des démarches éclectiques techniques, on citera principalement Lazarus (1976), Garfield (1980) et Beutler (1983).

Dans sa «Multimodal Behavior Therapy», Lazarus (1976) réunit de façon pragmatique des techniques de provenances théoriques différentes et essaie ensuite de les intégrer à un cadre théorique qui se réfère à la théorie générale des systèmes, à la théorie de l'apprentissage social et à la théorie cognitive du comportement. Ce «système» qui est très intéressant du point de vue clinique reste cependant encore très pragmatique et doit être élaboré davantage du point de vue théorique.

Garfield (1980), dans son ouvrage «Psychotherapy: An Eclectic Approach» se propose de «présenter une description quelque peu systématique de ce qui est proposé en psychothérapie en tant qu'elle est considérée et décrite par un observateur-participant particulier..., d'essayer quelque intégration de ce que l'on a observé et trouvé dans ce domaine en prêtant attention, autant que possible, aux données empiriques» (p. 14). Bien que l'ouvrage, intéressant tant au point de vue clinique qu'à celui de la recherche, mette en évidence les éléments communs à différentes théories et soit bien structuré, il ne présente pas de tentative d'intégration théorique.

La tentative de Beutler (1983) «Eclectic Psychotherapy: A Systematic Approach» est plus systématique à cet égard. Elle se veut «un effort à la fois de définir les ingrédients présents dans une bonne psychothérapie et de maximaliser leur utilisation effective en ajoutant ce que nous savons sur l'appariement entre patients, thérapeutes et techniques... un effort de décrire une psychothérapie éclectique systématique qui peut être appliquée de façon relativement consistante et fidèle, mais qui tire sa force de sa variété et largeur de vue» (p. Xi). Si cette tentative est plus systématique, comme nous l'indiquions déjà, et se réfère à une conception de la psychothérapie conçue comme processus de persuasion, on ne se trouve pas devant une véritable tentative d'intégration théorique sur cette base, mais, des trois essais, c'est probablement celui qui se rapproche le plus d'une démarche éclectique technique critique et systématique.

La conception technologique de la psychothérapie pose, elle aussi, le problème du choix et de la combinaison des techniques puisqu'elle thématise la question des buts et des moyens de l'intervention thérapeutique. Ceci peut se faire directement à partir d'une théorie ou à partir des problèmes plutôt cliniques. Dans ce dernier cas, il faut souligner que dans cette perspective il s'agit au moins d'un éclectisme critique et systématique et qui implique un constant souci de fondement théorique, comme nous l'avons vu précédemment. Cela veut dire qu'il ne s'agit pas seulement d'une simple combinaison additive de techniques efficaces, mais d'une combinaison cliniquement réfléchie et cohérente et si possible théoriquement fondée [34].

Le problème qui se pose dans le cadre de l'éclectisme technique qui se justifie par l'hypothèse de complémentarité et par l'efficacité des techniques choisies et combinées, est que nous possédons encore relativement peu de données empiriques bien confirmées à ce sujet. Mais on peut estimer qu'aussi bien du point de vue scientifique que dans l'intérêt du patient, une justification rationnelle du traitement (des éléments et de leur combinaison), même si certaines données sont manquantes, est préférable à des choix sur base de préférences subjectives ou de dogme.

Chapitre VII
La recherche en psychologie clinique

La recherche est une dimension essentielle de l'activité scientifique et nous avons vu la place importante qu'elle prend dans le projet et dans l'exercice de la psychologie clinique contemporaine. C'est là une des marques distinctives de la psychologie clinique contemporaine. Elle ne va cependant pas sans poser quelques problèmes dont la solution demande qu'on les pose de façon différenciée en distinguant plusieurs aspects.

I. LES BUTS

Concernant d'abord les buts de la recherche en psychologie clinique, il y a lieu de distinguer l'aspect proprement scientifique, l'aspect psychosocial et l'aspect professionnel.

Le premier but scientifique est évidemment l'observation, la description et l'explication des phénomènes et processus rencontrés en psychologie clinique en général, l'élaboration et l'acquisition d'un savoir théorique. Comme la psychologie clinique est cependant essentiellement aussi une pratique visant à résoudre des problèmes, l'intérêt de la recherche consiste aussi dans l'élaboration, l'invention et la validation des moyens d'action qu'elle essaie ensuite d'améliorer ou de remplacer par des techniques nouvelles, processus dans lesquels la recherche prend une place importante.

Mais l'activité du clinicien s'inscrit aussi dans un contexte psychosocial dont il devrait être conscient. Cela ne signifie pas seulement que dans des recherches, par exemple sur la psychothérapie, il faille tenir compte, en plus des variables classiques — patient, technique, thérapeute — des variables du contexte socio-économique, mais aussi que l'on fasse des recherches sur les implications économiques et socio-politiques des activités du clinicien, aspects dont l'intérêt a été souligné, en France, par les travaux de R. Castel. Dans ce domaine comme aussi dans celui d'une meilleure information du patient et des instances qui doivent prendre des décisions, des travailleurs de la santé, toutes personnes qui se voient confrontées à une multiplicité croissante de personnes, d'écoles et d'institutions «psychologiques», la recherche peut fournir des informations utiles voire indispensables.

Et, last but not least, la recherche a, en psychologie clinique, une fonction au niveau professionnel: légitimer la profession du psychologue clinicien et contribuer à garantir les droits de ceux qui font appel à lui. Comment pourrait-on connaître, autrement que par la recherche, les effets positifs ou négatifs, l'efficacité, l'indication, le coût et les bénéfices d'une intervention clinique?

Si l'on admet généralement que ces buts sont honorables, leur réalisation ne va cependant pas sans problèmes. Tout le monde connaît d'ailleurs des philosophes, des cliniciens (généralement d'inspiration existentielle, phénoménologique, humaniste ou psychanalytique) et des âmes généreuses qui rejettent toute recherche empirique dans notre domaine sous prétexte que l'objectivation y est impossible ou inadéquate, qu'il y a interférence avec le phénomène à étudier, que c'est de la manipulation et qui citeront, s'ils ont pris la peine de s'informer, l'un ou l'autre exemple où l'intérêt du chercheur pouvait présenter des risques de léser celui du patient[35]. Ce questionnement est évidemment parfaitement légitime et même souhaitable, le rejet de la recherche l'est cependant beaucoup moins; il y a effectivement des problèmes éthiques, épistémologiques et méthodologiques, mais leur examen attentif et compétent ne justifie pas ce rejet, tout au contraire. Reste alors la dernière objection: en fait la recherche c'est intéressant pour les universitaires, mais elle n'apporte rien à la pratique. Nous y reviendrons[36].

II. LES METHODES DE RECHERCHE

Après avoir présenté la façon dont, en philosophie des sciences contemporaine, on aborde le problème de la scientificité, nous aurons à décrire les méthodes qui dans cette perspective permettent de répondre aux problèmes qui se posent dans l'étude empirique de la psychologie clinique, à savoir les différentes façons de procéder pour recueillir des données, les analyser, les mettre en relation, et en tirer des conclusions. Chacune de ces méthodes a donc sa logique propre, permet d'obtenir certaines données et de tirer certaines conclusions à certaines conditions.

Parmi les différentes façons de les présenter, nous avons choisi d'aborder les trois approches classiques dans un ordre qui est fonction du degré de solidité du savoir qu'elle nous apportent en général et aussi, plus particulièrement, concernant les relations causales. Pour des raisons pratiques, nous en présenterons ici d'abord les caractéristiques générales pour revenir ensuite sur les problèmes que pose leur application dans le domaine plus particulier de la clinique.

1. L'étude de cas

L'observation approfondie et prolongée de cas individuels est une méthode pratiquée de longue date en médecine et en histoire, l'une visant à décrire les symptômes et l'évolution des malades et des maladies, l'autre à récolter des faits et les organiser pour en faire une biographie. En psychologie, l'importance de l'observation approfondie et prolongée de cas individuels a été reconnue dès le début de sa fondation comme science empirique, et on doit remarquer que la discussion de ses possibilités et problèmes a récemment regagné en actualité.

Le matériel de base utilisé dans l'étude de cas consiste généralement en ce que voit et entend le clinicien lors de ses entrevues avec le patient, mais ces données peuvent s'enrichir d'informations venant d'autres sources: témoignages de parents, de proches, résultats d'examens psychologiques ou médicaux. Ces données dont l'objectivité peut varier grandement et qui informent sur l'histoire personnelle et familiale, professionnelle et médicale, sont alors organisées en fonction des problèmes posés par le patient et les buts poursuivis par le clinicien d'une part, l'option méthodologique de ce dernier de l'autre.

Le premier de ces buts est évidemment de comprendre et d'aider son patient, un but pratique, mais ce n'est pas nécessairement le seul. Le clinicien peut en effet aussi poursuivre des visées scientifiques, comme c'était le cas de Janet observant certains malades hospitalisés dans une salle près de son bureau, de Kraepelin, de Freud élaborant ses histoires de cas, ou de Piaget étudiant l'éveil de l'intelligence. Ces deux visées d'ailleurs, non seulement ne s'excluent pas, mais se complètent de sorte que le patient est le premier à en bénéficier.

Parmi les visées scientifiques, la première est celle de la description ou de l'illustration de phénomènes normaux ou anormaux, typiques, fréquents ou rare, ou encore la présentation de méthodes d'investigation ou de traitement nouvelles. Qu'on pense par exemple à la description des syndromes psychiatriques, des névroses, des cas rares de personnalité multiple, ou de méthodes de traitement telles que celles proposées par exemple par Janet, Freud, Watson et Rayner, Rogers, etc.

Une seconde fonction de l'étude de cas est de permettre la conception et l'élaboration d'hypothèses sur l'étiologie et le traitement des troubles psychiques. Comme l'atteste l'histoire de la psychiatrie et de la psychologie clinique, bon nombre d'hypothèses ont leur origine dans l'étude de cas en clinique, et non pas au laboratoire ou dans des recherches très contrôlées.

La mise à l'épreuve d'hypothèses est un troisième but poursuivi dans l'étude de cas. Elle y réussit d'ailleurs parfaitement bien lorsqu'il s'agit d'infirmer une hypothèse en découvrant des faits qui la contredisent. Ainsi Freud rejette sa vue initiale sur la réalité historique du traumatisme sexuel rapporté par les patientes, après avoir découvert, lors d'une exploration précise, que la réalité historique ne correspondait pas au souvenir rapporté par la patiente, et la description par Teska (1947) d'un cas d'hydrocéphalie congénitale ayant un QI de 113 a fait abandonner l'hypothèse selon laquelle des enfants hydrocéphales congénitaux seraient aussi des débiles mentaux. Pour la confirmation d'hypothèses par contre, l'étude de cas n'est pas fort indiquée, contrairement à ce que croient beaucoup de praticiens, parce qu'elle ne permet pas de contrôler et d'éliminer les hypothèses alternatives. Les difficultés rencontrées à ce niveau par l'étude de cas ont été bien mises en évidence par le travail de Perrez (1972) analysant le statut des explications dans une étude de cas écrite par Freud (1918) dans l'intention explicite de montrer comment certaines de ses hypothèses peuvent être mises à l'épreuve et confirmées à partir des données d'un cas clinique. Concernant la possibilité même de valider les hypothèses psychanalytiques à partir d'études de cas, Grünbaum (1984) après avoir réexaminé la question à fond arrive à la conclusion dont nous voudrions citer les deux premiers points: «1) Dans la mesure où la preuve pour le corpus psychanalytique est actuellement considérée comme provenant des productions de patients en analyse, cette justification est remarquablement faible», et «2) Vu mon exposé sur les insuffisances épistémiques inhérentes à la méthode psychanalytique, il semblerait que si la validation des hypothèses cardinales de Freud doive venir de quelque part, c'est principalement d'études extra-cliniques bien planifiées, soit épidémiologiques ou même expérimentales (Masling, 1983; Eysenck et Wilson, 1973). Mais cette évaluation est en grande partie une tâche pour l'avenir» (p. 278).

Les avantages de l'étude de cas sont donc: 1) d'être près de la réalité concrète, de permettre des descriptions détaillées tenant compte de l'individualité, d'être très souples, de laisser s'établir un contact affectif et émerger une multiplicité de connexions entre faits, événements, passés et présents; 2) de permettre la description de phénomènes rares; 3) d'être la source majeure d'hypothèses sur l'étiologie et le traitement des troubles psychiques, et 4) de permettre d'infirmer certaines hypothèses.

Les insuffisances de l'étude de cas seront rappelées un peu plus longuement ici parce que le praticien a souvent tendance à les oublier lorsqu'il argumente à partir des observations faites lors d'une étude de cas.

La sélectivité du patient et du clinicien sont un premier problème encore aggravé par le fait que beaucoup de données en psychologie clinique se situent dans le passé et sont décrites à partir de l'étude rétrospective. La sélectivité et le manque de fidélité de la mémoire peuvent donc être à l'origine d'une information incomplète et imprécise. Côté patient il faut rappeler que nous avons tous une certaine vue des choses, un besoin de nous les expliquer de façon plus ou moins cohérente, et que de ce fait il peut se souvenir de certains événements et même leur accorder beaucoup d'importance alors qu'il en oublie d'autres non moins significatifs, mais qui cadrent moins bien avec sa façon de voir. Côté clinicien aussi cette sélectivité joue puisque lui aussi a sa façon de voir, sa théorie et ses hypothèses. Un freudien ne cherchera et ne trouvera pas les mêmes choses qu'un adlérien, un gestaltiste ou un systémicien, le passé n'a pas la même importance pour chacun d'eux et, dans ce passé, ils ne seront pas attentifs aux mêmes événements, et puis on sait bien que les patients des freudiens font des rêves freudiens, ceux des jungiens rêvent à la Jung, et ceux des premiers comportementalistes ne rêvaient pas ou en tout cas n'étaient pas fort prolixes à ce sujet.

La difficulté voire l'impossibilité de répéter les observations faites sur un cas est un autre problème. Dans une certaine mesure on peut naturellement répéter l'observation avec d'autres cas puisqu'il y a des ressemblances entre les individus, mais il y a aussi des différences, chaque cas ayant quelque chose de particulier, et ces différences ne permettent pas de faire varier systématiquement un aspect des choses (une variable) en tenant constants les autres.

La difficulté de généraliser ce qui a été observé sur un cas est un autre inconvénient. Si dans une étude de cas bien faite on peut par exemple établir qu'une cécité hystérique a son origine dans le désir inconscient de ne pas voir, la question reste de savoir si c'est là l'origine de toutes les cécités hystériques et si tous les désirs inconscients de ne pas voir entraînent ces conséquences. Si l'étude d'autres cas de cécité hystérique révèle ce désir inconscient de ne pas voir, on peut en conclure que c'est là une caractéristique générale de ce trouble, mais on ne saura toujours pas si les patients qui ne présentent pas ce trouble se caractérisent aussi par l'absence de pareille motivation. Or c'est justement ce qu'il faudrait savoir pour pouvoir affirmer un lien de causalité. Cela nous amène au dernier point qui fait problème dans l'étude de cas: sa faiblesse à confirmer des liens de causalité.

La faiblesse à confirmer des liens de causalité vient, comme nous l'avons déjà indiqué, de la difficulté qu'il y a dans l'étude de cas à isoler les causes, à contrôler et à éliminer les hypothèses alternatives. Pour affirmer que A est la cause de B, il faut en effet établir que A est toujours suivi de B, et que B ne se produit pas en l'absence de A. Or une série d'études de cas du trouble B supposé causé par A peut bien montrer que B (par exemple, la cécité hystérique) est généralement précédé de A (le désir inconscient de ne pas voir), mais non que A est toujours suivi de B ou que l'absence de A entraîne l'absence de B, puisqu'elle étudie les sujets qui présentent le trouble et non pas ceux qui le présentent pas. Pour isoler des variables causales, il faudra donc chercher ailleurs.

En somme, si la force de l'étude de cas réside dans sa capacité de produire des descriptions individuelles et des hypothèses, les problèmes de la comparaison, de la généralisation, de la mise en évidence de relations causales et de l'administration de la preuve doivent être abordés par d'autres méthodes. Malgré ses faiblesses, l'étude de cas a une force persuasive étonnante dont il est intéressant et important d'analyser les causes [37].

2. L'étude différentielle et corrélationnelle

Si l'étude de cas nous permet de décrire un individu, de repérer les traits et les associations de traits qui le caractérisent, et de faire des hypothèses sur la nature de leur relation, elle ne permet pas de dire si et de quelle façon ces caractéristiques se retrouvent dans d'autres individus. Ce problème non résolu par l'étude de cas, c'est précisément l'objet de l'approche différentielle et corrélationnelle qui vise à étudier la nature, la force et la distribution des traits et de leurs associations dans leur contexte naturel. Mais alors que l'étude des cas poursuivait l'investigation de l'individu « tel qu'en lui-même » en situant les différents traits les uns par rapport aux autres « à l'intérieur » de l'individu, en essayant de « contrôler les conditions de la conduite... en reconstituant l'ensemble des conditions » (Lagache, 1949), l'approche différentielle étudie l'individu et des caractéristiques en les comparant à d'autres. Ce qui la distingue encore de l'étude de cas, c'est son caractère plus systématique, un meilleur contrôle des variables, et des mesures généralement plus précises sur plusieurs individus.

La question à laquelle l'étude des corrélations essaie de répondre est : deux ou plusieurs variables sont-elles associées, de quelle façon et dans quelle mesure ? Y a-t-il une relation par exemple entre les troubles coronariens et le type de personnalité, entre le diagnostic de schizophrénie et la classe sociale ?

Le procédé le plus simple consiste à mesurer pour chaque individu d'un groupe les deux variables dont on se demande si elles sont associées, et à calculer, selon une des méthodes du calcul des corrélations, le coefficient qui exprime leur degré de liaison. Ainsi le coefficient de corrélation de Pearson (symbolisé par la lettre r) qui varie entre $+1$ et -1 exprime à la fois la direction et la grandeur de la relation, $+1$ signifiant une relation parfaite positive, -1 une relation parfaite négative, O que les variables n'ont pas de lien entre elles. Une corrélation positive signifie donc qu'une augmentation des valeurs pour la variable X s'accompagne d'une augmentation des valeurs pour la variable Y ; une corrélation négative indique une relation inverse : pour une augmentation des valeurs pour X on assiste à une diminution de celles pour Y.

La direction et le degré d'une relation entre variables étant établis, se pose la question de sa signification, en fait trois questions dont la première concerne la signification statistique : quelles sont les chances pour que cette corrélation soit le produit du hasard ? Lorsque cette chance est de 5 % ou de moins, la corrélation est généralement considérée comme significative. Plus élevée est la corrélation, plus elle a de chance d'être significative, mais il faut ajouter que son degré de signification n'est pas seulement fonction de sa grandeur, mais aussi du nombre d'observations à partir desquelles elle a été calculée.

Une seconde question qui se pose alors quand on s'est assuré de la signification statistique d'une corrélation : ce résultat statistiquement significatif implique-t-il une signification sur le plan clinique, cette différence statistique correspond-elle a une réalité clinique ? Ceci n'est évidemment pas nécessairement le cas et il faut remarquer aussi, d'autre part, qu'une corrélation significative statistiquement seulement à .10 n'implique pas nécessairement qu'elle est due au hasard et de ce fait serait sans intérêt clinique.

Une corrélation étant statistiquement significative, se pose encore une troisième question concernant sa signification : indique-t-elle une simple association ou une relation de causalité entre les deux variables ? La réponse est qu'elle peut indiquer une relation de causalité, mais sans permettre de l'établir. La raison en est double et se trouve dans ce que l'on appelle le problème de la directionalité et le problème de la variable tierce.

Le problème de la directionalité concerne le fait qu'une corrélation élevée entre deux variables indique bien qu'elles varient l'une en même temps que l'autre, mais non si l'une varie à cause de l'autre. Ainsi Hollingshead et Redlich (1958) et d'autres auteurs étudiant le lien entre la classe sociale et les troubles mentaux ont trouvé des corrélations entre les diagnostics de schizophrénie et la classe sociale, ce diagnostic se trouvant plus souvent dans les classes inférieures. Mais il peut y avoir deux explications de ce fait : il se pourrait que les comportements désorganisés et apragmatiques des schizophrènes conduisent à un déclin de la position sociale, ou, que la causalité joue dans l'autre sens, c'est-à-dire que les conditions de vie des positions sociales inférieures conduisent aux troubles schizophréniques. Kohn (1968) par exemple, dans une étude critique sur la question, penche vers cette dernière explication tout en disant que c'est peut-être un acte de foi qui l'y incline.

Le problème de la variable tierce renvoie au fait que la corrélation constatée ne s'explique pas nécessairement par l'action d'une des deux variables sur l'autre, mais peut-être bien par l'influence d'une variable tierce ne figurant pas dans le plan de recherche. Neale et Liebert (1973, p. 86) en donnent un exemple amusant : « On trouve régulièrement une corrélation positive élevée entre le nombre d'églises d'une ville et le nombre de crimes qui s'y commettent, c'est-à-dire plus une ville a d'églises, plus il y a de crimes. Est-ce que cela signifie que la religion développe le crime ou cela signifie-t-il que le crime développe la religion ? Cela ne signifie ni l'un ni l'autre. La relation est due à une variable tierce particulière : la population. Plus élevée est la population d'une communauté particulière, plus grand... est le nombre d'églises et... la fréquence de l'activité criminelle ».

Afin de résoudre ce problème de la variable tierce on recourt habituellement à la technique de l'appariement, c'est-à-dire que l'on égalise les groupes à comparer par rapport à d'hypothétiques variables tierces. Si l'on compare par exemple les résultats obtenus pour un test de performances cognitives par un groupe de dépressifs et un groupe de schizophrènes, les résultats éventuellement inférieurs des schizophrènes peuvent être dus à des variables tierces comme l'intelligence, la scolarité, la classe sociale, etc. En égalisant les groupes par rapport à ces variables on peut alors voir si la différence s'explique ainsi ou non.

Cette technique de l'appariement peut clarifier les choses, mais ne résout malheureusement pas le problème et cela pour deux raisons. D'abord quelle que soit la perspicacité ayant guidé le choix des variables par rapport auxquelles on égalise les groupes, et quel qu'en soit le nombre, on n'est jamais sûr qu'il n'y en ait pas qui auraient échappé et qui soient responsables de la différence. Ensuite l'appariement par rapport à une variable peut affecter la comparabilité des groupes par rapport à d'autres variables. Dans notre exemple, l'appariement par rapport à l'intelligence, la scolarité ou la classe sociale pourrait avoir comme conséquence que le groupe des schizophrènes ainsi égalisé ne serait plus représentatif de la population et que les résultats ne pourraient donc plus être généralisés à la population générale des schizophrènes.

Signalons pour terminer que l'approche différentielle et corrélationnelle a donné lieu à l'élaboration d'une série de techniques très poussées (analyses factorielles et analyses multivariées) permettant l'étude de l'organisation affective et cognitive des conduites, l'établissement et la comparaison de profils individuels, l'étude du groupement des individus, et que ces techniques acquièrent une importance croissante en psychologique clinique.

Les avantages de l'approche corrélationnelle sont : 1) de se faire dans un contexte naturel, comme l'étude de cas, sans manipuler les variables, 2) de fournir des données quantitatives et précises sur les relations existant entre variables, 3) de se prêter à la répétition, et

4) pouvoir être utilisée quand l'approche expérimentale n'est pas possible pour des raisons éthiques ou pratiques, ce qui explique que la majorité des recherches en psychologie clinique, en psychothérapie et en psychiatrie soient en fait des recherches corrélationnelles.

L'inconvénient de cette approche est de ne permettre que l'hypothèse, la suggestion, mais non pas l'affirmation de relations causales.

3. L'étude expérimentale

Etant la forme d'observation la plus systématique et une observation provoquée (Cl. Bernard) se faisant non plus dans des situations naturelles relativement peu contrôlables, mais dans une situation créée par l'expérimentateur afin de mieux contrôler les variables sur lesquelles il agit en fonction de ses hypothèses, l'étude expérimentale est la méthode de choix pour mettre en évidence des relations entre effets et causes: «L'auto-observation, comme l'observation en général, ne nous fournit que des phénomènes composés. Ce n'est que dans l'expérimentation que nous dépouillons des phénomènes de toutes les circonstances accidentelles auxquelles ils sont liés dans la nature. Par l'expérimentation, nous produisons artificiellement les phénomènes à partir des conditions que nous contrôlons. Nous modifions ces conditions et modifions ainsi, de façon mesurable, également le phénomène. Ainsi c'est partout et toujours l'expérimentation qui nous conduit aux lois de la nature, parce que ce n'est que dans l'expérimentation que nous pouvons observer en même temps les causes et les effets» (Wundt, 1864).

L'expérimentateur part donc d'une question, d'une hypothèse qu'il veut mettre à l'épreuve grâce à cette méthode. Il commencera par formuler l'hypothèse en termes de variables, la variable indépendante étant celle qu'il manipule et contrôle, la variable dépendante étant celle dont les variations dépendent des manipulations de la première. Si toutes les autres variables susceptibles d'influencer la variable dépendante sont éliminées ou maintenues constantes, la variation de la variable dépendante consécutive à la manipulation de la variable indépendante peut être considérée comme un effet expérimental causé par la manipulation de la variable indépendante. Lorsque l'on veut, par exemple, tester l'hypothèse que telle intervention psychologique a tel effet thérapeutique, on commencera par définir la variable indépendante qui sera manipulée (l'intervention psychologique) et la variable dépendante (effet thérapeutique, par exemple, la disparition du symptôme). Lorsqu'on applique ensuite le traitement à des patients et constate une disparition consécutive du symptôme, cela ne confirmera cependant encore en rien notre hypothèse comme on le croit souvent. Pourquoi pas ? Parce qu'on n'a pas contrôlé les autres variables susceptibles d'influencer le symptôme (le temps qui passe, des événements nouveaux, un traitement médical, etc.). De semblables variables sont appelées variables confondantes et doivent absolument être contrôlées si l'on veut pouvoir conclure à un effet expérimental. Mais comment les contrôler ?

Un premier pas vers le contrôle des variables confondantes est l'inclusion dans le plan de recherche d'un groupe de contrôle. C'est un groupe de patients comparable, mais qui ne reçoivent pas le traitement. Si après 4 mois de traitement la disparition du symptôme est significativement plus fréquente dans le groupe expérimental, cet effet peut être attribué au traitement, à moins que... le groupe expérimental ait eu des symptômes beaucoup plus légers que le groupe de contrôle et qu'ainsi les groupes n'aient pas été vraiment comparables dès le départ de l'expérience.

Afin d'assurer cette comparabilité, il est essentiel que l'assignation des patients aux groupes expérimental et au groupe de contrôle se fasse au hasard, c'est-à-dire que chaque patient ait la même chance que tout autre de se retrouver dans un des deux groupes. Lorsqu'il n'y a que deux groupes cela peut se faire par «pile ou face», lorsqu'il y en a plusieurs, par tirage au sort, ou en utilisant des «tables au hasard». C'est cette assignation au hasard qui distingue l'expérience vraie de la quasi-expérience.

L'inclusion d'un groupe de contrôle et l'assignation au groupe faite par hasard ayant été prévue afin de mieux contrôler les variables confondantes ayant leur origine surtout du côté des sujets d'expérience, une nouvelle et dernière source d'erreur doit être prise en considération : l'effet Rosenthal. Rosenthal (1966) a en effet montré que les attentes de l'expérimentateur peuvent influencer les résultats de l'expérience, même dans les expériences d'apprentissage animal. Bien que cet effet Rosenthal n'ait pas la généralité qu'on lui attribuait d'abord, il importe d'y être attentif. Le domaine où cette prise en compte de l'effet Rosenthal a été particulièrement développé est celui de la psychopharmacologie, suite à des observations montrant l'importance de l'expectation du patient et du médecin. Afin de contrôler ces facteurs d'interactions et de mieux pouvoir évaluer l'effet intrinsèque de la substance pharmacologique, on a développé des procédés «en double aveugle» dans lesquels ni les sujets d'expérience, ni l'expérimentateur ne connaissent les substances administrées, ce qui permet d'éliminer les effets dus à l'expectation.

Toutes ces précautions prises : inclusion d'un groupe de contrôle, assignation au hasard des sujets aux groupes, contrôle de l'effet Rosenthal, l'expérimentateur peut considérer que la validité interne de l'expérience est assurée et que, de ce fait, les résultats obtenus peuvent être attribués à la manipulation de la variable indépendante.

La validité externe, c'est-à-dire la mesure dans laquelle les résultats de l'expérience peuvent être généralisés, étendus à des sujets et situations qui ne sont pas strictement ceux de l'expérience, est un autre aspect qui intéresse le chercheur et surtout le clinicien. Et du point de vue de celui-ci, on peut souligner le fait que si la validité externe suppose la validité interne, celle-ci ne suffit pas pour garantir l'intérêt d'une expérience. A quoi sert en effet la plus belle expérience si ses conclusions ne peuvent se généraliser à des situations cliniques ? Comme nous le savons, c'est là un problème non négligeable pour la recherche en ce domaine où ce problème ne peut en fait être résolu qu'en faisant des expériences semblables avec des patients et des situations cliniques légèrement différents, essayant ainsi, par approximations successives et de façon cumulative, de cerner la généralisabilité des résultats.

4. L'étude de cas expérimentale

L'étude de cas, bien que ne permettant pas d'appliquer certains principes fondamentaux de l'expérimentation (par exemple, groupe de contrôle, assignation au hasard) peut néanmoins être conduite de façon expérimentale et donner lieu à des résultats extrêmement intéressants, comme en témoignent les fameux travaux d'Ebbinghaus (1885) sur la mémoire. A la différence de l'étude de cas traditionnelle, elle est prospective, quantitative et suit des plans de recherche précis qui permettent de tirer des conclusions claires sur les effets de l'intervention. Comme il s'agit de l'étude d'un seul cas, ces conclusions ne peuvent évidemment pas être généralisées sans plus à d'autres, mais cela n'enlève rien à leur intérêt étant donné que la validité externe peut être contrôlée par la réplique systématique (Hersen et Barlow, 1976). L'intérêt clinique de l'étude de cas expérimentale vient d'ailleurs d'être documenté encore dans un travail de Petermann (1982) où l'auteur fournit une contribution à l'évaluation de l'intervention thérapeutique et montre plus généralement les liens entre les problèmes méthodologiques et la pratique clinique.

Parmi les études déjà nombreuses sur l'application diagnostique et thérapeutique de l'approche expérimentale du cas unique, prenons comme exemple celui d'un traitement du comportement automutilateur d'un enfant psychotique par Tate et Baroff (1966). Le comportement automutilateur de cet enfant de neuf ans, qui par ailleurs aimait le contact avec d'autres personnes et pouvait se montrer affectueux, consistait à se cogner la tête contre les murs et le sol, à se donner des coups de poing et des coups de pied, à se frapper l'épaule du menton. Le traitement de ces comportements automutilateurs commençait par une période d'observation de cinq jours pendant lesquels ces comportements furent soigneusement observés et notés afin d'établir une ligne de base (A). Pendant les cinq jours suivants, le traitement (B) fut alors appliqué, qui se faisait lors d'une petite promenade journalière pendant laquelle les deux adultes qui accompagnaient l'enfant lui parlaient et lui donnaient la main continuellement. Chaque comportement automutilateur était immédiatement suivi d'un retrait brusque de la main qui ne le touchait plus jusqu'à ce que trois secondes se soient écoulées après la cessation de l'acte automutilateur, et tous ces actes furent également notés. Pendant les cinq jours suivants on revenait de nouveau à la simple observation sans traitement (A), et lors des cinq derniers jours le traitement (B) fut repris. La comparaison du nombre de comportements automutilateurs observés pendant les périodes sans traitement et celles avec traitement montrait une différence frappante et significative. Elle peut être attribuée au traitement, puisque le comportement-cible change significativement en fonction de la présence ou de l'absence du traitement, diminuant avec son introduction, augmentant de nouveau lors de son absence, et diminuant à nouveau lors de sa réintroduction.

Ce plan expérimental dit du « ABAB » ou aussi « reversal design » n'est naturellement pas toujours applicable, par exemple pour des raisons éthiques, et il faut alors choisir en fonction du problème (descriptif ou explicatif, diagnostique ou thérapeutique) parmi bon nombre d'autres décrits, par exemple, chez Hersen et Barlow (1976) ou Kratochwill (1978).

5. Le plan factoriel combiné

Comme il est possible de combiner l'étude de cas et l'étude expérimentale, il est également possible de combiner celle-ci avec l'approche corrélationnelle, cas auquel on parle aussi de plan mixte. Dans cette approche deux ou plusieurs types de traitement (variables expérimentales) sont appliqués à deux ou plusieurs types de patients (variables différentielles). L'intérêt d'un pareil plan factoriel est de permettre la recherche d'effets ou classifications thérapeutiques différentiels et de voir quel type de thérapie réussit mieux avec quel type de patients. Deux exemples classiques en ce domaine sont la recherche de Di Loreto (1971) que nous résumerons ci-dessous et le travail de Sloane et al. (1975) auquel nous reviendrons ultérieurement.

Di Loreto (1971) s'est intéressé à la question de savoir si trois types de thérapie (rogerienne, comportementale et rationnelle-émotive) donnent des résultats différents chez des patients introvertis et extravertis souffrant d'anxiété interpersonnelle.

Les patients étaient 100 étudiants volontaires souffrant d'un degré élevé d'anxiété interpersonnelle et qui souhaitaient recevoir un traitement. Les trois groupes de thérapies, un groupe de placebo-thérapie et un groupe de contrôle sans contact étaient formés chacun de 20 patients dont environ la moitié étaient des extravertis, l'autre des introvertis.

Les thérapeutes étaient des étudiants avancés qui s'étaient engagés dans le type de thérapie qu'ils pratiquaient et qui avaient de l'expérience.

Les thérapies se faisaient en groupes de 5 personnes, s'échelonnaient sur 11 heures, et leur résultat fut évalué à partir d'observations comportementales et d'une batterie de tests multiples.

Les résultats montraient effectivement un effet différentiel : la thérapie rogerienne et la thérapie rationnelle-émotive de Ellis semblaient plus efficaces avec des introvertis, la désensibilisation systématique semblait aussi efficace avec des introvertis qu'avec des extravertis.

L'intérêt de cette approche par le plan factoriel combiné, est de permettre l'investigation systématique de variables importantes pour l'effet thérapeutique (le type de thérapie et le type de patient pour l'exemple donné ici) et de rechercher ainsi non seulement quelle thérapie est supérieure à quelle autre ou quel type de patient est plus accessible, mais de répondre à la question de l'indication différentielle : quelle thérapie pour quel patient ?

Son inconvénient réside dans la praticabilité limitée de cette stratégie. La variation systématique et simultanée n'est en effet possible que pour un nombre réduit de variables.

L'avantage de l'approche expérimentale consiste dans la possibilité 1) d'établir des relations causales entre variables, 2) de généraliser les résultats à la population dont l'échantillon est extrait et 3) de répéter l'expérience.

Ses inconvénients résident dans son caractère artificiel, plus ou moins éloigné de la réalité clinique concrète dont elle ne saisit qu'un aspect plus ou moins limité, mais non nécessairement inessentiel, et dans son applicabilité relativement restreinte pour des raisons éthiques et pratiques.

Pour conclure cette présentation générale des méthodes de recherche en psychologie clinique, rappelons encore une fois que chacune de ces méthodes a ses problèmes, ses avantages et ses inconvénients, et qu'aucune, à elle seule, ne permet de résoudre les multiples problèmes que posent l'étiologie, le diagnostic et le traitement des troubles psychiques. Chacune n'en saisit qu'un aspect, plus ou moins important selon le problème posé et le degré d'avancement de la recherche, et toutes doivent intervenir, à un moment ou l'autre, pour faire progresser notre connaissance et compréhension théorique et pratique.

III. PROBLEMES PARTICULIERS A LA RECHERCHE EN PSYCHOLOGIE CLINIQUE

Si les méthodes que nous venons d'esquisser sont considérées comme méthodes de base de la recherche en psychologie clinique, il faut cependant souligner que leur application aux problèmes cliniques ne va pas sans poser quelques problèmes méthodologiques aussi bien qu'éthiques, vu la nature particulière de la situation clinique. Il ne s'agit donc pas d'importer et d'appliquer sans plus les méthodes différentielles ou expérimentales en risquant éventuellement de manquer l'originalité du phénomène clinique à étudier, mais bien de les adapter de façon à la prendre en compte. Ceci exige la prise en considération d'un certain nombre de points dont les plus importants nous semblent être les suivants.

1. Le choix des variables

L'idée, la question du clinicien s'étant précisée sous forme d'hypothèse et sa réflexion l'ayant conduit vers le choix d'une stratégie d'investigation méthodologiquement et économiquement valables, le chercheur aura à préciser davantage les variables en question en tenant compte non seulement de leur intérêt clinique, mais également de la possibilité de les opérationnaliser de façon adéquate. Ceci suppose une description et une définition aussi précises que possible ainsi qu'une quantification optimale, sans quoi la comparaison et la répétition de l'expérience, qui sont très importantes dans la recherche clinique, ne sont pas possibles.

Ces variables indépendantes et dépendantes dont nous donnerons des exemples plus loin en parlant des variables-patient et des variables-thérapeute, doivent évidemment être choisies en tenant compte de leur contexte-problème et de ce que la recherche a déjà pu mettre en évidence. Parler ainsi sans plus de «psychothérapie», de «résultat thérapeutique», sans indiquer la technique et la compétence du thérapeute, le type et la mesure de l'effet thérapeutique, est insuffisant. Il faut savoir aussi que, par exemple, des mesures répétées, des questionnaires peuvent influencer la variable en question et le processus thérapeutique. Et finalement, il s'agit de veiller à ne pas privilégier indûment des variables facilement quantifiables, mais de faible intérêt clinique, aux dépens de celles dont le contenu clinique peut être plus dense, mais plus difficile aussi la quantification.

2. Les groupes de contrôle

Nécessaires pour tirer des conclusions valables, leur utilisation en clinique pose des problèmes éthiques et méthodologiques. Tout d'abord un groupe de contrôle devrait être constitué en tirant des échantillons au hasard d'une population (de patients) bien définie et en les attribuant ensuite au hasard au groupe expérimental et au groupe de contrôle. Vu que dans le domaine de la psychothérapie il arrive rarement que l'on dispose d'un nombre suffisant de patients pour procéder de la sorte, on pourrait constituer des groupes de contrôle en appariant des patients par rapport à un certain nombre de variables importantes. Mais cette solution pose également des problèmes, d'abord celui que pose sur le plan éthique l'utilisation d'un groupe non traité ou traité après un laps de temps d'attente. On ne peut en effet priver des patients, surtout lorsque leur souffrance est intense, des interventions qui soulageraient leur état, uniquement pour constituer un groupe de contrôle non traité servant à une recherche. Ensuite beaucoup de patients de pareils groupes ne reviennent plus ou cherchent de l'aide ailleurs, de sorte qu'ils ne sont plus des patients non traités. L'application d'une placebo- ou pseudo-thérapie comme le fit Paul (1966) peut se défendre lorsqu'il s'agit de problèmes d'anxiété de performance du type de ceux qu'il a traités, mais n'est plus acceptable pour des patients ayant des troubles sévères.

Il reste alors deux possibilités de trouver un groupe de contrôle: chercher des patients comparables jamais traités, mais dont on connaît l'évolution naturelle spontanée, ou trouver des patients comparables recevant d'autres traitements. Les cas d'évolution spontanée posent quelques difficultés comme le montre, entre autres, la controverse, non encore terminée, déclenchée par Eysenck en 1952 (Erwin, 1980; Bergin et Lambert, 1978; Rachmann et Wilson, 1980), bien que l'on possède à ce sujet des informations intéressantes (Ernst et al. 1968; Eysenck, 1961; Malan et al., 1975). Le taux moyen d'amélioration spontanée varie en effet trop selon la perspective de l'auteur qui l'évalue (entre 18 % et 67 %, le médian étant de 43 %, selon Bergin et Lambert, 1978), et la rémission spontanée étant un phénomène complexe, la comparabilité du groupe n'est donc pas assurée. La meilleure solution serait donc de comparer les groupes traités non pas avec des contrôles non traités mais bien avec des groupes traités par d'autres méthodes. Les résultats finaux du NIMH Collaborative Study sur la dépression comparant trois traitements différents (cognitif-comportemental, interpersonnel, médicamenteux) fourniront des informations importantes à ce sujet (Elkin et al., 1985).

3. L'évaluation des effets

L'évaluation des effets d'une psychothérapie pose trois problèmes: celui des critères, celui de la mesure, et la question des moments de l'évaluation[38].

Un premier critère des effets thérapeutiques est naturellement celui du changement survenu dans le problème pour lequel le patient a entrepris sa thérapie et que le chercheur a choisi comme variable dépendante de son étude. On pourra ainsi évaluer avec des instruments adéquats et à différents niveaux, la diminution de l'anxiété, de la dépression, du comportement phobique ou du problème sexuel que la thérapie visait à modifier. Mais il faut savoir que les effets d'une thérapie ne se limitent pas aux variables explicitement et spécifiquement visées par la thérapie et la théorie qui la soutient. Ainsi Gelder et al. (1973) dans une étude comparative sur la désensibilisation et le flooding, trouvent que les patients ne se distinguaient pas au niveau de la réduction d'anxiété qui est principalement visée par les deux méthodes, mais montraient des effets différents, pour les deux thérapies, au niveau de l'image de soi et du soi idéal. De plus, comme l'a montré Grawe (1976), les effets peuvent varier au niveau de leur configuration. Lorsqu'on s'interroge sur les effets thérapeutiques ou lorsqu'on compare différentes méthodes à ce sujet, il s'agit donc de tenir compte de ces faits, et de ne pas restreindre le problème à ce que l'on peut en voir au niveau d'une ou de deux variables considérées a priori comme les plus importantes. Il est vrai qu'il y a des effets qui sont plus importants que d'autres et que ce serait une erreur de minimiser l'importance de la réduction du symptôme, mais il est vrai aussi que le problème ne se limite pas à celle-ci. A cela s'ajoute que ces différents effets n'ont pas nécessairement la même valeur pour tout le monde et que, dans une certaine mesure, c'est aussi une question d'échelle de valeurs, ce qui nous renvoie également à la psychologie de la personnalité et des différences individuelles.

Les effets thérapeutiques à évaluer étant définis, la question se pose de savoir qui va le faire et par quels moyens. Concernant les personnes faisant l'évaluation, il faut en effet remarquer que celle-ci peut être influencée par l'implication personnelle et affective du patient et du thérapeute, que l'un et l'autre n'ont pas nécessairement la même perception des choses, et que de ce fait l'inclusion d'un évaluateur extérieur à la situation thérapeutique, et même d'une personne connaissant bien la vie journalière du patient s'impose, tout ceci se faisant évidemment dans le respect le plus strict du secret médical et avec le consentement du patient informé.

Le choix des instruments de mesure doit naturellement tenir compte des critères psychométriques habituels, mais certaines autres qualités sont particulièrement importantes dans la recherche clinique. Afin de ne pas influencer ou troubler le patient, il est parfois préférable de ne pas lui demander de remplir une échelle d'auto-évaluation, mais de recourir à l'hétéro-évaluation. Il faut ensuite, surtout si l'on veut mesurer un changement, choisir des instruments qui y soient sensibles et non ceux qui visent l'appréciation des aspects relativement permanents et stables de la personnalité comme, par exemple, le Rorschach. Aussi est-il très important que ces instruments donnent des informations relativement précises et spécifiques et non pas des descriptions globales, ce qui fera donner la préférence aux échelles et questionnaires plutôt qu'aux techniques projectives comme elles sont utilisées habituellement. Un autre point à ne pas oublier, lors du choix d'un instrument, est l'expérience positive faite à son propos dans d'autres études, et l'intérêt qu'il continue à susciter, ces qualités assurant la possibilité de comparaison et de communication. Et finalement, un instrument de mesure doit être pratique et économique, son temps d'application et d'évaluation des résultats ne devrait pas être trop long, sans quoi son utilisation sera trop lourde et trop coûteuse.

Le mesure du changement thérapeutique à partir des résultats obtenus aux instruments d'évaluation se fait alors en établissant la différence entre la valeur obtenue avant et après l'intervention. On peut ainsi calculer la simple différence entre ces valeurs, le «changement simple» (simple gain), mais on néglige alors l'influence éventuelle du niveau initial du trouble, raison pour laquelle on a proposé de calculer le «changement corrigé» (residual gain) qui tient compte du changement moyen obtenu par les patients présentant le même niveau initial (Mintz et al., 1979). La mesure de la «grandeur d'effet» (effect size, Smith et Glass, 1977), la différence moyenne entre les patients traités et ceux du groupe de contrôle, divisée par l'écart type du groupe de contrôle, est une autre mesure souvent utilisée. Ces différentes mesures de changement thérapeutique peuvent finalement être complétées éventuellement par le «changement estimé» directement sur une échelle simple par le patient, le thérapeute et des juges extérieurs, mais il s'agit alors d'être conscient des distorsions possibles dues à l'implication des partenaires et du caractère souvent ambigu de ces estimations (Mintz et al., 1979).

Les moments auxquels on pratique les différentes mesures d'évaluation sont un dernier point important pour comprendre la signification des effets thérapeutiques. On estime généralement qu'une appréciation valable des effets thérapeutiques nécessite au moins trois évaluations : une avant le début de la thérapie, une seconde plus ou moins immédiatement après la fin de la thérapie, et une troisième, la catamnèse ou follow-up, quelques mois, ou mieux, un an plus tard. Cette catamnèse est nécessaire pour apprécier la durabilité des effets obtenus et aussi, chose importante, pour évaluer leur développement et épanouissement éventuels à long terme, ou encore pour voir s'il y a une substitution de symptôme ou une apparition de symptômes nouveaux. A propos de toutes ces possibilités, il y a naturellement lieu de s'interroger sur les causes qui pourraient les expliquer, par exemple des événements positifs ou négatifs sortant du cours ordinaire de la vie, si l'on ne veut pas succomber à la tentation de tirer des conclusions prématurées. Plus récemment, cette nécessité d'inclure une catamnèse dans toute étude évaluant les effets de la psychothérapie vient d'être relativisée. Nicholson et Berman (1983), en réexaminant la question à la lumière des résultats obtenus par la recherche empirique, arrivent en effet à la conclusion qu'à l'exception des effets constatés pour les phobies et pour les problèmes au niveau des relations sociales, les effets obtenus dans les cas de névrose (les études concernant le traitement des troubles psychiques des personnalités associales, et des problèmes de dépendance n'ont pas été incluses dans la revue de N. et B.) à la fin de la thérapie persistent, qu'une catamnèse n'ajoute pas grand-chose et pourrait de ce fait être pratiquée de façon plus sélective, par exemple dans l'étude de problèmes présentant des taux de rechute importants ou dans l'investigation spécifique de la persistance des gains du traitement.

Tenir adéquatement compte de ces problèmes particuliers à la recherche en psychologie clinique n'est pas chose facile comme nous le verrons lors de quelques exemples de recherches et des critiques leurs adressées, et on peut même se demander s'il est possible de concilier les exigences de la méthodologie expérimentale avec les particularités de la clinique, ou s'il faut reconsidérer le problème et changer de modèle méthodologique.

Nous reviendrons à cette question après avoir situé les travaux de recherche sur les effets et les processus de la psychothérapie que nous prenons ici comme exemple de la recherche en psychologie clinique parce que c'est sans doute le domaine où l'activité de recherche a été le plus intense.

IV. QUELQUES PLANS DE RECHERCHE EN PSYCHOLOGIE CLINIQUE

1. Les plans pour évaluer les effets de la psychothérapie

Pour mieux situer la démarche de la recherche en psychologie clinique nous voudrions maintenant préciser davantage les plans de recherche que l'on peut suivre si l'on veut évaluer les effets de la psychothérapie. Ces plans de recherche pouvant être décrits en fonction de plusieurs critères, plusieurs classifications ont été proposées parmi lesquelles nous avons retenu celle de la APA Commission ou Psychotherapies (1982), qui présente une classification en fonction de cinq niveaux de complexité croissante et réduisant progressivement les variables confondantes possibles. A chaque niveau successif le savoir atteint est ainsi plus solide.

Le plan de niveau I (The one-shot case study) prévoit une observation faite après le traitement d'un groupe de patients en l'absence de tout autre contrôle formel. Le recueil de données rétrospectives (dossiers, informations personnelles rétrospectives) permet d'introduire des informations-contrôle, mais qui sont de faible valeur. On remonte donc ici de l'effet à la cause possible plutôt que de faire varier systématiquement des variables indépendantes dont on observerait les effets.

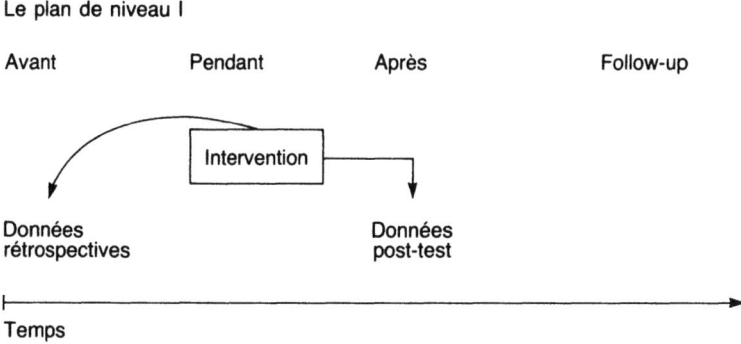

Le plan de niveau I

Le plan de niveau II (The one-groupe pretest/posttest design) comporte des mesures avant, pendant et après l'intervention, mais pas de groupe de contrôle. On peut ainsi évaluer les changements survenant pendant l'intervention, mais sans se prononcer sur leur persistance et leur cause.

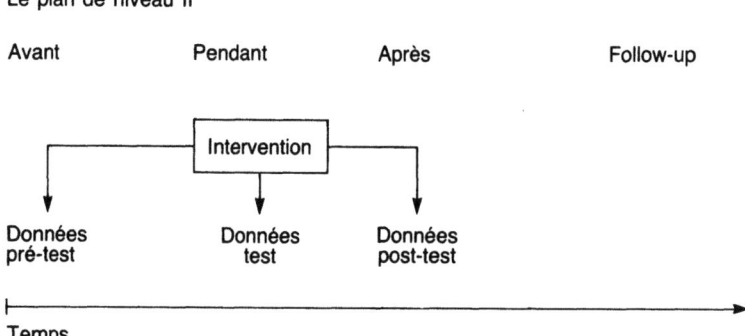

Le plan de niveau II

Le plan de niveau III (The extended baseline A-B design) ne prévoit pas non plus de groupe de contrôle, mais utilise les patients eux-mêmes comme leur propre contrôle. On commencera par répéter des observations jusqu'à l'obtention d'une ligne de base stable, puis on introduit l'intervention dont les effets sont établis en même temps par plusieurs observations. L'inconvénient de ce plan est de ne démontrer que les effets immédiats et non pas les effets lents et à long terme de l'intervention.

Le plan de niveau III

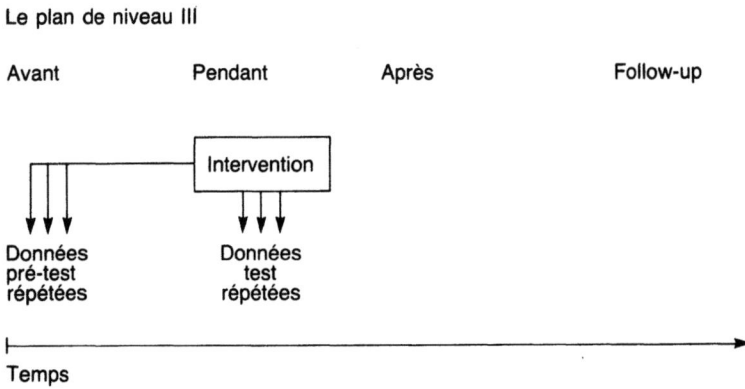

Ce plan peut être varié en ajoutant d'autres périodes d'observation ou d'intervention (par exemple, A - B - A - B) ou en l'appliquant à un seul individu (single case study) comme c'était le cas dans le travail de Tate et Baroff (1966) cité précédemment.

Le plan de niveau IV (The pretest/posttest control group design) prévoit les conditions de ce que l'on considère habituellement comme une étude adéquatement contrôlée : un groupe de contrôle, des observations avant et immédiatement après l'intervention, plus un suivi (follow-up). Grâce à ces précautions on peut évaluer de façon assez précise le changement survenu et sa persistance après la thérapie, et en voir la cause dans l'intervention. Mais alors que ce plan permet d'évaluer les effets d'une thérapie, il ne permet pas ipso facto de connaître les ingrédients actifs de l'intervention qui, à cette fin, doit être décrite de façon plus précise.

Le plan de niveau IV

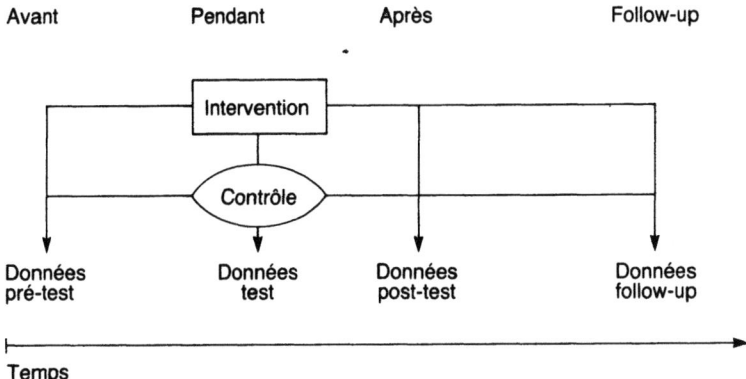

Le plan de niveau V (The multivariate design) ajoute au plan précédent précisément des variables et des groupes supplémentaires décrits de façon aussi standardisée que possible à partir de mesures multiples, et permet ainsi d'examiner des interactions.

Le plan de niveau V

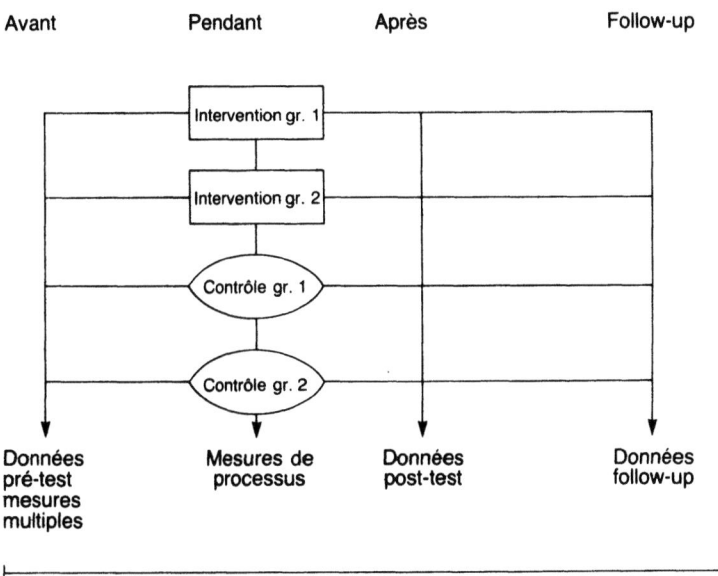

Lorsqu'on varie plus d'une dimension de deux ou de plusieurs manières (par exemple, le type diagnostique et le type de traitement), on parle d'un plan factoriel.

Le plan factoriel

	Diagnostic	Diagnostic
Traitement X	A	B
Traitement Y	A	B

L'intérêt de ces plans factoriels est de permettre l'étude de l'interaction entre variables impliquées dans les processus produisant les effets thérapeutiques, et de faire des évaluations comparatives répondant éventuellement à la question de l'indication différentielle : quelle intervention est la meilleure pour quel type de patient ou de trouble ? Les travaux cités de Di Loreto (1971) et de Sloane et al. (1975) sont des exemples de recherches faites selon un plan factoriel.

2. Les plans pour l'étude de l'indication différentielle

A titre d'exemple, les plans factoriels permettant d'étudier ces problèmes d'indication différentielle, et les questions correspondantes pourraient être présentés de la façon suivante (d'après Seidenstücker, 1984, p. 466) :

1. Lorsqu'il n'y a variation pour aucun facteur (plan factoriel zéro) :

   Type 0.1. : Traitement T pour patient de type P
   Q. Peut-on traiter des schizophrènes chroniques par un programme d'économie de jetons ?

   Type 0.2. : Type de thérapeute Th pour type de patient P
   Q. Des thérapeutes à tendances obsessionnelles peuvent-ils traiter avec succès des patients dépressifs ?

2. Lorsqu'il y a variation pour un facteur (plan unifactoriel):
   Type 1.1.: Traitement T_1 vs traitement T_2 pour type de patient P
   Q. Quel est le spectre d'efficacité de la thérapie nondirective vs thérapie brève psychanalytique chez des patients psychosomatiques? (Stuhr et al., 1981).
   Type 1.2.: Type de thérapeute Th_1 vs type de thérapeute Th_2 pour type de patient P
   Q. Quelle différence y a-t-il entre des thérapeutes expérimentés et des thérapeutes non expérimentés au niveau des résultats d'un traitement cognitif chez des patients dépressifs?
   Type 1.3.: Traitement T pour type de patient P_1 vs P_2
   Q. Quelle est la réponse de patients dysthymiques vs patients socio-pathiques à une thérapie non directive? (Schulz, 1981).
3. Lorsqu'il y a variation pour deux facteurs (plan bi factoriel):
   Type 2.1.: Traitement T_1 vs traitement T_2 pour type de patient P_1 vs P_2
   Q. Quels sont les effets d'une thérapie comportementale multimodale vs thérapie brève analytique chez des patients légèrement vs gravement troublés? (Sloane et al., 1975).
   Type 2.2.: Type de thérapeute Th_1 vs type de thérapeute Th_2 pour type de patient P_1 vs P_2
   Q. Quels sont les résultats obtenus par des thérapeutes directifs vs non directifs dans une thérapie brève analytique chez des patients dépressifs vs patients obsessionnels?
   Type 2.3.: Type de thérapeute Th_1 vs type de thérapeute Th_2 dans les types de traitements T_1 vs T_2
   Q. Quels sont les résultats obtenus par des thérapeutes expérimentés vs des thérapeutes non expérimentés dans un traitement comportemental vs traitement non directif chez des patients psychosomatiques?
4. Lorsqu'il y a variation pour les trois facteurs, T, Th, P (plan trifactoriel):
   Type 3: Type de thérapeute Th_1 vs Th_2 utilisant les traitements T_1 vs T_2 chez les types de patients P_1 vs P_2
   Q. Quels sont les effets obtenus par des thérapeutes participants émotionnellement vs thérapeute distants utilisant des traitements analytiques vs comportementaux chez des patients obsessionnels vs des patients phobiques?

Signalons pour finir que le meilleur plan d'expérience ne pourra jamais prouver que telle intervention thérapeutique a certainement produit tel effet, mais seulement réduire la probabilité d'explications alternatives. Comme le disent Fiske et al. (1970), le but d'un plan expérimental n'est pas de contrôler toute variable possible, mais bien de fournir un cadre susceptible de réplication et de donner une réponse partielle à une question importante.

Voyons maintenant comment s'est développée la recherche sur l'évaluation des effets de la psychothérapie.

V. LA RECHERCHE SUR LES EFFETS DE LA PSYCHOTHERAPIE

Bien que Freud ait été plutôt ambivalent en matière d'évaluation empirique des effets de la psychanalyse, certains analystes s'y sont risqués (Fenichel, 1930; Kessel et Hyman, 1933; Jones, 1936; Alexander, 1937; Knight, 1941), de même que des thérapeutes que l'on pourrait appeler «éclectiques», et les résultats de ces premières recherches étaient telles que Bergin et Lambert (1978, p. 144) ont pu écrire que «malgré les limitations de ces études, les premières preuves publiées doivent être considérées comme encourageantes, bien que certainement pas dramatiques». C'est ainsi et appuyé par une psychologie clinique naissante que l'opinion en la matière était plutôt optimiste et confiante.

1. L'article de Eysenck et les réactions

Cette atmosphère sereine et confiante a été brusquement troublée par un article de Eysenck (1952) qui estimait que l'évaluation des effets de la psychothérapie devait se faire selon des critères rigoureux et statistiques et en comparant les effets obtenus par la psychothérapie à ceux de la rémission spontanée de troubles névrotiques non traités. A cet effet Eysenck comparait les résultats thérapeutiques rapportés par 24 recherches qu'il estimait adéquates pour ce faire, à un taux de rémission spontanée estimée à partir des travaux de Landis (1938) et de Denker (1947). Ces données l'ont conduit à la conclusion suivante : «Elles échouent à prouver que la psychothérapie, freudienne ou autre, facilite le rétablissement des patients névrotiques. Elles montrent qu'à peu près deux tiers des patients névrotiques se rétabliront ou s'amélioreront sensiblement endéans les deux ans après le début de leur maladie, qu'ils soient traités par la psychothérapie ou non. Ces chiffres paraissent être remarquablement stables d'une étude à l'autre, indépendamment du type de patient traité, du critère de guérison employé ou de la méthode utilisée. Du point de vue du névrosé, ces chiffres sont encourageants; du point de vue du psychothérapeute, ils peuvent difficilement être dits très favorables à ses prétentions» (p. 32).

Ces propos ne pouvaient évidemment pas rester sans réactions et celles-ci furent diverses. Une des premières fut celle de Sanford (1953) qui estimait que «la seule chose à faire face à pareille provocation est de l'ignorer». Rosenzweig (1954) et Luborsky (1954) ont réagi plus en hommes de science en analysant ce travail et en mettant en évidence les difficultés et problèmes inhérents à la façon dont Eysenck revoyait la littérature. Meehl (1955), un autre clinicien expérimenté, pensait à ce sujet: «Nos expériences thérapeutiques journalières qui (lors de bons jours!) nous le rendent difficile de prendre Eysenck au sérieux, peuvent être expliquées par un modèle statistique de la population des patients et thérapeutes qui attribue très peu de 'pouvoir' spécifique à l'intervention thérapeutique» (pp. 373-374). Et à la question de savoir pourquoi les thérapeutes continuent leur activité malgré cela et le manque d'efficacité prouvée, il répond: «le thérapeute est comme un rat qui se trouve dans un régime de renforcement intermittent dans une boîte de Skinner, qui produit des habitudes notoirement résistantes à l'extinction. Un saupoudrage de cinq ou dix pour cent de 'guérisons spécifiques', de cas dont l'évolution vers la guérison ne se serait pas produite sans intervention, pourraient bien se combiner avec les guérisons dues au cours de la vie et les patients (non guéris) qui terminent la thérapie en phase positive (upswing terminators), pour produire les expériences que font en fait les thérapeutes dans leur travail quotidien» (p. 374).

Eysenck (1954, 1955) répond à ces critiques et publie une nouvelle revue des recherches (1961) incluant d'autres et précisant quelques exigences méthodologiques et statistiques indispensables pour qu'une étude sur les effets thérapeutiques soit valable. Ses nouvelles conclusions sont les suivantes:

«1. Lorsque des groupes de contrôle de patients névrotiques non traités sont comparés avec des groupes expérimentaux de patients névrotiques traités par la psychothérapie, les deux groupes s'améliorent approximativement dans la même mesure.

2. Lorsque des soldats qui ont souffert d'une dépression névrotique et n'ont pas reçu de psychothérapie sont comparés à des soldats ayant reçu de la psychothérapie, les chances des deux groupes de retourner au service sont approximativement égales.

3. Lorsque des soldats névrotiques sont mis hors service, leurs chances de guérison ne sont pas affectées par le fait de recevoir ou de ne pas recevoir de la psychothérapie.

4. Des patients névrotiques civils qui sont traités par psychothérapie guérissent ou s'améliorent approximativement dans la même mesure que des patients névrotiques semblales ne recevant pas de psychothérapie.

5. Des enfants souffrant de troubles émotionnels et traités par psychothérapie guérissent ou s'améliorent approximativement dans la même mesure que des enfants similaires qui ne reçoivent pas de psychothérapie.

6. Des patients névrotiques traités par des procédés psychothérapeutiques basés sur la théorie de l'apprentissage s'améliorent significativement plus vite que des patients traités par une psychothérapie psychanalytique ou éclectique, ou pas traités du tout.

7. Des patients névrotiques traités par la psychothérapie psychanalytique ne s'améliorent pas plus vite que des patients traités par psychothérapie éclectique et pourraient bien s'améliorer moins rapidement lorsqu'on tient compte de la grande proportion de patients qui interrompent le traitement.

8. A la seule exception des méthodes psychothérapeutiques basées sur la théorie de l'apprentissage, les résultats des recherches publiées sur des névrosés militaires et civils, sur des adultes et des enfants, suggèrent que les effets thérapeutiques de la psychothérapie sont minces ou inexistants, et d'aucune façon démontrable, n'ajoutent rien aux effets non spécifiques d'un traitement médical de routine ou des événements qui peuvent survenir dans l'expérience quotidienne des patients» (pp. 719-720).

En commentant ces conclusions, Eysenck ajoute que ce nouveau matériel serait de nature à amener psychiatres et psychologues à reconnaître le fait que les théories et procédés psychothérapeutiques courants n'ont pas tenu leurs promesses et devraient être remplacés, du moins provisoirement, par «le modèle de la théorie de l'apprentissage qui actuellement paraît être beaucoup plus prometteur théoriquement et aussi eu égard à son application» (p. 721).

Ce nouveau travail d'Eysenck a suscité de nouvelles réactions et surtout de nouvelles recherches, ce qui n'est pas un de ses moindres mérites. Nous avons pu remarquer (Huber, 1964) que Eysenck manque d'appliquer à son matériel les exigences méthodologiques minima qu'il pose lui-même en matière d'évaluation des effets thérapeutiques, et souligner l'importance en matière de psychothérapie, des différences individuelles, et de critères d'effets plus adéquats. Des analyses critiques des sources du matériel d'Eysenck ont également suivi de même que des recherches de documents nouveaux.

Kellner (1965) qui a examiné la revue faite par Eysenck conclut ainsi son enquête en disant que «en comparant le document de Eysenck avec les preuves publiées sur l'efficacité de la psychothérapie, je ne puis que conclure que la revue de la littérature faite par Eysenck est incomplète, qu'aussi bien la sélection de ses preuves que leur présentation sont biaisées, et que ses conclusions sur l'efficacité de la psychothérapie induisent en erreur».

C'est aussi la conclusion de Meltzoff (1969) qui la documente dans son ouvrage écrit avec Kornreich (1970) présentant entre autres, une liste assez complète des travaux importants sur le sujet parus jusqu'en 1967. Ces auteurs trouvent bien plus de travaux scientifiquement valables confirmant l'efficacité de la psychothérapie, et concluent qu'elle dépasse la guérison spontanée.

Ce dernier problème a aussi été réexaminé par Bergin (1971) à qui on doit, outre une série de travaux importants sur la recherche en psychothérapie, la critique la plus poussée des données fournies par Eysenck. Après avoir réanalysé celles-ci, Bergin estime que les données des travaux sur lesquels s'est basé Eysenck sont parfois ambiguës et permettent de ce fait des interprétations et des calculs de pourcentages différents, et que Eysenck a sous-estimé le pourcentage d'amélioration et surestimé celui de la guérison spontanée. En se basant sur 14 études soigneusement choisies et analysées, Bergin trouve un taux de guérison spontanée allant de 0 à 46 %, ce qui donne un médian d'environ 30 % au lieu des 67 % trouvé par Eysenck. Ce taux avancé par Bergin n'a pas été moins contesté que celui d'Eysenck (Rachman, 1971) et dans une revue ultérieure de la littérature, Bergin et Lambert (1978) l'ont réévalué et estimé à 43 %. Bien que cette dernière estimation soit probablement plus adéquate que celle d'Eysenck, elle n'est pas suffisamment fiable pour représenter le taux de guérison d'un groupe de contrôle non traité.

Une dernière étude à citer parmi les travaux faisant la revue des recherches sur l'évaluation des effets de la psychothérapie est celle de Malan (1973a) qui réexamine d'ailleurs aussi celle de Meltzoff et Kornreich. Tout en acceptant leurs critères méthodologiques généraux, Malan estime qu'ils ont été peu critiques concernant les critères des effets et la nécessité du follow-up. Il pense qu'en tenant compte de cette nécessité et de l'exigence que les sujets traités soient de réels patients, adultes et non psychotiques, la liste des travaux cités par eux comme susceptibles de prouver un résultat thérapeutique positif majeur, se restreint de 32 à 4. Il souligne le fait que parmi ces 4 travaux «les études de psychothérapie dynamique sur des patients psychonévrotiques adultes sont entièrement absentes» (p. 724). La conclusion finale de sa revue des revues se résume alors en trois points: «1) la preuve pour l'efficacité de la psychothérapie est pour l'instant relativement forte; 2) il y a des preuves considérables que la psychothérapie dynamique est efficace dans des conditions psychosomatiques; mais 3) la preuve en faveur de la psychothérapie dynamique dans le cours ordinaire des névroses et des troubles de caractère — pour lesquels après tout cette forme de psychothérapie a été développée — est extrêmement faible» (p. 725). Et il est intéressant de citer encore le passage qui termine ce travail: «... Au cours de cette recherche de la vérité, il y aura beaucoup de résultats négatifs; parce que je suis aussi convaincu que ce que les analystes n'ont jamais regardé en face, c'est qu'il y a beaucoup de types de patients que nous continuons à traiter avec un espoir qui ne diminue jamais et un déni constamment croissant, qui ne sont pas aidés par nos méthodes. C'est le refus de voir cela qui, pendant si longtemps, a été l'obstacle à notre démonstration qu'avec d'autres types de patients notre travail peut être efficace de façon unique. La définition des populations et des techniques pour lesquelles cette affirmation est valable est ce que nous devons atteindre dans les prochaines décades. La question est : d'où viendront les chercheurs ? » (p. 728).

Ce procédé consistant à évaluer les effets des psychothérapies à partir de revues d'un certain nombre d'études différentes relativement anciennes, souffrant souvent d'insuffisances méthodologiques, cliniques et de mesure, il semble préférable de se tourner, pour répondre plus adéquatement à la question des effets de la psychothérapie, vers des travaux plus récents et entrepris dans le souci d'éviter ces insuffisances.

2. L'étude sur le terrain

La première recherche à citer ici est naturellement celle conduite à la Menninger Foundation (Appelbaum, 1977; Kernberg et al., 1972; Voth et Orth, 1973), car elle est la première et la seule de son genre.

Le but de cette recherche qui courait sur 20 ans et coûtait plus d'un million de dollars, était de mettre en évidence les relations existant entre les changements manifestés au cours et après la thérapie, au niveau de la personnalité et des variables du patient, de la thérapie et de la situation, de tester un certain nombre d'hypothèses, et de faire cela dans le contexte naturel de la pratique clinique. Il s'agit donc d'une étude évaluant chaque patient de façon approfondie, par interviews et tests, avant, immédiatement à la fin de la thérapie et encore deux ans plus tard, en fonction de critères sytématiques, cohérents et en accord avec la théorie et la pratique psychanalytiques. Il est à remarquer aussi que cette étude portait sur de vrais patients dont certains étaient hospitalisés, traités tous par des thérapeutes expérimentés, dans des thérapies de longue durée se faisant dans un contexte clinique naturel.

Les 42 patients souffrant de troubles névrotiques, d'états limites, de psychose latente ou de troubles caractériels, ont été divisés en deux groupes, l'un suivant un traitement psychanalytique classique (en moyenne 835 séances), l'autre une psychothérapie psychanalytique de soutien (en moyenne 289 séances).

Cette recherche a fourni un grand nombre de mesures et de corrélations. Les résultats concernant les effets ne sont pas faciles à trouver dans leur apport final, mais semblent bien être les suivants: à la fin de la thérapie, 6 patients allaient moins bien, 11 ne montraient pas de changement, 7 montraient une amélioration légère et 18 manifestaient une amélioration modérée ou marquée; au follow-up, 7 patients allaient moins bien, 7 restaient inchangés, 6 montraient une amélioration légère et 21 une amélioration modérée ou marquée. Vu l'absence d'un groupe de contrôle et le peu de clarté avec lequel ces résultats sur les effets sont présentés, ils sont à prendre avec prudence, mais on peut certainement souscrire à Garfield (1981, p. 180) lorsqu'il dit: «je doute fortement que la Menninger Study puisse être considérée comme une forte preuve à l'appui de l'efficacité des thérapies psychanalytiques». Cela n'empêche que cette étude ait fourni par ailleurs quelques résultats très intéressants parmi lesquels il faut mentionner: 1) l'association positive significative entre le savoir-faire du thérapeute et le résultat thérapeutique, surtout lorsqu'il s'agissait de patients ayant une «force du moi» peu élevée, 2) l'importance d'un «diagnostic» adéquat précédant la thérapie, 3) le fait que les prédictions faites par les chercheurs et par les tests étaient significativement meilleurs que celles faites par les psychiatres sur base de l'interview, de l'observation et d'autres méthodes cliniques (Appelbaum, 1977).

Un résumé de ce rapport a été publié dans l'International Journal of Psychiatry (Kernberg, 1973a), suivi de critiques par Greenson (1973), Malan (1973b) et May (1973), et d'une réponse de Kernberg (1973b). Parmi les critiques les plus importantes, il faut mentionner qu'il s'agissait de patients fortement sélectionnés, que l'on a testé un grand nombre d'hypothèses sur un petit nombre de patients, que le savoir-faire des thérapeutes n'a pas été évalué de façon indépendante, et l'absence d'un groupe de contrôle. Quand on tient compte de l'époque et quand on connaît la difficulté qu'il y a à faire de pareilles recherches, surtout dans un milieu psychanalytique, on ne peut qu'apprécier cet énorme effort de mener une recherche clinique qui tente de satisfaire aux critères de la science.

Une autre recherche à mentionner dans ce contexte des études cliniques naturalistes corrélationnelles, qui commence un peu plus tard que la Menninger Study et dans le même souci de respect de la réalité clinique individuelle qu'il s'agit d'évaluer en fonction de critères théoriques et pratiques adéquats et cohérents, est fournie par les deux études de Malan (1963, 1976). Ces critères d'évaluations plus adéquats, Malan essaie de les élaborer en formulant une «hypothèse psychodynamique» concernant le conflit central du cas, par rapport à laquelle les effets thérapeutiques sont alors évalués.

Les questions auxquelles Malan a cherché réponse dans sa première étude concernent l'indication et les caractéristiques de la psychothérapie dynamique brève ou focale (environ 10 à 40 séances). Les 21 patients choisis en fonction de critères d'exclusion ou d'inclusion précis furent soigneusement décrits et évalués avant et après la thérapie ainsi que lors d'un follow-up de longue durée. Les évaluations du processus thérapeutique furent basées sur les notes que le thérapeute dictait après la séance. Malan calculait et examinait alors les corrélations existant entre les effets thérapeutiques, les caractéritisques des patients et les caractéristiques de la technique. Les résultats de ces analyses montrent que pour ce groupe de patients : 1) la gravité du trouble et la durée des plaintes ne sont pas liées au résultat thérapeutique, 2) la motivation pour une thérapie visant la compréhension (insight) corrèle avec le résultat, 3) l'interprétation du transfert corrèle avec le résultat thérapeutique positif, surtout l'interprétation du lien existant entre le transfert et les premières relations entre patient et parent(s).

Les résultats de l'analyse des données de la deuxième étude qui était une réplique de la première et portait sur 39 patients sélectionnés, décrits et traités selon les mêmes principes, rejoignent ceux de la première. On y trouvait de plus que les cas s'améliorant rapidement étaient ceux montrant une motivation et une focalisation élevées, alors que les cas évoluant positivement, mais plus lentement, présentaient une motivation forte et une focalisation faible, les cas dont les traitement fut long et sans succès ayant une motivation et une focalisation basses. Un autre point intéressant est la constatation que, bien qu'étant liée à des améliorations plus fortes, l'interprétation du transfert «parental» n'était pas présente chez tous les patients améliorés et qu'elle était relativement rare, comparée aux autres interprétations, chez tous les patients. Il semblerait donc qu'elle n'est pas indispensable dans tous les cas, mais qu'elle a des effets importants lorsqu'elle est présente.

Les résultats de ces travaux qu'il n'est malheureusement pas possible de présenter ici dans toute leur richesse sont cliniquement très intéressants. Mais il faut souligner qu'une grande prudence est de mise pour leur interprétation. Malan n'ayant pas inclus de groupe de contrôle, il n'est pas possible de savoir si ces résultats thérapeutiques dépassent la guérison spontanée ou même s'en distinguent. Un autre problème tient au fait que les notes sur le processus sont écrites après la session, et que les évaluateurs connaissaient les hypothèses et, parfois aussi le patient. Malgré ces problèmes qui empêchent qu'on puisse parler de validation au sens strict, ces études cliniques systématiques du point de vue qui nous occupe constituent un grand progrès sur l'étude de cas traditionnelle. Les critères de sélection sont probablement les meilleurs actuellement, mais il faut mentionner qu'une étude répliquant ces recherches n'a pas pu confirmer «l'utilité scientifique des évaluations du changement dynamique utilisant la méthode basée sur la formulation de Malan» (De Wit et al., 1983, p. 1127)[39].

3. L'étude expérimentale

Les études psychanalytiques du Menninger Project et de Malan ayant traité plus adéquatement les problèmes concernant l'évaluation des patients et les critères d'amélioration, mais, par manque de contrôle suffisant des variables, ne fournissant pas de preuve valable de l'efficacité du traitement, voyons deux études qui ont précisément tenté de faire cela, celle de Paul (1966) et celle de Sloane et al. (1975). Elles illustrent deux types d'approche et leurs problèmes, l'approche expérimentale analogue et le plan factoriel combiné, et sont probablement les meilleures dans leur genre.

Le travail de Paul (1966) qui n'est pas seulement la meilleure recherche clinique de son époque sur la désensibilisation systématique (c'est le travail à la fois le mieux contrôlé et le plus «clinique»), mais également un travail important pour l'ensemble des recherches en psychothérapie, comparait les effets obtenus par la désensibilisation systématique, par une thérapie brève d'orientation psychodynamique, et par un traitement placebo, dans des problèmes d'anxiété interpersonnelle (prise de parole en public). Un de ses buts était de «trouver un modèle praticable pour l'investigation des effets de la modification du comportement dans des conditions de 'vie réelle' qui fournirait des contrôles et des critères plus rigoureux que ceux que l'on peut atteindre actuellement dans les études sur le terrain» (p. 10).

Les sujets de l'expérience étaient des étudiants (96, parmi lesquels 68 sujets masculins et 28 sujets féminins) sélectionnés dans une population de 710 étudiants inscrits à un cours d'éloquence, et qui avaient peur de prendre la parole en public. L'évaluation des sujets avant le traitement comprenait outre une batterie d'échelles de personnalité et d'anxiété, la prise de parole en public et plusieurs mesures de leur anxiété (auto-évaluation, observation comportementale, mesures physiologiques). L'évaluation terminée, les sujets ont été assignés aux trois groupes de traitement (désensibilisation systématique, psychothérapie dynamique, traitement placebo) et aux deux groupes de contrôle, soit :

I. Désensibilisation systématique (N = 15) comprenant l'apprentissage de techniques de relaxation et de désensibilisation progressive aux situations reliées à la peur de prendre la parole en public.

II. Psychothérapie dynamique (N = 15), lors de laquelle le thérapeute aidait le sujet à comprendre les tenants et aboutissants de son problème afin de diminuer l'anxiété de la prise de parole en public.

III. Attention-placebo (N = 15), dans lequel un thérapeute attentif et chaleureux adoptait une attitude d'aide et persuadait le sujet de l'action anxiolytique d'une pillule placebo.
IV. Groupe contrôle sans traitement I (N = 29), ayant passé la batterie d'échelles de personnalité et d'anxiété ainsi que l'épreuve d'élocution, mais ne recevant pas de traitement.
V. Groupe de contrôle sans traitement II (N = 22), ayant passé la batterie d'échelles de personnalité et d'anxiété, et remplissant les critères de sélection, mais n'ayant jamais été contacté pour participer à l'expérience. Ce groupe fut inclus pour contrôler l'effet résultant éventuellement de la participation du groupe de contrôle I à l'épreuve d'élocution et aux autres évaluations.

A la fin du traitement, les sujets de tous ces groupes, à l'exception du groupe V, ont à nouveau passé une épreuve d'élocution en public suivie des mêmes mesures que lors de la prise de parole en public précédant le traitement.

La psychothérapie dynamique était faite par des thérapeutes expérimentées de cette orientation qui pouvaient structurer les séances librement, de la façon qui leur semblait indiquée. La désensibilisation systématique était conduite par ces mêmes thérapeutes formés préalablement à cette méthode; Paul avait planifié l'expérience de cette façon afin de prévenir l'objection, en cas de supériorité de la sensibilisation systématique, que cette supériorité serait due au plus grand enthousiasme des thérapeutes faisant la désensibilisation systématique. Le traitement placebo, conduit par les mêmes thérapeutes, consistait à persuader les sujets qu'une pillule réduisait leur sensibilité générale au stress et à leur faire écouter un enregistrement après absorption de la pillule, dont on disait qu'il était utilisé pour entraîner les astronautes à fonctionner sous stress. Le traitement devait contrôler les effets non spécifiques (attention, suggestion, expectation d'amélioration). Ces trois types de traitement étaient donnés individuellement et comportaient cinq séances de 50 minutes pendant une période de six semaines. Ce nombre fut proposé par les thérapeutes psychodynamiques comme suffisant pour permettre l'apparition d'un effet thérapeutique dans ce genre de problème.

Les résultats de l'expérience sont résumés comme suit par Paul (p. 98):
« Les analyses de la variance et la comparaison des taux d'amélioration individuels ont trouvé une supériorité uniforme de la désensibilisation systématique (100 % de succès); on n'a pas trouvé de différence entre les effets de la thérapie d'orientation dynamique et les effets non spécifiques du traitement attention-placebo (47 % de succès),

bien que les deux groupes montraient une plus grande réduction d'anxiété que les sujets du groupe de contrôle (17 %). L'amélioration a été maintenue au follow-up et il n'y a pas eu de preuve en faveur de la «substitution de symptômes». On n'a pas trouvé de différences entre les effets produits par différents thérapeutes, et l'amélioration n'a pas été prédictible sur base des variables majeures de la personnalité».

Comme on peut le voir, il y a dans cette recherche un contrôle des variables meilleur que dans les précédentes études naturalistes, ce qui augmente la validité interne de l'étude. Le problème de cette démarche et de cette recherche, problème que les tenants de l'orientation psychodynamique ne se sont d'ailleurs pas privés de faire valoir, est de savoir quel est le prix de cette amélioration et si, et dans quelle mesure les résultats obtenus peuvent être généralisés à une population clinique, ce qui est un problème de validité externe.

Ce problème de la validité externe, de la généralisabilité des résultats à une population clinique réelle et diversifiée a retenu l'attention particulière de la recherche de Sloane, Staples, Cristol, Yorkston et Whipple (1975).

Le but de cette recherche était: 1) d'établir et de comparer l'efficacité des trois traitements: la thérapie comportementale, la psychothérapie analytique, et un traitement se limitant à un contact minimal avec des patients mis sur une liste d'attente (groupe contrôle); 2) d'étudier la ressemblance et la différence entre thérapie comportementale et psychothérapie analytique; 3) d'étudier les effets qu'exercent sur le résultat thérapeutique certaines variables du thérapeute; 4) d'examiner la question de l'indication différentielle.

Les sujets, des patients réels, provenaient de la Temple University Outpatient Clinic. Ils furent sélectionnés par trois psychiatres qui jugeaient si le patient était susceptible d'être inclus dans la recherche, déterminaient ses problèmes majeurs («symptômes cibles») et en appréciaient la gravité ainsi que l'adaptation dans d'autres domaines de la vie. Les patients passaient également le Minnesota Multiphasic Personality Inventory, le Eysenck Personality Inventory, et le California Psychological Inventory. Ces mêmes psychiatres ont évalué une nouvelle fois les patients après quatre mois de thérapie, et enfin un an, puis deux après le premier contact. Ces évaluations ont été complétées par les informations qu'obtenait un assistant de recherche en interviewant une personne proche du patient et qui le connaissait bien, lors de chaque évaluation, à laquelle il préparait d'ailleurs le patient.

Le plan de recherche prévoyait que les patients soient assignés au hasard à chacun des trois groupes de thérapie et que ceux-ci soient appariés par rapport : 1) à leur nombre (30 patients par groupe); 2) au sexe; 3) au degré de névrosisme, un groupe à niveau élevé et un groupe à niveau bas étant constitué à partir du Eysenck Personality Inventory.

Les thérapeutes avaient des niveaux d'expériences différents : élevés, moyens et bas, c'est-à-dire respectivement 35, 20 et 8 ans pour les psychanalystes, et 20, 13 et 6 ans pour les thérapeutes comportementaux, chacun traitant 10 patients pendant une durée de 4 mois. L'assistant de recherche avait assuré des patients mis sur la liste d'attente (groupe de contrôle) de la possibilité d'aide en cas de crise.

Concernant la technique de traitement, la façon de la mener, les thérapeutes pouvaient utiliser la technique qui leur paraissait adéquate dans chaque cas particulier. Afin de connaître plus précisément cette technique et d'évaluer les différences dans la pratique des 3 analystes et des 3 thérapeutes comportementaux, la 5e séance de chaque patient fut enregistrée et analysée ensuite.

Les résultats étaient évalués après 4 mois de traitement et encore une fois environ 8 mois plus tard. Ils furent évalués en fonction : 1) des changements survenus dans la gravité des trois symptômes cibles, et 2) des changements apparaissant au niveau de l'adaptation générale (par exemple, situation sociale, travail). Ces changements étaient estimés par le patient, le thérapeute, une personne proche, et le psychiatre ayant fait l'évaluation initiale et dont l'avis supposé plus impartial, obtenait un poids supérieur à celui des autres évaluateurs.

Concernant d'abord les symptômes cibles, les 3 groupes se sont améliorés significativement, mais les groupes thérapeutiques le sont significativement plus que le groupe de contrôle, les 2 groupes thérapeutiques ne montrant cependant pas de différence significative entre eux. En termes de pourcentage, 80 % des patients des deux groupes thérapeutiques furent jugés améliorés ou guéris, alors que ce n'était le cas que pour 48 % des patients du groupe de contrôle.

Dans le domaine de l'adaptation générale évalué à partir d'estimations portant sur les situations sociales et l'adaptation au travail, les trois groupes montrent également une amélioration dont la différence d'un groupe à l'autre est cependant moins claire. On peut toutefois remarquer que selon les estimations de l'évaluateur le pourcentage de patients atteignant le niveau guéri ou amélioré est de 93 pour la thérapie comportementale et de 77 pour la thérapie analytique et le groupe de contrôle.

Au premier follow-up, auquel ne manquaient que deux patients, les différences entre groupes étaient plus difficiles à établir suite à des facteurs imprévus, certains patients ayant continué ou repris une thérapie. Mais, la tendance générale était celle d'un maintien du gain thérapeutique et, pour le groupe de contrôle, d'approcher et même d'égaler le gain des groupes thérapeutiques.

Après deux ans, au deuxième follow-up, 61 des 90 patients se présentaient encore, le groupe de contrôle avait reçu autant de thérapie que les deux autres et, comme ceux-ci, avait conservé ses acquis thérapeutiques.

Concernant cette question des effets, Sloane et al. concluent: «Il est remarquable que les trois groupes de patients se soient significativement améliorés en quatre mois. Le groupe de contrôle n'était nullement non traité, mais il s'améliorait considérablement sans aucune thérapie formelle. Néanmoins les deux groupes de patients traités formellement s'amélioraient significativement plus au niveau de leur symptômes cibles que ne le faisaient les patients du groupe contrôle. C'est là une preuve claire que la thérapie en général 'marche'» (pp. 223-224).

Les résultats concernant les variables-patient, -thérapeute, et la question de l'indication différentielle furent intéressants également. C'est ainsi que les analyses des enregistrements de séances montraient des ressemblances et des différences frappantes entre les thérapeutes des deux groupes. Comme on pouvait s'y attendre, les thérapeutes comportementaux étaient plus actifs, plus directifs et parlaient plus. Ce qui était plutôt surprenant, cependant, c'était de les voir obtenir un résultat supérieur aux analystes en matière d'empathie adéquate, de congruence avec soi-même, et de profondeur du contact interpersonnel. Il n'y avait pas de différence concernant la considération positive inconditionnée.

Concernant les variables-patients en rapport avec le résultat thérapeutique et la question de l'indication différentielle, un des résultats intéressants était que les psychanalystes obtenaient des résultats meilleurs avec les patients moins troublés alors que les résultats des thérapeutes comportementaux n'étaient pas affectés par le niveau initial des troubles. Il semblait aussi que les thérapeutes comportementaux réussissaient particulièrement bien avec des patients ayant des tendances au passage à l'acte.

Malgré les nombreuses qualités de cette recherche qui en font, il faut le répéter la meilleure faite jusqu'à présent (Grawe, 1985), elle n'est pas sans poser quelques problèmes et les critiques ne se sont pas fait attendre. Elles peuvent se résumer pour ce qui concerne les comportementalistes dans celles formulées par Bandura (1978, p. 87): «Une étude largement publiée (par Sloane et al.) comparant l'efficacité relative de la thérapie comportementale avec la psychothérapie contient également le lot habituel de variables confondues, de mixtures non appariées de dysfonctions, et de mesures d'efficacité inadéquates qui reposent sur des estimations cliniques amorphes plutôt que sur l'évaluation directe du fonctionnement comportemental. Comme on peut maintenant le prédire pour des études de ce type, les différentes formes de traitement apparaissent comparables et meilleures que rien pour certaines des estimations globales, mais non pour d'autres. Avec de pareilles mesures de quasi-effets, même les contrôles qui ne reçoivent pas de soins thérapeutiques réalisent des améliorations impressionnantes. Sur la base de recherches de ce niveau des modes de traitement faibles reprennent vie pour ceux qui continuent à les défendre inébranlablement». Dommage que le réflexe d'école ait empêché cet auteur d'apprécier plus sereinement les qualités de cette recherche que Wolpe dit «inégalée par aucune autre étude clinique dans l'histoire de la psychothérapie» (in Sloane et al., 1975, p. XiX). Du côté psychanalytique on a fait remarquer qu'il ne s'agissait pas, dans cette étude, de thérapie psychanalytique, mais d'une psychothérapie brève d'orientation psychanalytique. Les appréciations critiques sont donc diverses et peut-être faut-il, pour rester sereins nous-mêmes dans l'appréciation de ces critiques et de leur diversité, remarquer qu'elles sont le fruit non seulement d'une déception devant un résultat qui ne donne pas le prix d'excellence à ceux qui l'en attendaient, mais aussi, pour certains du moins, d'une différence d'optique, l'expérimentaliste étant plus sensible à l'aspect méthodologique qu'au problème clinique, et que l'avantage que voit le chercheur clinicien dans un échantillon de patients réels d'une policlinique psychiatrique devienne ainsi l'inconvénient de «mixtures non appariées de dysfonctions» (Bandura). Ces sensibilités ne sont cependant pas incompatibles, et l'on peut noter ici que la réalisation d'une recherche clinique dans laquelle l'aspect méthodologique était encore plus soigné, a commencé quelques années plus tard avec le NIMH Treatment of Depression Collaborative Research Program (Elkin et al., 1985)[40].

4. Les études comparatives et la méta-analyse

Une des conclusions à tirer de la recherche de Sloane et al. est donc que ce problème des effets globaux, spécifiques, et différentiels de la psychothérapie ne pourra pas être résolu par une seule et même étude car, quelle qu'en soit la qualité, il manquera toujours quelque chose suite à des particularités des échantillons, des critères et de leur mesure, etc. Il peut donc être intéressant de continuer les recherche comparant des études différentes, dans l'espoir qu'il y ait compensation cumulative des déficiences de différentes études particulières.

Une première façon d'aborder ces problèmes de manière plus adéquate qu'Eysenck ne l'avait fait dans ses articles de 1952 et 1961 et de pousser les choses plus loin que Meltzoff et Kornreich (1970), a été proposée par Luborsky, Singer et Luborsky (1975).

Leur progrès consiste dans une tentative de quantification du processus comparatif afin d'en réduire la subjectivité. Cette méthode qu'ils appellent la «box score method» revient à déterminer à l'avance les critères d'inclusion ou d'exclusion des recherches à analyser (réduisant ainsi la chance que l'investigateur se laisse aller à ses propres préférences dans le choix des travaux à partir desquels ils testera ses hypothèses) et à comparer ensuite les résultats thérapeutiques rapportés en notant le nombre de fois qu'une thérapie est supérieure, inférieure ou égale à l'autre.

Ces critères par rapport auxquels chacune des recherches examinées par les auteurs fut évaluée, et qui constituent des critères minima pour une recherche comparative contrôlée sont les suivants :

1. Comparabilité des groupes par rapport aux dimensions importantes pour la recherche, notamment la gravité des troubles.
2. Les patients doivent être choisis dans une population de patients réels.
3. Les thérapeutes doivent être de compétence semblable.
4. Les thérapeutes doivent avoir une certaine expérience.
5. Les thérapies comparées doivent être présentées comme étant également valables.
6. Les mesures des effets thérapeutiques doivent porter sur des buts-cibles visés par la thérapie.
7. L'effet thérapeutique doit être évalué à partir de mesures indépendantes et non seulement par l'avis du patient ou du thérapeute.
8. Information doit être prise sur d'autres traitement suivis juste avant ou en même temps.
9. Des échantillons de chaque thérapie sont évalués indépendamment afin de voir si la pratique effective correspond au type de thérapie choisi.
10. Les thérapies comparées doivent être de même durée ou fréquence.
11. Chaque thérapie doit être donnée en quantité raisonnable et appropriée à cette thérapie.
12. La grandeur de l'échantillon doit être adéquate.
13. Il y a lieu de s'interroger sur d'autres défauts spécifiques éventuels pouvant affecter la valeur d'une recherche particulière.

En appliquant ces critères, les auteurs ont retenu 91 études pour effectuer leurs comparaisons. Ces comparaisons ont porté sur les modalités thérapeutiques suivantes:
1. Thérapie individuelle — thérapie de groupe.
2. Thérapie à durée limitée — thérapie à durée illimitée.
3. Thérapie non directive — thérapie d'orientation psychanalytique.
4. Thérapie comportementale — autres psychothérapies.
5. Pharmacothérapie — Psychothérapie:
   a) psychothérapie — pharmacothérapie
   b) psychothérapie + pharmacothérapie — psychothérapie
   c) psychothérapie + pharmacothérapie — pharmacothérapie
6. Psychothérapie + traitement médical — traitement médical
7. Psychothérapie — groupe «contrôle».

Les résultats de ces comparaisons ont conduit les auteurs à conclure que «les études comparatives contrôlées indiquent qu'un pourcentage élevé de patients qui suivent une de ces thérapies en retirent un bénéfice» et que «la plupart des études comparant différentes formes de psychothérapies ont trouvé des différences insignifiantes dans la proportion de patients améliorés à la fin de la psychothérapie», et que par conséquent «tout le monde a gagné et tous doivent avoir un prix» (p. 1003). Ceci ne vaut cependant pas pour les comparaisons avec la pharmacothérapie. Ici la pharmacothérapie était supérieure pour les patients hospitalisés de diagnostics divers, mais surtout schizophrènes, et les traitements combinés se sont toujours avérés supérieurs aux traitements simples. Il faut rappeler aussi que les comparaisons entre groupes de contrôle et psychothérapies favorisent ces dernières. Et finalement, ces comparaisons n'ont montré que deux associations préférentielles entre le type de traitement et le type de troubles: les thérapies comportementales pour les phobies circonscrites et la combinaison psychothérapie + traitement médical approprié pour les troubles psychosomatiques.

Dans leur discussion très nuancée de ces résultats, les auteurs notent alors, entre autres, qu'ils ne pensent pas qu'il s'agisse là d'artefacts de recherche de qualité médiocre. Ils remarquent que, dans leur échantillon, les études mieux planifiées ne donnaient pas des résultats très différents de celles qui étaient moins bonnes. Cette similarité des résultats s'expliquerait plutôt par des facteurs communs aux différentes thérapies et qui seraient plus puissants que les facteurs spécifiques. Ils ajoutent aussi que la similarité des pourcentages d'amélioration n'implique pas la similarité qualitative des effets, tout comme elle n'exclut pas la possibilité que certaines thérapies soient plus indiquées pour certains troubles que d'autres.

Bien que le travail de Loborsky et al. (1975) et la box score method puissent être considérés comme un progrès dans le domaine de la recherche comparative, cette méthode présentait néanmoins des problèmes.

Après Kazdin et Wilson (1978), Rachman et Wilson (1980), dans une analyse approfondie ont critiqué cette étude principalement pour l'échantillonnage des travaux examinés et leur évaluation méthodologique, pour le manque de spécificité des mesures de l'effet thérapeutique et le caractère trop global de la box score method, et en contestent de ce fait les conclusions.

Pour Smith, Glass et Miller (1980), la faiblesse la plus importante de la méthode est de ne pas prendre en considération la grandeur de l'échantillon des études, ce qui risque de défavoriser à tort les recherches utilisant des petits échantillons. Ils regrettent également qu'elle néglige des informations descriptives intéressantes en ne tenant pas compte de la grandeur de l'effet expérimental ou des relations entre variables: «Savoir que le conditionnement aversif bat l'imagination dirigée dans 20 études sur 30 — si en fait c'est le cas — ne nous dit pas s'il gagne tout juste ou de loin» (p. 38).

Une autre approche comparative qui permet de mieux résoudre ces problèmes est celle que Smith et Glass (1977) proposent sous le nom de méta-analyse. Elle consiste à rassembler les recherches qui comprennent au moins un groupe thérapeutique et un groupe de contrôle ou deux groupes thérapeutiques qui peuvent être comparés, et à déterminer la grandeur des effets thérapeutiques rapportés en l'examinant en termes de «grandeur d'effet» (effect size). Celle-ci est égale à la différence entre la moyenne obtenue pour une mesure par le groupe thérapeutique et la moyenne obtenue par le groupe de contrôle, cette différence étant divisée par l'écart-type du groupe de contrôle. On fait alors la moyenne des grandeurs d'effets obtenues dans les différentes recherches examinées pour obtenir une estimation globale de l'efficacité de la psychothérapie, ou on fait la moyenne pour différents types de patients, de thérapie, de plans expérimentaux, etc.

Dans une première étude Smith et Glass (1977) appliquent cette méthode à 375 recherches contrôlées sur les effets de la psychothérapie; dans une seconde, Smith, Glass et Miller (1980) l'appliquent à 475 recherches contrôlées sur la psychothérapie et à 151 études sur la thérapie médicamenteuse.

Ce travail réalise ainsi la revue la plus étendue des recherches sur les effets psychothérapeutiques[41].

Les résultats des multiples analyses statistiques effectuées sur les recherches passées en revue conduisent les auteurs aux conclusions que l'on peut résumer dans les points suivants :

1. Concernant l'efficacité générale de la psychothérapie, les preuves sont faites que la psychothérapie est efficace. La grandeur d'effet moyenne de 475 recherches comportant 1766 grandeurs d'effets, est en effet de .85 ce qui veut dire la différence entre la moyenne des groupes suivant une psychothérapie et celle de groupes de contrôle non traités est de .85 unités écart-type. Cela signifie, en termes de courbe normale, que « en moyenne, la personne faisant une psychothérapie s'en porte mieux à la fin que 80 % des personnes qui n'en font pas ». Ou encore, « en moyenne la personne qui se situerait au 50e percentile de la population de contrôle non traitée pouvait s'attendre à s'élever au percentile 80 de cette population après avoir fait une psychothérapie » (Smith, Glass et Miller, 1980, pp. 87-88).

2. Concernant l'efficacité différentielle, les différents types de psychothérapie (psychodynamique, comportementale, non directive, etc.) ne semblent pas, en tout cas dans les travaux analysés, produire des degrés ou des types d'effets différents. Ces résultats ne permettent donc pas de répondre à la question de l'indication différentielle : quelle thérapie pour tel patient ayant tel problème ?

Il est intéressant de noter la réaction des auteurs à ce qu'ils ont trouvé : « Nous ne nous attendions pas à ce que les bénéfices démontrables de types de psychothérapie très différents seraient aussi peu différents. C'est la découverte la plus saisissante et intrigante que nous ayons faite. Tous les psychothérapeuts chercheurs devraient se demander comment il peut en être ainsi. S'il est vrai que les différences majeures au niveau des techniques comptent peu en termes de bénéfice, alors que doit-on faire des volumes dédiés à la description soigneuse des différences entre les styles de psychothérapies ? Et que doit-on faire des profondes divisions et des animosités entre différentes écoles de psychothérapie ? » (p. 185).

La conclusion à tirer de ceci n'est pas, selon les auteurs, en faveur d'un mélange éclectique de techniques, mais bien en faveur du pluralisme.

3. Les modalités de traitement (individuel-groupe, thérapie brève-thérapie de longue durée, durée d'expérience du thérapeute) affectent très peu les résultats thérapeutiques.

4. La psychothérapie n'est pas moins efficace que la thérapie médicamenteuse, même dans le cas de troubles psychiques importants. Contrairement à ce que l'on pense habituellement, aucun des deux

types de thérapie ne présuppose l'autre et, lorsqu'on les combine, leurs effets sont supérieurs à ceux obtenus par chacun séparément.

Ces travaux de Smith et al. ont été salués comme apportant un progrès réel (Fiske, 1983; Rosenthal, 1978) et critiqués vivement (Eysenck, 1978; Rachman et Wilson, 1980) à cause d'un certain nombre de problèmes semblant avoir touché particulièrement les auteurs d'orientation comportementale. Ils ont également donné lieu à toute une série de recherches nouvelles (Shapiro, 1985).

Eysenck (1978) qui appelait la méta-analyse un exercice «in mega silliness» reproche à Smith et Glass (1977) de calculer des moyennes à partir d'un mélange d'études de qualité très différente et de ne pas tenir compte de la rémission spontanée. Glass et Smith (1978) répliquent que l'inclusion d'études de qualité hétérogène ne faisait pas de différence si ces études satisfaisaient à quelques critères de base, et que la rémission spontanée n'avait dans ce contexte pas l'importance que lui accordait Eysenck, l'effet incontestable de l'aspirine sur les maux de tête, par exemple, ne pouvant pas non plus être mis en évidence par une simpe comparaison avec un taux de rémission spontanée.

Après Kazdin et Wilson (1978), Rachman et Wilson (1980) reprochent à Smith et Glass (1977) d'avoir omis massivement des recherches importantes en thérapie comportementale, d'avoir inclus des recherches de qualité médiocre et des études sans groupe de contrôle non traité, des thèses de doctorat non publiées, des études sur le counseling, et de sacrifier à ce que Kiesler (1966) a appelé «les mythes de l'uniformité», en ne différenciant pas suffisamment les mesures de l'effet, les formes et techniques de traitement, les patients et leurs problèmes.

Afin de mesurer l'intérêt et les problèmes soulevés par les travaux de Smith et al., le lecteur curieux pourra consulter le numéro spécial que le Journal of Consulting and Clinical Psychology (1983) leur a consacré et y apprécier les arguments des uns et des autres. Qu'il suffise de dire ici qu'une réanalyse critique faite par Landman et Dawes (1982) à la suite des objections adressées à Smith et al. a confirmé les conclusions tirées par eux, que les réponses faites à leurs critiques dans The Benefits of Psychotherapy (1980) et dans l'article de Glass et Kliegl (1983) montrent clairement que les problèmes se trouvent moins dans leur méthode que dans les travaux auxquels ils l'appliquent. Le meilleur traitement statistique ne peut effectivement qu'expliciter ce qui se trouve réellement dans les documents auxquels on l'applique.

Pour éviter une interprétation «nihiliste» ou «sauvagement éclectique» des résultats de ce travail, il nous semble utile d'attirer l'attention sur le point suivant. La constatation de l'efficacité équivalente des différents types de thérapie n'implique pas l'équivalence qualitative de ces effets ni l'équivalence des théories qui les fondent et, surtout, elle ne dispense pas d'étudier la façon dont les interventions thérapeutiques produisent leurs effets. La nécessité d'innovation théorique et de recherche clinique est plus grande que jamais, il s'agit de mieux connaître les facteurs qui produisent ces effets et de pousser plus loin l'investigation de leur action spécifique en étudiant davantage les processus thérapeutiques et l'association entre facteurs thérapeutiques et problèmes spécifiques.

Il faut d'ailleurs remarquer que beaucoup d'auteurs n'acceptent pas ce constat d'équivalence et que, même s'il devait correspondre à la réalité des choses, il faudrait encore l'expliquer, vu que la recherche sur les processus a tout de même trouvé des différences entre techniques. Devant ce problème, différents auteurs ont pris des positions différentes.

Comme nous l'avons déjà vu lors des critiques adressées à Luborsky et al. (1975) et à Smith et al. (1977, 1980), certains auteurs se basent sur des critiques méthodologiques pour refuser ce constat d'équivalence et affirment que des méthodes plus sensibles d'évaluation de la littérature ou des mesures plus riches et plus différenciées des effets thérapeutiques auraient donné et donnent effectivement des résultats différents (par exemple, Shapiro, 1985). De plus, il est probable que les recherches faites jusqu'à présent sur les effets thérapeutiques ne reflètent pas bien des différences qui existent réellement et qu'une meilleure prise en compte de l'efficacité spécifique d'une méthode et de sa spécificité technique fasse mieux apparaître ces différences. Il se pourrait en effet qu'on n'ait pas encore repéré le domaine d'efficacité maximale d'une technique ni spécifié suffisamment ses composantes actives et la mesure dans laquelle elles sont mises en œuvre dans l'application par un thérapeute donné. En tenant compte de ces problèmes on arriverait, selon ces auteurs, à constater des différences significatives et l'on pourrait résoudre ainsi la contradiction créée par le fait que la recherche décrit d'une part des techniques nettement distinctes et de l'autre des résultats semblables.

Pour un autre groupe d'auteurs, la thèse de l'équivalence des résultats est acceptable de même que celle affirmant des différences entre les techniques, mais ces auteurs pensent que les facteurs communs à toutes les techniques sont plus importantes que ceux qui les distinguent et que ce sont ces facteurs communs qui expliquent l'équivalence au niveau de l'efficacité (Frank, 1961; Luborsky et al., 1975; Strupp, 1973).

Plus récemment (Rice et Greenberg, 1984) quelques auteurs ont avancé l'idée que la question est mal posée, qu'il ne s'agit pas de comparer une technique et le résultat final d'une thérapie, mais d'analyser des épisodes ou des « événements » à l'intérieur d'une séance, et que c'est à ce niveau-là que l'on pourra commencer à trouver une efficacité différentielle des différentes techniques. Plutôt que de se demander : « la Gestalt thérapie est-elle meilleure que la thérapie centrée sur le client ? », il faudrait se poser la question : « la technique des deux chaises de la Gestalt thérapie est-elle meilleure que l'écoute réfléchissante, pour résoudre des conflits de décision ? » (Greenberg et Dompierre, 1981). On étudiera ainsi des contextes où le patient travaille avec le thérapeute un problème particulier à l'aide d'une technique particulière, et la façon dont le patient y réagit pendant, immédiatement après la séance et à la fin de la thérapie. Cette approche a l'avantage de permettre une description plus fine des processus, de la technique et de ses effets thérapeutiques, et risque aussi d'être plus intéressante pour le praticien.

Afin de ne pas laisser le lecteur dans l'impression que la psychologie clinique et la recherche sur la psychothérapie sont les seuls domaines où l'on rencontre une certaine incertitude, nous aimerions faire une remarque pour terminer ce paragraphe sur la recherche et les résultats en matière d'effets de psychothérapie.

Nous aimerions souligner le fait que la recherche en psychologie clinique sur les effets et les mécanismes de l'intervention thérapeutique n'est pas la seule à rencontrer ces difficultés, ces incertitudes et ces résultats parfois très peu univoques. Que l'on relise Bleuler (1966, 5ᵉ éd.) ou, plus récemment Kissel et Barrucand (1964) ou Shapiro et Morris (1978), et l'on verra quel est le jeu et l'importance de la subjectivité et du placebo en psychiatrie et en médecine somatique, dans un domaine que les praticiens et les « experts » considèrent volontiers comme plus scientifique que la psychologie clinique ou la psychothérapie.

Que dans le domaine de la médecine somatique les choses ne sont ni différentes ni meilleures que dans celui de l'intervention en psychologie clinique, c'est ce qu'illustre bien un travail récent de Sacks, Chalmers et Smith (1982). Ces auteurs ont inspecté la littérature médicale des années 1955 à 1981 afin de repérer les traitements médicaux évalués à partir d'expériences au sens fort (utilisant une répartition au hasard) et de quasi-expériences (n'utilisant pas la répartition au hasard). Ils n'ont trouvé que 106 recherches portant sur seulement 6 problèmes thérapeutiques différents. Leur revue montrait que les quasi-expériences révélaient le traitement comme plus efficace que le contrôle dans 79 % des cas, alors que l'expérimentation vraie ne le montrait efficace que dans 20 % des cas. Leur travail montre donc que certains traitements prônés sur base d'une évaluation dans une quasi-expérience s'avèrent inefficaces lorsqu'on les évalue par une expérience vraie, et que l'expérience vraie est encore rare dans la recherche médicale.

VI. LES ETUDES COUT/BENEFICE

S'il peut être rassurant pour le psychologue clinicien d'apprendre que l'effet de certaines de ses interventions est enfin à l'abri du doute, que la recherche permet de conclure raisonnablement que la psychothérapie a des effets et, en général des effets bénéfiques[42], il n'en a cependant pas fini de devoir rendre des comptes, car se pose encore la question du prix de ces effets et celle de leurs bénéfices. Ces questions se posent aussi à tout patient qui investit de l'énergie, du temps et de l'argent, et si la majorité des patients n'ont peut-être pas été trop sensibles à cette question jusqu'à présent, les tiers payants le deviennent de plus en plus.

Cet aspect économique des soins de santé et de la psychothérapie a connu une importance croissante aux Etats-Unis, où c'est également devenu un débat politique. Les soins de santé y sont devenus la troisième industrie, et le coût de la santé y augmente plus rapidement que le coût dans les autres secteurs de l'économie (Culliton, 1978). La question est donc d'importance et concerne aussi le psychologue comme le montre la citation d'un passage de Wiens (1981, p. 67) : «... les psychologues se trouvent dans la situation embarrassante d'être plutôt coûteux et largement incapables de citer des preuves claires en faveur de l'efficacité de leur travail (Stewart, 1977). Nous ne détenons pas nécessairement des preuves que nous sommes inefficaces; les psychologues ont en général plutôt négligé le problème de l'évaluation, et ce n'est que depuis que l'on demande des preuves d'efficacité au niveau du coût que nous nous inquiétons davantage de rendre des comptes. Nous ne pouvons pas éviter la question du dollar dépensé, des heures de praticien utilisées ou des autres ressources dépensées dans nos pratiques». Depuis lors, la question du coût croissant des soins de santé a également commencé à préoccuper l'opinion publique européenne et le travail de Bühringer et Hahlweg (sous presse) témoigne de l'intérêt actif que certains psychologues y ont déjà pris.

Ces recherches étant complexes, relativement récentes et inconnues, nous voudrions en situer les buts, les principes et quelques résultats.

Le développement des différentes méthodes de recherche s'est fait dans le cadre des recherches d'évaluation qui comprennent selon Rossi et Freeman (1982) les domaines suivants:
- La planification de programme (program conceptualization and design) porte sur les questions concernant la formulation des problèmes, la planification des besoins, la prise des mesures, l'estimation des effets et des coûts attendus.
- La direction du programme (monitoring and accountability of program implementation) qui s'intéresse principalement à l'évaluation et à l'optimisation des buts visés, et à la mise en œuvre des programmes.
- L'évaluation de l'utilité (assessment of program utility) qui comprend les recherches sur l'efficacité et les recherches sur l'évaluation de l'efficience.

Précisons maintenant les points qui nous intéressent plus particulièrement dans notre contexte, à savoir les problèmes: 1) de l'efficacité, 2) du coût et 3) du bénéfice.

1. L'évaluation des effets

Concernant l'évaluation des effets de l'intervention (nous parlons d'intervention parce qu'il ne s'agit pas nécessairement d'une thérapie au sens restreint), il faut remarquer qu'elle ne peut, dans notre nouvelle perspective, se limiter aux seuls aspects subjectifs, mais doit porter aussi sur les conséquences qu'entraînent ces effets dans le contexte social, et tenir compte d'éventuels effets négatifs.

Aussi y a-t-il lieu de ne plus seulement se limiter à la signification statistique des effets de l'intervention, mais d'évaluer également leur signification clinique et sociale. Il ne suffit pas, par exemple, de constater une différence significative au niveau de l'image de soi, de la pression sanguine, de la quantité d'alcool consommée, etc., il faut encore évaluer l'importance de cette différence, sa signification dans l'économie psychique, son importance pour la santé ou la réintégration sociale du patient. Cette importance est généralement évaluée en fonction de certains buts («Goal attainment scaling» de Kiresuk et Lund, 1978) ou en fonction de la mesure dans laquelle certaines normes (biologiques, psychologiques, sociales) sont atteintes.

2. L'évaluation du coût de l'intervention

L'évaluation du coût de l'intervention se fait à partir de la quantification des ressources utilisées pour l'intervention. Yates et Newman (1980) distinguent en cette matière 4 approches qui concernent :
- les frais de fonctionnement (opérations perspective) comprennent ce que coûte directement l'intervention, les frais directs comptabilisés dans le système de service, mais non les ressources consistant en donations, ni les frais occasionnés par l'intervention à des tiers ;
- les frais consentis par le patient (willingness to pay perspective) : considérés comme mesure valable par les économistes, cette approche pose un problème dans le cas de patients incapables de décisions informées en la matière ;
- les frais d'opportunité (opportunity value cost) sont plus étendus que les frais de fonctionnement et incluent les ressources de dons et de bénévolat, les frais et manques à gagner occasionnés au patient, à ses proches et à son employeur ;
- le coût total (comprehensive approach), dans cette perspective, on quantifie toutes les ressources utilisées effectivement, en y incluant celles qui ne sont pas abordées par la opportunity value perspective et même le coût d'interventions futures occasionnées par l'intervention actuelle.

L'évaluation du coût de l'intervention comprendra alors des postes différents selon les cas, et devra être mise en relation directe avec l'intervention, ce qui se fera également de différentes façons selon le problème posé. Dans le cas le plus simple, la somme des postes sera divisée par le nombre de patients. Pour les institutions hospitalières, le coût par patient peut être estimé, par exemple, en multipliant le prix de la journée par la durée du séjour. Dans le cas de traitements ambulatoires, on peut calculer le prix de l'heure d'intervention à partir des frais de fonctionnement, etc. Lorsqu'on rapporte les résultats d'études concernant le coût d'une intervention, il est donc important de préciser la façon pour laquelle il a été calculé. Ceci est bien illustré dans un travail de Siegert et Yates (1980) qui ont examiné le coût des différentes formations proposées à des parents d'enfants à problèmes (formation individuelle à la maison ou au cabinet de consultation, formation en groupe à la clinique). Calculé à partir des seuls frais de fonctionnement, le coût de ces différentes formations est assez semblable, celui de la formation en groupe à la clinique étant le plus bas. Evaluée sur la base du coût total, la formation individuelle à la maison est la moins chère, la formation individuelle à la clinique la plus coûteuse.

Des recherches sur le coût de l'intervention ont jusqu'à présent été faites dans différents domaines, par exemple le traitement de l'alcoolisme (Koester et al., 1982); le sevrage des patients assujettis à la drogue (Bühringer, 1981; Eschbach, 1982); le traitement préventif des troubles cardio-vasculaires par le traitement de l'obésité (Ferstl et al., 1977; Kahlke et al., 1978).

3. L'évaluation du bénéfice

L'évaluation du bénéfice exige, à la différence de l'évaluation du coût de l'intervention, que les effets de celle-ci soient évalués dans les mêmes unités que leur coût, ce qui veut dire, généralement, en termes d'unité monétaire. Ceci peut se faire en évaluant le bénéfice monétaire positif de l'effet thérapeutique (par exemple, augmentation de salaire, augmentation de productivité, etc.) ou les bénéfices par épargne ou économie réalisée par le patient, ses proches, etc., grâce à la thérapie, cette dernière évaluation étant la plus fréquente dans les recherches sur la psychothérapie. Ces deux bénéfices peuvent alors être évalués soit de façon directe (par exemple, les dépenses médicales de chaque patient avant et après la thérapie), soit par transformation des données de recherche en bénéfices positifs ou en bénéfices par épargne.

Prenons comme exemple le travail de Grüner et Turek (1981). Ces auteurs ont calculé les bénéfices par épargne réalisés pour un toxicomane traité avec succès, à partir de l'évaluation du coût annuel de ce type de patient.

A cet effet, dans le fichier d'une clinique pour toxicomanes, 80 patients ont été choisis au hasard, dont 53 ont pu être étudiés de façon approfondie entre 1974 et 1975. Le coût a été calculé à partir des postes suivants: formation et travail: 33,8 %; maladie, thérapie et tentative de réhabilitation: 16,6 %; coût suite à des comportements criminels: 3,4 %; coût suite à des poursuites judiciaires: 9,9 %; coût de la vie et frais administratifs: 34,4 %. L'épargne annuelle réalisée par une thérapie réussie est de DM 50.000 par patient.

4. L'évaluation du coût et de l'efficacité

L'évaluation du coût et de l'efficacité nous dit quel est le prix d'un résultat thérapeutique atteint. On peut ainsi comparer des programes thérapeutiques en mettant en relation le coût global et le nombre de patients traités avec succès. Il faut cependant remarquer que le programme ayant le meilleur rapport coût/efficacité n'est pas nécessairement le meilleur choix et que celui-ci peut aussi être fonction des contraintes financières d'une situation. Il faut noter aussi que pour analyser et améliorer un programme, ce procédé global ne suffit plus et qu'il y a lieu d'analyser de plus près les relations entre coût et efficacité du traitement en utilisant des techniques matricielles et des modèles à fonctions linéaires et non linéaires (Yates et Newman, 1980).

Des travaux étudiant le coût et l'efficacité de différents programmes thérapeutiques ont été faits dans différents domaines comme l'obésité (Ferstl et al., 1977; Kahlke et al., 1982), la toxicomanie (Bühringer, 1981), l'alcoolisme (Koester et al., 1982), les plus connus étant sans doute ceux qui ont tenté d'évaluer l'effet d'une intervention psychologique sur l'utilisation de services médicaux. Vu l'intérêt tout particulier de ce problème, nous nous y arrêterons davantage ici et y reviendrons à propos de l'évaluation des coûts et bénéfices.

Après Duehrssen et Jorswick (1965), dont le travail de pionnier a convaincu des compagnies d'assurances d'intervenir dans le remboursement de la psychothérapie, Follette et Cummings (1967) présentent une recherche faite dans le cadre d'une société d'assurance maladie privée. La recherche avait pour but d'étudier l'effet d'une intervention psychologique sur l'utilisation des services médicaux. Le principe de la recherche consistait à comparer des patients bénéficiant d'une intervention psychologique avec un groupe de patients qui n'en recevaient pas. Le groupe thérapeutique était constitué de patients ayant consulté, au cours d'une année donnée, le service psychiatrique; chaque cinquième patient était sélectionné pour la recherche et attribué à un des sous-groupes thérapeutiques qui recevaient:
a) une interview diagnostique (N = 80),
b) une psychothérapie brève (2-8 séances, M = 6, 2 séances, N = 41) et
c) une psychothérapie de plus longue durée (9 séances ou plus, M = 33, 9 séances, N = 31).

Pour chacun des patients, un index indiquant l'importance des troubles psychiques fut établi à partir de leur dossier. Le groupe de contrôle ne faisant pas l'objet d'une intervention psychologique ou psychiatrique fut constitué à partir de cet index et d'autres variables telles que l'âge, le sexe, le statut social, et le taux d'utilisation des services médicaux. Pour tous ces groupes, on a ensuite recherché le taux d'utilisation des services médicaux (consultations, rayons X, examens de laboratoire, hospitalisation) faite un an avant et cinq ans après la première intervention psychologique.

Les résultats sont intéressants:
- Les patients ayant des valeurs élevées à l'index des troubles psychiques utilisaient significativement plus souvent les services médicaux (hospitalisation et consultation) que la moyenne des assurés.
- Les patients ayant bénéficié d'une intervention psychologique utilisaient les services médicaux significativement moins souvent que le groupe de contrôle. Cette diminution restait constante pendant les cinq années et cela aussi bien à l'intérieur des groupes traités que par rapport au groupe de contrôle. La diminution pour ces cinq ans était de 60 % pour les patients ayant reçu une séance, de 75 % pour ceux qui ont reçu 2 à 8 séances. La diminution la plus nette s'obervait après deux ans.
- Les patients ayant bénéficié d'interventions se situant entre une et huit séances n'avaient plus besoin d'interventions nouvelles pour se maintenir à leur niveau d'utilisation diminuée.
- Les patients bénéficiant d'une psychothérapie plus longue ne présentaient pas de diminution dans le taux d'utilisation de services médicaux (la psychothérapie remplaçant l'utilisation médicale), mais ils présentaient eux aussi une diminution d'hospitalisations.

La conclusion tirée par Cummings (1977, p. 716) sur la base de ces données est la suivante: «Il n'y a pas de fondement à la crainte que la demande croissante d'intervention psychologique mette le système de santé en danger au point de vue financier».

Rosen et Wiens (1979) ont présenté une réplique partielle de l'étude de Follette et Cummings (1967).

Le groupe de patients se composait de tous les patients envoyés à la Medical Psychology Outpatient Clinic par d'autres cliniques ou services de l'Université de l'Oregon (à l'exception des patients envoyés par le département de psychiatrie) pendant la période du 1.1.70 au 15.7.75. Ces patients ont été divisés en 4 groupes:
a) évaluation et traitements: $N = 103$;
b) évaluation: $N = 205$;

c) patients qui furent envoyés, mais ne se sont pas présentés : N = 60 ;
d) groupe de contrôle (N = 100) composé de patients n'ayant pas eu de contacts avec la clinique, mais choisis au hasard dans d'autres institutions médicales et appariés au point de vue année d'admission et fréquence d'utilisation de services médicaux avec 100 patients choisis au hasard dans les patients des groupes a, b et c.

Les résultats montrent que, comparés à ceux des groupes c et d, les patients des groupes a et b montrent une diminution significative en ce qui concerne le nombre de consultations médicales, les prescriptions médicamenteuses, les services diagnostics, et les plaintes concernant les problèmes médicaux. La comparaison intra-groupes montrait des diminutions significatives pour les groupes a et b, mais non pour les groupes c et d. Ces diminutions des problèmes médicaux étant de 47 % et 53 %, sont donc non négligeables (surtout lorsqu'on tient compte de ce que les interventions se faisaient en peu de sessions) et cela non seulement du point de vue clinique, mais aussi du point de vue économique. Il faut remarquer qu'il n'y avait pas de différences significatives entre les groupes a et b, et que cela s'explique vraisemblablement par le fait que ces deux groupes ne sont pas tout à fait comparables, le groupe a présentant un pourcentage plus élevé de patients ayant des problèmes psychologiques importants.

Cette étude n'est pas à l'abri de toute critique méthodologique, mais les conclusions des auteurs restent valables lorsqu'ils disent : « il semblait économiquement avantageux pour un centre de santé intéressé à la médecine préventive et à un usage efficient des services médicaux d'employer de façon très active les services d'un psychologue médical. La présente étude suggère qu'un transfert approprié aux services psychologiques ne bénéficie pas seulement au patient, mais peut diminuer certains usages excessifs de services médicaux. Il semble aussi que cette réduction des dépenses médicales pourrait compenser les frais occasionnés par l'intervention psychologique. Nous proposerions que les psychologues soient une partie intégrale dans un système de soins de santé qui vise un maintien maximal de la santé et un fonctionnement efficace » (p. 428).

Schlesinger, Mumford et Glass (1980) ont repéré d'autres études rétrospectives et contrôlées et les ont soumises à une méta-analyse. Les résultats de cette analyse sont difficiles à donner en termes de pourcentage de diminution d'utilisation des services médicaux après intervention psychologique, mais vont clairement dans ce sens.

5. L'évaluation du coût et des bénéfices

L'évaluation des coûts et des bénéfices met en relation le coût et les bénéfices d'une intervention, les deux valeurs devant être exprimées en termes d'unités comparables, généralement dans des échelles monétaires, et permettent alors l'expression sous forme de quotient ou de différence entre coût et bénéfice.

De pareilles recherches évaluant les coûts et bénéfices d'interventions psychologiques ont déjà été entreprises dans différents domaines : l'alcoolisme (JWK, 1976); la thérapie comportementale des troubles névrotiques (Ginsberg et Marks, 1977); le traitement de schizophrènes chroniques (Paul et Lentz, 1977; Golstein et al., 1978; Falloon et al., 1984); l'intervention psychologique en hôpital général (Olbrisch, 1977; Havik, 1981); le traitement de toxicomanes (Bühringer, 1981; Grüner et Turek, 1981), les soins psychiatriques (Dauwalder, 1985; Hess, Ciompi et Dauwalder, 1985).

Dans une des premières études du genre (JWK, 1976), 41 institutions de traitement pour alcooliques pratiquant des interventions très différentes ont été étudiées. Ce travail portait sur 4.777 alcooliques traités ambulatoirement pendant 6 mois. Des études antérieures ayant montré que la productivité (revenus), les dépenses de santé et les accidents de voitures dus à l'alcool constituaient 95 % des coûts occasionnés par les alcooliques, le bénéfice de la thérapie a été calculé par rapport à ces trois domaines (augmentation des revenus, diminution des dépenses de santé et des frais occasionnés par les accidents) sur la base de 10 ans. Le bénéfice financier apporté par la thérapie a été comparé aux frais de fonctionnement pour 6 mois des différentes institutions.

Le facteur de bénéfice moyen des différentes institutions était de 2,96, c'est-à-dire que chaque dollar dépensé pour la thérapie rapporte un bénéfice de 2,96 $. En termes de calcul des différences, il y avait pour les 4.777 patients 11,22 millions de $ de coût et 33,15 millions de $ de bénéfice. Par patient, une dépense de 2.348 $ et un bénéfice de 6.940 $. La cause principale de cette épargne fut la réduction des hospitalisations. Il y avait un autre point intéressant dans cette recherche. Alors que l'on pense généralement que l'efficacité des différents programmes est la même, ce qui n'encourage pas tellement les tentatives d'amélioration, cette recherche montre qu'il y a de fortes différences lorsqu'on tient compte du coût et du bénéfice : l'analyse et les essais d'amélioration d'institutions thérapeutiques devraient donc en tenir compte dorénavant.

Deux autres études doivent encore être mentionnées parce qu'elles mettent en évidence des aspects intéressants. La première, celle de Havik (1981) montre, comme le firent déjà celles de Follette et Cummings (1967) et de Rosen et Wiens (1979), qu'une intervention psychologique ne doit pas nécessairement être de très longue durée pour avoir des effets thérapeutiques et économiques appréciables. Havik le montre en faisant une méta-analyse de 25 études contrôlées sur l'intervention psychologique chez des patients hospitalisés.

Les résultats de cette méta-analyse qui portent sur les données fournies par 2.067 patients montraient une nette supériorité des patients préparés par une intervention psychologique. Cette supériorité par rapport aux patients de contrôle non préparés était présente dans toutes les variables analysées, à savoir : réactions physiologiques et complications somatiques, réactions psychologiques (anxiété, dépression, douleurs), relations avec le personnel soignant, médication et durée de l'hospitalisation. L'analyse coût/bénéfice qui portait sur 8 études (543 patients préparés, 540 patients-contrôle non préparés) fut faite sur base des frais de fonctionnement et des frais de traitement épargnés. Elles montrent que les patients préparés avaient une durée d'hospitalisation moindre de 19 % que les patients-contrôle (8,2 jours contre 6,6) et que chaque couronne dépensée pour l'intervention psychologique rapportait un bénéfice de 29 ou de 37 couronnes (selon qu'il s'agissait d'un petit ou d'un grand hôpital) dû au raccourcissement de l'hospitalisation.

L'autre recherche, celle de Paul et Lentz (1977), est intéressante pour ses résultats et ce qu'elle révèle sur l'importance que peuvent avoir des faits au niveau des décisions administratives. Cette recherche qui est probablement l'étude la mieux contrôlée sur le traitement à long terme de patients chroniques en psychiatrie, comparait deux types de traitement psychologique avec un groupe de contrôle. Les patients étaient des schizophrènes chroniques (durée moyenne d'hospitalisation = 17 ans) qui furent assignés au hasard, 28 par groupe, aux conditions suivantes :

- thérapie de milieu ou de communauté thérapeutique (MT) mettant l'accent sur l'acquisition d'attentes positives, la création d'un sentiment de groupe, et la résolution de problèmes en commun;
- thérapie d'apprentissage social (SL) basée sur un système d'économie de jetons gradué et fort élaboré, l'acquisition d'habiletés sociales et des programmes de préparation à la sortie d'hôpital;
- groupe de contrôle (GC) recevant le traitement médical de routine habituel.

Les résultats concernant les effets des traitements montrent que les deux traitements psychologiques furent significativement supérieurs au traitement de routine, la thérapie d'apprentissage social (SL) étant à son tour significativement meilleure que la thérapie de milieu (MT). Les avantages majeurs étaient les sorties d'hôpital significatives, c'est-à-dire de plus de 90 jours (SL = 96,4 %; MT = 67,9 %; traitement de routine = 45 %) et une meilleure adaptation à l'hôpital. De plus, il y avait une diminution de la médication : alors qu'avant l'expérience, 91,2 % de tous les patients avaient un traitement psychopharmacologique, à la fin de l'expérience, il n'y avait plus que 17,9 % des patients du groupe MT et 10,7 % du groupe SL sous traitement médicamenteux.

Quant au coût des traitements, il était de 16,9 % (SL) et 15,8 % (MT) plus bas que pour les contrôles. Compte tenu de la plus grande capacité du service SL (grâce à sa plus grande efficacité, la thérapie d'apprentissage social (SL) est par patient 32,6 % moins chère que le traitement de routine ce qui correspond à un bénéfice par épargne de 10.000 $ par patient pour 1976. Pour les 74 patients traités par les deux méthodes psychologiques, le bénéfice net estimé est de 2,7 millions de $ (Dörken, 1981, p. 108). Mais, et c'est là le deuxième point intéressant de cette recherche, ce chiffre ne semble pas avoir impressionné l'administration puisque l'expérience terminée, elle a fermé le service de thérapie d'apprentissage social et réintroduit le traitement de routine habituel pour des raisons d'économie !

En conclusion, les travaux faits jusqu'à présent montrent, comme le soulignent Bühringer et Hahlweg (sous presse), l'importance qu'il y a à ne pas se limiter à un seul aspect de la question (efficacité, coût, bénéfice), mais à les mettre en relation si on veut adéquatement répondre à certaines questions. On peut ajouter que Wiens (1981, p. 71) estime, au vu des données disponibles, que «l'intervention psychologique a un effet significatif sur les procédures médicales et les visites faites par les patients et que l'intervention psychologique représente une épargne de dépenses significative tant pour les patients que pour le système de soins de santé».

VII. LA RECHERCHE SUR LES PROCESSUS THERAPEUTIQUES

Aprés avoir présenté les recherches sur les effets de l'intervention clinique, nous aurons à donner un aperçu de celles qui portent sur les principaux facteurs qui interviennent dans leur production, à savoir les variables-patient, thérapeute, leur interaction, et les processus thérapeutiques.

En parlant de variables, nous visons tout phénomène inhérent ou attribuable à une personne ou à un processus, et qui peut varier systématiquement. Ces phénomènes étant extrêmement complexes et les travaux multiples et variés, nous voudrions, pour commencer, attirer l'attention sur trois points dont la prise en compte permettra d'éviter des malentendus.

Tout d'abord, nous n'avons pas retenu ici les propositions qui seraient le seul résultat de l'intuition ou de la spéculation concernant les phénomènes de la psychothérapie, mais nous nous sommes limités aux résultats de travaux empiriques, c'est-à-dire d'investigations portant sur des variables (patient, thérapeute, processus) effectivement mesurées et mises en relation avec les effets obtenus. En d'autres termes, il ne s'agit pas ici de ce qui pourrait ou devrait être, mais de ce qui est, dans la mesure où cela a déjà pu être saisi empiriquement, et nous ne parlerons de ce qui se passe en thérapie que dans la mesure où cela a été mis en relation avec des effets « thérapeutiques ». Ensuite, il faut insister sur le fait que la qualité et la signification des résultats rapportés, tout comme pour les études sur les effets, dépend évidemment de l'échantillon, des critères, des mesures et du plan expérimental des études en question, c'est-à-dire que les résultats ne peuvent pas être généralisés sans plus. Et finalement, le nombre de variables possibles étant énorme ainsi que le nombre et la variété des travaux, nous avons dû choisir d'illustrer quelques points généralement considérés comme importants et devons renvoyer le lecteur intéressé à la bibliographie pour une information plus complète et plus détaillée.

1. Les variables-patient

La psychothérapie étant un processus d'interaction, le patient qui en est un des pôles, a évidemment une importance capitale, pour certains la plus grande, et la question de savoir lesquelles de ses caractéristiques, générales ou spécifiques, affectent l'issue de la thérapie a fait l'objet d'observations, de réflexions et de recommandations dont celles de Freud (1905, 1913) sont, parmi les premières, les plus connues. Ce n'est cependant qu'après la seconde guerre mondiale que des recherches systématiques ont été entreprises, d'ailleurs selon différents points de vue, que l'on pourrait ranger dans trois groupes.

Une première approche tente de systématiser à partir d'une théorie. C'est l'approche adoptée, par exemple, par Blaser (1977) et par Kernberg et al. (1973) pour la psychanalyse, par Zielke (1979) et par Minsel (1974) pour la thérapie centrée sur le client. Une seconde voie pour trouver une réponse à cette question est celle suivie par Garfield (1978) qui organise les résultats fournis par la recherche empirique en les envisageant du point de vue de la pratique clinique. Une troisième tentative a été réalisée en réunissant et en synthétisant les travaux de recherche concernant certaines caractéristiques du patient, comme cela a été fait dans une partie de l'ouvrage de Gurman et Razin (1977).

Comme il n'est pas possible de présenter ici une synthèse de ces différents travaux, nous voudrions aborder le problème en le restreignant à une inspection de ce que dit la recherche sur quelques variables explicitement ou implicitement en jeu dans les deux stéréotypes du YAVIS et du HOUND, à savoir l'âge, le sexe, l'attractivité physique, l'intelligence, la classe sociale, la motivation et les attentes du patient ainsi que la gravité de ses troubles. La psychothérapie n'étant pas un processus simple et linéaire, mais comportant des moments et des aspects dont l'expérience a montré qu'ils impliquaient des problèmes différents, nous envisagerons les caractéristiques mentionnées en les mettant en rapport avec le début, la poursuite et le résultat final de la thérapie, rejoignant par là une distinction également faite par Garfield (1978).

En parlant d'une phase de début de la psychothérapie, nous ne pensons pas ici au début de la psychothérapie à proprement parler, mais à ce qui précède, de la part du patient l'attitude à l'égard d'une thérapie éventuelle afin de soulager ses souffrances, de la part du thérapeute, la décision de prendre ou de ne pas prendre un patient en thérapie. Toutes les personnes qui pourraient être aidées par une psychothérapie ne s'y rendent effectivement pas, tous ceux qui en font la demande ne sont pas retenus ou ne reviennent pas, et tous ceux qui sont acceptés et persistent n'en retirent pas le même bénéfice. Il y a donc différents moments d'une psychothérapie, qui mettent peut-être en jeu différentes caractéristiques du patient. Mais avant de poursuivre, arrêtons-nous un instant à nos deux stéréotypes.

Parmi les choses qui se disent au sujet des variables patient, qu'on ne prend pas nécessairement pour une règle, mais qui contiennent un grain de vérité et guident souvent le clinicien et le patient, se trouvent les propos selon lesquels, pour entreprendre une psychanalyse, il faut être assez mal pour en avoir besoin et pas trop pour pouvoir la supporter. Pour d'autres, les caractéristiques requises pour une psychanalyse seraient d'être un patient YAVIS[43], c'est-à-dire un patient jeune, attrayant, verbalement doué, intelligent et qui réussit, alors que les caractéristiques HOUND, c'est-à-dire le fait d'être casanier, vieux, sans succès, verbalement et intellectuellement peu doué, vous laisserait moins de chances d'être accepté par un psychanalyste et même tout simplement d'être pris en psychothérapie. Qu'il y ait là plus qu'un adage ou une boutade se trouve confirmé par des recherches sur la question. Elles montrent que les thérapeutes ont non seulement des représentations et des souhaits concernant le patient idéal et celui qu'ils aimeraient ou n'aimeraient pas prendre en thérapie, le patient qui a des chances de bénéficier ou non d'une psychothérapie, mais encore que ces représentations jouent effectivement lorsqu'ils posent une «indication» de psychothérapie, lorsqu'ils acceptent ou envoient ailleurs un patient. Les travaux de Blaser (1977, 1982) montrent clairement qu'en Europe comme aux USA, le patient jugé acceptable pour une psychothérapie psychanalytique est décrit comme «ayant une intelligence nettement supérieure à la moyenne, doué de bonnes capacités verbales, capable d'introspection, ayant un Moi fort et des processus de pensée souples». Il est de plus «capable de contact», «non suggestible», et possède une certaine attractivité physique (1982, p. 292). Certaines caractéristiques du patient guident donc les thérapeutes dans certaines de leurs décisions.

Côté patient, il y a également certaines caractéristiques différentielles qui influencent l'attitude envers l'intervention psychologique et par conséquent ses chances de réussir. Afin de mieux comprendre les facteurs qui jouent au niveau de la demande, de l'offre et de la sélection, il est utile de se rappeler les résultats d'une étude de Howard et Orlinsky (1972, p. 623) sur les caractéristiques démographiques et les attitudes des personnes qui ont des problèmes et sont susceptibles de bénéficier d'une aide psychothérapeutique. Un premier groupe, décrit par ces auteurs, bien connu dans la pratique privée, se compose principalement de «jeunes adultes relativement aisés, ayant généralement fait des études secondaires, plus souvent des femmes que des hommes, plus souvent célibataires que mariés». Ces personnes sont plutôt «cultivées, verbalement douées et intelligentes», elles résident dans des voisinages urbains, semblent être «moins sérieusement troublées au point de vue psychiatrique et valoriser positivement la psychothérapie comme forme culturelle et comme moyen d'aide». Le second groupe est composé de personnes «qui tendent à être nettement moins aisées, de la classe ouvrière ou d'un statut social inférieur, et le plus souvent des adultes plus âgés (plus de 30 ans), des femmes parfois mariées, qui pour la plupart n'ont pas fait plus et souvent moins que des études secondaires». Il tend à être «moins cultivé, moins communicatif au niveau verbal, à être jugé plus sérieusement troublé, à être orienté moins positivement envers la psychothérapie, et à contenir ceux de la population non blanche qui reçoivent un traitement thérapeutique». Le troisième groupe, bien qu'il ne représente pas une petite part de la population, est moins connu des professionnels de la santé mentale, parce qu'il cherche et reçoit de l'aide provenant de sources religieuses plutôt que séculière. Ce groupe semble composé de personnes qui tendent à être d'âge moyen, de classes variées, mais le plus typiquement des classes moyennes (des hommes d'affaires et leurs épouses), le plus souvent des femmes, des personnes ayant une famille, des protestants, des personnes ayant moins souvent fait des études universitaires.

Après lecture de la description du deuxième groupe, il est moins étonnant d'apprendre qu'un grand pourcentage (20 - 40 %) de personnes venues consulter dans une clinique refusent la psychothérapie offerte ou ne se présentent pas au premier rendez-vous (Marks, 1978; Raynes et Warren, 1971a, 1971b). Les raisons de cet état de choses sont encore peu connues, mais on peut signaler que Rosenthal et Frank (1958) trouvent une relation significative entre l'acceptation de la thérapie et les revenus, d'une part, et l'acceptation et le niveau de motivation de l'autre.

La relation existant entre la classe sociale, l'acceptation pour une psychothérapie et le type de thérapie proposé a également été étudiée dans plusieurs recherches. Lubin et al. (1973) trouvent par exemple que des patients ayant une scolarité de moins de 12 ans et un niveau professionnel pas très élevé sont moins souvent envoyés en psychothérapie que ceux ayant fait des études secondaires se situant à des niveaux professionnels plus élevés. Shader (1970) rapporte une relation significative entre un statut socio-économique bas et la fréquence avec laquelle les patients reçoivent des médicaments plutôt qu'une psychothérapie. Hollingshead et Redlich ont déjà montré en 1958 que la thérapie psychanalytique de longue durée était pratiquée principalement avec des patients des classes moyennes et supérieures, et Kadushin a trouvé une relation entre la classe sociale et le type de clinique consultée, notant que «plus étroitement une clinique est affiliée au mouvement psychanalytique orthodoxe, plus élevée sera la classe sociale de ses candidats» (1969, p. 51).

Avant l'engagement même dans une psychothérapie, de multiples variables-patient, démographiques et personnelles, interviennent donc et influencent la demande, l'offre, l'acceptation et l'orientation de la thérapie éventuelle. Ces mêmes variables ont également été mises en relation avec le fait que beaucoup de patients ne continuent pas ou ne terminent pas la thérapie commencée, fait dont l'importance avait été mise en évidence par Garfield et Kurtz (1952) et qui fut confirmé et exploré plus avant par une série d'études ultérieures (Garfield, 1978).

Parmi les variables-patient étudiées en rapport avec l'interruption ou la terminaison prématurée des thérapies, l'âge, le sexe et même le diagnostic ne se sont pas révélés des facteurs significatifs. Pour les variables de classe sociale, cependant, la majorité des recherches a montré une relation positive avec l'interruption de la thérapie, les patients à scolarité et à niveau socio-économique faibles quittant plus tôt que ceux de niveau plus élevé (Garfield, 1978), et ce pour des raisons qui ne sont pas seulement financières, mais qui tiennent aussi à l'attente, la motivation et la communication thérapeutiques, ainsi qu'à l'attitude des thérapeutes.

Quant aux variables qui relèvent plus particulièrement de la personnalité, elles ont fait l'objet d'un certain nombre de recherches dont les résultats ne permettent cependant par encore de tirer de conclusions fermes, vu que les échantillons des patients ne sont pas nécessairement comparables et que les résultats intéressants de certaines études (par exemple, de Lorr et al., 1958; Mc Nair et al., 1963) n'ont pas pu être retrouvés (Stern et al., 1975). Même l'étude de la variable «motivation pour la thérapie» généralement considérée comme importante, n'a pas permis d'arriver à des conclusions bien nettes, très probablement à cause de l'absence d'une définition conceptuelle et opérationnelle précise. Concernant les attentes des patients, la façon dont ils se représentaient la thérapie et ce qu'ils espéraient «recevoir», certaines différences ont pu être détectées qui distinguent ceux qui continuaient de ceux qui quittaient. Heine et Trosman (1960) trouvaient ainsi que ceux qui quittent ont une tendance à la collaboration passive, à attendre des médicaments ou de l'information diagnostique, alors que ceux qui continuent penchaient plus vers une collaboration active et s'attendaient à des conseils pour changer les choses. Dans une étude ultérieure, Heine (1962) trouvait que les patients qui quittent s'attendent plus souvent à recevoir un conseil précis pendant le premier entretien, alors que ceux qui continuent s'attendent plus souvent à une attitude permissive de la part du thérapeute. On peut constater que dans les deux études les attentes des patients qui continuaient correspondaient plus à celles des thérapeutes que celles de ceux qui quittaient. Il est intéressant aussi de noter que les patients qui quittaient ne différenciaient pas bien le rôle du psychiatre (psychothérapeute) de celui d'un autre médecin. Ce sont là deux constatations parmi d'autres qui soulignent l'importance, chez certaines personnes, d'une «préparation» à la psychothérapie.

Concernant la relation entre les résultats thérapeutiques obtenus et les variables-patient, il est intéressant de voir que la recherche n'en trouve ni pour l'âge (ne confirme donc, pour les thérapies non psychanalytiques, ni YAVIS ni HOUND), ni pour la classe sociale (Garfield, 1978). Celle-ci influence donc les chances d'entrer et de rester en thérapie, mais non les résultats obtenus, si le patient y persiste. L'éducation et la scolarité, par contre, semblent montrer une corrélation légèrement positive avec les résultats thérapeutiques. Pour le sexe du patient, aucune relation significative n'a été trouvée.

Dans le domaine des caractéristiques de personnalité, les résultats des recherches sont moins nets, et plus difficiles à interpréter. Il s'agit donc d'être prudent dans ce que l'on avance et cela d'autant plus que ces variables ne sont pas les seuls déterminants du résultat et agissent en interaction avec les variables-thérapeute. Nous voudrions néanmoins dire quelque chose sur l'importance de l'intelligence, de la motivation, et de la gravité du trouble.

Les résultats des travaux concernant les informations sur la relation entre l'intelligence et les effets thérapeutiques (Garfield, 1963; Luborsky et al., 1971; Meltzoff et Kornreich, 1970) ne concordent pas sur tous les points, mais on peut actuellement souscrire à la conclusion tirée par Meltzoff et Kornreich (1970) disant qu'une intelligence élevée n'est pas une condition nécessaire pour réussir une thérapie, bien que cela puisse être un facteur plus important pour certaines thérapies. A cela, il faut ajouter que l'intelligence n'est qu'une caractéristique parmi d'autres qui influencent le résultat, et que ces autres facteurs sont probablement plus importants.

Concernant les motivations pour la thérapie, les résultats des recherches ne sont pas très nets non plus, pour les raisons que nous avons déjà indiquées, et cet état de choses n'a pas changé depuis que Garfield a fait cette constatation en 1978. Il est intéressant aussi de constater avec Orlinsky et Howard (sous presse) qu'il n'y a pas encore eu d'étude sur la motivation du patient faite dans sa propre perspective. Vu l'importance que l'on accorde généralement à cette variable, ces constatations peuvent surprendre [44].

Au sujet de la nature et de la gravité du trouble, on peut d'abord constater que la recherche confirme l'expérience clinique, qui enseigne que les chances de guérison ou d'amélioration substantielle sont d'autant plus favorables que le trouble ressemble plus à ceux qui ont une bonne chance de rémission spontanée. La règle pronostique pour la rémission des troubles névrotiques, formulée après de longues années d'observation par Ernst et al. (1968, p. 63) s'énonce comme suit: «Plus la personnalité prémorbide est douée et affirmée dans la vie, plus le début de la maladie est aigu et le tableau dysphorique et émotionnellement chargé, plus favorable est le pronostic syndromatique ainsi que celui de la personnalité». L'expérience clinique dit ausi que les chances de guérison ou d'amélioration substantielle sont nettement plus limitées pour certains troubles comme, par exemple, les psychoses en général, les schizophrénies et certaines toxicomanies chroniques, certains troubles de la personnalité, et certains troubles dits psychosomatiques. Il faut cependant ajouter tout de suite que cela n'implique aucunement l'inutilité de certaines interventions psychologiques, mêmes dans certains cas graves. Des interventions psychologiques adéquates peuvent en effet aider le patient et son entourage, et d'ailleurs également diminuer le coût de la santé, comme il ressort des travaux cités antérieurement.

En ce qui concerne la gravité des troubles, la recherche a fourni quelques résultats fort intéressants. Si elle confirme d'abord l'adage clinique selon lequel les patients les moins perturbés, ceux qui présentent le degré d'intégration de la personnalité le plus élevé ou la force du Moi la plus grande, tendent aussi à obtenir les améliorations thérapeutiques les plus fortes (Luborsky et al., 1971; Kernberg et al., 1972), elle donne par la suite des résultats différents (Prager et Garfield, 1972) et aboutira à des vues plus différenciées en attirant l'attention sur deux points.

D'abord, des travaux plus récents suggèrent que l'importance pronostique de la gravité du trouble semble varier en fonction du type d'intervention thérapeutique. L'étude déjà citée de Sloane et al. (1975) montre en effet des résultats différentiels à cet égard, les résultats thérapeutiques (mesurés par le MMPI) n'étant pas les mêmes pour les deux types de thérapie: alors qu'en thérapie comportementale des résultats semblables ont été obtenus indépendamment de la gravité du trouble, les patients moins troublés réussissaient mieux dans la thérapie d'orientation analytique. Se pourrait-il que, dans certains cas, le résultat thérapeutique soit fonction de la gravité du trouble dans les thérapies psychanalytiques, mais pas nécessairement en thérapie comportementale? La réponse ne peut évidemment venir que d'une recherche psychanalytique comparative bien menée. Il est intéressant de voir que Grawe (1976) dans une recherche comparative sur le traitement des phobies par la thérapie comportementale et la thérapie non directive trouve lui aussi des résultats différentiels en ce domaine. Ses analyses, dans lesquelles il a évalué l'effet thérapeutique par rapport à un grand nombre de variables et aussi par rapport à leur relation, ont conduit cet auteur à la conclusion suivante : «La thérapie comportementale est particulièrement efficace chez des patients ayant des peurs phobiques intenses et qui souffrent particulièrement de ces peurs phobiques. La diminution des symptômes phobiques est accompagnée d'une amélioration générale» (p. 166). Chez les patients présentant une souffrance phobique moins intense, la thérapie comportementale s'avère moins efficace et la thérapie non directive leur offre plus de chances. Il s'ensuit pour l'indication : «Des patients présentant une souffrance phobique particulièrement intense devraient, pour cette raison, en tout cas être traités par la thérapie comportementale, d'autant plus qu'il y a des indications montrant que ces patients deviennent encore plus dépendants et ressentent davantage encore le besoin d'être aidés, lorsqu'ils font une thérapie non directive, et réagissent par une détérioration de leur état subjectif» (p. 165).

Le second point concerne un aspect méthodologique important mis en évidence et traité par Mintz (1972) et Garfield (1978), celui des méthodes et critères d'évaluation des résultats thérapeutiques. Quant au premier, il faut savoir qu'une évaluation globale faite par le thérapeute à la fin de la thérapie reflète le niveau de fonctionnement à ce moment-là et indépendamment du niveau auquel se situait le patient avant la thérapie, alors qu'un testing avant et après la thérapie permet aussi d'évaluer la différence. Quant au second, celui des critères d'évaluation, il s'agit de savoir si les effets d'une psychothérapie doivent être évalués en termes de niveau de fonctionnement atteint après la thérapie ou en termes de nature et de quantité des changements thérapeutiques réalisés. Il est en effet probable qu'un patient moins gravement troublé au départ atteigne un niveau de fonctionnement postthérapeutique plus élevé que celui qui est plus gravement atteint, mais celui-ci peut venir de plus loin, parcourir un chemin plus grand, réaliser une amélioration thérapeutique plus importante en termes de nature et de quantité de changement, et il est important de ne pas perdre de vue cet aspect. La règle pronostique générale doit donc être nuancée, de même que la conclusion de Luborsky et al. (1971, p. 149) disant que «des patients initialement plus malades ne s'améliorent pas autant en psychothérapie que le font ceux qui sont initialement plus sains». Garfield (1978, pp. 218-219) estime ainsi qu'il est plus correct de dire que «des clients qui commencent la thérapie à un niveau élevé de fonctionnement terminent la thérapie à des niveaux plus élevés que ceux qui commencent à des niveaux relativement bas, plutôt que de dire que les premiers montrent les gains les plus grands en psychothérapie». C'est une nuance, mais elle est de conséquence.

2. Les variables-thérapeute

Le «bon» thérapeute tout comme le «bon» patient a été l'objet de beaucoup d'observations et de réflexions. Quoiqu'il existe incontestablement, tout comme le «bon» patient, sa physionomie ne commence cependant qu'à esquisser dans les nombreux travaux qui lui ont été consacrés depuis quelques années seulement, les thérapeutes étant devenus plus accessibles à ce genre d'investigation.

La systématisation de ces variables et la structuration des résultats de recherche les concernant peuvent naturellement se faire selon des points de vue différents, comme c'était aussi le cas pour les variables-patient. On peut ainsi suivre un schéma simple comme celui que nous avons indiqué en parlant des caractéristiques générales de la situation et du processus thérapeutique, ou adopter, parmi beaucoup d'autres, un groupement comme celui de Tscheulin (1982) qui distingue:

1. Les variables personnelles
   a) démographique: âge, sexe, statut socio-économique, statut familial et race;
   b) biographiques professionnelles: statut professionnel, formation, thérapie personnelle, expérience;
   c) de personnalité: traits de personnalité par rapport aux dimensions amour-haine et dominance-soumission (Leary), «variable A-B», le «vécu thérapeutique» (Tscheulin, 1980).

2. Les variables stylistiques (v. Pope, 1977)
   a) analytique ou expérientiel;
   b) directif ou non directif;
   c) prenant l'initiative ou répondant;
   d) ambigu ou spécifique;
   e) niveau d'activité;
   f) expressivité du comportement (timbre, intonation, etc.).

3. Les variables instrumentales
   a) technologiques: compétence dans l'usage de techniques comme par exemple l'interprétation, la confrontation;
   b) relationnelles: empathies, authenticité, spontanéité, etc.

Les travaux de recherche et les revues critiques de synthèse qui leur sont consacrées montrent également des critères de classification différents comme on peut le constater en consultant l'ouvrage de Gurman et Razin (1977), les revues par Parloff et al. (1978), Orlinsky et Howard (1978, sous presse) et Beutler (sous presse), dont les dernières présentent un aperçu très complet de la situation actuelle.

Quelles sont alors, parmi le nombre appréciable de variables-thérapeute estimées importantes pour les résultats thérapeutiques, celles dont l'impact a été confirmé par la recherche? Si l'on tient compte du fait que très souvent elles ne sont pas bien définies et manquent d'intégration théorique, que les recherches qui les explorent sont de qualité très variable, on s'aperçoit qu'il est délicat de répondre à cette question. Mais l'inspection de la littérature montre aussi que des débuts de réponse sont possibles. On pourrait ainsi essayer de repérer les variables qui sont les moins bien confirmées, d'une part et celles qui le sont mieux de l'autre.

On sera d'abord étonné de ne pas voir confirmées un certain nombre de variables habituellement jugées importantes. Il en va ainsi, selon Parloff et al. (1978) de la thérapie personnelle, du sexe, du niveau d'expérience, de la triade des conditions nécessaires et suffisantes (empathie, chaleur, authenticité), et du «type A-B». A cela, on peut très probablement ajouter l'appartenance d'école et l'orientation théorique. Concernant le niveau d'expérience thérapeutique, il faut cependant remarquer que les recherches plus adéquates donneront probablement des résultats plus positifs. Vu l'exigence dans les milieux féministes que les femmes fassent leur thérapie chez des thérapeutes femmes, il est intéressant de noter qu'il y a peu d'études empiriques sur ce sujet. Dans la plus importante de ces recherches, Orlinsky et Howard (1976) trouvent que le sexe du thérapeute peut jouer un rôle chez certaines femmes lors de certains problèmes spécifiques comme le choix d'une vie de famille ou certains troubles dépressifs, situations dans lesquelles ces femmes se sentent plus à l'aise, plus ouvertes et plus encouragées par une thérapeute féminine. De leur côté, Persons, Persons et Newmark (1974) rapportent que des jeunes femmes ayant des problèmes sexuels et concernant leur phase de vie se sentent mieux chez une thérapeute féminine, les hommes jeunes ayant le même type de problème préférant eux aussi un thérapeute du même sexe.

Parmi les variables-thérapeute dont les corrélations avec le résultat thérapeutique sont les plus élevées, il faut mentionner surtout l'absence de problèmes émotionnels interférant avec la thérapie, et sa «santé psychologique», son savoir-faire et sa compétence, et son intérêt à aider ses patients. L'importance de ces variables qui apparaissent déjà dans des recherches antérieures (Orlinsky et Howard, 1978; Parloff et al., 1978) vient encore de trouver confirmation dans un travail de Luborsky et al. (1985).

Afin d'arriver à plus de clarté concernant l'impact thérapeutique des variables-thérapeute, et de mieux les comprendre, Luborsky et al. ont fait une recherche soigneuse sur les effets thérapeutiques obtenus par trois groupes de thérapeutes d'orientation différente (psychanalytique, cognitivo-comportementale, et conseil) et les ont mis en relation avec des variables-thérapeute (caractéristiques personnelles et comportement thérapeutique) évaluées par des instruments développés spécialement à cet effet. L'analyse des corrélations indique que l'efficacité d'un thérapeute est déterminée, en partie, par sa «santé psychologique», son savoir-faire et son intérêt à aider les patients. L'analyse des variables-thérapeute montrait également que l'on peut clairement distinguer les techniques de traitement et la pureté avec laquelle elles sont appliquées, et que les thérapies plus pures, quelle que soit leur orientation, sont associées à des résultats meilleurs.

L'intérêt et la portée de ces résultats apparaissent plus nettement lorsqu'on les éclaire des commentaires faits par les auteurs. Ceux-ci attirent d'abord l'attention sur l'apparition dans leur recherche de fortes différences d'efficacité d'un thérapeute à l'autre. C'est une découverte intéressante, non seulement parce que, malgré le grand nombre de travaux comparatifs, ce fait apparaît pour la première fois aussi nettement, mais aussi parce qu'il pourrait expliquer la constatation, faite dans les études comparatives, que les différentes méthodes de psychothérapie donnent des résultats assez semblables. Ne se pourrait-il pas, en effet, que dans les autres travaux comparatifs, de semblables différences d'efficacité entre thérapies aient existé et aient rendu difficile l'émergence de différences d'efficacité entre thérapies puisque l'efficacité d'une thérapie peut varier en fonction de l'efficacité des thérapeutes qui l'ont «appliquée» dans les recherches comparatives en question? De plus, s'il en est ainsi, cela pourrait signifier que «le thérapeute n'est pas seulement le transmetteur d'un agent thérapeutique standard», mais bien plutôt «une source de changement importante, indépendante, ayant la capacité d'accroître ou de réduire l'effet d'une thérapie» (p. 609).

Concernant les déterminants de l'efficacité du thérapeute, l'analyse des données sur les caractéristiques personnelles du thérapeute et sur sa relation avec le patient conduisent les auteurs à conclure que «l'agent majeur d'une psychothérapie efficace est la personnalité du thérapeute, particulièrement sa capacité de créer une relation chaleureuse et de soutien». Ils pensent aussi que «la constatation hautement consistante de différences non significatives existant au niveau des effets de thérapie conceptuellement différentes suggère que le type spécifique de thérapie peut être une source de changement moins puissante que les facteurs du thérapeute». Mais ils ajoutent aussitôt, concernant l'importance de la technique, que leurs analyses les ont conduit à inférer que «le contenu de la séance était un facteur contribuant au résultat du patient, qui était séparé des qualités personnelles du thérapeute ou de la relation qu'il avait créée» (p. 609).

L'interaction des déterminants de l'efficacité du thérapeute enfin, à la lumière des analyses effectuées dans leur travail, est interprétée par les auteurs de la façon suivante. La capacité à former une alliance d'aide thérapeutique est fortement influencée par les qualités personnelles du thérapeute. Cette capacité du thérapeute de créer une alliance d'aide ressort des analyses comme étant «peut-être bien le déterminant le plus crucial de son efficacité», mais elle est de toute évidence influencée également par les caractéristiques du patient, étant ainsi le produit d'une interaction. Vu la corrélation élevée existant entre la pureté de la technique et l'effet thérapeutique, il est probable qu'une fois cette alliance thérapeutique établie, «les thérapeutes qui font ce qu'ils sont supposés faire, réalisent leur efficacité de cette manière». Comme il s'agit de corrélations, on peut évidemment aussi les interpréter dans l'autre sens en disant que «lorsqu'un patient fait l'expérience d'une alliance d'aide, il met le thérapeute en état d'adhérer à la technique qu'il est censé pratiquer» (p. 610).

Le «bon» thérapeute, pour ne pas l'oublier, serait donc celui qui est capable de créer une alliance thérapeutique valable grâce à certaines caractéristiques personnelles mentionnées, et de pratiquer de façon correcte une méthode dont il connaît les indications.

Des facteurs relationnels ayant fait leur apparition dans l'analyse des variables-patient et des variables-thérapeute, nous aurons à les situer avant de clore cet aperçu sur les recherches consacrées aux processus thérapeutiques.

3. L'interaction patient-thérapeute

Comme nous avons eu l'occasion de le souligner en parlant des variables-patient et des variables-thérapeute, celles-ci n'agissent pas isolément, mais dans une interaction plus ou moins importante. Nous aurons dès lors à présenter les façons dont cette interaction a été abordée et à documenter quelques résultats de recherches.

Il nous paraît d'abord important de rappeler que l'étude de cette interaction s'est développée dans deux perspectives légèrement différentes. Dans la première, qui est en fait une extension à la psychologie clinique des perspectives de la psychologie sociale, il s'agit d'une étude systématique des interactions entre patient(s) et thérapeute(s), entre une personne qui demande de l'aide et une autre qui la donne. Cela peut se faire soit en mettant l'accent sur les traits de personnalité des partenaires, soit en le mettant sur l'aspect dynamique (dynamic interdependance approach, Johnson et Matross, 1977), c'est-à-dire en concevant l'interaction non pas en termes de traits de personnalité relativement statiques, mais bien comme résultant de l'échange entre partenaires, de leurs relations changeantes.

La deuxième perspective, celle que nous avons adoptée dans ce chapitre, se centre sur le repérage des interactions ayant un impact plus direct sur le résultat thérapeutique (positif ou négatif). Les variables étudiées dans ce contexte sont nombreuses : les perceptions du patient et du thérapeute; leurs attentes et attitudes; leur similarité, différence et complémentarité; l'effet de différents styles thérapeutiques, etc. Leur organisation et groupement suivent également des critères différents selon les auteurs et les problèmes traités (Parloff et al., 1978; Orlinsky et Howard, 1978, sous presse, etc.). Plutôt que d'illustrer cette variété, nous aimerions donner un bref aperçu des plans expérimentaux que l'on peut suivre dans l'étude de ces processus d'interaction.

1. L'analyse ex post facto consiste à recueillir des informations (interviews, questionnaires) sur la façon dont le patient (ou le thérapeute) a perçu son partenaire, la relation et ce qui se passe au cours de la thérapie (par exemple, Lietaer et Neirinck, 1985). Pareilles études peuvent être intéressantes pour concevoir des hypothèses, mais ne permettent pas de les vérifier.

2. L'étude comparative naturaliste permet elle aussi la conception d'hypothèses, mais également sans les vérifier aussi longtemps que le comportement relationnel du thérapeute ou du patient n'ont pas été variés systématiquement. Dans l'étude de Sloane et al. (1975), par exemple, cela n'a pas été le cas.

3. Les études analogues expérimentales améliorent cet état de choses puisqu'elles permettent de mieux contrôler les conditions de l'expérience. Leur validité externe, la possibilité de généralisation à des groupes cliniques font cependant souvent problème.

4. Les études de processus utilisant des mesures types et des moments de mesure multiples, grâce à l'enregistrement des sessions per-

mettant l'évaluation de ce qui s'est passé par des juges indépendants. On peut, en plus, recueillir des informations (interviews, questionnaires) sur le vécu du patient (ou du thérapeute) pendant la session. Les données peuvent alors être corrélées entre elles, avec différentes phases, l'interruption ou le résultat thérapeutique. Il se pose évidemment la question de la généralisabilité des résultats obtenus à d'autres groupes cliniques, ce qui nécessite une réplique. Les recherches de Alexander et al. (1976) et de Ford (1978) sont des exemples de cette façon de procéder.

5. La variation systématique du comportement du thérapeute, par exemple à l'intérieur d'une même méthode. On peut ainsi traiter les groupes expérimentaux par la même méthode, par exemple la désensibilisation systématique, et varier la façon dont se comporte le thérapeute, par exemple l'expression vocale (Morris et Suckermann, 1974), l'attitude démocratique ou autoritaire (Ringler, 1977). Ce procédé permet de tirer des conclusions précises, mais peut poser des problèmes éthiques lorsqu'il s'agit de patients, ou des problèmes de généralisation des résultats lorsqu'il s'agit de sujets volontaires ou de groupes non cliniques.

6. L'analyse de l'interaction thérapeute-patient à partir de séquences de cette interaction. Fiske (1977, p. 24) remarque à ce sujet: «Bien que quelques recherches comportaient des jugements sur des caractéristiques de séances thérapeutiques entières ou de segments de 5 minutes, presque rien n'a été fait sur les interactions moment par moment. N'est-ce pas là que se passe en fait l'activité thérapeutique?» De pareilles analyses présupposent la codification des séquences d'interaction dont les travaux de Hahlweg et al. (1979, 1981) et Revenstorf et al. (1979, 1980) dans le domaine des thérapies de couple sont des exemples.

Le choix de l'un de ces plans expérimentaux dépend évidemment du problème à résoudre. Son importance s'impose à la lecture des remarques critiques faites par Orlinsky et Howard (1978) dans leur chapitre sur la relation entre processus et effets thérapeutiques, ou lorsqu'on lit Parloff et al. (1978, p. 273), concluant leur revue: «Nous aimerions cependant souligner que des problèmes de recherche sérieux se trouvent dans certaines études qui ont tenté de relier un changement — intermédiaire ou final — chez le patient à des caractéristiques ou qualités choisies de thérapeute».

Voyons pour terminer quelques conclusions proposées par Orlinsky et Howard (sous presse). Dans cette nouvelle revue qui comporte un traitement plus différencié du pôle «résultat thérapeutique» et qui au lieu de se situer au niveau général des relations humaines, se centre sur la psychothérapie en tant que telle, les auteurs groupent les résultats de recherche en fonction de ce qu'ils considèrent comme les constituants de base des processus psychothérapeutiques, à savoir :

1. le contrat thérapeutique (but, format, fréquence et limites de la thérapie, etc.);
2. les interventions thérapeutiques (interprétation, confrontation, exploration, etc.);
3. le lien thérapeutique (engagement, résonance, intérêt et respect mutuel, etc.);
4. la réceptivité thérapeutique du patient (self-relatedness);
5. les réalisations thérapeutiques (insight, catharsis, résolution de problèmes, etc.).

Après avoir reçu environ 1.100 observations concernant la relation entre différents aspects du processus thérapeutique et leur résultat (provenant de 35 ans de recherche, la thérapie comportementale n'étant pas incluse ici), les auteurs résument les fruits de leur analyse en une trentaine de points et proposent un modèle du processus thérapeutique. Leurs conclusions tirées sous forme de réponse à la question « Qu'est-ce qui est effectivement thérapeutique en psychothérapie ? » sont, très brièvement résumées, les suivantes :

1. « le lien thérapeutique entre patient et thérapeute, c'est-à-dire l'investissement de leur rôle, la résonance empathique et l'affirmation mutuelle... »;
2. « certaines formes d'interventions thérapeutiques, lorsqu'elles sont faites de façon compétente avec des patients appropriés... »;
3. « la centration par le thérapeute et le patient de leurs interventions sur les sentiments du patient... »;
4. « la préparation adéquate du patient à la participation à la thérapie... »;
5. « le partage collaborant de la responsabilité en matière de résolution de problèmes... »;
6. « à tout prendre, il est effectivement thérapeutique d'avoir plus, plutôt que moins, de thérapie »[45].

A la fin de ce chapitre qui nous a donné l'occasion de présenter la façon dont on a abordé les problèmes de recherche en psychothérapie, il semble utile de rappeler que si bien des questions importantes restent encore sans réponse, des progrès appréciables ont néanmoins été accomplis depuis vingt ans. Dans les bonnes recherches, la qualité conceptuelle et méthodologique de la recherche s'est fortement améliorée : les critères des effets thérapeutiques sont plus adéquats, mieux spécifiés, différenciés et évalués; les groupes des patients étudiés sont mieux définis et les patients décrits de façon plus différenciée; la personnalité, le style et la compétence du thérapeute sont pris en considération, la technique d'intervention est définie explicitement et son application effective contrôlée plutôt que simplement indiquée par une étiquette; les plans de recherche ont évolué et les groupes de contrôle de différents types permettent de mieux apprécier les effets produits par l'intervention. Grâce à ces progrès et au développement de méthodes permettant d'analyser et d'intégrer les résultats provenant de recherches différentes, on peut aujourd'hui affirmer que certaines interventions psychothérapeutiques ont des effets positifs appréciables dans un certain nombre de problèmes lorsqu'elles sont pratiquées de façon compétente. Grâce à ces progrès, on connaît non seulement mieux les effets de la psychothérapie, mais aussi les conditions et les processus qui les «produisent».

Ces progrès, qu'on peut dire importants, n'ont toutefois pas résolu tous les problèmes. D'abord les questions cliniques importantes restent malgré tout sans réponse satisfaisante. Il en va ainsi de la question de l'indication différentielle, du manque d'un système permettant une meilleure classification et évaluation des troubles psychiques et des effets thérapeutiques, du problème concernant les effets de la psychanalyse et des thérapies de longue durée. Ensuite, ces progrès n'ont pas apaisé certains doutes concernant précisément cette méthodologie. A la lumière de certains résultats obtenus — surtout du paradoxe que des techniques différentes semblent produire des effets thérapeutiques semblables, quelle que soit la qualité méthodologique des recherches en question (Luborsky et al., 1975; Smith et al., 1980)[46] — on peut en effet penser que la grille d'évaluation de la qualité méthodologique des recherches en question est inadéquate ou que ce critère, inspiré par le modèle expérimental, est irrelevant. En faveur de cette dernière hypothèse, on peut alors faire remarquer que les différences individuelles sont noyées dans des moyennes de groupe et que la recherche de la signification statistique fait oublier la signification clinique, ou plus généralement, invoquer l'argument connu selon lequel les exigences du modèle expérimental ne peuvent pas être réalisées en recherche clinique, qu'il n'est pas possible de spécifier, de standardiser et de contrôler adéquatement les variables cruciales et que, lorsqu'on y parvient, les conditions sont tellement artificielles, qu'elles ne permettent plus de généraliser les résultats à la réalité clinique. On peut ensuite faire une liste de points séparant la réalité clinique du modèle expérimental et finir par conclure qu'il faut «changer de paradigme».

Changer de paradigme serait une solution, s'il y en avait un qui serait meilleur, mais il faut bien constater que la formulation des insatisfactions concernant le modèle expérimental est plus avancée que celle du paradigme nouveau. En attendant, la solution proposée pour compenser les limitations du modèle expérimental est non pas d'abandonner l'étude comparative de groupes, mais de la rendre cliniquement plus significative en la préparant et en la complétant par l'étude de cas contrôlée, c'est-à-dire objective, rigoureuse et systématique (Hersen et Barlow, 1976; Strupp, 1980a, 1980b, 1980c; Grawe, 1981). Ces études de cas contrôlées permettent de tenir compte de la complexité des situations thérapeutiques et de mieux choisir les variables cliniquement significatives entrant dans l'étude de groupe. De plus, l'étude de groupe étant terminée, l'étude de cas comparative portant sur des cas extrêmes (par exemple, succès-échec), permet une analyse plus fine et plus poussée des résultats obtenus (par exemple, Strupp, 1980). Dans pareille perpective, les deux démarches s'éclairent mutuellement, l'aspect clinique et qualitatif y est pris en compte, et le clinicien praticien non seulement voit apparaître des résultats de recherches qui l'intéressent plus directement, mais se voit encore facilité sa participation à la recherche clinique.

Ces avantages se retrouvent également dans une autre accentuation qui est nouvelle: celle de l'analyse «microscopique» des événements thérapeutiques (Rice et Greenberg, 1974, 1984) et celle qui analyse des configurations des effets thérapeutiques (Grawe, 1976; 1981). Ici aussi la complexité des situations, les changements subtils et les différences individuelles sont traitées plus adéquatement, et la recherche s'approche plus de ce qui importe dans la pratique clinique quotidienne, offrant ainsi une chance de réduire la distance souvent déplorée entre recherche et pratique.

Chapitre 8
La profession du psychologue clinicien

Dans les chapitres qui précèdent, nous avons essayé de présenter la psychologie clinique en tant que discipline scientifique et, au début de l'ouvrage, nous en avons cité une définition (p. 31) qui nous semblait avoir l'avantage d'être compréhensive et surtout, ce qui est important, de correspondre à la réalité des faits d'aujourd'hui. Il est donc naturel que, pour terminer, nous nous demandions si c'est vraiment le cas et que nous envisagions aussi l'autre aspect de la discipline, à savoir la réalité professionnelle. Nous le ferons en essayant de répondre à une série de questions concernant le contexte professionnel général, la nature et le lieu de la pratique professionnelle du psychologue clinicien, sa formation, son éthique, quelques problèmes légaux et organisationnels qu'il rencontre dans l'exercice de ses fonctions.

Vu que notre discipline a connu son plus grand essor — aussi bien scientifique que professionnel — aux USA, il est intéressant et utile de voir quelle réponse apportent à ces questions ceux qui en ont été les premiers bénéficiaires, car l'organisation de la psychologie clinique aux USA n'est pas seulement un projet, mais quelque chose qui existe, qui est le fruit d'une longue expérience et qui a fait ses preuves. Elle est en outre plus systématique, plus cohérente, plus unifiée que ce que nous connaissons en Europe, et elle a fait l'objet d'un certain nombre de recherches empiriques. Il est donc tout à fait naturel d'incorporer à une esquisse de la profession du psychologue clinicien un aperçu de ce qu'elle est aux USA où elle a trouvé son plus grand épanouissement.

I. TYPES ET LIEUX D'ACTIVITES

1. Le contexte professionnel général

Le contexte professionnel général des psychologues cliniciens des USA est ce que l'on appelle généralement les professions d'aide (helping profession), les disciplines de soins psychologiques (psychological caregiving disciplines, Goldenberg, 1977) ou encore les professions de soins de santé (health care profession, American Psychological Association, 1979) qui incluent les psychiatres, les travailleurs sociaux psychiatriques et les infirmières psychiatriques, trois professions dont on commencera par esquisser le portrait professionnel afin de mieux situer le psychologue clinicien.

Les psychiatres (28.000 dont 25.000 de psychiatrie générale, 3.000 psychiatres d'enfants, 10 % de femmes, selon Vischi et al., 1980) sont des médecins spécialisés en psychiatrie suite à une formation faite pendant trois ans dans un hôpital ou une consultation psychiatrique qui les prépare au diagnostic et au traitement (médicamenteux, physique et psychothérapeutique) des troubles mentaux. Un septième environ sont des psychanalystes formés aux méthodes freudiennes. L'ensemble des psychiatres représente 7,6 % des 365.000 médecins et est représenté par l'American Psychiatric Association.

Les travailleurs sociaux psychiatriques obtiennent une maîtrise en travail social (Master of Social Work) après deux ans d'études graduées dans une école de service social. Ayant acquis une expérience clinique par une formation supervisée sur le terrain, ils font des visites à domicile, suivent les patients après leur sortie d'hôpital et peuvent faire de la psychothérapie en institution, mais ne peuvent pas prescrire de médicaments. Ils sont environ 50.000, c'est-à-dire 50 % des travailleurs sociaux qui sont représentées par l'Association Nationale des Travailleurs Sociaux.

Les infirmières psychiatriques sont des infirmières spécialisées en psychiatrie. Elles sont environ 38.000 et ont suivi une formation de trois ans (après le lycée) comprenant des cours et une expérience supervisée dans un hôpital. Environ 10 % d'entre elles ont un masters ou un doctorat. L'organisation qui les représente est l'Association Américaine des Infirmières.

Le psychologue clinicien enfin est un psychologue qui, après son masters (± licence, 4 ans) se spécialise en psychologie clinique au cours d'une formation qui, outre un travail pratique lors de stages supervisés (1 an), comporte une formation à la recherche et se termine, après 4 ans minimum, par une dissertation doctorale présentant la réalisation d'une recherche originale. Ce qui le distingue des autres psychologues, par exemple les expérimentalistes, c'est la plus grande attention qu'il porte au cas particulier, son orientation idiographique et l'acquisition d'un savoir-faire, d'un art et d'une pratique qui, dans le contexte de son attitude clinique, lui permettent d'aider ses patients à résoudre leurs problèmes. Ce qui le distingue des autres professions d'aide, c'est que dans le domaine de la psychologie clinique, sa formation méthodologique et son activité de recherche lui donnent une compétence théorique et technologique plus poussée, une meilleure préparation à l'explication, à la modification et à l'évaluation du comportement et de ses troubles. Par comparaison aux psychiatres, Kiesler (1977) décrit ainsi les choses: «Les psychiatres reçoivent une formation médicale type, peu de formation formelle dans l'étude du comportement humain et pratiquement aucune expérience en matière de recherche. Les psychologues cliniciens quant à eux reçoivent une formation sommaire en médecine (quoique beaucoup ont des bases solides en neurosciences), reçoivent une vaste série, plutôt standardisée, d'expériences en matière de recherche et sont engagés pour 5 ans ou plus dans une large étude sur le comportement humain».

L'originalité du psychologue clinicien est donc d'être un «scientist-practionner», un scientifique qui pratique, ou un praticien-scientifique, quelqu'un qui non seulement pratique un savoir, un faire et un art, mais qui, en même temps le fonde sur un savoir empirique et critique. Un éminent clinicien, Meehl, dit à ce sujet: «S'il y a quelque chose qui justifie notre existence — à part le fait que nous revenons moins cher — c'est que nous pensons scientifiquement dans le domaine du comportement humain et que nous sommes issus d'une longue tradition remontant aux origines mêmes, de la psychologie expérimentale dans l'étude de l'erreur humaine, de l'autocritique en tant qu'organismes capables d'apprentissages, et de l'application de méthodes quantitatives aux résultats de notre activité cognitive. Si cet engagement méthodologique n'est pas assez fort pour concurrencer les engagements des cliniciens vis-à-vis d'instruments de diagnostic particuliers, l'unique contribution de notre discipline aura été perdue» (1960, pp. 26-27). Que cette vue soit encore d'actualité maintenant, 25 ans plus tard, c'est ce qu'atteste l'avis d'un autre psychologue clinicien fort connu, Phares: «Cependant, nous soutenons que si la psychologie clinique veut conserver une certaine apparence d'identité professionnelle par rapport aux autres professions d'aide, elle va devoir accentuer ses caractéristiques uniques et ne pas se limiter complètement à la pratique de la psychothérapie individuelle» (1984, p. 21).

Les statistiques concernant les psychologues en général et ceux qui pratiquent la psychothérapie sont les suivantes pour 1978, selon Fichter et Wittchen (1980): pour 100.000 habitants, il y avait 34,3 psychologues, 9,1 pratiquant la psychothérapie, 82 % des psychologues pratiquant en cabinet privé (25 % à plein temps, 57 % à temps partiel).

En Europe, le contexte professionnel général des psychologues cliniciens est semblable, quoique beaucoup plus hétérogène et moins bien connu, comme il ressort de l'étude de Fichter et Wittchen (1980). Qu'on nous permette, pour cette raison, de nous limiter à quelques indications concernant la RFA pour laquelle on dispose des meilleures statistiques professionnelles dans le domaine de la psychologie clinique. Pour 1978, l'enquête de Fichter et Wittchen donne les chiffres suivants: pour 100.000 habitants, il y avait en RFA, 21,7 psychologues, 12,3 pratiquant la psychothérapie, 24 % des psychologues ayant une pratique privée (17 % à plein temps, 7 % à temps partiel). En 1980, il y avait, selon Schmidtchen et Bastine (1982), environ 9.000 psychologues cliniciens actifs, ce qui correspond à 60 % de tous les psychologues diplômés ayant une pratique professionnelle. Pour 100.000 habitants, on comptait alors environ 15 psychologues cliniciens, le nombre de médecins étant d'environ 210 selon Fisch et Minkmar (1983). Mais examinons maintenant où ils travaillent et ce qu'ils font.

2. Le lieu de travail

La situation professionnelle et le lieu de travail des psychologues cliniciens aux USA ont fait l'objet de plusieurs enquêtes (Kelly et Goldberg, 1959; Kelly, 1961; Kelly et al., 1978; etc.). Comme il ressort des enquêtes de Garfield et Kurtz (1976) et de Norcross et Prochaska (1982), qui indiquent le lieu de travail principal et le pourcentage de psychologues correspondant (le premier chiffre étant celui de Garfield et Kurtz, le second celui de Norcross et Prochaska), la majorité des psychologues cliniciens travaillent en pratique privée (23,27; 31,1), suivis par ceux qui sont employés au département de psychologie d'une université (21,99; 16,9). Viennent ensuite avec des pourcentages sensiblement égaux les hôpitaux (psychiatriques: 8,42; 7,5; général: 5,97; 7,5), les écoles de médecine (7,95; 7,3), les centres communautaires de santé mentale (7,48; 6,5), les consultations psychiatriques (5,15; 5,4) et les autres services universitaires (7,02; 7,8). Le reste des psychologues cliniciens travaillent dans d'autres institutions (11,58; 12,5) ou n'indiquent pas de lieu de travail principal (1,17; 0,4).

De l'étude de ces chiffres découlent plusieurs constatations intéressantes permettant de se faire une image du psychologue clinicien. On peut d'abord constater que les lieux de travail sont très diversifiés et que la majorité des psychologues cliniciens travaillent simultanément dans deux ou plusieurs institutions différentes, ce qui apparaissait déjà dans l'étude de Kelly (1961). Il est intéressant aussi de voir que selon Garfield et Kurtz, 34,97 % ont travaillé dans des institutions médicales (hôpitaux général et psychiatrique, écoles de médecine, consultations psychiatriques, etc.) et que le chiffre plus récent de Norcross et Prochaska est semblable (34,2). On notera également une légère augmentation du pourcentage travaillant en hôpital général. Deux autres points intéressants concernent la diminution des postes universitaires et l'augmentation de la pratique privée.

En Europe, les informations les plus détaillées sont celles qui proviennent de la RFA pour laquelle Wittchen, Fichter et Dvorak (1980) ont présenté des données basées sur une enquête faite en 1978 sur un échantillon représentatif de 698 psychologues cliniciens pratiquant le conseil et la thérapie. Le tableau ci-dessous, qui est une présentation simplifiée des données fournies par ces auteurs, donne la répartition du temps de travail sur les différentes institutions.

Lieux d'activités des psychologues cliniciens en RFA, d'après Wittchen et al. (1980)

Centres de consultation	31,8 %
Hôpitaux	23,0 %
Cliniques psychiatriques	9,9 %
Cliniques psychosomatiques et psychothérapeutiques	5,4 %
Cliniques autres	7,3 %
Institutions semi-hospitalières	0,4 %
Pratique en cabinet privé	19,5 %
Homes	7,5 %
Services de psychologie scolaire	5,5 %
Service social	0,7 %
Services de santé	0,1 %
Consultations psychiatriques, psychothérapeutiques ou psychosomatiques	3,7 %
Institutions complémentaires	1,3 %
Autres institutions	6,9 %

En commentant ce tableau, il faut d'abord remarquer que les activités prestées dans des centres de consultations concernent pour 28 % environ le domaine des dépendances, les problèmes conjugaux et sexuels, et les problèmes éducatifs. Concernant la pratique privée (19,5 %), les auteurs indiquent qu'il y a lieu de distinguer les cliniciens ayant suivi une formation psychanalytique de ceux qui, à côté de leur travail dans des centres consultatifs ou des hôpitaux, ont une activité thérapeutique privée; les premiers pratiquent principalement la psychothérapie selon le principe de délégation (psychothérapie sur prescription médicale et remboursée par les caisses); les seconds pratiquent librement et ne sont pas remboursés par les caisses. En comparaison avec les USA, on peut constater une importance légèrement moindre de la pratique privée.

3. Types d'activité

Que font les psychologues cliniciens, quelles sont leurs différentes activités? Là aussi, les enquêtes américaines citées antérieurement nous donnent des informations, les premières et aussi les plus récentes. En considérant le pourcentage moyen de temps consacré aux activités traditionnellement considérées comme étant les plus courantes du psychologue clinicien et en comparant les données fournies par Garfield et Kurtz (1976) et Norcross et Prochaska (1982), on obtient l'image suivante (les premiers chiffres étant ceux de Garfield et Kurtz, les seconds ceux de Norcross et Prochaska): l'activité principale est la psychothérapie (31,42; 34,7) qui, associée au diagnostic (9,79; 13,2), représente 41,21 % et, plus récemment, 47,9 % du temps de travail. On notera en passant l'augmentation du temps consacré au diagnostic et à l'évaluation. Viennent ensuite l'enseignement (13,82; 12,0) et l'administration (13,21; 13,4), suivis par la supervision (7,78; 8,5) et la recherche (7,04; 7,9). L'activité de consultant expert compte pour 5,23 % et 7,5 %, toutes les autres activités représentent 4,52 % et 2,91 %.

En Europe, c'est à nouveau l'étude de Wittchen et al. (1980) qui fournit les renseignements les plus complets. Selon cette enquête, le temps moyen consacré par les psychologues cliniciens en RFA aux différentes activités se répartit comme suit:

Types d'activités des psychologues cliniciens en RFA, d'après Wittchen et al. (1980)

Thérapie	30,5 %
Evaluation (psychodiagnostic, anamnèse)	13,3 %
Conseil	11,1 %
Conférences/réunions d'équipe	10,0 %
Administration	9 %
Formations	6,8 %
Recherche	6,1 %
Enseignement	6,0 %
Expertises	4,0 %
Autres	3,0 %

Ici aussi, la thérapie est l'activité principale dont 65,6 % du temps sont consacrés à la thérapie individuelle, 7,6 % à la thérapie familiale et de couple, et 19,4 % à la thérapie de groupe. Concernant le diagnostic, le pourcentage indiqué est probablement une sous-estimation due au fait que l'échantillon n'incluait pas les cliniciens qui ne pratiquaient pas de thérapie. Par ailleurs, il faut également remarquer que ce tableau donne le pourcentage moyen de temps investi et que de ce fait, la répartition individuelle du pourcentage de temps n'est pas nécessairement reflétée par le tableau. Mais lorsqu'on se souvient qu'avant la seconde guerre l'activité principale du psychologue était le testing, on constate que les choses ont bien changé. Un autre point intéressant est le grand pourcentage de temps alloué aux réunions d'équipe, à la spécialisation et à la formation continue.

4. L'orientation théorique

L'orientation théorique du psychologue clinicien a également fait l'objet de recherches. Aux USA, la question avait été étudiée par Kelly (1961), Kelly et al. (1978) et par Garfield et Kurtz (1976). Ceux-ci rapportent les pourcentages suivants : éclectique 54,97 % ; psychanalytique 10,76 % ; théorie de l'apprentissage 9,94 % ; les néo-freudiens et les adeptes de Sullivan ont 5,26 % et 3,04 % ; suivent l'orientation humaniste avec 2,92 % ; existentialiste avec 2,81 % ; rationnelle-émotive avec 1,75 % et rogerienne avec 1,4 %. Ce qui est étonnant, c'est l'importance de l'orientation éclectique qui s'est également confirmée ailleurs (par exemple, Kelly et al., 1978).

En Europe, et en tout cas en RFA, les choses sont un peu différentes. Ainsi Wittchen et al. rapportent des données intéressantes selon lesquelles 65 % des psychologues cliniciens pratiquent la thérapie comportementale et 68 % la thérapie non directive, ces deux formes étant d'ailleurs les plus représentées dans la formation universitaire. Les méthodes psychanalytiques ne sont pratiquées que par 28 % et les méthodes humanistes par 24 %. Ces chiffres montrent aussi que la majorité des thérapeutes en RFA ne se limitent pas à une seule orientation. Généralement, ils pratiquent les méthodes d'au moins deux orientations, les combinaisons les plus fréquentes étant celles de la thérapie comportementale et de la thérapie non directive, les méthodes psychanalytiques ne s'associant qu'exceptionnellement les apports d'autres orientations (contrairement à ce que l'on peut voir ailleurs, par exemple Huber, 1967; Wachtel, 1977). Cette tendance déjà très forte aux USA, vers une orientation pragmatique-éclectique, centrée sur des problèmes plutôt que sur des doctrines d'écoles, comme nous venons de l'indiquer, se renforcera également en RFA selon Wittchen et al. et constituera certainement un bon choix s'il s'agit d'un pragmatisme qui n'est pas intuitif, mais scientifiquement fondé.

5. Problèmes traités

Mais quels sont alors les problèmes traités par les psychologues cliniciens ? A notre connaissance, il n'y a d'information relativement précise que pour la RFA où Wittchen et al. (1980) ont demandé aux psychologues de leur échantillon de classifier selon l'ICD 8 tous les clients traités pendant 6 mois. Le tableau suivant donne les résultats en termes de moyenne de pourcentages.

Diagnostic ICD 8

Névroses (300)	25,9 %
Symptômes particuliers (306)	18,3 %
par exemple troubles du sommeil, du langage, maux de tête, tics	
Troubles du comportement de l'enfance et de l'adolescence (308)	12,1 %
Trouble psychosomatique (305)	10,2 %
Troubles transitoires situationnels (307)	7,3 %
Alcoolisme (303)	5,9 %
Troubles de la personnalité (301)	5,7 %
Dépendance drogue et médicaments (304)	3,2 %
Psychoses (290-299)	2,8 %
Oligophrénies (310-315)	2,7 %
Déviations sexuelles (302)	1,4 %
Autres diagnostics	4,5 %

Comme il s'agit de moyennes de pourcentages, ceux-ci ne représentent évidemment pas la répartition individuelle du pourcentage qui varie en fonction du lieu de travail et de la sélection personnelle du clinicien. Vu la critique souvent formulée reprochant au psychologue non médecin de traiter des malades sans avoir les compétences médicales nécessaires, on peut remarquer avec les auteurs que les psychoses ne représentent que 2,8 % des cas, que dans 2/3 des cas, la prise en thérapie a été précédée par un examen médical et que plus de la moitié des psychologues discutent en équipe de leurs interventions (indication et thérapie proprement dite). Nous y reviendrons dans la section sur la formation et l'éthique du psychologue clinicien.

Un autre point intéressant qui ressort de cette enquête concerne la durée de la thérapie. Selon ces informations, 70 % des thérapies durent de 6 à 30 séances, viennent ensuite les interventions prenant 1 à 5 séances, puis celles qui dépassent 30 séances. Parmi celles-ci, se trouvent évidemment les thérapies de type psychanalytique pour lesquelles la grande majorité des psychologues dit dépasser 100 séances et 40 % affirment avoir souvent besoin de plus de 200 séances. Les interventions de type thérapie brève semblent être pratiquées le plus souvent par des thérapeutes rogériens, ce qui peut surprendre à première vue.

II. LA FORMATION DU PSYCHOLOGUE CLINICIEN: STRUCTURE, CONTENU ET PROBLEMES

En traitant de la formation du psychologue clinicien, on distingue généralement trois étapes:
- les études qui donnent une formation de base;
- la spécialisation qui mène aux compétences permettant l'exercice responsable de la profession;
- la formation continue nécessaire au maintien et à l'amélioration du savoir et des compétences professionnelles.

1. En Europe

Les études et la formation de base sont d'une durée variable (3 à 5 ans) et mènent à un diplôme (maîtrise, licence, etc.). Elles permettent l'acquisition d'une formation de base, fournissant les qualifications nécessaires pour entrer dans la profession, mais ne confèrent pas une qualification permettant de pratiquer les différentes interventions cliniques comme, par exemple, les psychothérapies.

Dans la première partie de cet enseignement qui vise à donner une introduction générale à la psychologie, les cours portent sur les disciplines de base: méthodologie, psychologie générale, psychologie différentielle et de la personnalité, psychologie génétique, psychologie sociale, psychologie animale, psychologie physiologique et psychiatrie. Ils sont généralement accompagnés de travaux pratiques permettant à l'étudiant de se familiariser avec l'aspect instrumental de ces disciplines.

La deuxième partie consiste dans un approfondissement des disciplines de base et un élargissement de l'horizon où l'introduction de cours et d'activités d'orientation clinique permet un début de spécialisation et de préparation professionnelle dans lesquelles les démonstrations, les études de cas, les exercices visant à l'acquisition d'un certain savoir-faire, et un certain travail sous supervision, ont une grande importance. Dans cette acquisition de savoir-faire, surtout dans le domaine de l'intervention, on distingue habituellement deux aspects ou phases: l'initiation théorique et pratique à des approches et techniques d'intervention (par exemple, approche comportementale, non directive, psychanalytique, etc.) et l'application de ce savoir à la situation pratique rencontrée au cours des stages. Cette mise en pratique est orientée soit en fonction des doctrines d'une école particulière de psychothérapie (comportementale, non directive, psychanalytique, etc.), soit en fonction des problèmes; dans le premier cas, on se pose la question «comment aborder ce problème clinique dans la perspective doctrinale X (comportementale, psychanalytique, etc.)?»; dans le second, plus rare, on se demande «quelle est, vu nos connaissances cliniques actuelles, la meilleure façon de résoudre ce problème concret?». Le travail de fin d'études consiste alors idéalement dans le traitement méthodologiquement correct d'un problème clinique rencontré au cours des activités pratiques.

Les problèmes que pose la réalisation de cette première étape de la formation sont principalement ceux de l'articulation théorie-pratique. Nous avons vu antérieurement qu'il y a plusieurs façons d'envisager ce rapport qui, déjà au niveau théorique, ne va pas sans problèmes. Au niveau d'une formation, le but poursuivi, quelle que soit l'interprétation théorique de ce rapport, est de permettre à l'étudiant de voir comment la théorie se réalise dans la pratique, comment la pratique peut être conceptualisée et comment on peut développer sa propre façon de voir et d'agir. Ceci suppose un rapport théorie-pratique pas trop distant et nécessite qu'aussi bien la théorie que la pratique soient telles qu'elles se rencontrent dans un rapport testable. C'est cela qui souvent, mais pas nécessairement toujours, pose problème. Car d'abord, les universités ne disposent pas toujours d'institutions où cette mise en pratique soit possible et ensuite, lorsqu'elles en disposent, le travail pratique et sa supervision se font souvent trop loin du contexte théorique. Trop souvent aussi, cette activité pratique se poursuit dans une perspective d'école plutôt qu'en étant centrée sur les problèmes. Elle néglige ainsi des aspects importants non seulement pour la psychologie clinique générale, mais aussi pour l'intervention, tous deux ne se limitant pas à ce qu'une école thématise, fût-ce la psychanalyse.

La spécialisation commencée à l'université doit alors trouver une continuation indispensable dans un travail professionnel supervisé pendant un minimum de 2 à 3 ans et qui se fait en général de façon conjointe dans une institution de pratique clinique et une société de psychothérapie. Le contenu de ce travail de spécialisation varie en fonction de la formation antérieure et de la société de psychothérapie choisie à cet effet.

Elle comprend nécessairement les éléments suivants:

1. Des connaissances approfondies des quatre domaines de la clinique, à savoir la psychologie pathologique, l'étiologie, l'évaluation et l'intervention; bien que souvent négligée, la connaissance de la recherche effectuée dans ces domaines devrait en faire partie;

2. Des connaissances et compétences pratiques dans le domaine de l'intervention qui ne devraient pas se limiter à une seule méthode et technique, mais inclure une compétence réelle en matière d'évaluation et d'indication sinon d'intervention, concernant les différents troubles;

3. Une expérience professionnelle sous supervision incluant au moins trois cas de psychothérapie menés à leur terme;

4. Une expérience personnelle dans les types de thérapie pratiqués permettant d'entrevoir l'expérience faite par les patients, de connaître l'influence qu'exercent sur la thérapie ses propres idées, conflits et problèmes, et son propre style d'interaction.

Les problèmes que rencontre cette spécialisation, dont l'esquisse est vraiment limitée à l'essentiel, mais qui, selon les écoles, présente des aspects multiples et variés, résident également dans le problème de l'articulation théorie-pratique, mais dans un autre sens. Alors que dans la formation universitaire, le problème, généralement, est plutôt dans un déséquilibre en faveur de l'aspect théorique et académique — trop de théorie, de méthologique et parfois de recherche — ici, c'est l'inverse: la pratique non contrôlée, la spéculation et les points de vues doctrinaux risquent de l'emporter sous prétexte d'expérience clinique ou de pureté doctrinale. La conséquence en est la fixation dans des dogmes d'écoles qui risquent de faire perdre le contact avec la réalité clinique et la recherche, ce qui n'est certes pas au profit des patients. Et pourtant, s'il y a une chose qui devient de plus en plus claire en ce domaine, c'est la nécessité de quitter son village si on veut connaître le monde et s'y retrouver!

L'étude de la littérature (Fichter et Wittchen, 1980; Wittchen et al., 1980, 1982) met en évidence une grande variété de conditions (on serait tenté de parler de désordre) présidant à la formation dans les pays européens. Elle montre «la nécessité d'une recherche sur les curricula qui soit scientifiquement fondée et dont les résultats devraient être fixés par des réglementations correspondantes» (Wittchen et al., 1982, p. 28). Car il y a là un danger réel d'une spécialisation faite dans des institutions de pratique clinique non universitaires et des associations et sociétés de psychothérapie de plus en plus nombreuses. En effet, ces dernières ne sont tenues à aucune justification scientifique et pratique et très souvent ne répondent guère aux exigences que devrait satisfaire une formation valable.

La formation continue après les études, tout au long de la carrière professionnelle, devient de plus en plus nécessaire pour maintenir et améliorer le savoir et les compétences professionnelles. L'information et la recherche, mais aussi les méthodes et techniques à portée directement pratique, changent et se multiplient de façon à raccourcir rapidement la durée de vie d'une formation. Qu'il suffise de rappeler quelques données fournies par Walker (1977): en 1927, les Psychological Abstracts donnaient 1.730 résumés d'articles provenant de 273 revues; en 1947, il y avait 4.668 articles issus de 437 revues; pour 1967, 17.202 articles provenaient de 638 revues; en 1975, 975 revues contenaient 25.543 articles! La participation à des cours, des groupes de travail, des congrès devient de plus en plus nécessaire au point que certaines associations professionnelles commencent à exiger de participer à des activités de formation continue.

2. Aux USA

Après cette esquisse de la structure, du contenu et des méthodes de la formation, ainsi que de quelques problèmes qu'on y rencontre, voyons maintenant comment cette question a été abordée aux USA, et distinguons à cet effet la philosophie sous-jacente et les programmes qui s'en inspirent.

Avec l'émergence d'une psychologie clinique nouvelle après la seconde guerre, apparaissait également une conception nouvelle de la formation, dont les bases furent déjà jetées par David Shakow en 1942. A cette époque, Shakow (1942) estimait que le psychologue clinicien devait avoir une formation se situant au niveau d'un doctorat et faisait des propositions concrètes. Ces études graduées devaient durer quatre ans et comprendre un stage pendant la troisième année. Après quoi l'étudiant revenait à l'université pour terminer sa dissertation doctorale. Shakow n'oubliait pas non plus les questions de sélection et d'évaluation des candidats, et la nécessité d'une formation postdoctorale. Il envisageait même l'établissement d'une instance pouvant certifier la compétence pratique en matière de psychologie clinique, anticipant ainsi la création de l'American Board of Examiners in Professional Psychology, créée par l'APA en 1947. Devenu président du Committee on Training in Clinical Psychology de l'APA, Shakow continua ce travail et présenta un rapport (Shakow et al., 1947) qui fournit les critères d'évaluation des programmes cliniques proposés par les universités, et guida désormais la politique de l'APA.

L'idée-force de ce rapport était de proposer une formation qui soit à la fois scientifique et clinique-professionnelle, de former aussi bien à la recherche qu'à la pratique cliniques, et d'enraciner cette formation dans les départements de psychologie des universités, afin d'assurer aux psychologues cliniciens une formation de base équivalente à celle des autres disciplines psychologiques. Un programme de quatre ans incluant un an de stage, mettant l'accent aussi bien sur l'aspect scientifique que sur l'aspect pratique de la psychologique clinique, devait ainsi assurer une formation psychologique générale à laquelle venait s'ajouter une formation approfondie dans les domaines du diagnostic, de la thérapie et de la recherche, permettant ainsi au clinicien de développer un savoir-faire clinique et d'apporter des contributions scientifiques. En plus de ce modèle, le rapport abordait aussi les problèmes de la préparation et de la sélection des étudiants, les points forts du programme, donnait une description du stage idéal, et faisait des recommandations concernant la carrière professionnelle postdoctorale. Celle-ci commencerait par l'adhésion à la division 12 de l'APA, comporterait une année postdoctorale d'expérience professionnelle supervisée et conduirait à un dernier examen effectué par l'American Board of Examiners in Professional Psychology après cinq ans de pratique.

Deux ans plus tard, en 1949, se tenait à Boulder une conférence qui reprenait les grandes lignes du rapport Shakow et proposait un modèle de formation, le «Boulder model», qui devait être de la plus grande importance pour le développement ultérieur de la psychologie clinique. Cette conférence était organisée sous les auspices du NIMH et de l'APA qui, en vue d'arriver à un consensus concernant les programmes de formation et leur agréation, invitait les universités possédant déjà un programme satisfaisant et des institutions de santé mentale, à œuvrer à cette tâche. Le résultat de cette conférence qui réunit 71 participants pendant 15 jours et a fait l'objet d'un rapport présenté par Raimy (1950), consistait en une double proposition : d'une part, prendre comme modèle de formation celui du «scientist-practitioner» qui accorde une importance égale au développement des aptitudes à la recherche et des compétences cliniques, et d'autre part, retenir le Ph. D., c'est-à-dire un diplôme de recherche, comme qualification nécessaire pour le psychologue clinicien. Les programmes de formation seraient sous contrôle universitaire, mais un comité de l'APA les évaluerait et publierait les résultats.

Concernant ce résultat de la conférence, il est important de faire deux remarques. D'abord, la recommandation unanime du modèle du «scientifique-praticien», faite à la fin de la conférence, était l'aboutissement d'une réelle confrontation de deux points de vues — celui du chercheur et celui du clinicien — et non un simple compromis servant à prendre une résolution. Au début de la conférence une partie des participants craignait en effet que l'accentuation de la recherche se ferait aux dépens d'une réelle formation clinique ; l'autre appréhendait que l'investissement des activités de formation pratique se ferait aux dépens de la recherche. Et pourtant, à la fin de la conférence, le modèle recommandant les deux formations conjointes fit la quasi-unanimité. Pourquoi ?

La première des raisons invoquées, qui nous semble d'ailleurs toujours d'actualité, est qu'une formation conjointe dans les domaines de la recherche et de la pratique clinique permet de développer pour ces deux types d'activités un intérêt et une certaine familiarité qui sont souhaitables, même si l'on se spécialise ensuite dans l'une ou dans l'autre direction, et ce afin d'éviter l'étroitesse d'esprit et la rigidité. La deuxième raison, toujours valable également, malgré les progrès substantiels faits depuis lors, a été formulée de la façon suivante : «Le manque manifeste d'un savoir bien fondé en matière de psychologie clinique et de la personnalité exige que la recherche soit considérée comme une partie vitale du champ de la psychologie clinique» (Raimy, 1950, p. 82). La troisième raison était l'avis des participants que ce double rôle était de l'ordre du possible dans le domaine de la psychologie clinique et que l'aptitude à le tenir devait être un critère préférentiel dans la sélection des étudiants. En quatrième lieu, on estimait qu'une implication directe dans le domaine de la clinique pouvait mieux orienter l'activité du chercheur. La cinquième raison enfin toujours valable elle aussi, résidait dans le fait que des services efficaces sont une source de financement pour la réalisation de projets de recherche et, pourrait-on ajouter aujourd'hui, de légitimation de la profession.

Notre seconde remarque vise à prévenir des interprétations trop simplistes de la conception que se faisaient les participants de la recherche clinique et de son importance pour le praticien. Comme le rapport le montre, une des préoccupations des participants, toujours d'actualité elle aussi, était l'équilibre entre théorie et pratique, recherche et clinique. Raimy (1950, p. 86) écrit à ce sujet: «Trop souvent cependant, les psychologues cliniciens ont été formés à penser de façon rigoureuse, des matières non cliniques et des problèmes cliniques ont été écartés comme manquant de respectabilité scientifique». Le souci de rendre la recherche plus significative pour le clinicien en enseignant la méthodologie à partir de problèmes cliniques, et de respecter la spécificité de la recherche clinique et des aptitudes qu'elle requiert, s'exprime bien encore une page plus loin:

«La formation à la recherche pour la 'psychologie du rat' est probablement le plus efficacement réalisée par une longue confrontation à des problèmes dans lesquels les rats sont des objets d'observation et de discussion. Néanmoins, les problèmes concernant les êtres humains peuvent demander d'autres approches que celles utilisées dans l'étude d'animaux inférieurs. Si une pensée rigoureuse peut produire une bonne recherche en psychologie animale, une pensée également rigoureuse devrait être possible lorsque des êtres humains sont concernés. Une méthodologie appropriée et des résultats décisifs dans le domaine de la personnalité peuvent être plus difficiles à établir et à définir. Les problèmes rencontrés dans un domaine de la science sont rarement résolus par une simple transposition de techniques et concepts d'un autre domaine».

Il ne s'agit donc pas du tout, dans l'esprit de la conférence, de concevoir la psychologie clinique comme une simple application des concepts et méthodes de la psychologie générale ou expérimentale, mais plutôt de développer une véritable approche empirique des phénomènes cliniques à partir d'une méthodologie tenant compte de leur originalité. En témoigne encore le passage suivant:

«Les études intensives de cas individuels pourraient bien révéler les variables significatives requises pour un exposé scientifique adéquat dans le domaine de la dynamique et du changement de la personnalité. La valeur de l'étude du cas individuel comme légitime recherche pour un degré avancé a été débattue pendant des années. On ne peut pas, cependant, mettre en question l'étude de cas comme moyen pour faire des observations intimes, pour aller 'près des données', ou pour 'obtenir des phénomènes cliniques' qui demandent explication et pour mettre en évidence de façon dramatique notre manque actuel de compréhension» (Raimy, 1950, p. 85).

Parmi les conférences qui suivirent, celle de Stanford, 1955 (Strother, 1957) et celle de Miami Beach, 1958 (Roe, 1959) ne proposaient pas de changement significatif[47].

La conférence de Chicago, par contre, qui se tenait en 1963, pendant une semaine, voyait proposer des modèles de formation alternatifs. On y proposait quatre modèles: 1) celui du scientifique-praticien; 2) celui du psychologue professionnel qui serait un clinicien formé pour une variété assez large d'activités diagnostiques, préventives et thérapeutiques; 3) celui du psychologue-psychothérapeute, formé principalement pour la psychothérapie; 4) celui du clinicien-chercheur, faisant principalement de la recherche en psychologie clinique. Ces deux derniers modèles ne furent cependant pas retenus parce que considérés comme impliquant une conception trop étroite du rôle du clinicien, la psychologie clinique ne pouvant être réduite à aucune de ses parties constitutives, que ce soit le diagnostic, la thérapie ou la recherche. La conférence réaffirmait donc la validité du modèle de Boulder tout en reconnaissant que les temps avaient changé et en encourageant l'exploration de modèles plus professionnels, comme celui présenté par l'Université de l'Illinois qui préparait un Psy. D. (Hoch, Ross et Winder, 1966).

Le changement s'est alors produit lors de la conférence de Vail (Korman, 1976) qui fut financée par le NIMH et réunissait en 1973 une centaine de participants provenant des secteurs les plus divers. Elle reconnaissait explicitement des programmes de formation professionnelle et recommandait de les doter d'un Psy. D., un doctorat en psychologie se distinguant du Ph. D. des programmes traditionnels par son orientation beaucoup plus professionnelle.

Cette reconnaissance explicite d'une formation professionnelle, qui ne donnait plus à la recherche la place importante que lui accordait le modèle de Boulder, était l'expression d'un certain nombre de réticences, de doutes, de problèmes et de mises en questions déjà présents à Boulder, mais que la professionalisation croissante nourrissait puissamment, laissant ainsi se creuser un fossé de plus en plus profond entre recherche et pratique. La meilleure argumentation pour ce modèle professionnel se trouvera sans doute chez Stricker (1975) et chez Peterson (1968, 1976a, 1976b) qui clarifient et résument ce long débat. L'argument de Stricker, qui se réfère aussi à Rothenberg et Matulef (1969) et à Adler (1972), revient à constater qu'en fait, il y a très peu de programmes qui réalisent effectivement le modèle du scientifique-praticien, la majorité accentuant l'aspect formation scientifique aux dépens de la formation professionnelle, créant ainsi des problèmes sérieux pour les étudiants venus chercher une formation professionnelle et les futurs employeurs. Peterson, de son côté, faisait remarquer que le nombre d'étudiants intéressés à la fois par la profession et par la recherche était restreint et que la majorité voulaient devenir des professionnels plutôt que des scientifiques. S'ajoute à cela le fait que selon Kelly et Goldberg (1959) et Levy (1962), les professionnels, ayant été formés comme scientifiques-praticiens, ne font pas de recherche, que ni les intérêts professionnels ni la majorité des situations professionnelles ne favorisent la recherche. S'il en est ainsi, estime Peterson, il n'est pas nécessaire de les former à faire de la recherche, mais il suffit de les former à pouvoir en tirer profit; au lieu de les former longuement à être des producteurs de recherche que, de toute façon, ils ne seront pas, il suffit d'en faire des utilisateurs ou consommateurs avertis.

Des programmes alternatifs ont ainsi été proposés afin de mieux rencontrer les exigences professionnelles qui avaient elles-mêmes évolué depuis le temps de la conférence de Boulder. On peut en distinguer deux types: ceux qui sont développés par un département de psychologie d'une université, et ceux qui sont proposés par des écoles professionnelles.

Les programmes Psy. D. développés par les départements universitaires de psychologie l'ont été pour rencontrer les critiques mentionnées ci-dessus. Ils prennent place à côté d'un Ph. D. classique formant surtout à la recherche en clinique, et offrent une formation adéquate aux psychologues cliniciens intéressés principalement par la préparation professionnelle. Peterson (1968), qui a mis en place un pareil programme à l'Université de l'Illinois, estime en effet que le programme Ph. D. ne peut être adapté pour servir aux deux, et qu'un programme proprement professionnel est nécessaire si l'on veut former des praticiens hautement qualifiés qui ne soient pas des psychologues de second rang. Les étudiants de ce programme sont sélectionnés selon les critères intellectuels habituels, mais leur admission au programme est aussi fonction de leur intérêt et de leur participation antérieure à des activités de service psychologique. Le choix de l'orientation, recherche ou pratique, se fait après la première année, et tous les étudiants suivent pendant les quatre ans un tronc commun de cours et d'expériences pratiques, auxquels s'ajoutent alors les spécialités Ph. D. ou Psy. D. Le candidat au Psy. D. termine enfin ses études par une dissertation doctorale qui ne doit pas être orientée vers la recherche, mais peut porter sur un problème professionnel. Ce programme Psy. D. de l'Université de l'Illinois a été reconnu par l'APA en 1973.

Par ailleurs, l'école professionnelle qui a proliféré pendant les années 70, se présente sous deux formes : les écoles professionnelles affiliées à une université et les écoles autonomes (« free standing ») qui se sont développés et sont administrées indépendamment d'une université, et dont les formateurs sont des praticiens.

Les écoles professionnelles affiliées à une université sont généralement indépendantes des départements de psychologie et offrent un Ph. D. ou un Psy. D. Elles dispensent généralement une formation de haut niveau. On peut citer, par exemple, parmi celles qui sont agréées par l'APA jusqu'en 1981, la Graduate School of Psychology affiliée au Fuller Theological Seminary à Pasadena, Ca., (1964) qui donne un Ph. D.; l'Institute of Advanced Psychological Studies affilié à l'Université Adelphi à Garden City (1973) donnant également un Ph. D.; la Graduate School of Applied and Professional Psychology affiliée à la Rutgers University à Piscataway, N.J., (1974), qui donne un Psy. D.

L'école professionnelle autonome a vu le jour en 1970 avec la California School of Professional Psychology, sous les auspices de la California State Psychological Association. Elle est née de l'idée que les programmes Ph. D., mêmes modifiés, sont inadéquats pour une formation clinique, qu'ils ne devraient d'ailleurs pas être administrés et dispensés par le personnel académique d'un département de psychologie, mais qu'une formation professionnelle toute aussi efficace, sinon supérieure, devrait comprendre une expérience pratique à tous les niveaux et qu'un pareil programme serait le plus adéquatement planifié, réalisé et administré par des professionnels (Pottharst, 1970) dont la majorité est engagée à temps partiel. Les étudiants de ce nouveau programme qui veulent devenir des praticiens, sont tenus de faire une thérapie personnelle, suivent les cours toute l'année et font des expériences sur le terrain supervisées en même temps qu'ils suivent les cours. Ces études se terminent par une dissertation doctorale qui donne lieu à un Ph. D., les étudiants ayant dû fournir des travaux d'investigation scientifique. La CSPP compte jusqu'à présent 4 campus, dont ceux de Los Angeles et de San Diego qui sont agréés par l'APA. D'autres écoles semblables existent : Chicago, Newton (Mass.), Miami (Flo.), etc., et Watson et al. (1981) en dénombrent un total de 36.

Le modèle de Boulder est-il donc mort pour la formation du psychologue clinicien professionnel? Finie la science et finie la recherche? A l'avenir, ne faut-il pas tout simplement avoir le courage de reconnaître les faits, le fossé qui s'est creusé entre recherche et pratique : non seulement les praticiens ne font pas de recherche, mais ne l'utilisent même pas, disant qu'elle n'apporte rien à leur travail quotidien et n'est pas nécessaire pour faire progresser la science et trouver des techniques nouvelles? Les indices en ce sens ne manquent pas. Rogers, qui pourtant devait le savoir puisqu'il pratiquait la thérapie et la recherche, n'a-t-il pas avoué qu'il trouve la recherche peu intéressante et proposé qu'on l'abandonne? (Bergin et Strupp, 1972, p. 313). Et Matarazzo, clinicien et chercheur, ne dit-il pas: «Même après 15 ans, peu de mes résultats de recherche affectent ma pratique. La science psychologique en tant que telle ne me guide en rien. Je lis toujours avidement, mais il y a peu d'aide pratique directe. Mon expérience clinique est la seule chose qui m'a aidé dans ma pratique jusqu'à présent» (*ibid.*, p. 340). Et concernant les innovations, ne dit-on pas qu'elles ne viennent pas de la recherche, mais d'une observation personnelle heureuse, d'une intuition, ou du charisme d'un leader? On citera ainsi Freud, Jung, Perls, Rogers et Lacan, et on rappellera Fairweather et al. (1974, p. 2) qui observent: «De nouveaux programmes de santé mentale ont beaucoup plus souvent été institués sur la base de l'autorité de leur défenseur plutôt que sur celle d'une exploration longitudinale soigneuse des résultats de la technique nouvelle, particulièrement de sa comparaison avec d'autres programmes de traitement».

Des enquêtes plus récentes (Bornstein et Wollersheim, 1978; Migdoll, 1985; Morrow-Bradley, 1985) sont moins décourageantes, mais il serait vain de nier qu'il y a un problème. Il est vrai que la recherche traditionnelle est très difficile à mener dans un contexte professionnel, qu'elle repose souvent sur une méthodologie méconnaissant la spécificité des problèmes cliniques et donne des résultats souvent peu intéressants pour qui est confronté au cas problème individuel. Mais il est vrai aussi qu'on en prend conscience depuis un certain temps déjà (par exemple, Bergin et Strupp, 1972; Grawe, 1976; APA Commission on Psychotherapy, 1982) et que des approches plus adéquates s'élaborent (par exempe, Grawe, 1981; Jüttemann, 1983; Barlow et al., 1984) et enlèvent ainsi beaucoup à la portée de ces critiques, qui oublient d'ailleurs qu'on doit en fait beaucoup à la recherche.

Mais il y a d'autres raisons encore pour ne pas abandonner prématurément un modèle accordant sa place à la science et à la recherche et qui ne les détache pas de l'Université. Tout d'abord, il faut noter que la majorité des promoteurs de programmes professionnels eux-mêmes, loin de prôner l'abandon d'une formation sérieuse en matière de théorie et de recherche, insistent au contraire sur sa nécessité, mais pensent qu'elle doit se faire dans un contexte approprié et ne pas avoir la priorité sur la formation pratique professionnelle. Stricker (1975) est très clair à ce sujet: «L'expérience en matière de formation clinique, faite pendant le quart de siècle passé, a montré très clairement que des expériences pédagogiques didactiques ne peuvent pas remplacer l'expérience sur le terrain... Il est à espérer qu'il ne faudra pas un autre quart de siècle pour se rendre compte que les expériences faites sur le terrain ne peuvent remplacer une instruction complète et bien équilibrée» (pp. 1063-1064). Plus précisément, il conclut ainsi sa revue des programmes professionnels: «Chaque programme réaffirme le besoin d'une composante de recherche, aussi longtemps que cette recherche est centrée sur des domaines ayant une relation très claire avec la pratique clinique, tels que l'évaluation de programme. Ils incluent tous la formation traditionnelle en statistiques, en plan de recherche et de méthodologie, de sorte que les étudiants puissent être des consommateurs informés de recherche. Finalement, la majorité de ces programmes requiert un travail de fin d'études désigné dissertation doctorale. Etant donné la flexibilité des critères d'une dissertation doctorale acceptable, en accord avec les recommandations de la Conférence de Chicago, il est difficile de déterminer comment un de ces travaux scientifiques diffère d'un autre, bien qu'ils diffèrent tous de la thèse traditionnelle dans l'étendue de la méthodologie acceptable» (pp. 1065-1066). Peterson, de son côté, insiste: «... la pratique professionnelle doit être fondée sur un savoir scientifique. C'est ce qui distingue une profession d'un métier ou d'une autre vocation. Un vrai professionnel n'est pas un pourvoyeur mécanique de techniques. Les professionnels doivent être des techniciens habiles, mais la technique doit être reliée à une discipline systématique que le professionnel comprend parfaitement. L'application de techniques requiert un jugement intellectuel responsable en adaptant des méthodes complexes aux besoins complexes du public des clients... Des définitions complètes de la fonction professionnelle insistent sur la responsabilité des professionnels concernant l'évaluation et l'amélioration de la qualité du service professionnel... Toute conception défendable de la notion de profession implique que la pratique soit fondée sur un savoir scientifique et la responsabilité en matière d'évaluation et de développement du service professionnel» (1976b, p. 795). On ne pourrait s'exprimer plus clairement à ce sujet.

Une troisième raison pour ne pas négliger une formation sérieuse au point de vue science et recherche avait déjà été avancée par Raimy en 1950 et reste aujourd'hui toute aussi cruciale qu'alors: le grand besoin qu'a notre discipline de recherches fournissant un savoir réel et fiable sur les phénomènes complexes qu'elle traite. Ces recherches doivent nécessairement être faites par des cliniciens compétents en matière de recherche ou par des chercheurs avertis des problèmes cliniques. La formation de pareils chercheurs et cliniciens est forcément double et c'était précisément le but du modèle de Boulder qui visait une formation intégrant l'aspect clinique-intuitif-pratique et l'aspect scientifique-recherche empirique, certains étudiants devenant alors surtout des chercheurs, d'autres surtout des cliniciens-praticiens, mais tous étant capables de comprendre les problèmes de l'autre. Que cette double formation n'ait d'ailleurs pas été jugé aussi négativement qu'on veut parfois le dire, ressort d'un travail de Perry (1979) qui constate que le nombre de programmes de formation menant à un Ph. D. rattachés à une université a augmenté de 67 à 102 entre 1975 et 1977, et que des enquêtes récentes sont plus positives dans le domaine de la formation que les enquêtes précédentes. Il attire aussi l'attention sur le danger qu'il y a pour une discipline dont l'originalité et la valeur résident dans une formation à la recherche, d'attendre que le savoir nécessaire au progrès vienne d'ailleurs.

Il semble donc correct de conclure que le modèle de Boulder n'est pas mort, mais plus valable que jamais. A condition, bien entendu, que cette idée soit effectivement réalisée de façon équilibrée, avec flexibilité et en tenant compte de l'expérience passée.

Le fait que non seulement l'idée du modèle de Boulder ne soit pas morte, mais que sa réalisation corresponde aux exigences pratiques et scientifiques tout à fait actuelles, s'illustre d'ailleurs dans la récente proposition et le lancement d'un programme doctoral Ph. D. en psychologique clinique faite conjointement par l'Ecole de Médecine de l'Université de Californie à San Diego et le Département de Psychologie de l'Université d'Etat de San Diego, de la même ville.

III. L'ETHIQUE PROFESSIONNELLE

Comme l'activité du psychologue clinicien est essentiellement un travail dans lequel il influencera la vie d'autrui, il est de première importance qu'il soit conscient de ses responsabilités et qu'il y ait des règles qui le guident en cette matière. C'est à cet effet que, déjà en 1951, l'APA a publié un premier code qui fut suivi, en 1953, par les Ethical Standards of Psychologists, modifiés en 1963 et augmentés d'un livre d'exemples (case book) en 1967. La dernière édition tenue à jour date de 1981 et contient, outre un préambule décrivant l'idéal professionnel, dix principes que l'on peut résumer de la façon suivante.

Principe 1: La responsabilité. Le psychologue observe les standards les plus élevés, assume la responsabilité pour la conséquence de ses actes, et veille à l'usage approprié de ses services.

Principe 2: La compétence. Vu l'importance de ce principe, nous en citons l'essentiel : «Les psychologues reconnaissent les limites de leur compétence et les limitations de leurs techniques. Ils ne rendent que les services et n'utilisent que les techniques pour lesquelles ils sont qualifiés par leur formation et leur expérience. Dans les domaines dans lesquels des standards reconnus n'existent pas encore, les psychologues prennent toutes les précautions nécessaires afin de protéger le bien-être de leurs clients. Ils se tiennent au courant de l'information scientifique et professionnelle qui est en rapport avec les services qu'ils rendent».

Principe 3: Les standards moraux et légaux. Ils sont matière personnelle, mais ne peuvent pas compromettre l'accomplissement des responsabilités professionnelles ou porter atteinte à la confiance que le public place dans la psychologie ou les psychologues, ni gêner les collègues dans l'exercice de leur devoir professionnel.

Principe 4: Les déclarations publiques. Elles doivent informer correctement, et «dans des déclarations publiques donnant des informations en matière de psychologie, d'opinion professionnelle, ou sur la disponibilité de produits, de publications et de services psychologiques, les psychologues basent leurs déclarations sur des données et techniques psychologiques scientifiquement acceptables en reconnaissant pleinement les limites et incertitudes de pareilles preuves».

Principe 5: La confidentialité. Toute information obtenue au cours du travail professionnel est confidentielle, sauf dans des circonstances exceptionnelles. Elle ne peut être révélée qu'avec le consentement du client.

Principe 6: Le bien-être du consommateur. Il doit être respecté dans son intégrité et protégé.

Principe 7: Les relations professionnelles. Les psychologues y tiendront compte des «besoins, compétences spéciales et obligations de leurs collègues en psychologie et dans d'autres professions».

Principe 8: Les techniques d'évaluation. Le psychologue est tenu à ce que ces techniques servent le bien-être et les meilleurs intérêts du client. Il veillera à ce qu'il n'y ait pas abus des résultats, et à l'usage correct de ces techniques par d'autres.

Principe 9: La recherche avec des sujets humains. Dans ce domaine, «le psychologue effectue ses investigations avec respect et souci de la dignité et du bien-être des personnes qui y participent et en connaissance des lois fédérales et des lois des Etats, ainsi que des standards qui règlent la conduite de recherches avec des participants humains».

Principe 10: Les soins et l'utilisation d'animaux. En faisant des recherches avec des animaux «le chercheur assure le bien-être des animaux et les traite humainement. Malgré ces lois et règlements, la protection immédiate d'un animal dépend de la conscience du chercheur».

De semblables codes éthiques ont plus tard été élaborés dans les différentes associations nationales des psychologues européens.

IV. LA RECONNAISSANCE LEGALE ET LE REMBOURSEMENT

Comme le montre l'enquête de Fichter et Wittchen (1980), le niveau de développement de la profession varie considérablement d'un pays à l'autre. Dans la plupart des pays, le titre de «psychologue» n'est pas protégé et les fonctions et compétences ne sont pas réglementées. Vu cet état de fait, nous nous permettons de renvoyer le lecteur intéressé à la littérature spécialisée et de nous limiter à constater qu'en Europe, les législations les plus avancées se trouvent en Norvège, en Suède et dans le Canton de Bâle (Suisse). Plutôt que de décrire les différentes situations locales, nous proposerons donc une esquisse de la situation professionnelle des psychologues cliniciens aux USA en considérant les trois aspects les plus importants: 1) la reconnaissance légale; 2) l'histoire des relations professionnelles entre psychiatres et psychologues et 3) le problème du remboursement.

1. La reconnaissance légale

Contrairement à ce qui est le cas pour la grande majorité des pays européens, aux USA, la pratique professionnelle autonome de la psychologie clinique n'est pas seulement reconnue par le public, mais aussi légalement, et cela par deux lois certifiant la compétence professionnelle. La première est la «Licensure law». Elle est la plus restrictive, varie d'un état à l'autre et définit la pratique professionnelle en spécifiant les services que le psychologue est qualifié pour offrir au public. Pour obtenir cette agréation, il faut avoir: a) un doctorat en psychologie (Ph. D. ou Psy. D.) ou un équivalent, reconnus par le bureau d'agréation régional; b) une expérience postdoctorale supervisée pendant au moins un an dans une institution approuvée par le bureau d'agréation de l'Etat (State board); et c) présenter un examen d'agréation (Hess, 1977). L'inscription à cet examen comporte, outre certaines exigences administratives, la présentation de preuves de bonne vie et mœurs, de lettres de recommandation et d'attestations faites par les superviseurs. L'examen est écrit (dans certains Etats, il y a aussi un examen oral) et comporte 150 à 200 questions portant sur tous les domaines de la psychologie, c'est-à-dire les disiciplines de base (psychologie générale, différentielle, sociale, etc.), la méthodologie (statistiques, recherche, construction de tests, etc.) et la pratique professionnelle (évaluation, intervention, problèmes professionnels, etc.).

La seconde loi réglant les activités professionnelles du psychologue, la «certification law», est plus faible, car elle ne spécifie pas les activités pour lesquelles il est qualifié, mais protège seulement le titre en garantissant qu'il n'est porté que par des personnes qui remplissent les critères définis par la loi. Cela n'exclut évidemment pas que n'importe qui puisse faire ce que font les psychologues, aussi longtemps qu'il ne porte pas le titre. Pour le porter, les conditions sont les mêmes que pour obtenir l'agréation.

Les instances réglant des dispositions sont les commissions de reconnaissances des Etats (state licensing boards ou Board of Psychological Examiners). Elles sont constituées principalement de psychologues et de quelques hommes publics, sont nommées par le Gouverneur et habituellement non rémunérées. Leur fonction est: «a) de déterminer les critères d'admission à la profession et d'administrer les procédures appropriées de sélection et d'examen et b) de réglementer la pratique et d'engager des procédures disciplinaires en matière de violation des principes de déontologie repris dans la loi» (Hess, 1977, p. 365). Il s'agit donc d'instances dont le but est de protéger le public et non de promouvoir la profession.

En plus de ce brevet légal, le psychologue américain a encore deux autres possibilités pour prouver la qualité de sa pratique: l'acquisition du certificat de l'ABPP (American Board of Professional Psychology) ou l'inscription au National Register of Health Service Providers in Psychology. L'obtention du ABPP Diploma in Clinical Psychology suppose: a) cinq ans d'expérience; b) un examen oral portant sur quatre domaines (diagnostic, traitement, éthique et utilisation de la théorie et de la recherche à des fins pratiques); et c) une séance de consultation évaluée par le jury. Bien qu'ayant fait l'objet de critiques par certains psychologues, ce diplôme comporte des avantages, mais il est moins populaire que le National Register. L'inscription au National Register requiert la possession: a) d'un doctorat d'une institution agréée; b) d'une agréation ou d'un certificat de l'Etat; et c) de l'attestation de deux ans de pratique supervisée dans un service de santé. Vu le nombre croissant de psychologues s'établissant en pratique privée et leur reconnaissance par les compagnies d'assurances, comme par exemple Blue Cross et Blue Shield, le but de ce Register est d'offrir des informations aux agences gouvernementales et aux compagnies d'assurances en vue de les aider à identifier des psychologues compétents, susceptibles d'être remboursés pour leurs services dans le domaine de la Santé Mentale.

Ceci nous amène à une dernière question professionnelle d'importance capitale pour la psychologie clinique: le problème du remboursement. Avant de l'aborder, nous aimerions toutefois attirer l'attention sur l'intérêt que présentent les programmes de formation et les procédures de reconnaissances professionnelles américains.

2. L'histoire des relations professionnelles entre psychiatres et psychologues

L'histoire des relations professionnelles entre psychiatres et psychologues, en ce qui concerne notre problème spécifique de la reconnaissance de l'autonomie du psychologue clinicien et du remboursement par le tiers payant, peut se résumer par les quelques points suivants. Comme nous l'avons indiqué dans la partie historique, la vie professionnelle du psychologue clinicien, avant la seconde guerre, se déroulait principalement dans un contexte universitaire ou institutionnel et consistait dans l'enseignement, le testing, la rééducation ou le counseling. Ce n'est que pendant la seconde guerre que les psychologues ont été amenés par la force des choses, à assumer des responsabilités réservées jusqu'alors aux psychiatres, situation qui se prolonge après la guerre et qui amena les autorités responsables à leur proposer une formation clinique incluant des stages en milieu clinique et hospitalier. Cette évolution comportait de plus en plus de recoupements, tant au niveau de la formation qu'à celui du travail et conduisit inévitablement à des rivalités professionnelles, surtout à partir du moment où les psychologues cliniciens commencèrent à s'installer en cabinet privé.

Devant cette situation, les deux associations professionnelles, l'American Psychiatric Association et l'American Psychological Association, proposèrent qu'une commission commune se penche sur le problème. Cette commission fit une série de recommandations intéressantes, mais n'aborda pas le problème de la reconnaissance et de la réglementation de la pratique autonome de la psychothérapie par le psychologue clinicien. L'American Psychological Association, quant à elle, s'opposait en 1949, à ce qu'un psychologue clinicien pratique la psychothérapie en dehors d'une collaboration médicale, et en 1954, l'American Medical Association déclara que la psychothérapie était une forme de traitement médical qui ne justifiait pas une profession séparée, la psychologie clinique. En 1958, l'American Psychiatric Association adopta le rapport de l'AMA comme politique officielle, déclarant que toute psychothérapie était une intervention médicale; à quoi l'American Psychological Association (1958) répondit par son intention de protéger les droits de ses membres à l'exercice de leur profession. Grâce aux programmes de santé mentale communautaires, les années 60 virent alors se rétablir d'assez bonnes relations. Ces programmes qui comportaient de nouveaux types de services, requirent plus de personnel qualifié que les psychiatres ne pouvaient en fournir et eurent pour conséquence directe que les psychologues, les travailleurs sociaux et les infirmiers furent des collaborateurs bienvenus dans les équipes travaillant dans les cliniques, les hôpitaux, différents centres et agences. Mais les temps changent et les tensions réapparurent dans les années soixante-dix, principalement pour deux raisons : la « remédicalisation » de la psychiatrie et la concurrence créée par un nombre accru de professionnels devant se partager une clientèle qui non seulement n'augmentait pas, mais diminuait plutôt suite aux problèmes économiques et à la réduction des fonds gouvernementaux. Cette remédicalisation de la psychiatrie, consistait en un retour à l'explication et au traitement biologiques des troubles mentaux, trouva son origine dans les progrès des sciences biomédicales, dans une certaine insatisfaction à l'égard d'une certaine psychiatrie dynamique et communautaire, peu efficace à répondre aux besoins en matière de santé mentale. Elle se nourrit aussi à une autre source, qu'il ne faut pas sous-estimer : le retour à la médecine établie, garantissant le remboursement pour soins de santé donnés aux patients dont les problèmes psychiques deviennent ainsi des problèmes médicaux. Il n'est dès lors pas étonnant que l'American Psychiatric Association (1975) parle de « psychothérapie médicale » conçue comme procédé médical appliqué par un médecin formé en « médecine psychiatrique », et que déjà antérieurement (1973), elle ait pris position sur les relations avec des professionnels de la santé non médecins, visant à imposer à ces derniers une supervision médicale, malgré leur droit reconnu par la loi à pratiquer de façon autonome.

Les raisons invoquées pour cette tutelle concernent la compétence du psychologue à pratiquer de façon indépendante. On dit aux USA, comme ailleurs, que la formation médicale prépare mieux que celle du psychologue clinicien à l'action compétente, responsable et efficace dans le domaine de la santé mentale. Plus précisément, on veut dire que le psychiatre est plus à même d'intervenir dans des états de crise, qu'il peut hospitaliser et donner des traitements médicamenteux et physiques, qu'il est mieux préparé à déceler des maladies physiques et, surtout, à poser un diagnostic faisant la part des facteurs biologiques et psychologiques. Et ici comme ailleurs, on ne manque pas d'anecdotes sur des psychologues qui ont manqué de reconnaître une tumeur cérébrale ou une dépression endogène larvée, comme s'ils étaient les seuls à qui cela arrive. Que peut-on répondre à cela ?

On peut d'abord observer que tous les psychiatres ne partagent pas la position de l'American Medical Association faisant de la psychothérapie un monopole médical sous prétexte qu'il s'agit d'une spécialité médicale. Sans rouvrir le débat de fond sur la question et sans reprendre l'argumentation de Freud (1926) ou de Skinner (1953), prenons comme seul exemple parmi d'autres celui de Szasz (1959). Cet auteur dit que la psychothérapie est irréductible à la médecine, l'objet et les méthodes étant différents : la médecine conçoit le corps comme une machine physico-chimique et utilise les méthodes physico-chimiques, la psychothérapie envisage la personne comme un être social que l'on approche par la communication interpersonnelle. Szasz estime aussi qu'on ne peut guère considérer comme spécialité médicale une discipline qui compte parmi ses représentants les plus éminents un grand nombre de non-médecins. Quelle que soit la valeur de ces arguments que l'on peut certainement discuter, ils ne sont pas moins bons que les simples affirmations de l'American Medical Association et montrent en tout cas que d'éminents psychiatres pensent autrement.

Une seconde réponse, un autre argument, à notre sens plus pertinent sur le plan professionnel et qui situe et clarifie l'argument selon lequel le psychiatre est mieux préparé à déceler les maladies physiques, a été avancé par un autre psychiatre qui aborde lui le problème par le biais de la responsabilité clinique. Mariner (1967) fait en effet remarquer que l'on assume une responsabilité lorsqu'on exerce une fonction et que cette responsabilité est définie et limitée par le domaine professionnel : lorsqu'un ophtalmologue hospitalise un patient pour une intervention ophtalmologique, il laisse le soin de l'examen physique au généraliste ou à l'interniste, et si le patient fait une pneumonie postopératoire, l'ophtalmologue fera appel au confrère indiqué. Et lorsqu'un patient se trompe d'adresse et vient se plaindre de douleurs abdominales, sa seule responsabilité envers ce patient est de le diriger vers un lieu où il puisse obtenir l'aide appropriée. Ce qui fait qu'on peut dire que « même dans le domaine de la médecine organique, la responsabilité médicale n'est pas une responsabilité globale ; la rhétorique institutionnelle et la réalité effective sont deux choses différentes » (p. 273). Pour le psychiatre, la situation est la même : il n'est pas supposé examiner, diagnostiquer et traiter les maladies physiques d'un patient qui s'adresse à lui pour des problèmes de santé mentale ; sa seule responsabilité concerne cette dernière. Les patients en psychothérapie font d'ailleurs rarement l'objet d'un examen physique périodique, que leurs thérapeutes soient médecins ou non, et lorsqu'il y a un problème médical, ils sont envoyés ailleurs. L'enquête de Patterson (1978) sur la pratique psychiatrique effective montre qu'aucun de ceux qui répondirent, ne pratiquait en cabinet privé un examen physique de routine chez les nouveaux patients, et plus de la moitié avouaient qu'ils ne s'en sentaient plus la compétence. Les 61 % qui pratiquaient à l'hôpital déléguaient habituellement l'examen physique d'admission. Les psychologues, de leur côté, comme le mettent en évidence Dörken et Webb (1979), envoient leurs patients chez les médecins, tout comme le font les psychiatres lorsqu'ils s'agit de se prononcer sur les symptômes d'une maladie physique éventuelle.

Concernant la meilleure possibilité d'hospitalisation et d'intervention en cas de crise, il faut remarquer que tout psychologue compétent, voyant des personnes chez lesquelles ces éventualités sont à envisager, travaille en collaboration avec un psychiatre ou une institution permettant de résoudre le problème, et fait donc ce que ferait dans cette situation un médecin généraliste.

Reste alors le problème délicat du diagnostic et du traitement médicamenteux et physique. Faut-il avoir fait des études de médecine pour reconnaître un début insidieux de schizophrénie ou pour s'apercevoir que dans tel cas de dépression, une médication s'impose? Ou le programme doctoral de psychologie clinique qui inclut un an d'internat et les expériences supervisées exigées par les brevets de psychologie clinique peut-il suffire? L'analyse de ces programmes, l'examen des exigences pour obtenir le brevet, et les renseignements qu'on peut recueillir sur ce qui se passe dans la pratique semblent permettre de considérer raisonnablement que le psychologue qui est passé par là est capable d'apprécier les limites de sa compétence et d'adresser les cas qui font problème au spécialiste compétent. C'est là l'exigence formulée dans les deux premiers principes de son éthique professionnelle. L'avantage du psychiatre reste certes d'avoir la possibilité légale du traitement médicamenteux et physique indispensable dans beaucoup de cas. Nous tenons à le souligner et à ajouter qu'un psychologue clinicien bien formé le sait. Mais il y a aussi de bonnes raisons de consulter un psychologue compétent quand on a des problèmes: «Une en est la formation de base plus étendue du psychologue dans l'étude du comportement humain et une autre est la formation scientifique rigoureuse qui devrait à la fois conduire le psychologue à être à la pointe en matière de découvertes scientifiques et produire un sain scepticisme concernant les modes du jour» (Kiesler, 1977, p. 108). A cela s'ajoute le fait qu'il n'existe dans la littérature scientifique aucun indice suggérant qu'une psychothérapie faite par un médecin serait meilleure ou plus efficace qu'une psychothérapie faite par un psychologue. Faut-il ajouter que dans les deux professions, il y a des praticiens qui sont excellents, d'autres qui sont bons et d'autres encore qui le sont moins?

En Europe, où l'accès à la profession est souvent moins sévère et moins bien réglementé, les risques sont évidemment plus grands lorsqu'il ne s'agit pas de psychologues universitaires ayant reçu une véritable formation clinique dans une institution psychiatrique où ils ont dû assumer des responsabilités cliniques. C'est la raison pour laquelle quatre années d'études universitaires, une thérapie personnelle et deux ou trois cas supervisés, ainsi que l'appartenance à une école de psychothérapie nous paraissent être une formation tout à fait insuffisante, aussi bien au niveau théorique que du point de vue pratique, et qui expose le psychologue clinicien au risque d'accusation d'incompétence en matière de diagnostic et d'intervention.

3. **Le problème du remboursement** de la psychothérapie et de l'intervention psychologique est un problème important pour le psychologue clinicien, aux USA comme ailleurs, car de la solution qui lui est apportée dépend la possibilité d'une pratique professionnelle indépendante. Un psychologue peut évidemment se faire honorer directement par son patient ou par son assurance privée (dont plusieurs reconnaissent le travail autonome du psychologue), mais au cas où le remboursement de la psychothérapie, par une future assurance-maladie nationale, se limite au seul psychiatre, il est clair que même aux USA cela constituera une très sérieuse menace pour le psychologue indépendant.

Les principales questions qui se posent sous ce rapport aux USA, qui n'ont pas encore de système d'assurance maladie national, sont les suivantes :
a) qui va financer ces services? Est-ce un problème à résoudre par des programmes d'assurances privés ou publics?
b) quels sont les services de santé à rembourser?
c) qui va prester ces services et les psychologues pourront-ils pratiquer de façon autonome ou seulement sur prescription et sous supervision médicales?
d) qui va contrôler ces prestations de services?

Que ces questions soient importantes, complexes et difficiles à résoudre est aisé à comprendre si l'on tient compte du coût croissant des soins de santé, des problèmes de concurrence professionnelle entre psychiatres et psychologues, et du fait qu'outre la dimension technique et éthique, elles comportent aussi un aspect économique et politique.

Concernant le remboursement de la psychothérapie par une assurance maladie nationale, on rencontre deux positions parmi les psychologues américains. Selon les uns, par exemple Albee (1977a), il n'y a pas de raison de rembourser la psychothérapie, qu'elle soit pratiquée par un psychiatre ou par un psychologue, car la psychothérapie porte sur des problèmes interpersonnels et sociaux, et non sur la maladie mentale. De plus, estime Albee (1977b), la majorité des gens ayant recours à la psychothérapie sont des gens aisés et le remboursement de leur thérapie par une assurance nationale reviendrait à les subsidier par des fonds provenant des autres classes sociales et des pauvres, qui eux ne profitent pas de ces services[48].

Selon les autres, et c'est la majorité, la psychologie clinique est une profession de la santé. Derner (1977) pense ainsi qu'elle l'a été depuis le moment où on l'a appliquée au diagnostic et à l'intervention en vue d'aider des personnes qui souffrent de maladies psychiques de différentes sortes : «Quelques-unes de ces maladies consistent dans des difficultés d'apprentissage dans lesquelles les exigences de la vie ont conduit à une variété de styles d'adaptation qui sont des manifestations de l'anxiété qui flétrit l'âme. Quelques-unes des maladies sont des habitudes destructives telles que l'habitude de fumer qui est apprise dans une certaine situation motivationnelle et devient fonctionnellement autonome dans une autre». Et Derner ajoute: «Il n'y a pas plus de difficultés à conceptualiser comme problèmes de santé des problèmes psychologiques qui représentent l'interaction de l'esprit et du corps, qu'il n'y en a à conceptualiser comme problèmes de santé des problèmes médicaux qui représentent l'interaction du corps et de l'esprit» (pp. 3-4). Cette dernière remarque de Derner est judicieuse sans doute, mais il ne s'agit pas d'un problème de conceptualisation, mais d'intérêt et de pouvoir, même s'il est présenté comme éthique et scientifique, et une façon adéquate et juste de le résoudre nécessiterait une analyse rationnelle qui dépasse le domaine des seuls intérêts professionnels pour inclure les enjeux économiques et politiques.

Sur le plan économique et légal, il est utile de constater deux faits importants. Le premier est la législation de «la liberté de choix» (freedom of choice) qui, en 1980, était déjà en vigueur dans trente Etats et dans le District of Columbia, ce qui représente plus de 80 % de la population américaine. Elle permet à une personne assurée par une police privée couvrant les soins de santé mentale, de choisir pour des soins remboursés entre un psychiatre ayant un brevet d'Etat et un psychologue possédant un brevet d'Etat. Et il est intéressant d'apprendre que lorsqu'une des grandes compagnies d'assurances a refusé de reconnaître cette législation dans l'Etat de Virginie, aussi bien le tribunal de l'Etat que la Cour Fédérale ont déclaré que les psychologues sont des professionnels indépendants, habilités à offrir des services non supervisés et remboursables par le tiers payant (Kiesler et Pallak, 1980).

Le second point important, celui-ci sur le plan économique, est le fait que deux grands programmes publics reconnaisent déjà le travail indépendant du psychologue clinicien. C'est le cas des Federal Employees Health Benefits Programs qui couvrent 10 millions de fonctionnaires fédéraux et leurs familles, et du Civilian Health and Medical Programs of the Uniformed Services (CHAMPUS) qui couvre 7 millions de personnes dépendant du personnel militaire. C'est dire que la chose est viable.

Elle l'est pour ces deux assurances et pour d'autres, mais le serait-elle pour une assurance nationale? Quels seraient les besoins à couvrir? Combien faudrait-il de travailleurs de la santé pour les satisfaire? Qu'est-ce que cela coûterait, et quels sont les problèmes que cela entraînerait? Les questions sont très complexes et il faut remarquer que si l'on peut essayer d'y répondre en extrapolant à partir des données existantes, les réponses dépendent des stratégies d'évaluation (Bühringer et Hahlweg, 1985; Kiesler, 1984), des modèles de service de santé utilisés, et de facteurs psychosociaux sur lesquels on peut se tromper. Concernant ces deux dernières questions, Dörken (1984) montre par exemple que pour rendre les mêmes services à la nation, il faudrait 62.000 professionnels de la santé si l'on utilise le modèle Kaiser, et 110.000 dans le cas du modèle Champus, et que la crainte de voir les psychologues quitter les services publics pour la pratique privée, au cas où ils seraient légalement reconnus, ne s'est pas du tout réalisée. Ces estimations dépendent aussi de la façon dont on définit et évalue les critères, comme il ressort, par exemple, des différentes estimations de besoins de soins de santé mentale. Il est donc très important de ne pas simplifier les choses abusivement et de savoir qu'on a affaire à des estimations. Mais si ces problèmes sont extrêmement complexes, cela n'implique pas qu'on ne puisse rien savoir qui pourrait fournir des éléments à prendre en considération lors d'une prise de décision rationnelle.

Il existe, en effet, toute une série d'informations extrêmement intéressantes pour une discussion du problème de l'inclusion du psychologue clinicien dans une assurance nationale, et qui jettent quelque lumière sur les questions de coût, d'utilisation et d'efficacité en matière de soins de santé mentale. A titre d'illustrations, en plus des exemples données dans le paragraphe sur l'évaluation, nous en choisirons quelques-unes rapportées par Dörken (1981) et nous permettrons de renvoyer le lecteur intéressé à la bibliographie pour de plus amples informations.

Concernant d'abord l'efficacité des services de santé mentale, Dörken remarque que les données en matière d'effet des services psychologiques sur la réduction d'utilisation de services médicaux présentées par Wiens (1981) ont trouvé une validation croisée dans le Group Health Association à Washington D.C., et dans le Health Insurance Plan à New York City. Il mentionne ensuite les études industrielles mettant en évidence l'importance de pareils services psychologiques dans la résolution de problèmes posés par l'alcoolisme. L'étude faite à la Kennicott Corporation montrait ainsi pour le groupe expérimental : a) une diminution de 55 % des frais médicaux et d'hospitalisation ; b) une diminution de 75 % des indemnités payées par semaine à des employés en incapacité de travail, et c) une diminution de 52 % de l'absentéisme. Une étude semblable faite à la Oldsmobile Automobile Plant montrait également une diminution substantielle des frais causés par la maladie, les accidents et les heures de travail perdues. Dans le domaine de l'analyse coût-bénéfice du traitement des schizophrénies chroniques, Dörken fait état d'une étude montrant que suite à un programme d'intervention psychologique, un certain nombre de patients a pu quitter l'hôpital et vivre dans la communauté, ce qui donnait lieu, pour les 74 patients, à un bénéfice total net estimé à 2,7 millions de dollars et réduisait les rechutes à 11 % au lieu des 49 % présentés par l'hôpital dans son ensemble.

L'utilisation des services psychologiques est un autre point important dans notre contexte et il est intéressant d'apprendre que selon le Biometric Branch du NIMH, qui présente des statistiques pour les années 1946-1971, le niveau d'utilisation est très stable, 1,91 % de la population utilisant ces services à un certain moment pendant une année donnée. Le niveau d'utilisation rapporté par Kaiser est de 1,1 % et stable depuis 18 ans, celui de Champus de 1,9 %. Mais il faut remarquer que ces niveaux d'utilisation peuvent varier selon la population et atteindre 6 %. Il est étonnant, par contre, d'apprendre que des tentatives d'augmenter les proportions de personnes utilisant ces services n'ont pas abouti, et que la décision prise par la Etna Government-Wide Indemnity Program for Federal Employees de reconnaître les services psychologiques directement et sans prescription médicale a eu pour seul effet, d'une année à l'autre, de changer la proportion de 8,6 % à 8,5 %. Dörken commente : « Ce n'est pas une différence significative, mais cela montre qu'il n'y a pas eu la prétendue accumulation de demandes que les psychologues auraient soumises si les souscripteurs avaient eu un accès direct » (p. 116).

Concernant le coût des services, il est intéressant de lire qu'un des arguments présentés au gouvernement en vue d'un changement de la loi, était le fait que la suppression de la prescription médicale éliminait en même temps le coût de la visite médicale conduisant à la prescription et le demi-jour de congé de maladie nécessaire pour cette visite, coût estimé à ce moment-là (1973) à 1,6 million de dollars par an.

Toujours dans le domaine du coût des services, plusieurs études montrent que la façon d'examiner le patient affecte le coût des services et Goshen, lui-même médecin, affirme que si on renonçait aux examens inutiles et admettait au départ que le problème pourrait être mental, cela permettrait une réduction du coût de 25 %.

Le coût du traitement lui-même peut être diminué. Dans le cas du Blue Shield Government-Wide Service Plan, par exemple, on a calculé que pour les services ambulatoires, le coût moyen de la séance de thérapie est 29 % moins cher lorsqu'il s'agit d'une psychothérapie faite par un psychologue et les données montrent que les patients traités par les psychiatres n'étaient pas plus gravement troublés que ceux qui le furent par les psychologues, que «essentiellement, la pratique des deux professions ne différait pas au point de vue diagnostic dans cette population de services ambulatoires» (p. 118).

Une autre chose inattendue et intéressante est d'entendre que les services rendus par un centre de santé mentale coûtent plus cher que lorsqu'ils sont prestés par des psychiatres ou psychologues pratiquant en cabinet privé. C'est ce qu'ont montré Alexandre et Sheely pour le début des années 70 et c'est ce qui ressort de deux études plus récentes sur le coût des services de santé mentale, faites à la demande de l'Etat de Californie.

Quant à l'explosion du coût de la santé, tant redoutée au cas où une assurance nationale couvrirait la santé mentale et reconnaîtrait les psychologues, l'économiste Mc Guire estime qu'à la longue, l'inclusion des psychologues conduirait à une augmentation du prix de la psychothérapie qui serait de 11 % seulement au lieu des 52 % prévus autrement. De plus, une expérience intéressante au sujet de la réduction d'utilisation de services de santé a été réalisée par des assurances qui, ne couvrant pas la santé mentale, ont eu recours au California Psychological Health Plan offrant des soins de santé mentale ambulatoires pour 4 $ par mois et par personne. Après un certain temps, la prime fut supprimée et «leur expérience pendant les dernières années a montré qu'elles ont été capables d'accumuler des réserves et de maintenir une prime stable malgré la hausse des prix, parce que les services de santé mentale réduisaient en fait l'utilisation du plan de santé» (p. 125).

Il y a donc des informations nombreuses et assez précises sur des éléments essentiels intervenant dans les décisions à prendre. Mais y en a-t-il assez?

Certains auteurs parmi les plus informés sur la question en doutent, comme le laisse entendre un article de Parloff (1979) portant le sous-titre: «Un peu de savoir peut être une chose dangereuse», et le titre d'un chapitre consacré à la question et dont la deuxième partie s'énonce: «La psychothérapie et la politique, lorsque la preuve n'est pas entièrement faite» (Williams et Spitzer, 1984). D'autres, non moins informés, ne sont pas de cet avis. Vu l'importance de leur argumentation nous voudrions la citer:

«Pour revenir à la question posée dans cette section, ce n'est évidemment pas une affaire de savoir comment formuler une politique d'intérêt public en l'absence de preuves. Nous devrions plutôt nous demander pourquoi une abondante évidence disponible n'est pas utilisée pour la formulation d'une politique. Cette question doit être sondée d'un point de vue psychologique, sociologique et politique. A ce point, il n'est possible que d'éliminer la supposition que c'est une affaire de preuve manquante» (Schlesinger et Mumford, 1984, p. 387).

Ces décisions ne dépendent d'ailleurs pas des seules considérations techniques, mais comportent également des jugements de valeur qui, faut-il l'ajouter, peuvent se faire plus valablement en présence qu'en l'absence d'informations empiriques. Pour ne donner qu'un seul exemple: faut-il inclure dans une assurance nationale, le remboursement automatique de la psychanalyse et de psychothérapies à haute fréquence et très longue durée, alors que rien n'indique leur pouvoir thérapeutique supérieur à celui de thérapies moins coûteuses, qu'environ 90 % des dépenses sont faites pour une grande minorité d'environ 10 % de bénéficiaires, et qu'«un patient en analyse trois ou quatre fois par semaine est l'équivalent de peut-être 50 personnes hypertendues que l'on verrait même deux fois par semaine» (Klerman, 1984, p. 395)?

Et puis, il faut le souligner, il y a encore un autre facteur non négligeable pour ces discussions: «les données sont importantes en politique, mais je pense que le public est plus important et le public peut ou non s'occuper des données... et tend en général à les ignorer» (Eisdorfer, 1984, p. 402). Et pourtant il aurait grand intérêt à le faire!

Pour conclure cette tentative de situer la place du psychologue clinicien américain dans la réalité professionnelle actuelle, on pourrait résumer les choses en disant que son activité professionnelle autonome est reconnue par la loi et presque toutes les assurances-maladie publiques et privées, et que son inclusion dans une future assurance nationale est en voie de discussion entre des partenaires de plus en plus informés de l'importance et du nombre croissant de données et d'aspects du problème.

En Europe, la situation professionnelle du psychologue clinicien est beaucoup moins avancée. Elle varie d'ailleurs considérablement d'un pays à l'autre, tout comme la législation et les systèmes de soins de santé. Une description de la situation dans les différents pays européens dépasserait le cadre de ces pages, mais il nous semble intéressant de retenir quelques informations sur ce qui se passe dans les pays les plus avancés en cette matière, notamment la Norvège, la Suède et la Suisse.

En Norvège, une loi règle depuis 1973 la reconnaissance officielle des psychologues et protège le titre. Elle règle l'établissement d'un Conseil d'Administration de même que les droits et devoirs des psychologues, mais sans préciser leur champ d'activité. Le titre de «spécialiste en psychologie clinique» requiert une formation postgraduée qui est règlementée par l'Association Norvégienne de Psychologie. Cette formation doit comprendre cinq ans de pratique clinique dans au moins deux institutions différentes, deux de ces années au moins, devant être passées sous forme d'engagement à plein temps dans la même institution. A cela s'ajoute la participation à plusieurs séminaires postgradués et une supervision d'au moins deux ans à raison de deux heures par semaine par un spécialiste. Ces qualifications et elles seules donnent alors droit au remboursement des prestations psychothérapeutiques par l'assurance de santé nationale.

La Suisse a des législations en matière de santé qui diffèrent d'un canton à l'autre, mais trois faits importants sont à retenir. D'abord, certains cantons (par exemple, les deux Bâle, Lucerne, St-Gall, le Tessin) reconnaissent déjà depuis un certain temps l'activité autonome du psychologue clinicien psychothérapeute lorsqu'il remplit les conditions fixées par les autorités cantonales en matière de santé. Ensuite, le 28 mai 1986, la 2e Cour de Droit du Tribunal Fédéral, dans une affaire opposant le Grand Conseil Vaudois à l'Association Suisse des Psychothérapeutes, la Société Suisse de Psychologie et l'Association, Vaudoise des Psychologues, a estimé que les psychothérapeutes non médecins pouvaient administrer des traitements psychologiques sans prescriptions du médecin. Cet arrêt du Tribunal Fédéral fait jurisprudence pour la Suisse entière. Comme le remarque Duruz (1986, p. 217) «c'est ainsi reconnaître au psychologue-psychothérapeute une compétence pour juger du bien-fondé de la psychothérapie qu'il propose et pour indiquer d'autres mesures, notamment médicales, si nécessaires »[49]. Des commentaires faits par Duruz qui a assisté à la délibération publique du Tribunal Fédéral, il vaut la peine de retenir que «les psychologues étaient considérés comme des partenaires sociaux sérieux, aussi crédibles que les médecins, dont on attend toutefois une formation élevée et rigoureuse» (*ibid.*, p. 218). On rejoint donc ainsi la situation des USA où la loi reconnaît au psychologue clinicien, ayant son agréation d'Etat, le droit au libre exercice de sa profession, et au patient la liberté de choix de son thérapeute.

Le troisième fait à retenir de la situation professionnelle du psychologue clinicien en Suisse est le remboursement par deux assurances-maladie, la Krankenkasse Helvetia, et la Krankenfürsorge Winterthur (KFW), des prestations psychothérapeutiques faites par les psychologues reconnus par l'Association Suisse des Psychothérapeutes. A ce propos, on retiendra également qu'afin d'être remboursé, le thérapeute doit formuler un diagnostic et un projet de traitement[50].

En Grande-Bretagne, où il y a une assurance-maladie nationale, seuls les psychologues détenant un degré avancé en psychologie clinique (un Master of Science, ou un Master of Philosophy) ou le diplôme donné par la British Psychological Society, peuvent pratiquer comme psychologues cliniciens dans le National Health Service (NHS). Environ 95 % des psychologues travaillant dans le domaine des soins sociopsychologiques sont employés par le National Health Service (Fichter et Wittchen, 1980, p. 24) et y travaillent de façon autonome.

On ne pourrait mieux conclure ce chapitre sur la profession du psychologue clinicien qu'en rappelant la conclusion tirée par Fichter et Wittchen (1980, p. 25) à la fin de leur revue de l'état de professionnalisation en psychologie clinique et en psychothérapie dans 23 pays:

«La tendance à une professionnalisation accrue des psychologues dans le domaine de la santé mentale peut difficilement être arrêtée. En poursuivant cette route cependant, les psychologues et les autres professionnels impliqués dans le secteur de la santé publique, devraient mettre de côté des buts à courte vue concernant le statut professionnel. En planifiant pour l'avenir, il faut prendre en considération la façon dont les réglementations futures influenceront le système des services de santé et comment le système peut être adapté, mieux qu'il ne l'a été dans le passé, aux besoins des malades psychiques».

En Europe aussi, dans les pays les plus avancés, l'activité autonome du psychologue clinicien est légalement reconnue et ses services remboursés par des assurances privées et publiques, à condition que ce psychologue clinicien ait une formation rigoureuse et de haute qualité.

Pour conclure

Emergeant à la fin du siècle dernier des travaux de Freud, Janet, Kraepelin et Witmer, et demeurant pendant longtemps une discipline auxiliaire, la psychologie clinique connut aux USA une véritable renaissance après la Seconde Guerre Mondiale. Grâce à l'initiative et au dynamisme des psychologues cliniciens américains, un développement scientifique et professionnel et une extension des domaines d'application très rapides et importants ont depuis lors conduit à l'établissement d'une discipline autonome très complexe et d'une foisonnante richesse, qui déborde le projet initial de chacun de ses fondateurs.

Cette évolution comportait des changements majeurs qui font que la physionomie, l'identité du psychologue clinicien, ne sont plus ce qu'ils étaient il y a 20 ans, surtout en Europe. Le psychologue clinicien est non seulement sorti de son rôle de diagnosticien pour se risquer plus franchement au niveau de l'intervention et de la thérapie; le diagnostic lui-même et l'intervention ont été marqués par des changements profonds, de même que l'étude de l'étiologie des troubles psychiques et les domaines d'application de la discipline.

L'étude des causes et du développement des troubles psychiques a été marquée surtout par l'intensification des recherches systématiques et contrôlées, et par le développement du modèle biopsychosocial. Ceci permit un meilleur contrôle des hypothèses émises à partir de l'étude de cas, et une vue plus différenciée et plus juste des multiples facteurs en interaction qui interviennent dans la genèse des troubles, ce qui a conduit à l'abandon des conceptions linéaires, simples et globales en faveur de théories étiologiques plus spécifiques, limitées à certains troubles (troubles de la personnalité, dépressions, phobies, etc.) et fondées sur des données de recherche. Une autre conséquence de cette évolution est l'attention accrue qu'il convient de prêter à l'interaction des facteurs biologiques et psychologiques non seulement dans l'étiologie, mais également dans la prévention et la thérapie des troubles psychiques.

Dans le domaine de la classification, du diagnostic et de l'évaluation des troubles psychiques, les changements ne sont pas moindres. Après une extension initiale du psychodiagnostic (de l'intelligence, des aptitudes et surtout de la personnalité), le développement de la psychothérapie et des critiques théoriques, méthodologiques et idéologiques ont conduit à une « crise du psychodiagnostic » en général, et plus encore du psychodiagnostic clinique. Celle-ci semble cependant s'être manifestée plus au niveau de la réflexion théorique qu'à celui de la pratique effective de la majorité des cliniciens (v. par exemple Wade et Baker, 1977). Les problèmes pratiques de l'évaluation clinique et de l'indication d'une intervention continuaient d'ailleurs à se poser et actuellement, grâce aux recherches sur le processus de classification et le processus de jugement clinique, suite aux travaux faits sur les problèmes suscités par le développement du DSM-III, grâce aussi à une plus grande focalisation sur l'indication et l'évaluation (continue) des thérapies, on assiste plutôt à une renaissance de l'activité diagnostique qui se situe d'ailleurs au niveau d'une évaluation multiple faite par des procédés variés, et répond mieux que précédemment à ce qu'en attend le clinicien.

La psychothérapie et l'intervention psychologique montrent la même évolution considérable. Se résumant d'abord principalement à la psychanalyse (la cure type ou une de ses variantes), la psychothérapie, au cours des années soixante a vu diminuer l'hégémonie psychanalytique et se développer plus vigoureusement des approches alternatives (la thérapie non directive, la thérapie comportementale) qui documentaient leur efficacité et introduisaient une véritable recherche dans le domaine. Les thérapies de groupe, les thérapies systémiques, le recours à des paraprofessionnels et à des groupes d'entraide sont devenus de plus en plus fréquents, et l'aspect préventif de l'intervention psychologique a gagné l'attention qu'il mérite. Dans le contexte de la médecine comportementale et de la psychologie de la santé, des méthodes d'intervention psychologique ont été développées dont on a déjà pu apprécier l'intérêt. Le développement de thérapies spécifiques (de la dépression, du couple, de la douleur, etc.) et le développement des thérapies brèves sont une autre caractéristique de cette évolution.

Les domaines d'application de la psychologie clinique ont également connu un changement considérable que l'on pourrait caractériser en disant qu'elle s'est finalement libérée de sa fixation à la psychiatrie pour offrir ses services d'évaluation, d'intervention et de recherche aussi dans d'autres domaines de la santé et de la vie publique. Le travail du psychologue clinicien, comme membre d'une équipe ou comme consultant, dans des services médicaux non psychiatriques, dans le monde du travail et des organisations, dans des services judiciaires et de police, sont des exemples d'autres champs auxquels le psychologue clinicien a commencé à faire des contributions.

Tous ces changements et développements ont finalement nécessité des modifications au niveau de la formation. Il ne suffit plus guère de faire quatre ans d'études de psychologie, une thérapie didactique, de participer aux séminaires organisés par une école de psychothérapie et de se faire superviser pour quelques cas de thérapie. La complexité et la variété des problèmes, la nécessaire spécialisation et la constante et rapide évolution de la discipline demandent, en plus d'une solide formation pratique, une formation scientifique qui permette au futur clinicien de se tenir au courant de ce qui se passe et d'en avoir une appréciation critique. C'est là une chose qui est nécessaire non seulement pour rester compétent dans l'intervention faite à la demande d'une personne qui a des problèmes et souffre, mais aussi pour pouvoir se défendre dans un monde professionnel où les possibilités de travail ne sont plus aussi nombreuses que par le passé et où la mobilité, la flexibilité et la créativité sont de plus en plus nécessaires pour trouver sa place. De plus en plus souvent, l'activité du psychologue clinicien ne se limite plus à une seule thérapie ni même à la seule thérapie, mais comporte des activités multiples; de plus en plus souvent, il travaille en équipe (souvent pluridisciplinaire), ce qui nécessite bien sûr une identité propre, mais aussi un esprit ouvert et une information large, la capacité de comprendre et de tolérer des mondes et des langages différents. Cela nécessite une formation pratique et personnelle et une réelle formation scientifique, ce qui suppose beaucoup de choses. Mais n'est-ce pas là la véritable identité et l'originalité du psychologue clinicien et ce qui fait le côté passionnant de son métier : essayer de comprendre une personne, une vie individuelle avec ses problèmes et de faire quelque chose pour l'aider à s'accomplir, grâce à la capacité de la respecter dans son originalité et grâce aux moyens que nous donnent les sciences psychologiques contemporaines ?

Notes

[1] Nous centrons notre présentation sur l'histoire de la psychologie clinique américaine parce que c'est aux USA que notre discipline a connu son développement le plus rapide, le plus conséquent et le plus poussé, la situation en Europe étant très variable d'un pays à l'autre et nettement moins avancée. Le tableau en fin de chapitre, qui récapitule quelques événements significatifs de l'histoire de la psychologie clinique, inclura quelques événements non américains généralement considérés comme importants. Pour de plus amples informations sur l'histoire de la psychologie clinique, on consultera Reisman (1982), Reuchlin (1957), Pongratz (1977) et concernant l'aspect socio-politique Castel (1973, 1976, 1979, 1981) que tout étudiant en psychologie clinique devrait avoir lu quitte à ne pas nécessairement partager tous les avis.

[2] Ses ancêtres sont Fichte, Schelling, Hegel, Schleiermacher, Schopenhauer, les représentants principaux: Dilthey, Nietzsche, Bergson, Simmel, Klages et Spengler.

[3] Notons que Wundt distinguait en fait deux approches méthodologiques de la psychologie: l'observation *contrôlée* ou l'expérimentation, et l'observation *pure* qui étudie les phénomènes sans les influencer par les contrôler, mais «tels qu'ils se présentent eux-mêmes à l'observateur dans le contexte de l'expérience» (Erfahrung), (Wundt, Grundriss der Psychologie, 1898[3], p. 23).

[4] «L'expérimentation psychologique en psychiatrie».

[5] «De l'influence de quelques processus psychiques élémentaires par quelques médicaments».

[6] Voir à ce sujet Ellenberger (1970) et Prévost (1973).

[7] Par la suite la psychologie clinique française se perdra de plus en plus dans le «questionnement» et dans le discours psychanalytique. En 1972 la psychologie clinique et l'idée de l'unité méthodologique s'étaient effritées, et la situation peut se caractériser par les deux citations suivantes. D'une part Gagey (1972-1973, p. 924) affirme: «Une épistémologie clinique se cherche pareillement aujourd'hui et semble devoir dire clairement, non l'unité de la Psychologie, mais le tout autre de la démarche clinicienne, son bon droit, et l'ampleur du champ où elle se déploie; car ce ne sont pas seulement les relations duelles qui offrent à l'interprétation un lieu propice; micro-groupes, institutions, milieux sociaux culturels plus ou moins vastes, prêtent eux aussi à l'intervention

clinique, d'où il ressort que la Psychologie clinique tend à s'envelopper de l'ensemble plus vaste des Sciences Humaines Cliniques». D'autre part Reuchlin (1972-1973, p. 550) constate et énonce clairement le problème: «Ou bien on considère que le postulat fondamental de la psychologie du vérifiable et les critères qui en découlent doivent fonder la psychologie clinique. Il reste alors à mieux définir le décalage entre les possibilités des méthodes vérifiables actuellement connues et le contenu de la psychologie clinique, à travailler à le réduire en faisant évoluer ces méthodes et la problématique du clinicien. Ou bien, on considère que ce postulat et ces critères ne peuvent s'appliquer à la psychologie clinique, qui relèverait d'une certaine philosophie dans sa recherche, d'un certain art de guérir dans sa pratique. Une distinction radicale, qui rappelle celle que Dithey établissait dans l'ensemble du domaine scientifique, apparaît alors en psychologie, et il est peu probable que les psychologues se situant de part et d'autre du fossé aient encore quelque chose à se dire ou à faire ensemble».

Sans perdre de vue l'intérêt que peut présenter pour la psychologie clinique la perspective des Sciences Humaines, nous pensons avec Reuchlin et la grande majorité des psychologues cliniciens que «le postulat fondamental de la psychologie du vérifiable et les critères qui en découlent doivent fonder la psychologie clinique» (v. le paragraphe 3 de ce chapitre: La psychologie clinique comme science et comme pratique).

[8] A ce sujet, on consultera Canguilhem (1966), Duykaerts (1954), Jaspers (1948) et Wetzel (1980).

[9] Cette définition de l'objet de la psychiatrie ne fait pas l'unanimité parmi les psychiatres, ce qui montre que la psychologie clinique n'est pas seule à éprouver quelques difficultés à définir son objet. Mais la question se pose: «En un mot, avec ses aspects culturels indéniables, la psychiatrie doit-elle se réduire aux variétés des cultures et de leurs intolérances, ou conserve-t-elle un noyau fondamental qui ressortit à la nature et au système nerveux?» (Lanteri-Laura, 1978, vol. 13, p. 752).

[10] Les notions de science et d'empirie recevant des interprétations différentes, précisons encore le sens que nous leur donnons par les distinctions suivantes. On distingue généralement trois types de sciences: les sciences formelles (les mathématiques et la logique), les sciences empiriques dont le modèle est la physique, et les sciences herméneutiques dont le modèle est l'histoire. Comme les sciences empiriques portent sur la réalité sensible, la réalité empirique, leurs propositions doivent être confrontées à l'expérience sensible, ce qui se fait soit en manipulant les phénomènes de façon systématique et contrôlée (par l'expérimentation), soit en les observant et en les analysant de façon systématique, mais sans les provoquer (par la méthode différentielle et corrélationnelle; v. le paragraphe sur les méthodes). Nous parlerons de science empirique lorsqu'il y a recours à une de ces deux méthodes. Tout autre forme de référence à l'expérience sensible sera donc de l'ordre d'une empirie au sens faible, le terme «empirisme» renvoyant dans ce cas à une expérience non systématique et au statut mal défini. Quant aux sciences herméneutiques, la philosophie et la théorie des sciences ne semblent pas leur reconnaître une place à part «ou en tout cas ne leur reconnaître qu'un statut transitoire (celui de première étape vers la formulation d'une théorie de type empirico-formel)» (Ladrière, 1978a). Sur ce problème de la scientificité des sciences humaines et sur la distinction «comprendre-expliquer», on consultera Greco (1978), Ladrière (1978b) et Stegmüller (1969).

[11] Nous aimerions souligner ici que la notion de cause, dans ce qui suit, ne renvoie pas à la seule causalité linéaire simple, mais comprend les processus d'interdépendance, de rétro-action, la transaction multifactorielle, et est compatible avec le point de vue de la théorie générale des systèmes. Au sujet de l'évolution de la notion de causalité, on consultera l'ouvrage de Prigogine et Stengers (1979).

[12] Voir par exemple l'histoire de l'APA, la discussion concernant les modèles de formation du psychologue clinicien dont il sera question au chapitre sur la profession du

psychologue clinicien, ainsi que les objections souvent faites à la recherche en psychothérapie.

[13] Sur les problèmes et méthodes de la recherche sur le terrain, on consultera Patry (1982): Feldforschung. Methoden und Probleme sozialwissenschaftlicher Forschung unter natürlichen Bedingungen.

[14] Voir par exemple Cooper (1986): Job distress: Recent research and the emerging role of the clinical occupational psychologist, ou Firth (1986): Personal meanings of occupational stress: Cases from the clinic.

[15] Comme exemples de recherches dans ce domaine, citons, entre autres: Defares et al. (1985), Maes et Schlösser (1985), Vinck et al. (1985), Winnubst et Defares (1985). Pour une introduction on lira Feuerstein et al. (1986), pour une vue d'ensemble: Matarazzo et al. (1983).

[16] Au sujet de l'identité du psychologue clinicien, on lira aussi Gaudriault (1980) et Grosbois (1984) qui informent, entre autres, sur la façon dont cette question est posée en France. Psychologie française, la revue trimestrielle de la Société Française de Psychologie, est une autre source d'informations sur ce sujet, sur la pratique psychologique, les activités intéressant les psychologues et les nouvelles concernant leur monde. Sur l'identité vécue du psychologue clinicien et, plus particulièrement, du psychothérapeute, on consultera l'intéressant ouvrage de Gérin et Vignat (1984) qui contient une des rares enquêtes sur cette question.

[17] La recherche des causes du manque de concordance entre diagnostics psychiatriques a également fait l'objet d'une étude plus récente, se basant sur une autre approche méthodologique. L. Horowitz et al. (1981), dans le cadre d'une analyse typologique («prototypes»), ont soumis différentes descriptions d'une personne déprimée à différents groupes de juges, et ont alors calculé les concordances des jugements obtenus en fonction des caractéristiques présentes dans les différentes descriptions. Ils ont pu faire deux constatations intéressantes. D'abord le degré de dépression diagnostiqué et la concordance des juges étaient d'autant plus élevés qu'il y avait plus d'indices positifs de dépression dans les descriptions. Ensuite la concordance des juges dépend plus de la présence de caractéristiques positives que de l'absence de caractéristiques non pertinentes (non prototypiques). Ces résultats indiquaient que le jugement diagnostique et la concordance des jugements sont fonction des éléments positifs convergents et que les juges ont tendance à ignorer les autres informations.

[18] L'absence de l'aspect interpersonnel si important en cette matière a été soulignée par Mc Lemore et Benjamin (1979), et Benjamin (1982, en préparation) a déjà élaboré un système diagnostique interpersonnel susceptible de guider l'intervention en psychothérapie. Dans ce contexte de la description de problèmes et de symptômes interpersonnels complexes, on mentionnera également les travaux de L. Horowitz, entre autres: The Interpersonal Basis of Psychiatric Symptoms (sous presse).

[19] Sur la relation entre les événements critiques de la vie et l'obésité, on lira Defares et al. (1985): The effects of negative life events and emotional eating in body mass.

[20] A ce sujet on consultera le récent ouvrage de Giurgea (1986).

[21] Voir aussi CNRS (1972), Colloque international n° 198: Modèles animaux du comportement humain.

[22] A propos de ce stéréotype encore fort répandu, il est intéressant de mentionner les résultats inattendus d'une série de recherches de Meyer et al. (Bolz et Meyer, 1981; Burzig et al., 1981; Gabel et al., 1981; Kimm et al., 1981; Meyer et al., 1981; Stuhr et al., 1981) comparant la psychothérapie non directive et la psychothérapie psychanalytique chez des patients psychosomatiques traités ambulatoirement.

Les 68 patients étaient âgés de 20 à 40 ans et ne présentaient pas de contre-indication pour une psychothérapie psychanalytique focale. Les deux groupes, l'un recevant la psychothérapie psychanalytique, l'autre la thérapie non directive, ont été comparés à un groupe de contrôle qui après 17 à 19 semaines recevait à son tour une des deux formes de thérapie. La durée des thérapies était limitée à 20 semaines à raison de deux séances par semaine, la thérapie non directive prenant en moyenne 19 séances, la thérapie psychanalytique 26. Les praticiens étaient des thérapeutes expérimentés. Après 3, puis 9 mois, et encore après 3 ans, des évaluations des effets thérapeutiques ont été faites au moyen de tests et d'évaluations faites par le patient, le thérapeute et un expert clinique.

Ces travaux aboutissaient aux résultats suivants. Pour la thérapie non directive, des changements positifs ont été obtenus dans le domaine des troubles psychosomatiques, de la dépressivité, de la sociabilité, de l'anxiété manifeste, du vécu de tension, et au niveau de l'image de soi, de l'estime de soi. La psychothérapie psychanalytique donnait lieu à des changements moins nombreux et plus faibles et surtout, ne changeait rien au niveau des troubles psychosomatiques!

[23] Le fait que pour arriver à des résultats aussi peu satisfaisants, il faille une formation longue et une expérience énorme, que leur passation et l'interprétation des résultats prennent généralement beaucoup de temps, a conduit beaucoup de cliniciens et chercheurs à prendre quelque distance. Il faut cependant noter que le débat n'est pas encore clos.

[24] Le lecteur francophone trouvera d'autres exemples dans l'ouvrage de Cottraux et al. (1985).

[25] Pour une plus ample information sur les méthodes et échelles utilisées dans le diagnostic comportemental, le lecteur francophone s'adressera au livre de Cottraux et al. (1985).

[26] Leyens (1983) donne une série d'exemples frappants montrant combien ces structures influencent nos jugements et combien : « nous faisons davantage confiance à nos théories implicites de personnalité qu'à une information objective qui contredit celles-ci » (p. 207).

[27] La méthode « clinique sophistiquée » utilise aussi bien des données qualitatives provenant d'interviews, d'anamnèses et de techniques projectives, que des données objectives, « mais on introduit autant d'objectivité, d'organisation et de méthode scientifiques qu'il est possible dans la planification, le recueil des données et leur analyse ». De plus : « Tous les raffinements de plans d'expérience fournis par la tradition acturiale sont employés, y compris l'analyse de poste, des études pilote, l'analyse d'item, et les validations croisées successives. La quantification et les statistiques sont employées chaque fois qu'elles sont utiles, mais le clinicien lui-même est maintenu comme un des instruments principaux, en s'efforçant de lui faire traiter les données de façon aussi fiable et valide que possible; et c'est lui qui procède à l'organisation finale des données afin d'obtenir un ensemble de prédictions adaptées à chaque cas individuel » (Holt, 1958, p. 5).

[28] Les possibilités de combinaison des façons de recueillir et de combiner les données d'après Sawyer (1966, p. 181).

Procédé de recueil des données	Mode de combinaison des données	
	clinique	statistique
clinique	1. purement clinique	2. description de traits
psychométrique	3. interprétation de profils	4. purement statistique
les deux	5. clinique composé	6. statistique composé
l'un ou les deux	7. synthèse clinique	8. synthèse statistique

Le mode de combinaison « clinique composé » signifie que les données sont recueillies selon le procédé clinique et statistique, mais combinées de façon purement clinique, alors que le mode «statistique composé» combine de façon purement statistique des données cliniques et psychométriques. Le mode de combinaison «synthèse clinique» se caractérise par une combinaison dans laquelle le jugement clinique reçoit plus de poids que les résultats statistiques, alors que le mode «synthèse statistique» accorde plus de poids à la combinaison statistique.

[29] Que cela soit possible, même dans les milieux psychanalytiques européens, ressort des travaux comme ceux de Beckmann (1974), Blaser (1977) et Leutzinger (1981).

[30] Concernant les interventions en neuropsychologie, on lira Seron (1980) et Seron et Laterre (1982).

[31] Pour un aperçu des développements de ces manuels, on consultera Luborsky, 1984, pp. 30-33.

[32] Pour une revue des recherches portant plus particulièrement sur la combinaison de la psychothérapie et de la pharmacothérapie, on consultera aussi: Luborsky et al. (1975); Hollon et Beck (1978); Smith et al. (1980), et Williams et Spitzer (1984).

[33] Sur les implications affectives et narcissiques, on consultera Duruz: Narcissisme et pluralité des psychothérapies, in Narcisse en quête de soi, 1985, pp. 163-166.

[34] Il est clair que n'importe quelle technique ne peut pas être combinée à n'importe quelle autre, et que le moment et l'ordre de succession sont à prendre en considération. A ce sujet, on trouve des résultats intéressants dans la recherche de Firth, Shapiro et Parry (1986).

[35] Habituellement, ces objections sont cependant d'ordre purement général et idéologique, sans référence aux recherches empiriques existant sur ce problème. Le lecteur intéressé pourra se référer, entre autres, à la recherche de Firth et al. (1986): The Impact of Research on the Practice of Psychotherapy, ou à l'article de Imber et al. (1986): Ethical Issues in Psychotherapy Research: Problems in a Collaborative Clinical Trials Study.

[36] Concernant ces objections et la nécessité d'une recherche dans le domaine de l'évaluation des psychothérapies, on consultera également l'excellent ouvrage de P. Gérin (1984): L'évaluation des psychothérapies.
Les raisons le plus souvent invoquées pour expliquer le désintérêt de beaucoup de praticiens pour la recherche sont les suivantes: la recherche ne porte pas sur les problèmes d'intérêt clinique et quand elle le fait, elle le fait de façon inadéquate, les variables étudiées n'étant pas bien choisies, décrites et standardisées, ou ne reflétant pas ce qui se passe dans la pratique clinique effective; l'analyse des données d'expérience noie les différences individuelles dans des statistiques de groupe et néglige la signification clinique au profit de la signification statistique des résultats; les chercheurs ne s'efforcent pas de montrer l'intérêt clinique de leur activité et les praticiens sont mal préparés et trop occupés pour faire de la recherche ou l'utiliser dans leur pratique.

[37] On lira à ce sujet l'intéressant paragraphe «La force persuasive de l'étude de cas» de Leyens, 1983, pp. 194-202. Il n'épuise sans doute pas le problème, mais aborde une question fondamentale.

[38] Pour une information détaillée sur les problèmes théoriques, techniques et pratiques que pose la mesure des effets de la psychothérapie, on consultera Lambert, Christensen et De Julio (Eds): The assessment of psychotherapy outcome, 1983.

[39] Mintz (1981) était déjà arrivé à une conclusion semblable après avoir réexaminé les données fournies par la méthode de Malan: «Dans les limites des données disponibles pour cette étude, il n'était pas possible de démontrer que la composante dynamique de l'évaluation selon la méthode de Tavistock ajoutait quelque chose de significatif à la compréhension de l'effet du traitement ou de sa relation au processus thérapeutique» (p. 506). Cette question importante a depuis lors reçu des réponses plus satisfaisantes dans les travaux de Luborsky (1977; 1984) sur le Core Conflictual Relationship Theme.

[40] Le but de ce NIMH Treatment of Depression Collaborative Research Program est également une meilleure connaissance de l'efficacité de différentes formes de psychothé-

rapie entreprises dans des populations de patients différentes, ainsi que l'étude des processus et mécanismes intervenant dans la production des effets obtenus. Le progrès réalisé qui lui permet d'échapper à des critiques comme celles que Bandura a adressées à l'étude de Sloane et al. consiste dans une amélioration de la définition, de la précision et du contrôle des variables cliniquement importantes. On a ainsi défini soigneusement :
a) les patients sélectionnés (entre autres par le Schedule for Affective Disorders and Schizophrenia, les Research Diagnostic Criteria) ;
b) les psychothérapies et les traitements de contrôle (la thérapie comportementale cognitive de Beck ; la thérapie interpersonnelle de Klerman et al. ; un traitement à l'imipramine + prise en charge clinique ; un traitement placebo dans le contexte de la prise en charge clinique), chaque traitement étant défini par un manuel, son application faisant l'objet d'une formation spéciale et d'une évaluation, ce qui permet de s'assurer qu'il est effectivement réalisé de la façon voulue ;
c) les critères et les instruments d'évaluation (les domaines dans lesquels les changements thérapeutiques ont été évalués sont : 1° la symptomatologie dépressive, 2° la symptomatologie et le fonctionnement psychique généraux, 3° des aspects du fonctionnement reliés aux traitements spécifiques, les instruments nombreux comprenant, entre autres, les échelles de Beck et de Hamilton, les Research Diagnostic Criteria, le Barett-Lennard Relationship Inventory, et le Life Events Inventory, etc.).
Les séances thérapeutiques ont été enregistrées sur audio et video (ce qui permet non seulement un meilleur contrôle du traitement effectivement appliqué, mais fournit également un matériel important pour l'analyse des processus thérapeutiques), et les effets des traitements qui duraient 16 semaines, ont été évalués après 4, 8, 12 et 16 semaines, ainsi qu'au cours d'un follow-up à 6, 12 et 18 mois (par le patient, le thérapeute, un évaluateur clinique indépendant, et une personne significative dans la vie du patient).
Un choix de patients (souffrant de dépression majeure) dans trois sites de recherche différents offre un nombre de sujets suffisant pour assurer le traitement statistique nécessaire et permet d'étudier la question de la généralisation des résultats. Sur chaque site de recherche, 80 patients ont été assignés au hasard aux quatre conditions de traitement, ce qui donne au total 60 patients par condition de traitement.
Grâce à ces améliorations, les données et résultats de cette recherche seront d'importance pour le domaine de la psychothérapie.

[41] Notons que Grawe a pu trouver 3.500 recherches sur les effets thérapeutiques dont 457 ont fait l'objet d'une analyse détaillée selon un système d'analyse (Siegfried et Grawe, 1985) plus différencié et plus satisfaisant que ceux appliqués par Luborsky et al. (1975) et Smith et al. (1980).

[42] Concernant le problème des effets négatifs de la thérapie, de la détérioration thérapeutique, peu étudié jusqu'il y a peu, on se rapportera à Bergin et Lambert (1978) et Smith, Glass et Miller (1980). Les échecs thérapeutiques, un autre problème peu traité, viennent de faire l'objet d'un livre intéressant de Foa et Emmelkamp (Eds), 1983.

[43] YAVIS patient, c'est-à-dire youthful, attractive, verbal, intelligent, successful ; HOUND signifiant : homely, old, unsuccessful, nonverbal, dull.

[44] Ce qui surprend moins, c'est de voir ces auteurs conclure leur récente revue en pointant l'importance de l'engagement et de l'ouverture du patient.

[45] La relation plus précise entre la durée de la thérapie et ses effets a été explorée récemment par Howard et al. dans The dose - response relationship in psychotherapy, American Psychologist, sous presse. En analysant les données provenant de 2.431 patients et d'une période de recherche de plus de trente ans, les auteurs établissent une courbe «dosage-effet» et trouvent que 15 % des patients éprouvent une amélioration mesurable avant la première séance, 50 % montrent une amélioration à la huitième séance et 75 % après 26 semaines. Les analyses montraient aussi des réponses différentielles selon les groupes diagnostiques et les critères d'effet. Les implications très impor-

tantes de ces résultats, tant pour la pratique thérapeutique que pour la recherche, sont alors discutées par les auteurs.

[46] Notons cependant que des travaux plus récents (Grawe, Wittman, communicatiion personnelle) montrent que les recherches de qualité méthodologique meilleure donnent des résultats plus différenciés et des valeurs d'effet plus grandes.

[47] Mais il vaut la peine de retenir deux remarques concernant l'originalité de la psychologie clinique. Roe et al. (1959, p. 38) disent à ce sujet: «C'est dans le domaine de la recherche et de l'évaluation que se trouve probablement la plus grande et la plus remarquable occasion de la psychologie pour contribuer à la santé mentale. En améliorant la base scientifique des programmes de santé mentale et en participant à l'évaluation des résultats de l'ample assortiment de services et d'activités de santé mentale, la psychologie, avec d'autres disciplines, peut non seulement rendre le plus large service en santé publique en plaçant et aiguisant les outils de la santé mentale, mais fournir aux administrateurs, législateurs et au public les informations dont ils ont besoin pour mettre en œuvre le développement de programmes».
Concernant la recherche, le rapport dit encore: «Il a cependant été convenu que la caractéristique déterminante du psychologue est sa formation à la recherche. La conférence approuva la définition large de la recherche incluant une continuité dans les méthodes de recherche allant de la vérification d'hypothèses la plus rigide à l'usage de moyens cliniques et naturalistes pour la formulation de généralisations communicables et testables. Elle approuva une expérience précoce et vaste dans la recherche pour tous les candidats au doctorat» (p. 88).

[48] Cet argument donné par Albee n'est pas resté sans objection. Edwards et al. (1979) avancent en effet des données montrant que les couches défavorisées utilisent effectivement des services de psychothérapie offerts par un centre public de santé mentale, qu'ils bénéficient de psychothérapies individuelles et n'en reçoivent pas de moindre qualité. Mc Sweeney (1980) par contre objecte à Edwards et al. d'avoir étudié des centres financés par les fonds publics et d'avoir de ce fait manqué la question qui est de savoir si les couches défavorisées consultent des thérapeutes installés en cabinet privé, à savoir les thérapeutes qui seraient justement ceux que rembourserait une assurance maladie nationale.

[49] A ce sujet, Duruz (1985b) note encore: «Le témoignage, il y a quelques années de cinq psychiatres des cantons de Bâle-Ville et de Bâle-Campagne, où existe déjà une réglementation pour l'exercice à titre autonome de la psychothérapie par les non-médecins, mérite d'être rapporté: 'Dans les deux cantons, aucun cas ne nous est connu où le détenteur d'une autorisation de pratique aurait manqué de faire appel au médecin'».

[50] Ce qui laisserait entendre qu'une formation sérieuse et la communication en matière de diagnostic, d'indication et de justification rationnelle du choix d'une forme de psychothérapie pourrait à nouveau intéresser ceux parmi les psychologues à qui l'attention portée à l'aspect «science humaine» avait quelque peu fait oublier l'intérêt de cet autre aspect des choses.

Bibliographie

ARBOUSSE-BASTIDE, P. & REVAULT d'ALLONNES, C., Entretien avec Madame Favez-Boutonier, Bulletin de Psychologie, Psychologie Clinique, 2, 1975-1976, 29, 403-415.
ADLER, P.T., Will the Ph. D. be the death of professional psychology? Professional Psychology, 1972, 3, 69-72.
ALBEE, G.W., Problems in living are not sickness: Psychotherapy should not be covered under national health insurance. Clinical Psychologist, Spring, 1977a, 30 (3), 3-6.
ALBEE, G.W., Does including psychotherapy in health insurance represent a subsidy to the rich from the poor? American Psychologist, 1977b, 32, 719-721.
ALEXANDER, F., Five-year report of the Chicago Institute for Psychoanalysis, 1932-1937.
ALEXANDER, J.F., BARTON, C., SCHIAVO, R.S. & PARSONS, B.V., Systems-behavioral intervention with families of delinquants: Therapist characteristics, family behavior and outcome. Journal of Consulting and Clinical Psychology, 1976, 44, 656-664.
ALLEN, M.G. Twin studies of affective illness. Archives of General Psychiatry, 1976, 33, 1476-1478.
ALLPORT, G.W., Personality. A psychological interpretation. New York: Holt, 1948.
American Psychiatric Association, Position statement on psychiatrist's relationships with nonmedical mental health professionals. American Journal of Psychiatry, 1973, 130, 386-390.
American Psychiatric Association, Committee on public information. A psychiatric glossary. New York: Basic Books, 1975.
American Psychiatric Association, Commission on psychotherapies. Psychotherapy research: Methodological and efficacy issues. Washington DC, 1982.
American Psychological Association, Committee on relations with psychiatry. 1958 Annual report. American Psychologist, 1958, 13, 761-763.
American Psychological Association, Psychology as a health care profession. Washington DC: Author, 1979.
American Psychological Association, Ethical principles of psychologists. American Psychologist, 1981, 36, 633-638.

ANCHIN, J.C. & KIESLER, D.J. (Eds), Handbook of interpersonal psychotherapy, New York: Pergamon, 1982.
APPELBAUM, S.A., The anatomy of change. New York: Plenum, 1977.
ASCH, S.E., Social Psychology. Englewood Cliffs, N.J.: Prentice Hall, 1952.
BANDURA, A., Behavior theories and models of man. American Psychologist, 1974, 29, 859-869.
BANDURA, A., Self efficacy: Toward a uniflying theory of behavioral change. Psychological Review, 1977, 84, 191-225.
BANDURA, A., On paradigms and recycled ideologies. Cognitive Therapy and Research, 1978, 2, 79-103.
BARLOW, D.H., HAYES, S.C. & NELSON, R.O., The scientist practitioner. New York: Pergamon, 1984.
BARTLETT, C.J. & GREEN, G.G., Clinical prediction: Does one know sometimes too much? Journal of Counseling Psychology, 1966, 13, 267-270.
BASAGLIA, F., BASAGLIA-ONGARO, F. & GIANICHEDDA, M., Gesundheit, Krankheit und Gesellschaft: Die Mehrdeutigkeit des Gesundheitskonzepts in der Industrialisierten Gesellschaft. In H. Keupp (Ed.), Normalität und Abweichung, Fortsetzung einer notwendigen Kontroverse, München: Urban und Schwarzenberg, 1979, 317-335.
BASTINE, R., Psychotherapie. In R. Bastine et al. (Eds), 1982, 311-317.
BASTINE, R., Klinische Psychologie. Vol. 1. Stuttgart: Kohlhammer, 1984.
BASTINE, R., FIEDLER, P.A., GRAWE, K., SCHMIDTCHEN, S. & SOMMER, G. (Eds), Grundbegriffe der Psychotherapie. Weinheim: Edition Psychologie, 1982.
BAUMANN, U. (Ed.), Indikation zur Psychotherapie: Perspektiven für Praxis und Forschung, München: Urban & Schwarzenberg, 1981.
BAUMANN, U., BERBALK, H. & SEIDENSTÜCKER, G. (Eds), Klinische Psychologie, 6 Vols. Bern: Huber, 1978, 1979, 1980, 1981, 1982, 1984.
BECK, A.T., Depression Inventory, Philadelphia: Center for Cognitive Therapy, 1978.
BECK, A.T., RUSH, A.J., SHAW, B.F. & EMERY, G., Cognitive therapy of depression. New York: Guilford Press, 1979.
BECK, A.T., WARD, C.H., MENDELSON, M., MOCK, J.E. & ERGAUGH, J.K., Reliability of psychiatric diagnosis: A study of consistency of clinical judgments and ratings. American Journal of Psychiatry, 1962, 119, 351-357.
BECKMANN, D., Der Analytiker und sein Patient. Bern: Huber, 1974.
BECKMANN, D. & RICHTER, H.E., Selbstkontrolle einer klinische Psychoanalytiker-Gruppe durch ein Forschungsprogramm. Zeitschrift für Psychotherapie und medizinische Psychologie, 1968, 18, 6, 201-208.
BENEDEK, L., BRUSSET, B., JOUVENT, R. & WIDLOCHER, D., The evolution of psychotherapist's treatment goals during psycho-analytical psychotherapy. In W.-R. Minsel & W. Herff, 1983, vol. 2, 6-14.
BENJAMIN, L.S., Use of structural analysis of social behavior (SASB) to guide intervention in psychotherapy. In J.C. Anchin & D.J. Kiesler (Eds), 1982, 190-212.
BENJAMIN, L.S., Use of structural analysis of social behavior (SASB) to define and measure confrontation in psychotherapy. Paper presented at the 2nd European Conference on Psychotherapy Research, Louvain-la-Neuve, Sept. 1985. In W. Huber (Ed.), sous presse.
BENJAMIN, L.S., Interpersonal diagnosis and treatment: the SASB approach. New York: Guilford, en préparation.
BERGIN, A., The evaluation of therapeutic outcomes. In A. Bergin & S.L. Garfield (Eds), 1971.
BERGIN, A.E. & GARFIELD, S.L. (Eds), Handbook of psychotherapy and behavior change: An empirical analysis, New York: Wiley, 1971.

BERGIN, A. & LAMBERT, M., The evaluation of therapeutic outcomes. In S.L. Garfield & A. Bergin (Eds), 1978².
BERGIN, A. & STRUPP, H.H., Changing frontiers in the science of psychotherapy. Chicago: Aldine, 1972.
BEUTLER, L.E., Eclectic psychotherapy. A systematic approach. New York: Pergamon Press, 1983.
BEUTLER, L.E., CRAGO, M. & ARIZMENDI, T.G., Research on therapist variables in psychotherapy. In S.L. Garfield & A.E. Bergin (Eds), 1986³, sous presse.
BIRBAUMER, N., Psychosomatische Störungen. In W. Wittling (Ed.), 1980, vol. 5, 139-176.
BLACKBURN, I.M., The relative merits of psychotherapy and pharmacotherapy in severe depression: A comparative study. Paper presented at the 2nd European Conference on Psychotherapy Research, Louvain-la-Neuve, Sept. 1985. In W. Huber (Ed.), sous presse.
BLANCHARD, E.B. & ANDRASIK, F., Psychological assessment and treatment of headache: Recent developments and emerging issues. Journal of Consulting and Clinical Psychology, 1982, 50, 859-879.
BLASER, A., Der Urteilsprozess bei der Indikationsstellung zur Psychotherapie. Bern: Huber, 1977.
BLASER, A., Worauf achtet der Psychotherapeut bei seinem prospektiven Patienten im Erstinterview? Schweizerische Zeitschrift für Psychologie und ihre Anwendungen, 1982, 41, 4, 287-295.
BLASER, A., Diagnose und Indikation in der Psychotherapie. Zeitschrift für Klinische Psychologie. Psychopathologie und Psychotherapie, 1985, 33, 4, 294-304.
BLEULER, E., Das Autistisch-undisziplinierte Denken in der Medizin und seine Überwindung. Berlin: Springer, 1921, 1966⁵.
BOBON, D.P. (Ed.), Le système AMDP, Manuel de documentation et de quantification de la psychopathologie. Liège: Mardaga, 1982².
BOBON, D.P., Contribution de l'échelle AMDP à la psychopathologie quantitative. Thèse d'agrégation de l'Enseignement Supérieur. Acta Psychiatrica Belgica, 1985, LXXXV, 1-249.
BOBON, D.P., MORMONT, C. & MIREL, J., Un entretien psychopathologique semi-structuré adapté à l'échelle AMDP-3 et à l'évaluation en temps aveugle. Acta Psychiatrica Belgica, 1978, 78, 606-618.
BOLZ, W. & MEYER, A.E., The Hamburg short psychotherapy comparison experiment: I. The general setting. Psychotherapy and Psychosomatics, 1981, 35, 85-95.
BONHOEFFER, K., Die Psychosen im Gefolge von akuten Infektionen, Allgemeinerkrankungen und inneren Erkrankungen. In G. Aschaffenburg (Ed.), Handbuch der Psychiatrie, vol. III/l. Leipzig-Wien: Deutike, 1912.
BOUTINET, J.P., (sous la direction de), Du discours à l'action. Les sciences sociales S'interrogent sur elles-mêmes. Paris: L'Harmattan, 1985.
BORGER, R. & CIOFFI, F. (Eds), Explanation in the behavioural sciences. Cambridge: University Press, 1970.
BORNSTEIN, P.H. & WOLLERSHEIM, J.P., Scientist-practitioner activities among psychologists of behavioral and non-behavioral orientations. Professional Psychologist, 1978, 9, 659-664.
BOWLBY, J., The influence of early environment in the development of neurosis and neurotic character. International Journal of Psychoanalysis and Psychotherapy, 1940, 21, 154-178.
BROWN, G.W., Meaning, measurement, and stress of life events. In B.S. Dohrenwend & B.P. Dohrenwend (Eds), Stressfull life events: Their nature and effects. New York: Wiley, 1974.

BROWN, G.W., BHROLCHAIN, M. & HARRIS, T., Social class and psychiatric disturbance in urban population. Sociology, 1975, 9, 225-254.
BROWN, G.W. & HARRIS, T., The social origins of depression: A study of psychiatric disorders in women. London: Tavistock, 1978.
BUDDE, H.G., Rehabilitation. In U. Baumann et al. (Eds), 1982, Vol. 5, 228-267.
BÜHRINGER, G., Planung, Steuerung und Bewertung von Therapieeinrichtung für junge Drogen- und Alkoholabhängige. München : Gerhard Röttger Verlag, 1981.
BÜHRINGER, G. & HAHLWEG, K., Kosten-Nutzen Aspekte Psychologischer Behandlung, sous presse.
BUNGE, M., Scientific research. Vol. 1/11. Berlin: Springer, 1967.
BUNGE, M., The philosophical richness of technology. In F. Suppe & P.D. Asquith (Eds), PSA, 1976, Vol. 2. East Lansing: Philosophy of Science Association, 1977, 153-172.
BUROS, O.K. (Ed.), The eighth mental measurements yearbook (Volumes 1 & 2). Lincoln: University of Nebraska Press, 1978.
BURZIG, G., SPEIDEL, H., BOLZ, W. & MEYER, A.E., The Hamburg short psychotherapy comparison experiment: IV. Our pluridimensional evaluation system for short psychotherapy outcome. Psychotherapy and Psychosomatics, 1981, 35, 134-137.
BUYTENDIJK, F.J.J., Prolegomena einer Antropologischen Physiologie. Salzburg: Otto Müller, 1967.
CANGUILHEM, G., Le normal et le pathologique. Paris: P.U.F., 1966.
CANTOR, N., FRENCH, R., SMITH, E.E. & MEZZICH, J., Psychiatric diagnosis as prototype categorization. Journal of Abnormal Psychology, 1980, 89, 181-193.
CAPLAN, G., Principles of preventive psychiatry. New York: Basic Books, 1964.
CAPLAN, G. & GRUNEBAUM, H., Perspektiven primärer Prävention. In G. Sommer & H. Ernst (Eds), Gemeindepsychologie. Therapie und Prävention in der sozialen Umwelt. München: Urban & Schwarzenberg, 1977, 51-69.
CASTEL, F., CASTEL, R. & LOVELL, A., La société psychiatrique avancée. Le modèle américain. Paris: Grasset, 1979.
CASTEL, R., Le psychanalisme. Paris: Maspero, 1973.
CASTEL, R., L'âge d'or de l'aliénisme. Paris: Ed. de Minuit, 1976.
CASTEL, R., La gestion des risques. De l'anti-psychiatrie à l'après psychanalyse. Paris: Ed. de Minuit, 1981.
CATTEL, R.B., EBER, H.W. & TATSUOKA, M.M., Handbook for the sixteen personality factor questionnaire. Champaign, Ill.: Institute for Personality and Ability Testing, 1970.
CHRISTIANSEN, B. (Ed.), Does psychotherapy returns its costs? Norwegian Research Council for the Science and Humanities, Report n" 2, Oslo, 1981.
CLARK, D.M. & SALKOVSKIS, P.M., A cognitive-behavioral treatment for panic attacks. Paper presented at the 2nd European Conference on Psychotherapy Research, Louvain-la-Neuve, Sept. 1985. In W. Huber (Ed.), sous presse.
C.N.R.S., Colloque international n" 198: Modèles animaux du comportement humain. Paris: C.N.R.S., 1972.
COHEN, B.D., NACHMANI, G. & ROSENBERG, S., Referent communication disturbances in acute schizophrenia. Journal of Abnormal Psychology, 1974, 83, 1-4.
COHEN, R. & PLAUM, E., Schizophrenie. In U. Baumann and al. (Eds), 1981, Vol. 4, 260-286.
COOPER, C.L., Job distress: Recent research and the emerging role of the clinical occupational psychologist. Bulletin of the British Psychological Society, 1986, 39, 325-331.
CORSINI, R. (Ed.), Current psychotherapies. Itasca, Ill.: Peacock Publishers, 1973.

COSYNS, P. & VLAEYEN, J., La douleur chronique rebelle. In O. Fontaine, J. Cottraux & R. Ladouceur, Cliniques de thérapie comportementale. Bruxelles: Mardaga, 1984, 371-383.

COTTRAUX, J., BOUVARD, M. & LEGERON, P., Méthodes et échelles d'évaluation des comportements. Issy-les-Moulineaux: Editions EAP, 1985.

CRONBACH, L.J. & GLESER, G.C., Psychological tests and personal decisions. Urbana: University of Illinois Press, 1965.

CULLITON, B.L., Health care economics: The high cost of getting well. In Ph. Abelson (Ed.), Health care: Regulation, Economics, Ethics, Practice. Washington DC: American Association for the Advancement of Science, 1978.

DAUWALDER, H.P., Benefits and costs in community care: Goal-attainment-scaling in a prospective study. Paper presented at the 2nd European Conference on Psychotherapy Research, Louvain-la-Neuve, Sept. 1985. In W. Huber (Ed.), sous presse.

De COSSE, J.J., DONEGAN, W.L., SEDRANSK, N. & CLAUDON, D.B., Operative procedures: Is standardization feasible or necessary? Cancer Treatment Reports, 1980, 64 (2-3), 419-423.

DEFARES, P.B., VAN STRIEN, T. & FRIJTERS, J.E.R., The effects of negative life events and emotional eating on change in body mass. Paper presented at the 2nd European Conference on Psychotherapy Research, Louvain-la-Neuve, Sept. 1985. In W. Huber (Ed.), sous presse.

DELAY, J. & PICHOT, P., Abrégé de psychologie. Paris: Masson, 1967.

DENKER,, P., Results of treatment of psychoneuroses by the general practitioner. A follow-up study of 500 cases. New York State Journal Med., 1946, 46, 2164-2166.

DERNER, G.F., Psychology - A health profession or a settled issue, so why the question. Clinical Psychologist, Spring, 1977, 30 (3), 3-4.

DE WITT, K.N., KALTREIDER, N.B., WEISS, D.S. & HOROWITZ, M.J., Judging change in psychotherapy: Reliability of clinical formulations. Archives of General Psychiatry, 1983, 40, 1121-1128.

DI LORETO, A.O., Comparative psychotherapy. Chicago: Aldine, 1971.

DOCHERTY, J.P., Implications of the technological model of psychotherapy. In J.B.W. Williams & R.L. Spitzer (Eds), 1984, 139-147.

DOLLARD, J. & MILLER, N.E., Personality and psychotherapy. New York: Mc Graw-Hill, 1950.

DÖRKEN, H., The use, cost and delivery organization of mental health and psychological services in the United States. In B. Christiansen (Ed.), 1981, 100-128.

DÖRKEN, H. & WEBB, J.T., Licenced psychologists in health care: A survey of their practices. In C.A. Kiesler, N.A. Cummings & G.R. VandenBos (Eds), Psychology and national health insurance: A source book. Washington DC: American Psychological Association, 1979.

DUERHSSEN A. & JORSWIECK, E., Eine empirisch-statistische Untersuchung zur Leitungsfäligkeit psychoanalytischer Behandlung. Nervenartz, 1965, 36, 166-169.

DURLAK, J.A., Comparative effectiveness of paraprofessional helpers. Psychological Bulletin, 1979, 86, 80-92.

DURUZ, N., Narcisse en quête de soi. Bruxelles: Mardaga, 1985.

DURUZ, N., Pleins droits pour les psychothérapeutes? In «24 Heures», 25-26.5.1985b.

DURUZ, N., Victoire des «psy» au tribunal fédéral. Bulletin Suisse des Psychologues, 1986, Vol. 7, 217-218.

DUYCKAERTS, F., La notion de normal en psychologie clinique. Paris: Vrin, 1954.

EBBINGHAUS, H., Über das Gedächtnis. Leipzig: Duncker und Humblot, 1885.

EDWARDS, D.W., GREENE, L.R., ABRAMOWITZ, S.I. & DAVIDSON, C.V., National health insurance, psychotherapy, and the poor. American Psychologist, 1979, 34, 411-419.

EGBERT, L.D., BATTIT, G.E., WELCH, G.E. & BARTLETT, M.K., Reduction of postoperative pain by encouragement and instruction. New England Journal of Medicine, 1964, 270, 825-827.
EISDORFER, C., Intervention dans la discussion générale. In B.W. Williams & R.L. Spitzer (Eds), 1984.
EISENBERG, L., Psychiatry and society: A sociobiologic synthesis. New England Journal of Medicine, 1977, 296, 16, 903-910.
ELKIN, I., PARLOFF, M.B., HADLEY, S.W. & AUTRY, J.H., The NIMH treatment of depression collaborative research program: Background and research plan. Archives of General Psychiatry, 1985, 42, 305-316.
ELLENBERGER, H., The discovery of the unconscious. New York: Basic Books, 1970. Trad. A la découverte de l'inconscient. Histoire de la psychiatrie dynamique. Villeurbanne: Ed. Simep, 1974.
EMMELKAMP, P.M.G., Recents developments in the treatment of phobic and obsessive-compulsive disorders. Paper presented at the 2nd European Conference on Psychotherapy Research, Louvain-la-Neuve, Sept. 1985. In W. Huber (Ed.), sous presse.
ENGEL, G.L., The need for a new medical model: A challenge for biomedicine. Science, 1977, 196, 129-136.
ENGLISH, H.B. & ENGLISH, A.C., A comprehensive dictionary of psychoanalytic terms. New York: Mc Kay, 1958.
ERNST, C. & VON LUCKNER, N., Stellt die Frühkindheit die Weichen? Eine Kritik an der Lehre von der schicksalshaften Bedeutung erster Erlebnisse, Stuttgart: Enke, 1985.
ERNST, K., KIND, H. & ROTACH-FUCHS, Ergebnisse der Verlaufsforschung bei Neurosen. Berlin: Springer, 1968.
ERWIN, E., Psychoanalytic therapy: The Eysenck argument. American Psychologist, 1980, 35, 435-443.
ESCHBACH, E., Therapieeinrichtung zur Langzeit-therapie von Drogenabhängigen. Der VT-Sozialtherapeut, 6. München: IFT Institut für Therapieforschung, 1982, 14-24.
EY, H., Le concept de «Psychiatrie animale». In A. Brion & H. Ey (Eds), Psychiatrie animale. Paris: Desclée De Brouwer, 1964, 11-40.
EYSENCK, H.J., The effects of psychotherapy: An evaluation. Journal of Consulting Psychology, 1952, 16, 319-324.
EYSENCK, H.J., Uses and abuses of psychology. Harmondsworth: Penguin Books, 1953.
EYSENCK, H.J., Behaviour therapy and the neuroses. London: Pergamon, 1960.
EYSENCK, H.J., The effects of psychotherapy. In H.J. Eysenck (Ed.), Handbook of abnormal psychology. New York: Basis Books, 1961, 697-725.
EYSENCK, H.J., Klinische Psychologie. In D. Katz & R. Katz (Eds), Kleines Handbuch der Psychologie. Basel: Schwabe, 1972, 587-625.
EYSENCK, H.J., The learning theory model of neurosis - A new approach. Behavior Research and Therapy, 1976, 14, 251-267.
EYSENCK, H.J., Super factors P. E and N in a comprehensive factor space. Multivariate Behavioral Research, 1978, 13, 475-481.
EYSENCK, H.J., An exercice in mega-silliness. American Psychologist, 1978, 33, 517.
EYSENCK, H.J., A model for personality. New York: Springer, 1981.
EYSENCK, H.J., WAKEFIELD, J.DA. & FRIEDMAN, A.F., Diagnosis and clinical assessment: The DSM-III. Annual Review of Psychology, 1983, 34, 167-193.
EYSENCK, H.J. & WILSON, G.C., The experimental study of freudian theories. London: Methuen, 1973.

FAIRWEATHER, G., SANDERS, D., TORNATSKY, L. & HARRIS, R., Creating changes in mental health organizations, New York: Pergamon, 1974.
FALLOON, I.R.H., Mc GILL, C.W. & BOYD, J.L., Family care of schizophrenia. New York: Guilford, 1984.
FARBER, S.L., Identical twins reared apart - A reanalysis. New York: Basic Books, 1981.
FAVEZ-BOUTONIER, J., La psychologie clinique. Objet, méthode, problèmes, I-II C.D.U., Paris, 1959.
FAVEZ-BOUTONIER, J., Avant-propos. Bulletin de Psychologie, Psychologie Clinique, numéro spécial, 1968, 21, 889-891.
FEATHER, B.W. & RHOADS, J.M., Psychodynamic behavior therapy: Therapy and rationale. Archives of General Psychiatry, 1972a, 26, 486-502.
FEATHER, B.W. & RHOADS, J.M., Psychodynamic behavior therapy: 2. Clinical aspects. Archives of General Psychiatry, 1972b, 26, 503-511.
FENICHEL, O., Zehn Jahre Berliner Psychoanalytisches Institut. Wien: Int. Psychoanalyt. Verlag, 1920-1930.
FERSTL, R., HEINRICH, G., RICHTER, M. BÜRHINGER, G. & BRENGELMANN, J.C., Die Beeinflussung des Übergewichts, IFT Berichte vol. 6. München: IFT Institut für Therapieforschung, 1977.
FEUERSTEIN, M., LABBE, E.E. & KUCZMIERCZYK, A.R., Health psychology. A psycho biological perspective. New York: Plenum, 1986.
FICHTER, M.M. & WITTCHEN, H.U., Clinical psychology and psychotherapy: A survey of the present state of professionalization in 23 countries. American Psychologist, 1980, 35, 16-25.
FIEDLER, F.E., A comparaison of the therapeutic relationships in psychoanalytic, non directivce and Adlerian therapy. Journal of Consulting Psychology, 1950, 14, 436-445.
FILIPP, S.-H. (Ed.), Kritische Lebensereignisse. München: Urban & Schwarzenberg, 1981.
FIRTH, J., Personal meanings of occupational stress: Cases from the clinic. Journal of Occupational Psychology, 1985, 58, 139-148.
FIRTH, J., SHAPIRO, D.A. & PARRY, G., The impact of research on the practice of psychotherapy. British Journal of Psychotherapy, 1986, 2 (3), 169-179.
FISCH, H.U., GILLIS, J. & DAGUET, R., A cross national study of drug treatment decisions in psychiatry, Medical Decision Making, 1982, 2, 167-177.
FISCH, H.U., HAMMOND, K.R., JOYCE, C. & O'REILLY, M., An experimental study of the clinical judgment of general physicians in evaluating and prescribing for depression. British Journal of Psychiatry, 1981, 138, 100-109.
FISCH, R. & MINKMAR, H., Die künftige Entwicklung des Berufsmarktes für Diplom-Psychologen. Psychologische Rundschau, 1983, 34, 109-124.
FISCHER, L.D. & KENNEDY, J.W., Randomized surgical clinical trials for treatment of coronary artery disease. Controlled Clinical Trials, 1982, 3, 235-258.
FISKE, D.W., Methodological issues in research on the psychotherapist. In A.S. Gurman & A.M. Razin (Eds), 1977.
FISKE, D.W., The meta-analytic revolution in outcome research. Journal of Consulting and Clinical Psychology, 1983, 51, 65-70.
FISKE, D.W., HUNT, H.F., LUBORSKY, L., ORNE, M.T., PARLOFF, M.B., REYSER, M.F. & TUMA, A., Planning of research on effectiveness of psychotherapy. Archives of General Psychiatry, 1970, 22, 22-32.
FOA, E.B. & EMMELKAMP, P.M.G. (Eds), Failures in behavior therapy. New York: Wiley, 1983.
FODOR, J.A., Psychological explanation: An introduction to the philosophy of psychology. New York: Random House, 1968. Trad. fr.: Paris: Seghers, 1972.

FOLLETTE, W.T. & CUMMINGS, N.A., Psychiatric services and medical utilization in a prepaid health plan setting. Medical Care, 1967, 5, 25-35.
FORD, J.D., Therapeutic relationship in behavior therapy: An empirical analysis, Journal of Consulting and Clinical Psychology, 1978, 46, 1302-1314.
FRANK, J.D., Persuasion and healing: A comparative study of psychotherapy. Baltimore: Johns Hopkins University Press, 1961.
FREUD, S. (1905), Über Psychotherapie. G.W. V, London: Imago, 1942.
FREUD, S. (1913), Zur Einleitung der Behandlung. G.W. VIII, London: Imago, 1943.
FREUD, S. (1918), Aus der Geschichte einer infantilen Neurose, G.W. XII, London: Imago, 1947.
FREUD, S. (1926), Die Frage der Laieanalyse, G.W. XIV, London: Imago, 1948.
GABEL, H., DENEKE, F., MEYER, A.E., BOLZ, W. & STUHR, U., The Hamburg short psychotherapy comparison experiment: III. Our focus formulations: practicability for therapy; content analyses and relation to outcome and other variables. Psychotherapy and Psychosomatics, 1981, 35, 110-133.
GAEBEL, W. & LINDEN, M., Kombination von Pharmakotherapie und Psychotherapie in der Behandlung depressiver Störungen. In U. Baumann et al. (Eds), 1984, Vol. 6, 186-210.
GAGEY, J., Sur la spécificité et le champ de la psychologie clinique. Bulletin de Psychologie, 1972-1973, 26, 922-924.
GARFIELD, S.L., Abnormal behavior and mental deficiency. In N.R. Ellis (Ed.), Handbook of mental deficiency. New York: Mc Graw-Hill, 1963.
GARFIELD, S.L., Clinical psychology and the search for identity. American Psychologist, 1966, 21, 353-362.
GARFIELD, S.L., Clinical psychology: The study of personality and behavior. Chicago: Aldine, 1974.
GARFIELD, S.L., Research on client variables in psychotherapy. In S.L. Garfield & A.E. Bergin (Eds), 1978[2], 191-232.
GARFIELD, S.L., Psychotherapy: An eclectic approach. New York: Wiley-Inter Science, 1980.
GARFIELD, S.L., Psychotherapy: A 40-year appraisal. American Psychologist, 1981, 36, 2, 174-183.
GARFIELD, S.L. & BERGIN, A.E. (Eds), Handbook of psychotherapy and behavior change. New York: Wiley, 1978[2], 1986[3] (sous presse).
GARFIELD, S.L. & KURTZ, M., Evaluation of treatment and related procedures in 1216 cases referred to a mental hygiene clinic. Psychiatric Quarterly, 1952, 26, 414-424.
GARFIELD, S.L. & KURTZ, M., Clinical psychologists in the 1970s. American Psychologist, 1976, 31, 1-9.
GAUDRIAULT, P., Quelle identité pour les psychologues? In P. Tap, Identités collectives et changements sociaux. Toulouse: Privat, 1980, 299-301.
GELDER, M.G., BANCROFT, J.H., GATH, D.H., JOHNSTON, D.W., MATHEWS, A.M. & SHAW, P.M., Specific and non-specific factors in behavior therapy. British Journal of Psychiatry, 1973, 123, 445-462.
GERIN, P., L'évaluation des psychothérapies. Paris: P.U.F., 1984.
GERIN, P. & VIGNAT, J.-P., L'identité du psychothérapeute. Paris: P.U.F., 1984.
GINSBERG, G. & MARKS, I., Costs and benefits of behavioural psychotherapy: A pilot study of neurotics treated by nursetherapists. Psychological Medicine, 1977, 7, 685-700.
GIURGEA, C., L'héritage de Pavlov. Bruxelles: Mardaga, 1986.
GLASS, G.V. & KLIEGEL, R.M., An apology for research integration in the study of psychotherapy. Journal of Consulting and Clinical Psychology, 1983, 51, 28-41.

GLASS, G.V. & SMITH, M.L., Reply to Eysenck. American Psychologist, 1978, 33, 517-519.
GLOVER, E., The technique of psychoanalysis. London: Baillière, Tindall and Cox, 1955. Trad. fr. Paris: P.U.F. 1958.
GOLDBERG, L.R., Diagnosticians vs., diagnostic signs: The diagnosis of psychosis vs., neurosis from the MMPI. Psychological Monographs: General and Applied, 1965, 602, 79, 9, 1-28.
GOLDBERG, L.R., Simple models or simple processes? Some research on clinical judgments. American Psychologist, 1968, 23, 483-496.
GOLDBERG, L.R., Seer over sign: The first good example? Journal of Experimental Research in Personality, 1968, 3, 168-171.
GOLDBERG, P.A., A review of sentence completion methods in personality assessment. Journal of Projective Techniques and Personality Assessment, 1965, 29, 12-45.
GOLDENBERG, H., Abnormal psychology: A social/community approach. Monterrey, Ca.: Brooks/Cole, 1977.
GOLDFARB, W., The effects of early institutional care on adolescent personality. Journal of Experimental Education, 1943a, 12, 106-129.
GOLDFARB, W., Infant rearing and problem behavior. American Journal of Orthopsychiatry, 1943b, 13, 249-265.
GOLDFRIED, M.R. (Ed.), Converging themes in psychotherapy. Trends in psychodynamic, humanistic and behavioral practice. New York: Springer, 1982.
GOLDFRIED, M.R., The challenge of psychotherapy integration. Paper presented at the 2nd European Conference on Psychotherapy Research, Louvain-la-Neuve, Sept. 1985. In W. Huber (Ed.), sous presse.
GOLDFRIED, M.R. & D'ZURILLA, T.J., A behavior analytic model for assessing competence. In C.D. Spielberger (Ed.), Current topics in clinical and community psychology. New York: Academic Press, 1969, 151-196.
GOLDFRIED, M.R. & KENT, R.N., Traditional vs. behavioral personality assessment: A comparison of methodological and theoretical assumption. Psychological Bulletin, 1972, 77, 409-420.
GOLDSTEIN, M.J., RODNICK, E.H., EVANS, J.R., MAY, P.R.A. & STEINBERG, M.R., Drug and family therapy in the aftercare of acute schizophrenics, Archives of General Psychiatry, 1978, 35, 1169-1177.
GOTTESMAN, I.I. & SHIELDS, J., Schizophrenia and genetics: A twin study vantage point. New York: Academic Press, 1972.
GOUGH, H.G., California psychological inventory manual. Palo Alto, Ca.: Consulting Psychologist Press, 1957.
GOUGH, H.G., Clinical vs. statistical prediction in psychology. In L. Postman (Ed.), Psychology in the making. New York: Knopf, 1962, 526-584.
GRAUMANN, C.F., Eigenschaften als Problem der Persönlichkeits-Forschung. In P. Lersch & H. Thomae (Eds), Handbuch der Psychologie. Vol. 4: Persönlichkeitsforschung und Persönlichkeitstheorie. Göttingen: Hogrefe, 1960, 87-154.
GRAWE, K., Differentielle Psychotherapie I. Indikation und spezifische Wirkung von Verhaltenstherapie und Gesprächspsychotherapie. Eine Untersuchung an phobischen Patienten. Bern: Huber, 1976.
GRAWE, K. Überlegungen zu möglichen Strategien der Indikationsforschung. In U. Baumann (Ed.), 1981, 121-236.
GRAWE, K., Soll psychotherapeutische Praxis für die Wissenschaft tabu bleiben? Psychologische Rundschau, 1982, 33, 127-135.
GRECO, P., Article «Psychologie». In Encyclopaedia Universalis, Vol. 13, 757-765. Paris: Encyclopaedia Universalis France, 1978.

GREENBERG, L.S. & DOMPIERRE, L., The specific effects of Gestalt two-chair dialogue on intrapsychic conflict in counseling. Journal of Counseling Psychology, 1981, 28, 288-296.
GREENSON, R., A critique of Kernberg's «Summary and conclusions». International Journal of Psychiatry, 1973, 11, 90-94.
GROEBEN, N. & WESTMEYER, H., Kriterien psychologischer Forschung. München: Juventa, 1975.
GROSBOIS, P., De l'identité du psychologue à l'identité du psychothérapeute. Cahiers de l'ANREP, 1984, 1/2, 73-78.
GRÜNBAUM, A., The foundations of psychoanalysis. A philosophical critique. Berkeley: University of California Press, 1984.
GRÜNER, O. & TUREK, R., Betrachtungen zur Kostenbelastung der Gesellschaft für Suchtkranke. In W. Keupp (Ed.), Behandlung der Sucht und des Missbrauchs chemischer Stoffe; 4. Wissenschaftliches Symposium der DHS in Tutzing, 1980, Stuttgart: Georg Thieme, 1981, 220-231.
GUILFORD, J.P., Psychometric methods. 2^e Ed. New York: Mc Graw-Hill, 1954.
GURMAN, A.S. & RAZIN, A.M., Effective psychotherapy. A handbook of research. New York: Pergamon, 1977.
HABERMAS, J., Erkenntnis und Interesse. Frankfurt a. Main: Suhrkamp, 1968.
HAHLWEG, K., HELMES, B., STEFFEN, G., SCHINDLER, L., REVENSTORF, D. & KUNERT, H., Beobachtungssystem für partnerschaftliche Interaktion. Diagnostika, 1979, 25, 191-207.
HAHLWEG, K., REISNER, L., KOHLI, G., VOLLMER, M. & SCHINDLER, L., Development and validity of a new system to analyse interpersonal communication, 1981. In N. Jacobson & K. Hahlweg (Eds), 1983.
HAMILTON, M., A rating scale for depression. Journal of Neurology, Neurosurgery and Psychiatry, 1960, 23, 56-61.
HAMPEL, R. & SELG, H., FAF, Fragebogen zur Erfassung von Agressivitätsfaktoren. Göttingen: Hogrefe, 1975.
HATHAWAY, S.R. & Mc KINLEY, J.C., Minnesota Multiphasic Personality Inventory. Minneapolis: University of Minnesota, 1942.
HAVIK, O.E., Psychological intervention in physical illness. A review of outcome research concerning patient information and education. In B. Christiansen (Ed.), 1981, 170-206.
HEBB, D.O., Emotion in man an animal: an analysis of the intuitive processes of recognition. Psychological Review, 1946, 53.
HEIGL-EVERS, A. & SCHEPANK, H. (Ed.), Ursprünge seelisch bedingter Krankeiten. Vols I & II. Göttingen: Verlag für Medizinische Psychologie, 1980/1982.
HEINE, R.W. ((Ed.), The student physician as psychotherapist. Chicago: The University of Chicago Press, 1962.
HEINE, R.W. & TROSMAN, H., Initial expectations of the doctor-patient interaction as a factor in continuance in psychotherapy. Psychiatry, 1960, 23, 275-278.
HELLPACH, W., Klinische Psychologie. Stuttgart: Thieme, 1946.
HEMPEL, C.G. & OPPENHEIM, P., Studies in the logic of explanation. Philosophy of Science, 1948, 15, 135-175.
HERRMANN, T., Psychologie als Problem. Herausforderungen der psychologischen Wissenschaft. Stuttgart: Klett, 1979.
HERSEN, M. & BARLOW, D.H., Single case experimental designs: Strategies for studying behavior change. New York: Pergamon, 1976.
HESS, D., CIOMPI, L. & DAUWALDER, H.P., Nutzen- und Kosten- Evaluation eines sozialpsychiatrischen Dienstes. Nervenartz, 1985, 56.

HESS, H.F., Entry requirements for professional practice of psychology. American Psychologist, 1977, 365-368.
HESTON, L.L., Psychiatric disorders in foster home reared children of schizophrenic mothers. British Journal of Psychiatry, 1966, 112, 819-825.
HOCH, E.L., ROSS, A.O. & WINDER, C.L. (Eds), Professional preparation of clinical psychologists. Washington DC: American Psychological Association, 1966.
HOCKEL, M., Entwicklungsförderung und Erwachsenenbildung - eine Institution mit primärpräventiver Funktion: Der Gesundheitspark der Münchener Volkshochschule. In M. Hockel & F.J. Feldhege, 1981, Vol. 2, 1187-1210.
HOCKEL, M. & FELDHEGE, F.J. (Eds), Handbuch der angewanden Psychologie, 3 vols. München: Verlag Moderne Industrie, 1981.
HOGBEN, L., Nature and nurture. London: Allen and Unwin, 1939.
HOLLINGSHEAD, A.B. & REDLICH, F.C., Social class and mental illness: A community study. New York: Wiley, 1958.
HOLLON, S.D. & BECK, A.T., Psychotherapy and drug therapy: Comparisons and combinations. In S.L. Garfield & A.E. Bergin (Eds), 1978^2.
HOLMES, T.S. & HOLMES, T.H., Short-term intrusions into life style routine. Journal of Psychosomatic Research, 1970, 14, 121-132.
HOLMES, T.H. & RAHE, R.H., The social readjustment rating scale. Journal of Psychosomatics Research, 1967, 11, 213-218.
HOLT, R.R., Clinical and statistical prediction: A reformulation and some new data. Journal of Abnormal and Social Psychology, 1958, 56, 1-12.
HOLT, R.R., Clinical judgment as a disciplined enquiry. Journal of Nervous and Mental Disease, 1961, 133, 369-382.
HOLT, R.R., Yet another look at clinical and statistical prediction: Or, is clinical psychology worthwhile? American Psychologist, 1970, 5, 337-349.
HOLT, R.R., Clinical and statistical measurement and prediction: How not to survey its literature. JSAS Catalog of Selected Documents in Psychology, 1975, 5, 178, MS n° 837.
HOLT, R.R. & LUBORSKY, L., Personality patterns of psychiatrists. New York: Basis Books, 1958, vols. 1 & 2.
HOLZKAMP, K., Kritische Psychologie. Frankfurt: Fischer, 1972.
HOROWITZ, L.M., POST, D.L., FRENCH, R. de S., WALLIS, K.D. & SIEGELMAN, E.Y., The prototype as a construct in abnormal psychology: 2. Clarifying disagreement in psychiatric judgments. Journal of Abnormal Psychology, 1981, 90, 575-585.
HOROWITZ, L.M. & WITKUS, J., The interpersonal bases of psychiatric symptoms. Clinical Psychology Review, sous presse.
HOWARD, K.I., KOPTA, S.M., KRAUSE, M.S. & ORLINSKY, D.E., The dose-response relationship in psychotherapy. American Psychologist, sous presse.
HOWARD, K.I. & ORLINSKY, D.E., Psychotherapeutic processes. In P. Mussen & M.R. Rosenzweig (Eds), In Annual Review of Psychology (Vol. 23). Palo Alto, Ca.: Annual Reviews, 1972, 615-668.
HUBER, W., Psychanalyse et psychologie. In W. Huber, H. Piron & A. Vergote, La psychanalyse, science de l'homme. Bruxelles: Dessart, 1964, 257-294.
HUBER, W., Interprétation ou déconditionnement. Etude comparative des hypothèses formulées par la psychanalyse et la behaviour therapy sur les processus thérapeutiques dans le traitement des phobies. Thèse de doctorat. Université de Louvain, 1967.
HUBER, W., Introduction à la psychologie de la personnalité. Bruxelles: Dessart et Mardaga, 1977.

HUBER, W. (Ed.), Progress in psychotherapy research. Selected papers from the 2nd European Conference on Psychotherapy Research. Louvain-la-Neuve, Sept. 1985. Presses Universitaires de Louvain, sous presse.
HUTT, M.L. & MILTON, E.D., An analysis of duties performed by clinical psychologists in the army. American psychologist, 1947, 2, 52-56.
IMBER, S.D., GLANZ, L.M., ELKIN, I., SOTSKY, S.M., BOYER, J.L. & LEBER, W.R., Ethical issues in psychotherapy research; Problems in a collaborative clinical trials study. American Psychologist, 1986, 41, 137-146.
JACOB, F., Le jeu des possibles. Paris: Fayard, 1981.
JASPERS, K., Allgemeine Psychopathologie. Berlin und Heidelberg: Springer, 1948[5].
JERVIS, G., Der Mytos der Antipsychiatrie. In G. Jervis & F. Rella (Eds), Der Mythos der Antipsychiatrie. Berlin: Merve, 1978, 7-59.
JOHNSON, D.W. & MATROSS, R.P., Interpersonal influence in psychotherapy: A social psychological view. In A.S. Gurman & A.M. Razin (Eds), 1977, 395-432.
JONES, E., Decennial report of the London clinic of psychoanalysis. 1926-1936.
JÜTTEMANN, G. (Ed.), Psychologie in der Veränderung. Perspektiven für eine Gegenstandsangemessenere Forschungspraxis. Weinheim: Beltz, 1983.
JWK (Ed.), Benefit-cost analysis of alcoholism treatment centers, Vol. I: Executive summary. Contract N° ADM-281-75-0031. Washington: National Institute on Alcohol Abuse and Alcoholism, 1976.
KADUSHIN, C., Why people go to psychiatrists. New York: Atherton, 1969.
KAHLKE, W., GROMUS, B., KOCH, U. & WILKE, H., Kooperation von Internisten, Psychologen und Ernährungsberatern bei der Adipositätsbehandlung. Therapiewoche, 1978, 8144-8162.
KANFER, F.H. & SASLOW, G., Behavioral diagnosis. In C.M. Franks (Ed.), Behavior therapy: appraisal and status. New York: Mc Graw Hill, 1969, 417-444.
KARASU, T.B., Psychotherapy and pharmacotherapy: Towards an intergrative model. American Journal of Psychiatry, 1982, 139, 1102-1113.
KAZDIN, A.E. & WILSON, G.T., Evaluation of behavior therapy: Issues, evidence, and research strategies. Cambridge, Mass.: Ballinger Publishing Company, 1978.
KELLNER, R., The effects of psychotherapy. International Journal of Psychiatry, 1965, 1, 322-328.
KELLY, E.L., Clinical psychology - 1960. Report of survey findings. Newsletter: Division of Clinical Psychology of the American Psychological Association, 1961, 14 (1), 1-11.
KELLY, E.L. & GOLDBERG, L.R., Correlates of later performance and specialization in psychology: A follow-up study of the trainees assessed in the VA Selection Research project. Psychological Monographs, 1959, 73, 12 (whole n° 482).
KELLY, E.L. & GOLDBERG, L.R., FISKE, D.W. & KILKOWSKI, J.M., Twenty-five years later: A follow-up study of the graduate students in clinical psychology assessed in the VA Selection Research Project. American Psychologist, 1978, 33, 746-755.
KELLY, G.A., The psychology of personal constructs (2 vols). New York: Norton, 1955.
KELLY, G.A., A theory of personality. The psychology of personal constructs. New York: Norton, 1963.
KENDALL, P.C. & BUTCHER, J.N. (Eds), Handbook of research methods in clinical psychology. New York: Wiley, 1982.
KENDALL, P.C., WILLIAMS, L., PECHACEK, T.F., GRAHAM, L.E., SHISSLAK, C. & HERZOFF, N., Cognitive-behavioral and patient education interventions in cardiac catheterization procedures. Journal of Consulting and Clinical Psychology, 1979, 47, 49-58.

KENDELL, R.E., Die Diagnose in der Psychiatrie. Stuttgart: Enke, 1978. Titre orig.: The role of diagnosis in psychiatry. Oxford: Blackwell, 1975.
KERNBERG, O.F., Summary and conclusions of «Psychotherapy and psychoanalysis. Final report of the Menninger Foundation's Psychotherapy research project». International Journal of Psychiatry, 1973a, 11, 62-77.
KERNBERG, O.F., Author's reply. International Journal of Psychiatry, 1973b, 11, 95-103.
KERNBERG, O.F., BURNSTEIN, E.D., COYNE, L., APPELBAUM, A., HOROWITZ, L. & VOTH, H., Psychotherapy and psychoanalysis. Final report of the Menninger Foundation's Psychotherapy research project. Bulletin of the Menninger Clinic, 1972, 36, 1-275.
KESSEL, L. & HYMAN, H.T., The value of psycho-analysis as a therapetic procedure. Journal American Medical Association, 1933, 101, 1612.
KETY, S.S., ROSENTHAL, D., WENDER, P.H. & SCHULSINGER, F., The types and prevalance of mental illness in the biological and adoptive families of adopted schizophrenics. In D. Rosenthal & S.S. Kety (Eds), 1968, 345-362.
KEUPP, H., Modellvorstellungen von Verhaltensstörungen: «Medizinisches Modell» und mögliche Alternativen. In C. Kraiker (Ed.), Handbuch der Verhaltenstherapie. München: Kindler, 1974, 117-148.
KIESLER, C.A., Editorial: The training of psychiatrists and psychologists. American Psychologist, 1977, 32, 107-108.
KIESLER, C.A., Psychotherapy research and top-down policy analysis. In J.B.W. Williams & R.S. Spitzer (Eds), 1984, 360-366.
KIESLER, C.A. & PALLAK, M.S., Editorial: The Virginia blues. American Psychologist, 1980, 35, 953-954.
KIESLER, D.J., Some myths of psychotherapy research and the search for a paradigm. Psychological Bulletin, 1966, 65, 110-136.
KIMM, H.J., BOLZ, W. & MEYER, A.E., The Hamburg short psychotherapy comparison experiment: II. The patient sample: overt and covert selection factors and prognostic predictions. Psychotherapy and Psychosomatics, 1981, 35, 96-109.
KIRESUK, T.J. & LUND, S.H., Process and outcome measurement using goal attainment scaling. In J. Zusman & C.R. Wurster (Eds), Program evaluation: Alcohol drug abuse and mental health service. Lexington: Lexington Books, 1978.
KISSEL, P. & BARRUCAND, D., Placebos et effet placebo en médecine. Paris: Masson, 1964.
KLERMAN, G.L., Psychotherapy and public policy: What does the future hold? In J.B.W. Williams & R.L. Spitzer (Eds), 1984.
KNIGHT, R.P., Evaluation of the results of psychoanalytic therapy. American Journal of Psychiatry, 1941, 98, 434-446.
KOEHLER, K. & SASS, H. (Eds). Diagnostisches und Statistisches Manual psychischer Störungen DSM - III. Weinheim: Beltz, 1984.
KOESTER, W., SCHNEIDER, R. HACHMANN, E. & MAI, N., Ergebnisse des stationärer verhaltenstherapeutischen Programms zur Behandlung von Alkohol- und Medikamentenabhängigen: Katamnesen nach einem Jahr. In R. Schneider (Ed.), Stationäre Behandlung von Alkoholabhängigen. München: Gerhard Röttger, 1982, 215-243.
KÖHLER, H., Verhaltenstherapeutischen Gesichtspunkte zur Behandlung von Rheumapatienten. In J.C. Brengelmann, Entwicklung der Verhaltenstherapie in der Praxis, München, 1980, 265-279.
KÖHLER, H., Psychologische Therapiemöglichkeiten bei chronisch-rheumatischen Schmerzen. Verhandlungen der Deutschen Gesellschaft für Rheumatologie, 1981, 7, 231-232.

KÖHLER, H., MAI, N. & BRENGELMANN, J.C., Psychologische Schmerztherapie bei chronischer Polyarthritis. In H.U. Wittchen & J.C. Brengelmann (Eds), Psychologische Therapie bei chronischen Schmerzpatienten. Berlin: Springer, 1985, 139-161.
KOHN, M.L., Social class and schizophrenia: A critical review. Psychiatric research, 6, sup. 1, 1968, 155-173.
KORMAN, M. (Ed.), Levels and patterns of professional training in psychology. Washington DC: American Psychological Association, 1976.
KRAEPELIN, E., Der psychologische Versuch in der Psychiatrie. Psychologische Arbeiten, 1895, 1, 1-91.
KRATOCHWILL, T.R. (Ed.), Single subject research. New York: Academic Press, 1978.
LACAINE, F. & HUGIER, M., Randomized clinical trials: The right choice. Surgery, 1981, 89 (5), 641.
LADRIERE, J., Les enjeux de la rationalité. Le défi de la science et de la technologie aux cultures. Paris: Aubier-Montaigne/Unesco, 1977.
LADRIERE, J., Article «Sciences et discours rationel». In Encyclopaedia Universalis, Vol. 14, 754-757. Paris: Encyclopaedia Universalis France, 1978a.
LADRIERE, J., Les sciences humaines et le problème de la scientificité. Les Etudes Philosophiques, 1978b, 2, 131-150.
LAGACHE, D., L'unité de la psychologie. Psychologie expérimentale et psychologie clinique. Paris: P.U.F., 1949.
LAING, R.D., Is schizophrenia a disease? International Journal of Social Psychiatry, 1964, 10, 184-193.
LAKIN, M. & LIEBERMAN, M., Diagnostic information and psychotherapist conceptualization. Journal of Clinical Psychology, 1965, 21, 385-388.
LAMBERT, M.J., CHRISTENSEN, E.R. & De JULIO, S.S. (Eds), The assessment of psychotherapy outcome. New York: Wiley-Interscience, 1983.
LANDIS, C., Statistical evaluation of psychotherapeutic methods. In S.E. Hinsie (Ed.), Concepts and problems in psychotherapy. London: Heineman, 1938, 155-165.
LANDMAN, J.T. & DAWES, R.M., Psychotherapy outcome: Smith and Glass's conclusions stand up under scrutiny. American Psychologist, 1982, 37, 504-516.
LANGER, E.J., JANIS, I.L. & WOLFER, J.A., Reduction of psychological stress in surgical patients. Journal of Experimental and Social Psychology, 1975, II, 155-165.
LANTERI-LAURA, G., Article «Psychiatrie». 1. Origines et évolution. In Encyclopaedia Universalis, Vol. 13, 750-752. Paris: Encyclopaedia Universalis France, 1978.
LAZARUS, A.A., Multi-modal behavior therapy: Treating the «basic id». Journal of Nervous and Mental Disease, 1973, 156, 404-411.
LAZARUS, A.A., Multi-modal behavior therapy. New York: Springer, 1976.
LAZARUS, R.S., Stress u. Stressbewältigung - ein Paradigma. In S.-H. Filipp (Ed.), 1981, 198-232.
LEIBBRAND, W. & WETTLEY, A., Der Wahnsinn. Geschichte der abendländischen Psychopathologie. Freiburg: Carl Alber, 1961.
LEUTZINGER, M., Kognitive Prozesse bei der Indikationsstellung. In U. Baumann (Ed.), 1981, 103-121.
LEVY, L.H., The skew in clinical psychology. American Psychologist, 1962, 17, 244-249.
LEVY, L.H., Psychological Interpretation. New York: Holt, Rinehart and Winston, 1963.
LEYENS, J.-P., Sommes-nous tous des psychologues? Approche psychosociale des théories de la personnalité. Bruxelles: Mardaga, 1983.
LIETAER, G. & NEIRINCK, M., Non-helping and hindering processes in experiential psychotherapy: A content analysis of post-session comments. Paper presented at the

2nd European Conference on Psychotherapy Research, Louvain-la-Neuve, Sept. 1985. In W. Huber (Ed.), sous presse.

LINDEN, M., The relative need of psychotherapy or pharmacotherapy for depressed psychiatric outpatients in the light of patient-characteristics. Paper presented at the 2nd European Conference on Psychotherapy Research, Louvain-la-Neuve, Sept. 1985. In W. Huber (Ed.), sous presse.

LINDZEY, G., Seer versus sign. Journal of Experimental Research in Personality, 1965, 1, 17-26.

LINNEY, J.A. & REPPUCI, N.D., Research design and methods in community psychology. In P.C. Kendall & J.N. Butcher (Eds), 1982, 535-566.

LORR, M., KATZ, M.M. & RUBINSTEIN, E.A., The prediction of length of stay in psychotherapy. Journal of Consulting Psychology, 1958, 22, 321-327.

LORR, M. & KLETT, C.J., Manual for the inpatient multidimensional psychiatric scale (revised). Palo Alto, Ca.: Consulting Psychologists Press, 1967.

LORR, M., KLETT, C.J. & Mc NAIR, D.M., Syndroms of psychoses. New York: Pergamon, 1963.

LUBIN, B., HORNSTRA, R.K., LEWIS, R.V. & BECHTEL, B.S., Correlates of initial treatment assignment in a community mental health center. Archives of General Psychiatry, 1973, 29, 497-504.

LUBORSKY, L., A note on Eysenck's article: «The effects of psychotherapy: An evaluation», British Journal of Psychology, 1954, 45, 129-131.

LUBORSKY, L., Measuring a pervasive psychic structure in psychotherapy: The core conflictual relationship theme. In N. Freedman & S. Grand (Eds), Communicative structures and psychic structures. New York: Plenum, 1977, 367-395.

LUBORSKY, L., Principles of psychoanalytic psychotherapy. A manual for supportive-expressive treatment. New York: Basic Books, 1984.

LUBORSKY, L., CHANDLER, M., AUERBACH, A.H., COHEN, J. & BACHRACH, H.M., Factors influencing the outcome of psychotherapy. Psychological Bulletin, 1971, 75, 145-185.

LUBORSKY, L., Mc LELLAN, A.T., WOODY, G.E., O'BRIAN, C.P. & AUERBACH, A., Therapist success and its determinants. Archives of General Psychiatry, 1985, 42, 602-611.

LUBORSKY, L., SINGER, B. & LUBORSKY, L., Comparative studies of psychotherapies. Is it true that «Everyone has won and all must have prices»? Archives of General Psychiatry, 1975, 32, 995-1008.

LUXENBURGER, H., Vorläufiger Bericht über psychiatrische Serienuntersuchungen an Zwillingen. Z. ges. Neurol. Psychiat., 1928, 116, 297-326.

MAES, S. & SCHLÖSSER, M., Asthma, coping and medical consumption. Paper presented at the 2nd European Conference on Psychotherapy Research, Louvain-la-Neuve, Sept. 1985. In W. Huber (Ed.), sous presse.

MALAN, D.H., Study of brief psychotherapy. London: Tavistock Publications, 1963.

MALAN, D.H., The outcome problem in psychotherapy research. A historical review. Archives of General Psychiatry, 1973a, 29, 719-729.

MALAN, D.H., Science and psychotherapy. International Journal of Psychiatry, 1973b, 11, 87-90.

MALAN, D.H., The frontier of brief psychotherapy. New York: Plenum, 1976.

MALAN, D.H., HEATH, E.S., BACAL, H.A. & BALFOUR, F.H.G., Psychodynamic changes in untreated neurotic patients: II. Apparently genuine improvements. Archives of General Psychiatry, 1975, 32, 110-126.

MARINER, A.S., A critical look at professional education in the mental health field. American Psychologist, 1967, 22, 271-281.

MARKS, I., Behavioral psychotherapy of adult neurosis. In S.L. Garfield & A.E. Bergin (Eds), 1978².
MASLING, J. (Ed.), Empirical studies of psycho-analytical theories. Vol. 1. Hillsdale, N.J.: The Analytic Press, 1983.
MASSERMAN, J.H., Behavior and neurosis. New York: Hafner, 1964.
MASSERMAN, J.H. & CARMICHAEL, H.T., Diagnosis and prognosis in psychiatry. Journal of Mental Science, 1938, 84, 893-946.
MATARAZZO, J.D., Behavioral health and behavioral medicine: Frontiers for a new health psychology. American Psychologist, 1980, 35, 807-817.
MATARAZZO, J.D., MILLER, N.E., WEISS, S.M. & HERD, J.A. (Eds), Behavioral health: A handbook of health enhancement and disease prevention. New York: Wiley, 1983.
MAY, P.R.A., Research in psychotherapy and psychoanalysis. International Journal of Psychiatry, 1973, 11, 78-86.
Mc LEMORE, C.W. & BENJAMIN, L.S., Whatever happened to interpersonal diagnosis? A psychosocial alternative to DSM - III. American Psychologist, 1979, 34, 17-34.
Mc NAIR, D.M., LORR, M. & CALLAHAN, D.M., Patient and therapist influences on quitting psychotherapy. Journal of Consulting Psychology, 1963, 27, 10-17.
Mc SWEENEY, A.J., Psychotherapy and national health insurance. Reply to Edwards et al. American Psychologist, 1980, 35, 674.
MEDNICK, B.R., Breakdown in high-risk subjects: Familial and early environmental factors. Journal of Abnormal Psychology, 1973, 82, 469-475.
MEDNICK, S.A., Breakdown in individuals at high-risk for schizophrenia: Possible predispositional perinatal factors. Mental Hygiene, 1970, 54, 50-63.
MEDNICK, S.A., Berkson's fallacy and high-risk research. In L.C. Wyne, R.L. Cromwell & S. Matthysse (Eds), The nature of schizophrenia. New York: Wiley, 1978.
MEDNICK, S.A. & SCHULSINGER, F., Some premorbide characteristics related to breakdown in children with schizophrenic mothers. In D. Rosenthal & S.S. Kety (Eds), 1968.
MEEHL, P.E., Clinical vs. statistical prediction. A theoretical analysis and a review of the evidence. Minneapolis: Univeristy of Minnesota Press, 1954.
MEEHL, P.E., Psychotherapy. Annual Review of Psychology, 1955, 6, 357-378.
MEEHL, P.E., Wanted - A good cookbook. American Psychologist, 1956, 11, 263-272.
MEEHL, P.E., The cognitive activity of the clinician. American Psychologist, 1960, 15, 19-27.
MEEHL, P.E., Seer over sign: The first good exemple. Journal of Experimental Research in Personality, 1965, 1, 27-32.
MELTZOFF, J. & KORNREICH, M., Research in psychotherapy. New York: Atherton Press, 1970.
MERLEAU-PONTY, M., La structure du comportement. Paris: P.U.F., 1942.
MERLEAU-PONTY, La phénoménologie de la perception. Paris: Gallimard, 1947.
MERSCH, P.P.A., BÖGELS, S.M., VAN DER SLEEN, J. & EMMELKAMP, P.M.G., Social phobia: Patient characteristics and the effects of behavioral and cognitive interventions. Paper presented at the 2nd European Conference on Psychotherapy Research, Louvain-la-Neuve, Sept. 1985. In W. Huber (Ed.), sous presse.
MEYER, A.E. (Ed.), The Hamburg short psychotherapy comparison experiment. Psychotherapy and Psychosomatics, 1981, 35, 81-207.
MEYER, A.E., BOLZ, W., STUHR, U. & BURZIG, G., The Hamburg short psychotherapy comparison experiment: VI. Outcome results by clinical evaluation based on the blind group ratings. Psychotherapy and Psychosomatics, 1981, 35, 199-207.
MEYERHOFF, H., Leitfaden der Klinischen Psychologie. München: Reinhart, 1959.

MICHAELIS, W., Die Psychotherapieschwemme-zufällig oder zwangsläufig? In W.R. Minsel & R. Scheller, 1981, Vol. 1, 74-125.
MIGDOLL, J.L., Clinical utilization of psychotherapy research. A survey of the SPR membership. Paper presented at the 16th Annual Meeting of the Society for Psychotherapy Research, Evanston, Ill., 1985.
MINSEL, W.-R., Praxis der Gesprächstherapie. Wien: Böhlau, 1974.
MINSEL, W.-R. & HERFF, W. (Eds), Methodology in Psychotherapy Research. Proceedings of the Ist European Conference on Psychotherapy Research, Trier 1981, Vol. I. Frankfurt a.M.: Peter Lang, 1983.
MINSEL, W.-R. & HERFF, W. (Eds), Research on psychotherapeutic approach. Proceedings of the Ist European Conference on Psychotherapy Research, Trier 1981, Vol. II. Frankfurt a.M.: Peter Lang, 1983.
MINSEL, W.-R. & SCHELLER, R. (Eds), Brennpunkte der Klinischen Psychologie, Vols 1-6. München: Kösel, 1981, 1981, 1982, 1982, 1983, 1983.
MINTZ, J., What is «success» in psychotherapy? Journal of Abnormal Psychology, 1972, 80, 11-19.
MINTZ, J., Measuring outcome in psychodynamic psychotherapy. Archives of General Psychiatry, 1981, 38, 503-506.
MINTZ, J., LUBORSKY, L. & CHRISTOPH, P., Measuring the outcomes of psychotherapy findings of the Penn psychotherapy project. Journal of Consulting and Clinical Psychology, 1979, 47, 319-334.
MORRIS, R.J. & SUCKERMANN, K.R., The importance of the therapeutic relationship in systematic desensitization. Journal of Consulting and Clinical Psychology, 1974a, 42, 147-148.
MORRIS, R.J. & SUCKERMANN, K.R., Therapists warmth as a factor in automated systematic desentization. Journal of Consulting and Clinical Psychology, 1974b, 42, 244-250.
MORROW-BRADLEY, Ch., A nationwide survey of the usefulness of psychotherapy research to psychotherapists. Paper presented at the 16th Annual Meeting of the Society for Psychotherapy Research, Evanston, Ill., 1985.
MÜLLER-OERLINGHAUSEN, B. & LINDEN, M., Rationalität der Indikation zu psychopharmakologischer Behandlung. In U. Baumann (Ed.), 1981, 210-220.
MÜNSTERBERG, H., Grundzüge der Psychotechnik. Leipzig, 1920^2.
NEALE, J.M. & LIEBERT, R.M., Science and behavior: An introduction to methods of research. Englewood Cliffs, N.J.: Prentice-Hall, 1973.
NEWCOMB, T., An experiment designed to test the validity of a rating technique. Journal of Educational Psychology, 1931, 22.
NEWMAN, F.L. & HOWARD, K.I., Therapeutic effort, outcome, and policy. Paper presented at the 2nd European Conference on Psychotherapy Research, Louvain-la-Neuve, Sept. 1985. In W. Huber (Ed.), sous presse.
NEWMAN, F.L. & SORENSEN, J.E., Integrated clinical and fiscal management in mental health. A guidebook. Norwood, N.J.: Ablex, 1985.
NICHOLSON, R.A. & BERMAN, J.S., Is follow-up necessary in evaluating psychotherapy? Psychological Bulletin, 1983, 93, 261-278.
NORCROSS, J.C. & PROCHASKA, J.O., A national survey of clinical psychologists: Affiliations and orientations. Clinical Psychologist, 1982, 35 (Spring), 1, 4-6.
NORCROSS, J.C. & PROCHASKA, J.O., A national survey of clinical psychologists: Characteristics and activities, Clinical Psychologist, 1982, 35 (Winter), 1, 5-8.
OLBRISCH, M.E., Psychotherapeutic interventions in physical health. Effectiveness and economic efficiency. American Psychologist, 1977, 32, 761-777.

OLTMANNS, T.F., O'HAYON, J. & NEALE, J.M., The effects of anti-psychotic medication and diagnostic criteria on distractibility in schizophrenia. Journal of Psychiatric Research, 1978, 14, 81-92.
ÖHMAN, A., ERIXON, G. & LÖFBERG, I., Phobias and preparedeness: Phobic vs. neutral pictures as conditioned stimuli for human automatic responses. Journal of Abnormal Psychology, 1975, 84, 41-45.
ÖHMAN, A., FREDERIKSON, M. & HUGDAHL, K., Towards an experimental model for simple phobic reactions. Behavioral Analysis and Modification, 1978, 2, 97-114.
ORLINSKY, D.E. & HOWARD, K.I., The effects of sex of therapist on the therapeutic experiences of women. Psychotherapy: Theory, Research and Practice, 1976, 13, 82-88.
ORLINSKY, D.E. & HOWARD, K.I., The relation of process to outcome in psychotherapy. In S.L. Garfield & E. Bergin (Eds), 1978², 283-329.
ORLINSKY, D.E. & HOWARD, K.I., Process and outcome in psychotherapy. In S.L. Garfield & A.E. Bergin (Eds), 1986³ (sous presse).
ORLINSKY, D.E. & HOWARD, K.I., A generic model of process in psychotherapy. Paper presented at the 2nd European Conference on Psychotherapy Research, Louvain-la-Neuve, Sept. 1985. In W. Huber (Ed.), sous presse.
OVERALL, J.E. & GORHAM, D.R., Brief psychiatric rating scale. In W. Guy (Ed.), ECDEU assessment manual for psychopharmacology. Rockville, MD: NIMH, 1976, 157-169.
PARLOFF, M.B., Can psychotherapy research guide the policymaker? A little knowledge may be a dangerous thing. American Psychologist, 1979, 34, 4, 296-306.
PARLOFF, M.B., WASKOW, I.E. & WOLFE, B.E., Research on therapist variables in relation to process and outcome. In S.L. Garfield & A.E. Bergin (Eds), 1978², 233-282.
PATRY, J.-L. (Ed.), Feldforschung. Methoden und Probleme sozialwissenschaftlicher Forschung unter natürlichen Bedingungen. Bern: Huber, 1982.
PATRY, J.-L. & PERREZ, M., Entstehungs, Erklärungs- und Anwendungszusammenhang technologischer Regeln. In J.-L. Patry (Ed.), 1982, 389-412.
PATTERSON, C.W., Psychiatrics and physical examinations: A survey. American Journal of Psychiatry, 1978, 135, 967-968.
PAUL, G.L., Insight vs. desensitization in psychotherapy. Stanford, Ca.: Stanford University Press, 1966.
PAUL, G.L. & LENTZ, R.J., Psychological treatment of chronic mental patients. Cambridge, Mass.: Harvard University Press, 1977.
PERREZ, M., Ist die Psychoanalyse eine Wissenschaft? Bern: Huber, 1972, 1979².
PERREZ, M., Zum Problem der Relevanzforderungen in der Klinischen Psychologie am Beispiel der Therapieziele. In A. Iseler & M. Perrez (Eds), Relevanz in der Psychologie. München: Reinhard, 1976, 139-154.
PERREZ, M., Was nützt die Psychotherapie? Psychologische Rundschau, 1982a, 33, 121-126.
PERREZ, M., Die Wissenschaft soll für die psychologische Praxis nicht länger tabu bleiben. Psychologische Rundschau, 1982b, 33, 136-141.
PERREZ, M., Hat die wissenschaftliche Psychologie der Alltagspsychologie etwas zu bieten? Bulletin der Schweizer Psychologen, 1983, 10, 312-315.
PERREZ, M., Wissenschaftlische Probleme der klinischen Psychologie: Psychotherapeutische Methoden - zum Stand ihrer metatheoretischen Diskussion. In W.R. Minsel & R. Scheller (Eds), 1983, Vol. 6, 148-163.

PERREZ, M., BÜCHEL, F., ISCHI, N., PATRY, J.-L. & THOMMEN, B., Erziehungspsychologische Beratung und Intervention als Hilfe zur Selbsthilfe in Familie und Schule. Bern: Huber, 1985.
PERRY, N.W., Why clinical psychology does not need alternative training models. American Psychologist, 1979, 34, 602-611.
PERSONS, R.W., PERSONS, M.K. & NEWMARK, I., Perceived helpfull therapist's characteristics, client improvements, and sex of therapist and client. Psychotherapy: Theory, Research and Practice, 1974, 11, 63-65.
PETERMANN, F., Einzelfalldiagnose und klinische Praxis. Stuttgart: Kohlhammer, 1982.
PETERSON, D.R., The doctor of psychology program at the University of Illinois. American Psychologist, 1968, 23, 511-516.
PETERSON, D.R., Is psychology a profession? American Psychologist, 1976a, 31, 572-581.
PETERSON, D.R., Need for doctor of psychology degree in professional psychology. American Psychology, 1976b, 31, 792-798.
PHARES, E.J., Clinical psychology. Homewood, Hill.: The Dorsey Press, 1984.
POMERLEAU, O., Behavioral medicine: The contribution of experimental analysis of behavior to medical care. American Psychologist, 1979, 34, 654-663.
POMERLEAU, O. & BRADY, J. (Eds), Behavioral medicine: Theory and practice. Baltimore: Williams and Wilkins, 1979.
PONGRATZ, L.J., Lehrbuch der Klinischen Psychologie: Psychologische Grundlagen der Psychotherapie. Göttingen: Hogrefe, 1973.
PONGRATZ, L.J., Einleitung: Geschichte, Gegenstand, Grundlagen der klinischen Psychologie. In L.J. Pongratz (Ed.), Klinische Psychologie (Handbuch der Psychologie, Vol. 8). Göttingen: Hogrefe, 1977, 1-59.
POTTHARST, K.E., To renew vitality and provide a challenge in training - The California school of professional psychology. Professional Psychology, 1970, 1, 123-130.
PRAGER, R.A. & GARFIELD, S.L., Client initial disturbance and outcome in psychotherapy. Journal of Consulting and Clinical Psychology, 1972, 38, 112-117.
PREVOST, C., A propos des origines de la psychologie clinique. Bulletin de Psychologie, 1969, 23, 119-124.
PREVOST, C., Janet, Freud et la psychologie clinique. Paris: Payot, 1973.
PRIGOGINE, I. & STENGERS, I., La nouvelle alliance. Métamorphose de la science. Paris: Gallimard, 1979.
RACHMAN, S.J., The effects of psychological therapy. London: Pergamon, 1971.
RACHMAN, S.J., The conditioning theory of fear-acquisition: A critical examination. Behavior Research and Therapy, 1977, 15, 375-387.
RACHMAN, S.J., Towards a new medical psychology. In S. Rachman (Ed.), Contributions to medical psychology. Oxford: Pergamon, 1977, Vol. 1, 1-7.
RACHMAN, S.J. & WILSON, G.T., The effects of psychological therapy. London: Pergamon, 1980².
RAHE, Rh. & LINT, E., Psychosocial factors and sudden cardiac death: A pilot study. Journal of Psychosomatic Research, 1971, 15, 19-24.
RAIMY, V.C. (Ed.), Training in clinical psychology (Boulder Conference). New York: Prentice Hall, 1950.
RAPPAPORT, M., Competing voice messages: Effects of message load and drugs on the ability of acute schizophrenics to attend. Archives of General Psychiatry, 1967, 17, 97-103.

RAYNES, A.E. & WARREN, G., Some distinguishing features of patients failing to attend a psychiatric clinic after referral. American Journal of Orthopsychiatry, 1971a, 41, 581-589.
RAYNES, A.E. & WARREN, G., Some characteristics of «drop-outs» at first contact with a psychiatric clinic. Community Mental Health Journal, 1971b, 7, 144-151.
READING, A.E., The effects of psychological preparation on pain and recovery after minor gynaecological surgery: A preliminary report. Journal of Clinical Psychology, 1982, 38, 504-512.
REIK, T., Ecouter avec la troisième oreille: L'expérience intérieure d'un psychanalyste. Paris: Editions Epi, 1976. Ed. orig.: Listening with the third ear. New York: Farrar & Straus, 1948.
REINERT, G. & WITTLING, W., Klinische Psychologie: Konzepte und Tendenzen. In W. Wittling (Ed.), 1980, Vol. 1, 14-80.
REISMAN, J.M., A history of clinical psychology. Malabar, Flo.: Krieger, 1982.
REITER, L., Krisenintervention. In H. Strotzka (Ed.), Psychotherapie: Grundlagen, Verfahren, Indikationen. München: Urban & Schwarzenberg, 1978, 457-470.
REUCHLIN, M., Histoire de la psychologie. Paris : P.U.F., 1961^3, coll. «Que sais-je?» n° 732.
REUCHLIN, M., Clinique et vérification. Bulletin de Psychologie, 1972-1973, 26, 550-563.
REVENSTORF, D., HAHLWEG, K. & SCHINDLER, L., Interaktionsanalyse von Partnerkonflikten. Zeitschrift für Sozialpsychologie, 1979, 10, 183-196.
REVENSTORF, D., VOGEL, B., WEGENER, C., HAHLWEG, K. & SCHINDLER, L., Escalation phenomena in interaction sequences. An empirical comparison of distressed and non-distressed couples. Behavior Analysis and Modification, 1980, 4, 97-115.
REY, A., Monographies de psychologie clinique. Neuchâtel, Paris: Delachaux et Niestlé, 1952.
RICE, L.N. & GREENBERG, L.S., A method for studying the active ingredients in psychotherapy: Application to client-centered and Gestalt therapy. Paper presented at the Meeting of the Society for Psychotherapy Research, Denver, Co., 1974.
RICE, L.N. & GREENBERG, L.S. (Eds), Patterns of change: Intensive analysis of psychotherapy process. New York: Guilford, 1984.
RICŒUR, P., De l'interprétation. Essai sur Freud. Paris: Seuil, 1965.
RIDGEWAY, V. & MATHEWS, A., Psychological preparation for surgery: A comparison of methods. British Journal of Clinical Psychology, 1982, 21, 271-280.
RINGLER, M., Der Einfluss von demokratischem und autoritärem Therapeutenverhalten auf Erfolg. Erfolgserwartung und Selbstattribution bei Desensensibilisierung von Prüfungsangst. Zeitschrift für Klinische Psychologie, 1977, 6, 40-58.
ROBACK, A.A., Weltgeschichte der Psychologie und Psychiatrie. Olten: Walter, 1970. Ed. orig.: History of psychology and psychiatry. Philosophical Library, 1961.
ROBINS, L.N., Deviant children grown-up. Baltimore, Md.: Williams and Wilkins, 1966.
ROE, A. (Ed.), Graduate education in psychology. Washington DC: American Psychological Association, 1959.
ROSEN, J. & WIENS, A., Changes in medical problems and use of medical services following psychological intervention. American Psychologist, 1979, 34, 420-431.
ROSENTHAL, D., Genetic theory and abnormal behavior. New York: Mc Graw-Hill, 1970.
ROSENTHAL, D. & FRANK, J.D., The fate of psychiatric clinic outpatients assigned to psychotherapy. Journal of Nervous and Mental Disease, 1958, 127, 330-343.

ROSENTHAL, D. & KETY, S.S. (Eds), The transmission of schizophrenia. Elmsford, N.Y.: Pergamon, 1968.
ROSENTHAL, R., Experimental bias in behavioral research. New York: Appleton-Century-Crofts, 1966.
ROSENTHAL, R., Combining results of independant studies. Psychological Bulletin, 1978, 85, 185-193.
ROSENZWEIG, S., A transvaluation of psychotherapy: A reply to Hans Eysenck. Journal of Abnormal (Soc.) Psychology, 1954, 49, 298-304.
ROSSI, P.H. & FREEMAN, H.E., Evaluation: A systematic approach. Beverly Hills: Sage Publication, 1982^2.
ROTHENBERG, P.J. & MATULEF, N.J., Toward professional training: A special report from the National Council on Graduate Education psychology. Professional Psychology, 1969, 1, 32-37.
ROTTER, J.B. & RAFFERTY, J.E., Manual: The Rotter incomplete sentence blank. New York: Psychological Corporation, 1950.
RUBIN, R. & BALOW, B., Perinatal influence on the behavior and learning problems of children. In B. Lahey & A. Kazdin (Eds), Advances in child psychology. New York: Plenum Press, 1977, Vol. 1, 119-160.
RUCKSTUHL, U., Schizophrenieforschung - Die theoretischen und empirischen Beiträge der experimentellen Psychologie. Weinheim: Beltz, 1981.
RUSSEL, R.L., Processive outcomes in psychotherapy: Towards a theory of narrative pluralism and change. Paper presented at the 2nd European Conference on Psychotherapy Research. Louvain-la-Neuve, Sept. 1985. In W. Huber (Ed.), sous presse.
SACKS, H., CHALMERS, T.C. & SMITH, H., Randomized vs. historical controls for clinical trials. American Journal of Medicine, 1982, 72, 233-240.
SALM, A., Der Umgang mit der Angst am Beispiel der Herzkatheteruntersuchung. In D. Beckmann, S. Davies-Osterkamp & J.W. Scheer, Medizinische Psychologie. Berlin: Springer, 1982, 275-306.
SALKOVSKIS, P.M., Is cognitive therapy useful with obsessive-complusive disorders? Paper presented at the 2nd European Conference on psychotherapy Research, Louvain-la-Neuve, Sept. 1985. In W. Huber (Ed.), sous presse.
SAMEROFF, A. & CHANDLER, M., Reproductive risk and the continuum of care-taking casualty. Review of Child Development, 1975, 4, 87-244.
SANDIFER, M.G., HORDERN, A. & GREEN, L., The psychiatric interview: The impact of the first three minutes. American Journal of Psychiatry, 1970, 126, 968-973.
SANFORD, N., Clinical methods: Psychotherapy. Annual Review of Psychology, 1953, 4, 317-342.
SARBIN, T.R., TAFT, R. & BAILEY, D.E., Clinical inference and cognitive theory. New York: Holt, Rinehart et Winston, 1960.
SATTLER, J., The effects of therapist-client racial similarity. In A.S. Gurman & A.M. Razin (Eds), 1977, 252-290.
SAWYER, J., Measurement and prediction, clinical and statistical. Psychological Bulletin, 1966, 66, 3, 178-200.
SCHAEFER, H. & BLOHMKE, M., Herzkrank durch psychosozialen Stress. Heidelberg: Hüthig, 1977.
SCHEELE, B., Psychotherapie und ihre algemein-psychologische Grundlegung. In Bastine et al. (Eds), 1982, 143-148.
SCHEFF, J.J., Being mentally ill.: A sociological theory. Chicago: Aldine, 1966.
SCHEFF, J.J., Labeling and mental illness. American Sociological Review, 1974, 39, 444-452.
SCHEPANK, H., Erb- und Umweltfaktoren bei Neurosen. Tiefenpsychologische Untersuchungen an 50 Zwillingspaarden. Berlin: Springer, 1974.

SCHLESINGER, H.J. & MUMFORD, E., The role of evidence in the formulation of public policy about psychotherapy. In J.B.W. Williams & R.L. Spitzer (Eds), 1984, 384-388.
SCHLESINGER, H.J., MUMFORD, E. & GLASS, G.V., Mental health services and medical utilization. In G.R. VandenBos (Ed.), 1980, 71-102.
SCHMIDT, L. (Ed.), Lehrbuch der klinischen Psychologie. Stuttgart: Enke, 1978, 1984².
SCHMIDT, L.R. & KESSLER, B.H. Anamnese: Methodische Probleme, Erbehungsstrategien und Schemata. Weinheim: Beltz, 1976.
SCHMIDT, H.D. & FONDA, C.P., The reliability of psychiatric diagnosis: A new look. Journal of Abnormal and Social Psychology, 1956, 52, 262-267.
SCHMIDTCHEN, S. & BASTINE, R., Klinische Psychologie. In R. Bastine et al. (Eds), 1982, 193-199.
SCHRAML, W.J., Abriss der klinischen Psychologie. Stuttgart: Kohlhamer, 1969. Trad. fr.: Précis de psychologie clinique.
SCHRAML, W.J. (Ed.), Klinische Psychologie. Bern: Huber, 1970.
SCHULSINGER, H., A ten-year follow-up of children with schizophrenic mothers. Acta Psychiatrica Scandinavica, 1976, 63, 371-186.
SCHULTZ, J.H., Das autogene Training. Stuttgart: Thieme, 1932, 1960¹⁰.
SCHULZ, W., Klassifikation und Indikation in der Gesprächspsychotherapie. In W.-R. Minsel & R. Scheller (Eds), 1981, Vol. 1, 184-207.
SCHWARTZ, G. & WEISS, S., What is behavioral medicine? Psychosomatic Medicine, 1977, 39, 377-381.
SCHWARTZ, G. & WEISS, S., Behavioral medicine revisited: An amended definition. Journal of Behavioral Medicine, 1978, I, 249-251.
SEIDENSTÜCKER, G., Indikation in der Psychotherapie. In L.R. Schmidt (Ed.), 1984², 443-511.
SEIDENSTÜCKER, G. & BAUMANN, U., Multimethodale diagnostik. In U. Baumann et al. (Eds), 1978, 134-182.
SELIGMAN, M.E.P., On the generality of the laws of learning. Psychological Review, 1970, 77, 406-418.
SELIGMAN, M.E.P., Phobias and preparedness. Behavior Therapy, 1971, 2, 302-320.
SELIGMAN, M.E.P., Helplessness: On depression, development and death. San Francisco: Freeman, 1975.
SERON, X., Aphasie et neuropsychologie. Bruxelles: Mardaga, 1980.
SERON, X., Rééduquer le cerveau. Bruxelles: Mardaga, 1982.
SHADER, R.I., The walk-in-service: An Experience in community care. In T. Rothman (Ed.), Changing patterns in psychiatric care. New York: Crown, 1970.
SHAKOW, D., The training of the clinical psychologist. Journal of Consulting Psychology, 1942, 6, 277-288.
SHAKOW, D., What is clinical psychology? American Psychologist, 1976, 31, 553-560.
SHAKOW, D., HILGARD, E.R., KELLY, E.L., LUCKEY, B., SANFORD, R.N. & SHAFFER, L.F., Recommended graduate training program in clinical psychology. American Psychologist, 1947, 2, 539-558.
SHAPIRO, A.K., Placebo effects in medicine psychotherapy, and psychoanalysis. In A.E. Bergin & S.L. Garfield (Eds), 1971.
SHAPIRO, A.K. & MORRIS, L.A., Placebo effects in medical and psychological therapies. In S.L. Garfield & A.E. Bergin (Eds), 1978², 369-410.
SHAPIRO, D.A., Recent applications of meta-analysis in clinical research. Clinical Psychologist Review, 1985, 5, 13-34.

SHAPIRO, D.A., Meta-analysis of psychotherapy outcomes. Paper presented at the 2nd European Conference on Psychotherapy Research, Louvain-la-Neuve, Sept. 1985. In W. Huber (Ed.), sous presse.
SHAPIRO, D.A., FIRTH, J., STILES, W.B., ELIOTT, R.K. & LLEWELIN, S.P., Process-outcome research therapy: The Sheffield Psychotherapy Project. Paper presented at the 2nd European Conference on Psychotherapy Research, Louvain-la-Neuve, Sept. 1985. In W. Huber (Ed.), sous presse.
SIEGERT, F.A. & YATES, B.T., Behavioral child-management cost-effectiveness: A comparison of individual in-office, individual in-home, and group delivery systems for behavioral child-management. Evaluation and Health Professions 1980, 3, 123-152.
SIEGFRIED, J. & GRAWE, K., The quality of psychotherapy research. Some prominent studies revisted. Paper presented at the 2nd European Conference on Psychotherapy Research, Louvain-la-Neuve, Sept. 1985. In W. Huber (Ed.), sous presse.
SKINNER, B.F., Science and human behavior. New York: Macmillan, 1953.
SLOANE, R.B., STAPLES, F.R., CRISTOL, A.H., YORKSTON, N.J. & WHIPPLE, K., Short-term analytically-oriented psychotherapy vs. behavioral therapy. Cambridge, Ma.: Harvard University Press, 1975.
SMITH, A., Supermoney. New York: Random House, 1972.
SMITH, M.L. & GLASS, G.V., Meta-analysis of psychotherapy outcome studies. American Psychologist, 1977, 32, 752-760.
SMITH, M.L., GLASS, G.V. & MILLER, T.I., The benefits of psychotherapy. Baltimore: Johns Hopkins, 1980.
SPADA, H. & SEIDENSTÜCKER, G., Trends bei Deuteverfahren? In U. Bauman et al. (Eds), 1980, vol. 3, 158-217.
SPIELBERGER, C.D., GORSUCH, R.C. & LUSHENE, R.E., Manual for the State-Trait-Anxiety Inventory. Palo Alto, Ca: Consulting Psychologists Press, 1970.
SPITZ, R.A., Hospitalism. The Psychoanalytic Study of the Child, 1945, 1, 53-70.
SPITZER, R.L., Psychiatric diagnosis. Are clinicians still necessary? In J.B.W. Williams & R.L. Spitzer (Eds), 1984, 273-288.
SPITZER, R.L & ENDICOTT, J., Diagno III: Further developments in a computer program for psychiatric diagnosis. American Journal of Psychiatry, 1969, 125 (suppl. jan.), 12-20.
SPITZER, R.L., ENDICOTT, J., FLEISS, J.L. & COHEN, J., The psychiatric status schedule: A technique for evaluating psychopathology and impairment in role functioning. Archives of General Psychiatry, 1970, 23, 41-55.
SPITZER, R.L., FORMAN, J.B.W. & NEE, J., DSM-III field trials: I. Initial inter-rater diagnostic reliability. American Journal of Psychiatry, 1979, 136, 815-817.
STEGMÜLLER, W., Erklärung, Voraussage, Wissenschaftliche Systematisierung und nichterklärende Information. Ratio, 1966, 8, 1-22.
STEGMÜLLER, W., Probleme und Resultate der Wissenschaftstheorie und analytischen Philosophie. Vol. I. Wissenschaftliche Erklärung und Begründung. Berlin: Springer, 1969.
STERN, E. (Ed.), Handbuch der klinischen Psychologie. Vol. I. Die Tests in der klinischen Psychologie. Zürich: Rascher, 1954.
STERN, E. (Ed.), Handbuch der klinischen Psychologie. Vol. 2. Die Psychotherapie in der Gegenwart. Zurich: Rascher, 1958.
STERN, S.L., MOORE, S.F. & GROSS, S.J., Confounding of personality and social class characteristics in research on premature termination. Journal of Consulting and Clinical Psychology, 1975, 43, 341-344.
STERNBACH, R.A., Pain treatment: Traits and treatment. New York: Academic Press, 1974a.

STERNBACH, R.A., Varieties of pain games. In J.J. Bonica (Ed.), Advances in neurology, Vol. 4. New York: Raven, 1974b.
STEWART, D.W., Psychology and accounting: An interface or a red face. Professional Psychology, 1977, 8, 178-184.
STONE, G.C., COHEN, F. & ADLER, N.E. (Eds), Health psychology: A handbook. San Francisco: Jossey-Bass, 1979.
STRASBURG, E.L. & JACKSON, D.N., Improving accuracy in clinical judgmental task. Journal of Consulting and Clinical Psychology, 1977, 45, 303-309.
STRICKER, G., Actuarial, naive clinical and sophisticated clinical prediction of pathology from picture drawings. Journal of Consulting Psychology, 1967, 31, 492-494.
STRICKER, G., On professional schools and professional degrees. American Psychologist, 1975, 30, 1062-1066.
STROTHER, C.R. (Ed.), Psychology and mental health. Washington DC: American Psychological Association, 1957.
STROTZKA, H., Was ist Psychotherapie? In H. Strotzka (Ed.), Psychotherapie: Grundlagen, Verfahren, Indikationen. München: Urban & Schwarzenberg, 1978.
STRUPP, H.H., On the basic ingredients of psychotherapy. Journal of Consulting and Clinical Psychology, 1973a, 41, 1-8.
STRUPP, H.H., Toward a reformulation of the psychotherapeutic influence. International Journal of Psychiatry, 1973b, 11, 263-327.
STRUPP, H.H., Success and failure in time-limited psychotherapy: A systematic comparison of two cases (comparison 1). Archives of General Psychiatry, 1980a, 37, 595-603.
STRUPP, H.H., Success and failure in time-limited psychotherapy: A systematic comparison of two cases (comparison 2). Archives of General Psychiatry, 1980b, 37, 708-716.
STRUPP, H.H., Success and failure in time-limited psychotherapy: With special reference to the performance of a Lay Counselor (comparison 3). Archives of General Psychiatry, 1980c, 37, 831-841.
STRUPP, H.H., Success and failure in time-limited psychotherapy; Further evidence (comparison 4), Archives of General Psychiatry, 1980d, 37, 947-954.
STRUPP, H.H. & BINDER, J.L., Psychotherapy in a new key. A guide to time-limited dynamic psychotherapy. New York: Basic Books, 1984.
STRUPP, H.H. & HADLEY, S.W., Specific vs. non specific factors in psychotherapy. A controlled study of outcome. Archives of General Psychiatry, 1979, 36, 1125-1136.
STUBBLEFIELD, K.S., A preventive program for bereaved families. Social Work in Health Care, 1977, 2, 379-389.
STUHR, U., MEYER, A.E. & BOLZ, W., The Hamburg short psychotherapy comparison experiment: V. Outcome results in psychological tests. Psychotherapy and Psychosomatics, 1981, 35, 138-198.
SÜLLWOLD, L., Symptome schizophrener Erkrankungen. Berlin: Springer, 1977.
SUNDBERG, N.D. & TYLER, L.E., Clinical psychology: An introduction to research and practice. New York: Appleton-Century-Crofts, 1962.
SUNDBERG, N.D., TYLER, L.E. & TAPLIN, J.R., Clinical psychology: expanding horizons. Englewood Cliffs, N.J.: Prentice-Hall, 1973.
SUOMI, S.J., Relevance of animal models for clinical psychology. In P.S. Kendall & J.N. Butcher, 1982, 249-272.
SZASZ, T.S., Psychiatry, psychotherapy and psychology. Archives of General Psychiatry, 1959, 1, 455-463.
TATE, B.G. & BAROFF, G.S., Aversive control of self-injurious behavior in a psychotic boy. Behaviour Research and Therapy, 1966, 4, 281-287.

TAYLOR, J.K. & HIRT, M., Irrelevance of retention interval length and distractor-task similarity in schizophrenic cognitive interference. Journal of Consulting and Clinical Psychology, 1975, 43, 281-285.
TESKA, P.T., The mentality of hydrocephalics and a description of an interesting case. Journal of Psychology, 1947, 23, 197-203.
THINES, G., Phenomenology and the science behaviour. An historical and epistemological approach. London: Allen & Unwin, 1977.
THORN, F.C., Eclectic psychotherapy. In R. Corsini (Ed.), Current psychotherapies. Itasca, Ill.: Peacock, 1973, 445-486.
TOLLEFSON, D.J., The relationship between the occurance of fractures and life crises events. Unpublished Master of Nursing thesis, University of Washington, Seattle, 1972.
TSCHEULIN, D., Lernziel therapeutisches Selbsterleben. In W. Birtsch & D. Tscheulin (Eds), Ausbildung und Psychotherapie. Weinheim: Beltz, 1980, 143-164.
TSCHEULIN, D., Therapeutenmerkmale in der Psychotherapie. In R. Bastine et al. (Eds), 1982, 411-416.
TURK, D.C., MEICHENBAUM, D. & GENEST, M., Pain and behavioral medicine. A cognitive-behavioral perspective. New York: Guilford Press, 1983.
ULLMANN, L. & KRASNER, L., A psychological approach to abnormal behavior. Englewood Cliffs: Prentice Hall, 1969.
VANDENBOS, G.R. (Ed.), Psychotherapy. Practice, research, policy. Beverly Hills: Sage, 1980.
VAN DER LINDEN, W., Pitfalls in randomized surgical trials. Surgery, 1980, 87 (3), 258-262.
VINCK, J., ARICKX, M., ONGENAERT, M., GROSSMANN, P. & VERTOMMEN, H., On the mechanisms explaining blood pressure decrease after relaxation training. Paper presented at the 2nd European Conference on Psychotherapy Research, Louvain-la-Neuve, Sept. 1985. In W. Huber (Ed.), sous presse.
VISCHI, T.R., JONES, K.R., SHANK, L.E. & LIMA, L.H., The alcohol, drug abuse and mental health national data book. Washington DC: U.S. Department of Health and Human Services, 1980.
VOTH, H.M. & ORTH, M.H., Psychotherapy and the role of the environment. New York: Behavioral Publications, 1973.
WACHTEL, P.L., Psychoanalysis and behavior therapy. Toward an integration. New York: Basic Books, 1977.
WADE, T. & BAKER, T., Opinions and use of psychological tests: A survey of clinical psychologists. American Psychologist, 1977, 32, 874-882.
WALKER, C.E., Continuing professional development: The future for clinical psychology. Clinical Psychologist, 1977 (winter) 30 (2), 6-7, 22.
WARD, G.H., BECK, A.T., MENDELSON, M., MOCK, J.E. & ERBAUGH, J.K., The psychiatric nomenclature: Reasons for diagnostic disagreement. Archives of General Psychiatry, 1962, 7, 198-205.
WATSON, N., CADDY, G.R., JOHNSON, J.H. & RIMM, D.C., Standards in the education of professional psychologists: The resolutions of the Conference at Virginia Beach. American psychologist, 1981, 36, 514-519.
WATSON, J.B. & RAYNER, R., Conditioned emotional reactions. Journal of Experimental Psychology, 1920, 3, 1-14.
WEINER, H., The illusion of simplicity: The medical model revisited. American Journal of Psychiatry, 1978, 135, 27-33.
WELLS, F.L., A statistical study of literaty merit. Archives of Psychology, 1907, 16, n° 7.
WESTMEYER, H., Kritik der psychologischen Unvernunft: Probleme der Psychologie als Wissenschaft. Stuttgart: Kohlhammer, 1973.

WESTMEYER, H., Grundlagenprobleme psychologischer Diagnostik. In K. Pawlik (Ed.). Diagnose der Diagnostik Beitrage zur Diskussion der psychologischen Diagnostik in der Verhaltensmodifikation. Stuttgart: Klett, 1976.
WESTMEYER, H., Verhaltenstherapie: Anwendung von Verhaltenstheorien oder kontrollierte Praxis? Möglichkeiten und Probleme einer theoretischen Fundierung der Verhaltenstherapie. In H. Westmeyer & N. Hoffmann (Eds), Verhaltenstherapie. Grundlegende Texte. Hamburg: Hoffmann und Campe, 1977, 187-203.
WESTMEYER, H., Wissenschafstheroretische Grundlagen klinischer Psychologie. In U. Baumann et al. (Eds), 1978, Vol. 1, 108-132.
WESTMEYER, H., Die rationale Rekonstruktion einiger Aspekte psychologischer Praxis. In H. Albert & K.H. Stapf (Eds), Theorie und Erfahrung. Stuttgart: Klett-Cotta, 1979, 139-161.
WETZEL, H., Konzepte der Normalität und Abnormalität des Verhaltens. In W. Wittling (Ed.), 1980, vol. 3, 5-61.
WIENS, A.N., Estimated cost saving for patients treated in a psychological outpatient clinic. In B. Christiansen (Ed.), 1981, 40-76.
WIGGINS, J.S., Personality and prediction: Principles of personality assessment. Reading, Mass.: Addison-Wesley, 1973.
WILLIAMS, J.B.W. & SPTIZER, R.L. (Eds), Psychotherapy research. Where are we and where should we go? New York: Guilford, 1984.
WING, J.K., COOPER, J.E. & SARTORIUS, N., Measurement and classification of psychiatric symptoms. An instruction manual for the PSE and Catego program. London: Cambridge University Press, 1974. Trad. fr.: M. Timsit-Berthier, A. Bragard-Ledant, Guide pour un examen psychiatrique, Bruxelles: Mardaga, 1980.
WINNUBST, J.A.M. & DEFARES, P.B., The modification of type A behavior: A critical analysis. Paper presented at the 2nd European Conference on Psychotherapy Research, Louvain-la-Neuve, Sept. 1985. In W. Huber (Ed.), sous presse.
WITTCHEN, H.U., FIĊHTER, M. & DVORAK, A., Ausbildung- und Berufssituation klinischer Psychologen. In W. Wittling (Ed.), 1980, Vol. 6, 142-176.
WITTCHEN, H.U., FICHTER, M.M. & MAIER-DIEWALD, W., Ausseruniversitäre Ausbildung in der Psychotherapie. In R. Bastine et al., 1982, 21-28.
WITTENBORN, J.R., Manual: Wittenborn psychiatric rating scales. New York: Psychological Corporation, 1955.
WITTENBORN, J.R., Psychotic dimension in male and female hospital patients: Principle components analysis. Journal of Nervous and Mental Disease, 1964, 138, 460-467.
WITTLING, W. (Ed.), Handbuch der Klinischen Psychologie. Hamburg: Hoffmann & Campe, 1980, vols 1 à 6.
WITTLING, W., Klinische Psychologie im Rahmen medizinischer Probleme und Institutionen. In W. Wittling (Ed.), 1980, vol. 6, 341-407.
WITTMANN, W.W., Metaanalysis of German psychotherapy outcome studies: The importance of research quality. Paper presented at the 2nd European Conference on Psychotherapy Research, Louvain-la-Neuve, Sept. 1985. In W. Huber (Ed.), sous presse.
WOLD, D.A., The adjustment of siblings to childhood leukemia. Unpublished medical thesis. Seattle: University of Washington, 1968.
WOLPE, J., Experimental neurosis as learned behavior. British Journal of Psychology, 1952, 43, 243-269.
WOLPE, J., Psychotherapy by reciprocal inhibition. Palo Alto: Stanford University Press, 1958.
YATES, B.T. & NEWMAN, F.L., Approaches to cost-effectiveness analysis and cost-benefit analysis of psychotherapy. In G.R. VandenBos (Ed.), 1980, 103-162.

ZIELKE, M., Indikation zur Gesprächspsychotherapie. Stuttgart: Kohlhammer, 1979.
ZUBIN, J., Classification of the behavior disorders. Annual Review of Psychology, 1967, 18, 373-406.
ZUBIN, J. & SPRING, B., Vulnerability - A new view of schizophrenia. Journal of Abnormal Psychology, 1977, 86, 103-126.

Table des matières

PREFACE 7

CHAPITRE 1: HISTORIQUE 9

   I. Les racines de la psychologie clinique 10
      1. La tradition psychiatrique 11
      2. Le mouvement humanitaire 12
      3. La psychologie générale 12
      4. La psychologie différentielle 13
      5. La philosophie de la vie et la phénoménologie 13
   II. Les fondateurs 14
      1. L. Witmer 14
      2. E. Kraepelin 15
      3. S. Freud et P. Janet 16
   III. Le développement et l'évolution ultérieurs 17

CHAPITRE 2: LA SITUATION ACTUELLE ET L'IDENTITE DE LA PSYCHOLOGIE CLINIQUE 25

   I. Quelques définitions de la psychologie clinique 25
   II. La nature des problèmes et troubles psychiques 33
      1. Le modèle médical 33
      2. Le modèle psychosocial 37
      3. Le modèle biopsychosocial 38
   III. La psychologie clinique comme science et comme pratique .. 42
      1. La psychologie clinique comme science sociale empirique .. 42
      2. L'explication scientifique 43
      3. Science, science appliquée, technologie, art? 47
   IV. Les relations avec les autres disciplines 53
   V. L'identité du psychologue clinicien 61

CHAPITRE 3: LA DESCRIPTION ET LA CLASSIFICATION DES TROUBLES PSYCHIQUES ... 63

   I. Nature, but et critères de validité ... 64
   II. Les systématisations des troubles psychiques ... 69
      1. La classification catégorielle ... 69
      2. La classification dimensionnelle ... 71
      3. La classification typologique ... 73
   III. Quelques classifications habituelles ... 75
      1. Les classifications nosologiques ... 75
      2. Les classifications non nosologiques ... 83
   IV. La nécessité d'une classification ... 85

CHAPITRE 4: LES CAUSES ET LE DEVELOPPEMENT DES PROBLEMES PSYCHIQUES ... 87

   I. Les différents modèles de causalité des troubles psychiques ... 88
      1. Le modèle d'effet principal ... 88
      2. Le modèle d'interaction ... 89
      3. Le modèle transactionnel ... 90
   II. Le développement des troubles psychiques ... 91
      1. Les facteurs prédisposants ... 91
      2. Les facteurs déclenchants ... 91
      3. Les facteurs de maintien ou de stabilisation ... 91
   III. Les méthodes de recherche sur les causes et le développement des troubles psychiques ... 93
      1. L'étude de cas ... 94
      2. L'étude transversale ... 94
      3. L'étude longitudinale ... 94
      4. Les expériences de la nature ... 97
      5. L'étude expérimentale ... 101
         a) L'induction artificielle d'états de conscience altérés ... 102
         b) La psychopathologie expérimentale ... 102
         c) Les expériences analogues humaines ... 106
         d) Les expériences animales ... 108

CHAPITRE 5: LE DIAGNOSTIC ET L'EVALUATION CLINIQUES ... 109

   I. Nature et but du diagnostic ... 109
   II. Les procédés diagnostiques et leurs conditions de validité ... 112
      1. L'entretien ... 112
      2. Les tests mentaux ... 114
      3. L'observation et l'analyse du comportement ... 116
      4. Les conditions de validité ... 116
   III. Le processus de jugement clinique ... 119
      1. La nature de ce processus ... 119
      2. Les facteurs qui influencent ce processus ... 119
         a) L'institution et la situation ... 119
         b) L'orientation et le cadre de référence théorique ... 120
         c) Le style de jugement clinique ... 124
      3. L'entretien clinique et ses problèmes ... 129
         a) L'observation, le recueil des données et les erreurs de jugement ... 129
         b) L'élaboration de l'information ... 132

4. Prévision clinique ou prévision statistique? 133
   a) Les arguments 133
   b) La critique de Holt 136
   c) Le jugement clinique peut-il être amélioré? 138

CHAPITRE 6: L'INTERVENTION EN PSYCHOLOGIE CLINIQUE 141

I. Les mesures de prévention et de réhabilitation 142
   1. L'intervention sur les comportements facteurs de risque 144
   2. Les interventions psychologiques dans le cadre de mesures médicales . 145
   3. L'intervention psychologique au niveau de la douleur 147
   4. Les troubles psychophysiologiques (psychosomatiques) et neurologiques 148
   5. La psychologie communautaire 149
II. Le conseil psychologique et l'intervention de crise 150
III. L'intervention psychothérapeutique 151
   1. Définition 152
   2. La situation et les processus thérapeutiques: caractéristiques générales . 153
      a) La situation thérapeutique 153
      b) Les processus thérapeutiques 154
IV. L'intervention psychologique conçue comme technologie 159
V. Eclectisme, combinaison et intégration des thérapies 171

CHAPITRE 7: LA RECHERCHE EN PSYCHOLOGIE CLINIQUE 175

I. Les buts 175
II. Les méthodes de recherche 177
   1. L'étude de cas 177
   2. L'étude différentielle et corrélationnelle 181
   3. L'étude expérimentale 184
   4. L'étude de cas expérimentale 186
   5. Le plan factoriel combiné 187
III. Problèmes particuliers à la recherche en psychologie clinique 189
   1. Le choix des variables 189
   2. Les groupes de contrôle 190
   3. L'évaluation des effets 191
IV. Quelques plans de recherche en psychologie clinique 194
   1. Les plans pour évaluer les effets de la psychothérapie 194
   2. Les plans pour l'étude de l'indication différentielle 198
V. La recherche sur les effets de la psychothérapie 200
   1. L'article de Eysenck et les réactions 200
   2. L'étude sur le terrain 204
   3. L'étude expérimentale 207
   4. Les études comparatives et la méta-analyse 212
VI. Les études coût/bénéfice 220
   1. L'évaluation des effets 221
   2. L'évaluation du coût de l'intervention 222
   3. L'évaluation du bénéfice 223
   4. L'évaluation du coût et de l'efficacité 224
   5. L'évaluation du coût et des bénéfices 227
VII. La recherche sur les processus thérapeutiques 230
   1. Les variables-patient 230
   2. Les variables-thérapeute 238
   3. L'interaction patient-thérapeute 241

CHAPITRE 8: LA PROFESSION DU PSYCHOLOGUE CLINICIEN 247

   I. Types et lieux d'activités 248
      1. Le contexte professionnel général 248
      2. Le lieu de travail 250
      3. Types d'activités 252
      4. L'orientation théorique 253
      5. Les problèmes traités 254
   II. La formation du psychologue clinicien: structure, contenu et problèmes . 255
      1. En Europe 255
      2. Aux USA 258
   III. L'éthique professionnelle 267
   IV. La reconnaissance légale et le remboursement 269
      1. La reconnaissance légale 269
      2. L'histoire des relations professionnelles entre psychiatres et psychologues . 271
      3. Le problème du remboursement 275

Pour conclure 283
Notes 287
Bibliographie 295

PSYCHOLOGIE ET SCIENCES HUMAINES
collection publiée sous la direction de MARC RICHELLE

1 Dr Paul Chauchard: LA MAITRISE DE SOI, 9ᵉ éd.
5 François Duyckaerts: LA FORMATION DU LIEN SEXUEL, 9ᵉ éd.
7 Paul-A. Osterrieth: FAIRE DES ADULTES, 16ᵉ éd.
9 Daniel Widlöcher: L'INTERPRETATION DES DESSINS D'ENFANTS, 9ᵉ éd.
11 Berthe Reymond-Rivier: LE DEVELOPPEMENT SOCIAL DE L'ENFANT ET DE L'ADOLESCENT, 9ᵉ éd.
12 Maurice Dongier: NEVROSES ET TROUBLES PSYCHOSOMATIQUES, 7ᵉ éd.
15 Roger Mucchielli: INTRODUCTION A LA PSYCHOLOGIE STRUCTURALE, 3ᵉ éd.
16 Claude Köhler: JEUNES DEFICIENTS MENTAUX, 4ᵉ éd.
21 Dr P. Geissmann et Dr R. Durand: LES METHODES DE RELAXATION, 4ᵉ éd.
22 H. T. Klinkhamer-Steketée: PSYCHOTHERAPIE PAR LE JEU, 3ᵉ éd.
23 Louis Corman: L'EXAMEN PSYCHOLOGIQUE D'UN ENFANT, 3ᵉ éd.
24 Marc Richelle: POURQUOI LES PSYCHOLOGUES?, 6ᵉ éd.
25 Lucien Israel: LE MEDECIN FACE AU MALADE, 5ᵉ éd.
26 Francine Robaye-Geelen: L'ENFANT AU CERVEAU BLESSE, 2ᵉ éd.
27 B.F. Skinner: LA REVOLUTION SCIENTIFIQUE DE L'ENSEIGNEMENT, 3ᵉ éd.
28 Colette Durieu: LA REEDUCATION DES APHASIQUES
29 J.C. Ruwet: ETHOLOGIE: BIOLOGIE DU COMPORTEMENT, 3ᵉ éd.
30 Eugénie De Keyser: ART ET MESURE DE L'ESPACE
32 Ernest Natalis: CARREFOURS PSYCHOPEDAGOGIQUES
33 E. Hartmann: BIOLOGIE DU REVE
34 Georges Bastin: DICTIONNAIRE DE LA PSYCHOLOGIE SEXUELLE
35 Louis Corman: PSYCHO-PATHOLOGIE DE LA RIVALITE FRATERNELLE
36 Dr G. Varenne: L'ABUS DES DROGUES
37 Christian Debuyst, Julienne Joos: L'ENFANT ET L'ADOLESCENT VOLEURS
38 B.-F. Skinner: L'ANALYSE EXPERIMENTALE DU COMPORTEMENT, 2ᵉ éd.
39 D.J. West: HOMOSEXUALITE
40 R. Droz et M. Rahmy: LIRE PIAGET, 3ᵉ éd.
41 José M.R. Delgado: LE CONDITIONNEMENT DU CERVEAU ET LA LIBERTE DE L'ESPRIT
42 Denis Szabo, Denis Gagné, Alice Parizeau: L'ADOLESCENT ET LA SOCIETE, 2ᵉ éd.
43 Pierre Oléron: LANGAGE ET DEVELOPPEMENT MENTAL, 2ᵉ éd.
44 Roger Mucchielli: ANALYSE EXISTENTIELLE ET PSYCHOTHERAPIE PHENO-MENO-STRUCTURALE
45 Gertrud L. Wyatt: LA RELATION MERE-ENFANT ET L'ACQUISITION DU LANGAGE, 2ᵉ éd.
46 Dr Etienne De Greeff: AMOUR ET CRIMES D'AMOUR
47 Louis Corman: L'EDUCATION ECLAIREE PAR LA PSYCHANALYSE
48 Jean-Claude Benoit et Mario Berta: L'ACTIVATION PSYCHOTHERAPIQUE
49 T. Ayllon et N. Azrin: TRAITEMENT COMPORTEMENTAL EN INSTITUTION PSYCHIATRIQUE
50 G. Rucquoy: LA CONSULTATION CONJUGALE
51 R. Titone: LE BILINGUISME PRECOCE
52 G. Kellens: BANQUEROUTE ET BANQUEROUTIERS
53 François Duyckaerts: CONSCIENCE ET PRISE DE CONSCIENCE

54 Jacques Launay, Jacques Levine et Gilbert Maurey: LE REVE EVEILLE-DIRIGE ET L'INCONSCIENT
55 Alain Lieury: LA MEMOIRE
56 Louis Corman: NARCISSISME ET FRUSTRATION D'AMOUR
57 E. Hartmann: LES FONCTIONS DU SOMMEIL
58 Jean-Marie Paisse: L'UNIVERS SYMBOLIQUE DE L'ENFANT ARRIERE MENTAL
59 Jacques Van Rillaer: L'AGRESSIVITE HUMAINE
60 Georges Mounin: LINGUISTIQUE ET TRADUCTION
61 Jérôme Kagan: COMPRENDRE L'ENFANT
62 Michael S. Gazzaniga: LE CERVEAU DEDOUBLE
63 Paul Cazayus: L'APHASIE
64 X. Seron, J.L. Lambert, M. Van der Linden: LA MODIFICATION DU COMPORTEMENT
65 W. Huber: INTRODUCTION A LA PSYCHOLOGIE DE LA PERSONNALITE, 2ᵉ éd.
66 Emile Meurice: PSYCHIATRIE ET VIE SOCIALE
67 J. Château, H. Gratiot-Alphandéry, R. Doron et P. Cazayus: LES GRANDES PSYCHOLOGIES MODERNES
68 P. Sifnéos: PSYCHOTHERAPIE BREVE ET CRISE EMOTIONNELLE
69 Marc Richelle: B.F. SKINNER OU LE PERIL BEHAVIORISTE
70 J.P. Bronckart: THEORIES DU LANGAGE
71 Anika Lemaire: JACQUES LACAN, 2ᵉ éd. revue et augmentée
72 J.L. Lambert: INTRODUCTION A L'ARRIERATION MENTALE
73 T.G.R. Bower: DEVELOPPEMENT PSYCHOLOGIQUE DE LA PREMIERE ENFANCE
74 J. Rondal: LANGAGE ET EDUCATION
75 Sheila Kitzinger: PREPARER A L'ACCOUCHEMENT
76 Ovide Fontaine: INTRODUCTION AUX THERAPIES COMPORTEMENTALES
77 Jacques-Philippe Leyens: PSYCHOLOGIE SOCIALE, 2ᵉ éd.
78 Jean Rondal: VOTRE ENFANT APPREND A PARLER
79 Michel Legrand: LE TEST DE SZONDI
80 H.J. Eysenck: LA NEVROSE ET VOUS
81 Albert Demaret: ETHOLOGIE ET PSYCHIATRIE
82 Jean-Luc Lambert et Jean A. Rondal: LE MONGOLISME
83 Albert Bandura: L'APPRENTISSAGE SOCIAL
84 Xavier Seron: APHASIE ET NEUROPSYCHOLOGIE
85 Roger Rondeau: LES GROUPES EN CRISE?
86 J. Danset-Léger: L'ENFANT ET LES IMAGES DE LA LITTERATURE ENFANTINE
87 Herbert S. Terrace: NIM, UN CHIMPANZE QUI A APPRIS LE LANGAGE GESTUEL
88 Roger Gilbert: BON POUR ENSEIGNER?
89 Wing, Cooper et Sartorius: GUIDE POUR UN EXAMEN PSYCHIATRIQUE
90 Jean Costermans: PSYCHOLOGIE DU LANGAGE
91 Françoise Macar: LE TEMPS, PERSPECTIVES PSYCHOPHYSIOLOGIQUES
92 Jacques Van Rillaer: LES ILLUSIONS DE LA PSYCHANALYSE, 2ᵉ éd.
93 Alain Lieury: LES PROCEDES MNEMOTECHNIQUES
94 Georges Thinès: PHENOMENOLOGIE ET SCIENCE DU COMPORTEMENT
95 Rudolph Schaffer: COMPORTEMENT MATERNEL
96 Daniel Stern: MERE ET ENFANT, LES PREMIERES RELATIONS
97 R. Kempe & C. Kempe: L'ENFANCE TORTUREE

98 Jean-Luc Lambert: ENSEIGNEMENT SPECIAL ET HANDICAP MENTAL
 99 Jean Morval: INTRODUCTION A LA PSYCHOLOGIE DE L'ENVIRONNEMENT
100 Pierre Oleron et al.: SAVOIRS ET SAVOIR-FAIRE PSYCHOLOGIQUES CHEZ L'ENFANT
101 Bernard I. Murstein: STYLES DE VIE INTIME
102 Rondal/Lambert/Chipman: PSYCHOLINGUISTIQUE ET HANDICAP MENTAL
103 Brédart/Rondal: L'ANALYSE DU LANGAGE CHEZ L'ENFANT
104 David Malan: PSYCHODYNAMIQUE ET PSYCHOTHERAPIE INDIVIDUELLE
105 Philippe Muller: WAGNER PAR SES REVES
106 John Eccles: LE MYSTERE HUMAIN
107 Xavier Seron: REEDUQUER LE CERVEAU
108 Moreau/Richelle: L'ACQUISITION DU LANGAGE
109 Georges Nizard: ANALYSE TRANSACTIONNELLE ET SOIN INFIRMIER
110 Howard Gardner: GRIBOUILLAGES ET DESSINS D'ENFANTS, LEUR SIGNIFICATION
111 Wilson/Otto: LA FEMME MODERNE ET L'ALCOOL
112 Edwards: DESSINER GRACE AU CERVEAU DROIT
113 Rondal: L'INTERACTION ADULTE-ENFANT
114 Blancheteau: L'APPRENTISSAGE CHEZ L'ANIMAL
115 Boutin: FORMATION ET DEVELOPPEMENTS
116 Húsen: L'ECOLE EN QUESTION
117 Ferrero/Besse: L'ENFANT ET SES COMPLEXES
118 R. Bruyer: LE VISAGE ET L'EXPRESSION FACIALE
119 J.P. Leyens: SOMMES-NOUS TOUS DES PSYCHOLOGUES?
120 J. Château: L'INTELLIGENCE OU LES INTELLIGENCES?
121 M. Claes: L'EXPERIENCE ADOLESCENTE
122 J. Hayes et P. Nutman: COMPRENDRE LES CHOMEURS
123 S. Sturdivant: LES FEMMES ET LA PSYCHOTHERAPIE
124 A. Pomerleau et G. Malcuit: L'ENFANT ET SON ENVIRONNEMENT
125 A. Van Hout et X. Seron: L'APHASIE DE L'ENFANT
126 A. Vergote: RELIGION, FOI, INCROYANCE
127 Sivadon/Fernandez-Zoïla: TEMPS DE TRAVAIL, TEMPS DE VIVRE
128 Born: JEUNES DEVIANTS OU DELINQUANTS JUVENILES?
129 Hamers/Blanc: BILINGUALITE ET BILINGUISME
130 Legrand: PSYCHANALYSE, SCIENCE, SOCIETE
131 Le Camus: PRATIQUES PSYCHOMOTRICES
132 Lars Fredén: ASPECTS PSYCHOSOCIAUX DE LA DEPRESSION
133 Mount: LA FAMILLE SUBVERSIVE
134 Magerotte: MANUEL D'EDUCATION COMPORTEMENTALE CLINIQUE
135 Dailly / Moscato: LATERALISATION ET LATERALITE CHEZ L'ENFANT
136 Bonnet / Tamine-Gardes: QUAND L'ENFANT PARLE DU LANGAGE
137 Bruyer: LES SCIENCES HUMAINES ET LES DROITS DE L'HOMME
138 Taulelle: L'ENFANT A LA RENCONTRE DU LANGAGE
139 de Boucaud: PSYCHOLOGIE DE L'ENFANT ASTHMATIQUE
140 Duruz: NARCISSE EN QUETE DE SOI
141 Feyereisen / de Lannoy: PSYCHOLOGIE DU GESTE
142 Florin et Al.: LE LANGAGE A L'ECOLE MATERNELLE
143 Debuyst: MODELE ETHOLOGIQUE ET CRIMINOLOGIE
144 Ashton / Stepney: FUMER
145 Winkel et Al.: L'IMAGE DE LA FEMME DANS LES LIVRES SCOLAIRES
146 Bideaud / Richelle: PSYCHOLOGIE DEVELOPPEMENTALE
147 Schmid-Kitsikis: THEORIE CLINIQUE ET FONCTIONNEMENT MENTAL

148 Guggenbühl / Craig: POUVOIR ET RELATION D'AIDE
149 Rondal: LANGAGE ET COMMUNICATION
    CHEZ LES HANDICAPES MENTAUX
150 Moscato et Al.: FONCTIONNEMENT COGNITIF ET INDIVIDUALITE
151 Château: L'HUMANISATION OU LES PREMIERS PAS
    DES VALEURS HUMAINES
152 Avery / Litwack: NEE TROP TOT
153 Rondal: LE DEVELOPPEMENT DU LANGAGE
    CHEZ L'ENFANT TRISOMIQUE 21
154 Kellens: QU'AS-TU FAIT DE TON FRERE?
155 Rondal / Henrot: LE LANGAGE DES SIGNES
156 Lafontaine: LE PARTI PRIS DES MOTS
157 Bonnet / Hoc / Tiberghien: AUTOMATIQUE, INTELLIGENCE ARTIFICIELLE
    ET PSYCHOLOGIE
158 Giovannini et al.: PSYCHOLOGIE ET SANTE
159 Wilmotte et al.: LE SUICIDE
160 Giurgea: L'HERITAGE DE PAVLOV
161 Ionescu: MANUEL D'INTERVENTION EN DEFICIENCE MENTALE
163 Pieraut-Le Bonniec: CONNAITRE ET LE DIRE
164 Huber: PSYCHOLOGIE CLINIQUE AUJOURD'HUI

Hors collection

Paisse: PSYCHOPEDAGOGIE DE LA LUCIDITE
Paisse: ESSENCE DU PLATONISME
Collectif: SYSTEME AMDP
Boulangé/Lambert: LES AUTRES, L'EXPRESSION ARTISTIQUE CHEZ LES HANDICAPES MENTAUX

Manuels et Traités

2 Thinès: PSYCHOLOGIE DES ANIMAUX
3 Paulus: LA FONCTION SYMBOLIQUE ET LE LANGAGE
4 Richelle: L'ACQUISITION DU LANGAGE
5 Paulus: REFLEXES-EMOTIONS-INSTINCTS
Droz-Richelle: MANUEL DE PSYCHOLOGIE
Hurtig-Rondal: MANUEL DE PSYCHOLOGIE DE L'ENFANT (Tome 1)
Hurtig-Rondal: MANUEL DE PSYCHOLOGIE DE L'ENFANT (Tome 2)
Hurtig-Rondal: MANUEL DE PSYCHOLOGIE DE L'ENFANT (Tome 3)
Rondal-Seron: LES TROUBLES DU LANGAGE (DIAGNOSTIC ET REEDUCATION)
Fontaine/Cottraux/Ladouceur: CLINIQUES DE THERAPIE COMPORTEMENTALE

Philosophie et langage

Anscombre/Ducrot: L'ARGUMENTATION DANS LA LANGUE
Maingueneau: GENESES DU DISCOURS
Casebeer: HERMANN HESSE
Dominicy: LA NAISSANCE DE LA GRAMMAIRE MODERNE
Borillo: INFORMATIQUE POUR LES SCIENCES DE L'HOMME